Le Roi absolu

Du même auteur

L'État baroque. Regards sur la pensée politique de la France du premier XVIIe siècle (participation), textes réunis sous la direction d'Henry Méchoulan, Paris, Vrin, 1985.

Un révolutionnaire ordinaire. Benoît Lacombe, négociant (1759-1819), préface d'Emmanuel Le Roy Ladurie, Seyssel, Champ Vallon, « Époques », 1986.

Versailles au siècle de Louis XIV (coordination et participation), Paris, Réunions des Musées nationaux, « Textuel », 1993.

Le Roi de guerre. Essai sur la souveraineté dans la France du Grand Siècle, Paris, Payot, 1993 ; 2000 ; 2010 ; 2021.

L'État classique, 1652-1715. Regards sur la pensée politique de la France dans la seconde moitié du XVIIe siècle (codirection avec Henry Méchoulan), Paris, Vrin, 1996.

Chronique du règne de Louis XIV, Paris, Sedes, 1997.

La France de la monarchie absolue (direction et participation), Paris, *L'Histoire*, Seuil, « Points », 1997.

La Mélancolie du pouvoir. Omer Talon et le procès de la raison d'État, Paris, Fayard, 1998.

Le Livre et le glaive. Chronique de la France au XVIe siècle, Paris, Armand Colin, Sedes, 1999.

Versailles. Le palais du roi Louis XIV, Paris, Sélection du Reader's Digest, 1999.

Le XVIIe siècle. Histoire artistique de l'Europe (sous la direction de Georges Duby et Michel Laclotte), Paris, Seuil, 1999.

Les Années cardinales. Chronique de la France, 1599-1652, Paris, Armand Colin, Sedes, 2000.

Le Savoir du Prince, du Moyen Âge aux Lumières (participation), sous la direction de Ran Halevi, Paris, Fayard, « L'Esprit de la Cité », 2002.

Palais et pouvoir. De Constantinople à Versailles (codirection avec Marie-France Auzépy), Saint-Denis, Presses universitaires de Vincennes, 2003.

(Suite à la p. 425)

Joël Cornette

Le Roi absolu

Une obsession française
1515-1715

Tallandier

Les textes de cet ouvrage ont été publiés dans la revue *L'Histoire*.
Ils ont été revus et augmentés pour cette nouvelle édition.

48, rue du Faubourg-Montmartre – 75009 Paris
www.tallandier.com

Avant-propos

Le pouvoir d'un homme seul

« Un tuteur, non seulement du bien public, mais du bien de chacun en particulier. » C'est ainsi que le moine Richer de Reims (v. 940-998) présente Hugues Capet, le fondateur de la dynastie capétienne, à la fin du xe siècle. Huit siècles plus tard, à la veille de la Révolution, Louis XVI ne dit pas autre chose : « Les rois sont les tuteurs et les chefs de la société[1]. » C'est bien là la définition de la monarchie : dans son principe même, elle s'incarne, selon l'étymologie grecque (*monos*, « seul » ; *archein*, « pouvoir »), dans le pouvoir et le commandement d'un homme seul.

Une monarchie impérieuse singularise l'histoire de France, marquée par une tradition « absolutiste » tôt affirmée et inscrite dans une très longue durée. Nous sommes au cœur de cette « obsession française » qui distingue notre histoire politique, tous régimes confondus, jusqu'à notre monarque républicain doté, depuis 1962, de l'onction du suffrage universel : un sacre démocratique, national et populaire, associant même, en 2017, le qualificatif de « jupitérien » au président nouvellement élu[2]. Elle donne son titre et sa légitimité au présent livre[3].

Jacques Le Goff souligne que du xiiie siècle à 1789, le ressourcement du pouvoir royal a été maintenu dans une quasi-immobilité par tout un système d'« archaïsme sacré », en forme de cérémonies conçues pour envelopper le roi, de son avènement à sa mort : le sacre, le lit de justice, la joyeuse entrée, les funérailles. Dans ce système de « négation du temps », le sacre apparaît comme la pièce maîtresse, car nul monarque ne saurait ni ne pourrait véritablement exercer cette « puissance absolue et perpétuelle » dont parle Jean Bodin pour définir la souveraineté dans ses *Six Livres de la République* (1576) sans la cérémonie de Reims qui lui assure la plénitude de son pouvoir, de son autorité, de sa majesté. C'est à Reims que Clovis, le roi des Francs, fut baptisé le jour de la Noël – peut-être en 498 – par saint Rémi, à l'aide d'une sainte ampoule apportée du Ciel, dit la légende, par une colombe, symbole de l'Esprit saint, faisant ainsi du souverain l'« oint de Dieu » : le miracle renvoyait au baptême du Christ-roi qui, lui aussi, avait été marqué par l'apparition de la colombe du Saint-Esprit[4].

Cette cérémonie a été une des forces spécifiques de la monarchie française, en fort contraste, par exemple, avec la monarchie espagnole qui ignore le sacre, depuis les Capétiens – onction et couronnement furent pour la première fois associés en 816 lors du sacre de Louis le Pieux – jusqu'à Louis XVI. Elle se poursuivit, d'une certaine manière, au-delà de la rupture de la Révolution, jusqu'à Charles X en 1825 – Louis XVIII et Louis-Philippe n'ont pas été sacrés –, même si les contemporains ne se privèrent pas d'ironiser sur le sacre du dernier des Bourbons dont Rossini fit un plaisant opéra, *Le Voyage à Reims*…

Tout au long de l'Ancien Régime, créateur d'une véritable « religion royale », le rituel de Reims permit au monarque d'acquérir ce surcroît de légitimité, cette dimension sacrale qui transforment son pouvoir en participation pleine et entière aux forces surnaturelles, métamorphosant celui-ci en souveraineté réellement *ab-solue*, déliée de toutes les lois, à l'exception de celles de Dieu et de la nature : « L'absolutisme, écrivait Marc Bloch dans *Les Rois thaumaturges*, est une sorte de religion[5]. » Ces forces transcendantes sont visualisées, authentifiées par la remise solennelle des *regalia*, objets et instruments du sacre. Seul le sacre, fixé par les *ordines* – recueils d'oraisons et d'hymnes liturgiques accompagnés d'indications sur le déroulement de la cérémonie – des XIIIe et XIVe siècles, confère au souverain de France, comme à celui d'Angleterre, le pouvoir thaumaturgique[6]. Ce pouvoir, proche de la magie, lui permet de guérir les malades souffrant des écrouelles (adénite tuberculeuse)[7] : « Le roi te touche, Dieu te guérit » (« te guérisse », à partir de 1723). Ce toucher royal miraculeux, prolongement du sacre, pouvoir obtenu après une prière devant les reliques de saint Marcoul, fut pratiqué régulièrement à partir de Saint Louis[8]. Louis XIV « toucha » régulièrement et encore en 1715, quelques semaines avant sa mort : le samedi 8 juin, veille de la Pentecôte, par une très grande chaleur, pour la dernière fois, le Grand Roi fit acte de thaumaturge. Dans la cour du château de Versailles, au son des tambours et des fifres de la garde suisse, environ 1 700 malades attendaient le geste salvateur.

Cette puissance extraordinaire montre que la plénitude de l'autorité royale naissait du sacre seul, délégation spirituelle, droit et pouvoir « divin » : investi de cette surpuissance, le souverain était désormais le médiateur, l'intermédiaire entre le monde d'ici-bas et le monde de l'au-delà, entre la sphère de Dieu et la terre de son peuple. « Il y a dans le sacre, écrit Alphonse Dupront, quelque chose d'essentiel quant aux exigences profondes, aux cohérences mentales des hommes qui l'accomplissent, comme un secret d'eux-mêmes et de leur propre univers. Tenter de pressentir ce secret, c'est nous mettre en présence, nous, hommes de ce temps, d'une conscience organique et sacrale de la puissance[9]. »

Pourtant, le roi n'est pas un *rex-sacerdos*. Il reste un laïc, même s'il reçoit quelques bribes de dignité ecclésiastique : le souverain est semblable à un diacre et à un prêtre (sa chape est relevée sur le bras gauche comme une chasuble), proche d'un évêque puisque, seul avec lui, il est oint sur le front, comme le furent les anciens rois de Judée et les prêtres sacrificateurs du temple de Jérusalem. Et lors de la messe qui suit la cérémonie du sacre, il communie sous les deux espèces du pain et du vin, privilège partagé avec les prêtres. Mais c'est la seule fois : les autres jours de fêtes saintes, il ne peut communier que sous la seule espèce du vin.

Il demeure incontestable que la cérémonie de Reims dote le roi-homme d'une puissance sacrale. Celle-ci est transmise par des insignes royaux dont le monarque est investi durant la longue cérémonie, accompagnée d'oraisons, d'hymnes et de prières.

Comment se déroule, concrètement, le sacre ?

Le monarque arrive à Reims la veille de l'événement et il est accueilli par une procession. Pendant la nuit, il se rend à la cathédrale pour une veillée nocturne, avant de coucher au palais épiscopal. Le matin de la cérémonie, le plus souvent un dimanche de grande fête – Pentecôte, Assomption, Toussaint –, deux évêques – ils font partie des douze pairs, tels les douze apôtres, présents ce jour-là – viennent chercher le souverain, qui les attend à demi couché sur un lit de parade, vêtu d'une chemise et d'une tunique de soie rouge échancrées sur la poitrine et dans le dos, fermées par des attaches d'argent, vêtements que recouvre une robe d'apparat. Ce rite du « lever du roi » a lieu « à prime », au moment de l'apparition du Soleil, signe d'une nouvelle naissance : le souverain meurt à sa vie d'autrefois pour renaître purifié dans une existence plus sainte et plus forte. Le roi est alors mené à la cathédrale où la cérémonie proprement dite peut commencer, après l'arrivée de la sainte ampoule.

Un trône, placé sur une haute estrade, a été préparé dans la cathédrale, entre le chœur et la nef, afin que le roi, qui y prendra place après le couronnement, puisse être vu de tous. L'abbé de Saint-Denis a disposé sur l'autel les objets du sacre dont il est le dépositaire : la couronne, l'épée, les éperons, le sceptre, la main de justice, les chausses de soie violette brodées de fleurs de lis d'or, la robe dalmatique de même étoffe et de même couleur. C'est l'abbaye de Saint-Denis en effet, lieu mémoire de la monarchie, authentifié par les funérailles, visualisé par les tombeaux des souverains, qui détient, depuis Philippe Auguste, la totalité des *regalia*, sauf l'huile sainte, conservée dans la basilique Saint-Rémi de Reims.

La première phase du rituel comprend les serments que le roi jure sur les Évangiles, notamment le « serment ecclésiastique », la promesse faite aux évêques et aux clercs de conserver et de défendre leurs privilèges canoniques, et le « serment du royaume », érigeant le souverain en roi de guerre : il promet de conserver en paix le peuple chrétien de France, de le protéger, par les armes s'il le faut – depuis la guerre de Cent Ans, il jure de maintenir l'inaliénabilité du royaume –, d'empêcher l'iniquité, d'observer la justice et la miséricorde, mais aussi d'exterminer les hérétiques.

Sacralisation de l'initiation chevaleresque, la deuxième étape du sacre s'apparente à une sorte d'adoubement : le souverain, seigneur des seigneurs, reçoit les chausses bleu-violet fleurdelisées d'or et les éperons d'or. Le « duc de Bourgogne » a la charge de les fixer aux pieds du roi puis de les retirer aussitôt. Puis celui-ci reçoit l'épée qui l'érige en bras séculier de l'Église. Il s'agit de l'épée « Joyeuse », dite « de Charlemagne », célébrée dans les chansons de geste, la plus ancienne et la plus riche des épées conservées à Saint-Denis. Celle-ci fut utilisée pour tous les sacres, sauf celui d'Henri IV, qui eut lieu à Chartres en février 1594 car Reims était alors aux mains des ligueurs. Remise au prince avant l'onction et tous les autres attributs de son autorité, l'épée est le signe tangible d'une souveraineté sans partage et sans limites accordée par Dieu.

Vient ensuite, troisième étape, l'onction, le « huitième sacrement », qui confère à la monarchie son caractère divin : en la recevant, le roi partage un rite propre aux rois de Judée[10]. Héritier spirituel des rois bibliques, il se trouve également associé à la royauté du Christ. L'onction est effectuée par l'huile miraculeuse extraite de la sainte ampoule. L'archevêque pratique sept onctions : sur le sommet de la tête, sur la poitrine, entre les deux épaules, sur les épaules et à la saignée des deux bras. Par ce rite de passage fondateur, le roi, « oint de Dieu », se détache de la sphère profane pour atteindre le domaine du sacré. Daniel de Priezac (1590-1662) explique qu'« il est bien certain qu'après leur Onction, [les Rois] ont je ne sçay quoy de plus grand qu'auparavant, et que par elle-mesme, ils approchent en quelque façon de la Nature divine ; ou deviennent à tout le moins des hommes sacrez, en qui se trouvent jointes ensemble les illustres marques de Prestrise et de Royauté [...]. Quelquefois mesmes en soubmettant à la religion leurs Sceptres et leurs Couronnes, ils se dépouillent de leurs ornemens les plus augustes, pour prendre ceux des Saints ministres, avec lesquels ils font l'Office divin[11] ».

La cérémonie se poursuit – quatrième séquence du sacre – par la remise des insignes royaux proprement dits. Le souverain, jusqu'alors habillé d'une simple tunique, est d'abord revêtu de la dalmatique parsemée de fleurs de lis d'or, de couleur jacinthe, la couleur des habits du grand prêtre d'Israël devenue celle des rois de France, qui ont fait du bleu la marque visible du pouvoir, du sacré. L'archevêque remet ensuite au souverain l'anneau, signe de la dignité royale et de la foi catholique, mais aussi marque du mariage que Dieu et le monarque contractent avec le peuple. Puis, dans sa main droite, il reçoit le sceptre, symbole du pouvoir sacré et, dans la main gauche, une main de justice qui devait, d'après l'*ordo*, mesurer une coudée (50 cm) et être surmontée d'une main d'ivoire. Dans l'idéologie monarchique chrétienne, la justice est, avec la paix, la principale fonction royale, une fonction fondamentalement enracinée dans le sacré[12].

La dernière phase du sacre, qu'on pourrait qualifier de politique, est celle du couronnement : l'imposition de la couronne, variante du vieux diadème de la royauté sacrée hellénistique et impériale romano-grecque[13]. Cette couronne, signe royal et souverain par excellence, est placée sur la tête du monarque par l'archevêque, aidé des douze pairs – héritage de la légende de Charlemagne. Ce chiffre douze est aussi un chiffre sacré, celui des apôtres. Il fait participer au rite royal six évêques et six grands seigneurs laïcs, manière d'intégrer l'aristocratie ecclésiastique et laïque à la fondation sacrale de la monarchie. En tenant la couronne au-dessus de la tête du roi, les douze pairs symbolisent aussi le geste du peuple qui accepte et élève le roi à la dignité suprême. La couronne, reflet du caractère collectif du sacre, l'unit ainsi à son peuple.

Une fois couronné, point d'orgue de la cérémonie, alors que la scène se rompt par une vibrante acclamation de l'archevêque – « *Viva Rex !* » (« Vive le roi ! ») –, le souverain s'installe sur un trône surélevé, symbole de la montagne primordiale, siège cosmique d'un pouvoir sans partage. Les portes de la cathédrale sont ouvertes au même moment et la célébration se termine par l'acclamation de la foule et un lâcher d'une dizaine d'oiseaux, ainsi que par la distribution de jetons et de médailles, signe de largesse royale.

Les *ordines* nous apprennent que deux couronnes étaient utilisées au cours de la cérémonie : la première, dite « couronne de Charlemagne », close, c'est-à-dire surmontée d'arcs entrecroisés qui en faisaient une couronne « impériale », était placée sur la tête du roi. C'est François Ier qui reprit la couronne fermée – après l'extinction des Carolingiens, les rois de France étaient revenus à la couronne ouverte –, composée de huit arcs et surmontée d'une fleur de lis au lieu d'un globe impérial. La seconde couronne, moins lourde, était substituée à la première après la communion, à la fin de la messe ; c'était celle que le roi portait en sortant de la cathédrale, après la grand-messe, sous l'acclamation de la foule.

*

Plus que tout autre cérémonial d'État, le sacre, élément pivot de la religion royale, faisait naître et authentifiait « la puissance et la force mystérieuse des rois ». Malgré le caractère instantané de la succession royale conférée par l'hérédité à l'instant même de la disparition de son prédécesseur – « le roi est mort, vive le roi », « le roi ne meurt jamais », « le mort saisit le vif[14] » –, c'est bien au terme de cette cérémonie, et d'elle seule, que le souverain était pleinement et totalement roi, *Rex christianissimus*, « roi Très Chrétien ». En 1649, Antoine Aubéry n'hésitait pas à écrire que la dignité impériale était notoirement de l'invention ou du caprice des hommes ; tout au contraire, en France, grâce au sacre, et notamment à la liturgie de la sainte ampoule faisant du roi de France le seul souverain oint avec une huile miraculeuse contenue dans une relique, l'autorité royale était « sans contredit d'institution divine[15] ». À la fin du siècle, Bossuet allait plus loin encore : par le sacre, le roi n'était pas seulement marqué du signe de la majesté, celle-ci lui était devenue consubstantielle. Absorbée par le souverain, la majesté était le principe vital d'une autorité sans partage, sans limites, sans équivalent possible et que nul profane ne saurait jamais atteindre : « Je n'appelle pas Majesté cette pompe qui environne les Roys ; ou cet éclat extérieur qui éblouit le vulgaire. C'est le rejaillissement de la Majesté, et non pas la Majesté elle-même. La Majesté est l'image de la grandeur de Dieu dans le Prince[16]. »

En révoquant l'édit de Nantes en 1685, Louis XIV réalisait les promesses et les attentes messianiques de son sacre : assurer la purification religieuse de la « Fille aînée de l'Église » en lui rendant virginité et innocence. Mais à quel prix ! La guerre de la ligue d'Augsbourg (1688-1697), l'Europe dressée contre le « plus grand roi du monde », montra qu'un abîme séparait la réalité historique et les rêveries mystiques nées de ce que Marc Bloch a appelé la « religion de Reims ».

*

Après un texte original qui parcourt deux siècles de construction et de déconstruction du roi absolu, à partir d'un « premier absolutisme » personnifié par François Ier, jusqu'à Louis XIV, dont le long règne de soixante-douze ans marque une forme d'apothéose de cette souveraineté incarnée, ce livre rassemble des contributions en partie réactualisées et réécrites parues dans la revue *L'Histoire* : elles composent une mosaïque dont les pièces assemblées dessinent une image de l'État royal, entre Renaissance et Lumières, quand la vie de tous les sujets du royaume des lis se déroulait sous la responsabilité et le pouvoir d'un homme seul.

Évolution du royaume de France du début du XVIe siècle à 1715

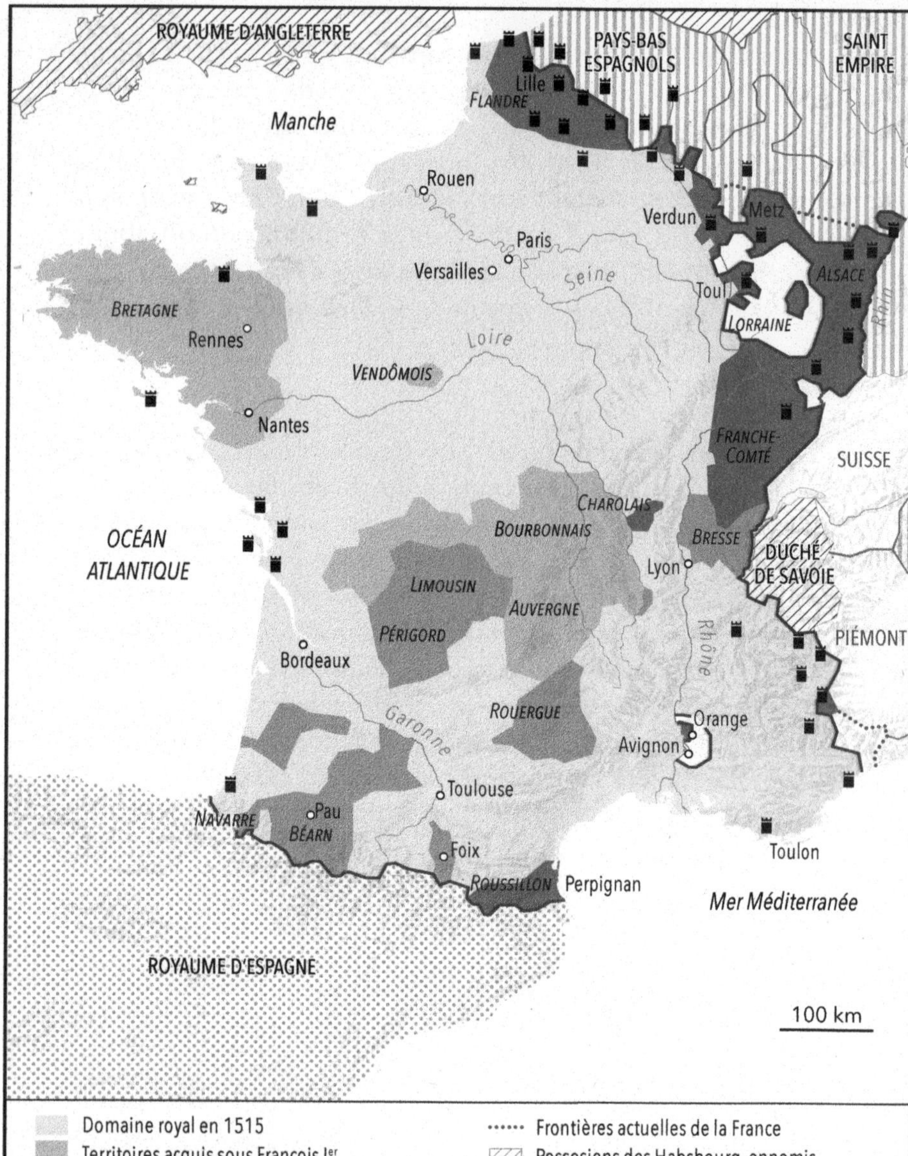

Introduction

Deux siècles de construction et de déconstruction du roi absolu

« Le roi est empereur en son royaume. » Attribuée à Philippe Auguste (1180-1223), cette affirmation est reprise par Philippe de Beaumanoir quand il soutient dans ses *Coutumes du Beauvaisis* que « le roi est souverain par-dessus tous ». Mort en 1296, cet éminent juriste fut le témoin d'un accroissement inédit de la puissance royale, incarnée par Saint Louis (1226-1270) et Philippe le Bel (1285-1314). À partir du XIIIe siècle, en effet, la tentation et l'affirmation de l'absolutisme ont été inhérentes au principe monarchique dès lors que le monarque entreprit d'augmenter ses pouvoirs et d'écarter les obstacles institutionnels ou humains qui s'opposaient à sa souveraineté. Après le coup d'arrêt imposé par la guerre dite de Cent Ans (1337-1453) et ses séquelles, l'État se renforça à nouveau, de Louis XI (1461-1483) jusqu'à Henri II (1547-1559).

Si le mot « absolutisme » est une invention tardive – il apparaîtrait pour la première fois sous la plume de Chateaubriand, bien après le régime qu'il est censé définir[1] –, d'autres termes rendent mieux compte de la nature du pouvoir politique qui s'édifie alors : le néologisme « absolutisme » est un dérivé de « pouvoir absolu », expression couramment utilisée aux XVIe et XVIIe siècles[2]. « Pouvoir absolu », « puissance absolue », « roi absolu » : ces locutions sont souvent déclinées, notamment par les contemporains de Louis XIII et Louis XIV, pour qualifier l'autorité exercée par le Conseil d'en haut, la principale instance du gouvernement du royaume.

Mais que de vicissitudes avant d'en arriver là ! Les XVIe et XVIIe siècles ont en effet été marqués par l'alternance de périodes d'autorité renforcée et de séquences de crises intenses : à un « premier absolutisme », incarné par François Ier et Henri II (1515-1559), succède le temps des guerres de Religion, clôturé officiellement par l'édit de Nantes (avril 1598), mais qui se poursuit jusqu'à la paix d'Alès (juin 1629) qui garantit les droits religieux des protestants tout en détruisant leur organisation politique et militaire. La violence des « guerriers de Dieu » a culminé avec la Saint-Barthélemy (août 1572) puis le régicide d'Henri III (août 1589) et, avec lui, la menace d'un éclatement d'un royaume partagé en de multiples centres de pouvoir : « Une infinité de villes se démantèlent de l'obéissance de leur Roi », s'alarme le juriste et magistrat Étienne Pasquier quand il écrit à son fils au lendemain de l'assassinat du souverain, ajoutant que de multiples provinces « se mettent de la partie : une Normandie, Bretagne, Picardie, Champagne, un Lyonnais, Forez, Beaujolais ». Et de conclure qu'en tous ces pays, « il n'est demeuré des mains du roi que des petits brins ».

Après cette crise majeure, trois grands moments se succèdent, structurés par les règnes d'Henri IV (1589-1610), de Louis XIII (1610-1643) et de Louis XIV (1643-1715), singularisés par un processus de légitimation d'une nouvelle dynastie, celle des Bourbons, qui se substitue à celle des Valois, disparue avec l'assassinat d'Henri III par Jacques Clément le 1er août 1589. Cette monarchie du Grand Siècle ne s'est pas affirmée et affermie, elle non plus, sans contestations et oppositions de toutes sortes : la Fronde, entre 1648 et 1652, en constitue le point d'orgue. Ces « troubles domestiques », expression de l'opposition de tous ceux qui s'estimaient victimes de l'État absolu – parlements, rentiers, grands, paysans oppressés par la pression fiscale –, ont été, pour le jeune Louis XIV, tout à la fois une épreuve politique et un apprentissage du pouvoir dont il sut tirer bien des leçons.

Si le Grand Roi n'a jamais prononcé le fameux « l'État, c'est moi[3] », cette affirmation péremptoire synthétise assez bien, par sa simplicité même, la forte unité qui traverse l'Ancien Régime : l'identification du roi et de l'État, une identification si puissante que les périodes de contestations intenses (début des guerres de Religion, révoltes aristocratiques des années 1610, Fronde...) correspondent aux périodes de minorité, quand la monarchie est incarnée par un enfant. C'est bien la personne du roi qui résume l'État et englobe l'ensemble des sujets, « car enfin, mon fils, écrit Louis XIV au Grand Dauphin, nous devons considérer le bien de nos sujets bien plus que le nôtre propre. Il semble qu'ils fassent une partie de nous-mêmes, puisque nous sommes la tête d'un corps dont ils sont les membres ». C'est sans doute une brochure parue en 1789 – *Le Plus Fort des pamphlets* – qui a le mieux défini ce « corps-État », « corps politique » pleinement incarné par le monarque tout au long de l'Ancien Régime :

> « Quelle est la base du gouvernement monarchique ? La voici :
>
> En France, le roi est la tête de l'État ; les militaires en sont les mains ; les magistrats font partie de la tête : ils sont la bouche, les yeux, les oreilles ; ils sont les organes du cerveau, qui est le roi.
>
> Le roi est encore le cœur, l'estomac ; et les magistrats sont les autres viscères. Les grands sont le tronc, qui les enveloppe ; le peuple est les bras, les cuisses, les jambes et les pieds. Voici le corps de l'État.
>
> Examinez, après cela, quelles doivent être les fonctions du monarque-cerveau-cœur-estomac ? Il est certain que la santé du

corps politique ne peut résulter que du bon accord entre toutes les parties ; que s'il se trouve le moindre engorgement, le moindre défaut de correspondance, le désordre se met, la fièvre s'allume, et elle peut conduire le corps à son entière dissolution.

Comparons encore l'État à une famille, dont le roi est le père ; ses ordres doivent être absolus ; s'ils ne le sont pas, le désordre s'introduit. Il ne doit y avoir qu'un chef pour commander, et des enfants pour exécuter[4]. »

Cette centralité de l'État, cristallisée dans la personne du souverain, a été traduite en une forme inédite de perfection architecturale et rituelle : le château de Versailles, grand œuvre de Louis XIV, à la fois par la structure même du palais et le cérémonial qui entoure et sacralise le corps du roi. Sous la plume de la princesse Palatine, épouse de Monsieur, le frère du Grand Roi, le cabinet du souverain est métamorphosé en « sanctuaire » (lettre du 24 mars 1712), et quand Charles Pinot Duclos écrit, dans ses *Mémoires secrets sur Louis XIV*, que jamais prince n'a été l'objet de tant d'adoration, il ajoute que les hommages que les courtisans lui rendaient étaient « un culte, une émulation de servitude, une conspiration d'éloges, qu'il ne rougissait pas de recevoir puisqu'on ne rougissait pas de les lui donner[5] ».

Quels sont les ressorts et les fondements qui permettent de comprendre cette singulière « adoration » qui entoure la figure du monarque ? Pour répondre à cette question, il nous faut retracer les principales étapes de la construction, mais aussi de la mise en question de l'État royal dans sa version absolue, durant ces deux siècles aussi décisifs que chahutés, car la politique des rois n'a cessé de se heurter à des résistances et des « devoirs de révolte », jusqu'à faire douter de la réalité même d'un absolutisme qui, peut-être, « fut toujours en œuvre, mais ne se réalisa jamais[6] »...

Un premier absolutisme

Que les premières décennies du XVIe siècle aient été marquées par l'affirmation de l'autorité du roi, il suffit pour s'en convaincre de lire le rapport qu'en 1546, lors de la dernière année du règne de François Ier, Marino Cavalli (1500-1573), ambassadeur de Venise, rédigea. Il s'agissait d'informer les membres du Sénat de la Sérénissime de la singularité et des progrès de la monarchie française, « depuis quatre-vingts ans », soit depuis Louis XI (1461-1483), artisan de la réaffirmation de la puissance monarchique au lendemain des multiples fractures provoquées par la guerre de Cent Ans (1337-1453).

Un peu long, souvent simplificateur, ce texte est fondé sur une observation vécue en analysant la nature et l'expansion des pouvoirs du roi :

« La volonté du roi est tout désormais »

« Depuis quatre-vingts ans, le gouvernement de France ajoute toujours aux propriétés de la Couronne, sans rien aliéner : les confiscations, les successions, les achats ont tellement absorbé le bien des particuliers que, désormais, il n'y a qu'un seul prince, monseigneur d'Aumale, qui possède un revenu de vingt-cinq mille écus. Et même ceux qui possèdent des revenus et des États n'en sont les maîtres pour ainsi dire, qu'en premier ressort : en cas de doute, on en appelle au roi, qui juge en pleine autorité.

Ajouter les nouveaux impôts, les garnisons, les soldats et autres fardeaux qui pèsent sur eux depuis quelque temps. La Couronne fait des progrès continuels en crédit et en richesse, et elle se garantit en même temps contre les guerres civiles.

Les princes, étant pauvres, ne peuvent rien oser contre le roi, ainsi que le faisaient jadis les ducs de Bretagne, de Normandie, de Bourgogne, et tant d'autres grands seigneurs de Gascogne. Si quelqu'un, par un mouvement irréfléchi, se hasardait à résister, comme le fit par exemple, le prince de Bourbon, celui-là fournirait seulement au roi l'occasion de s'enrichir encore plus par sa ruine. En somme, on pourrait affirmer que cette loi salique, en interdisant le trône aux puînés et aux femmes, et en proclamant l'inaliénabilité des biens de la Couronne, si elle n'a pas donné à la France l'empire du monde chrétien, lui a au moins frayé le chemin le plus sûr pour y arriver [...].

Il y a des pays plus fertiles et plus riches, tels la Hongrie et l'Italie ; il y en a de plus grands et de plus puissants, tels l'Allemagne et l'Espagne, mais nul n'est plus uni, plus facile à manier que la France. Voilà sa force, à mon sens : unité et obéissance, deux biens qui dérivent des deux causes ci-dessus énoncées [...]. L'autorité judiciaire passe par les parlements de Paris, de Rouen, de Bordeaux, de Toulouse, d'Aix, de Dijon, de Grenoble. Mais le pouvoir de ceux-ci ne s'étend pas au-delà de ce que le roi le permet. En somme, la volonté du roi est tout désormais, même dans l'administration de la justice. Car il n'y a personne qui oserait obéir à sa conscience et contredire le monarque.

Je dis cela d'après ce que j'ai vu et non pas d'après des ouï-dire. Les Français honorent leur roi avec un sentiment si profond qu'ils lui ont donné non seulement leurs biens et leur vie, mais leur honneur et leur âme[7]. »

Ce « premier absolutisme » s'identifie en grande partie à la politique menée par François Ier et Henri II, parallèlement à la mise en avant d'une figure d'un roi qui apparaît moins comme le suzerain d'une pyramide de fidélités que le souverain de l'ensemble de ses sujets. Car l'absolutisme ne peut se comprendre hors de la théorie et de la pratique d'une souveraineté entière qui reconnaît au monarque le monopole de la contrainte sur tous ses sujets afin d'instituer l'ordre et de le maintenir[8].

Depuis Charles V (1364-1380), cette figure royale souveraine n'a cessé de se renforcer, à travers des mots, des images, des cérémonies. Des textes manuscrits, souvent accompagnés de peintures, sont inspirés en nombre de plus en plus grand par les actions du monarque, mettant en scène de vastes compositions allégoriques où la religion, la morale et la politique ne sont guère différenciées. Le XVe siècle a vu l'émergence de nouveaux supports, notamment des « joyeuses entrées » royales qui mettent en scène et exaltent, par des tableaux vivants, les multiples qualités et les pouvoirs du prince. Quant aux guerres étrangères – guerres d'Italie (1494-1559), guerre contre les Habsbourg d'Espagne et du Saint Empire (une presque constante des XVIe et XVIIe siècles) –, elles ont suscité toute une littérature d'occasionnels et de poèmes héroïques en langue latine ou vernaculaire pour souligner la bravoure d'un roi de guerre, élu de Dieu, à la tête de ses soldats : en évoquant la participation de Charles VIII à la bataille de Fornoue en 1495 – le roi, au cœur de la bataille, faillit être capturé –, Guichardin note que « le courage français a été renforcé par la présence du roi et le danger qu'il courait, car dans cette nation, selon une habitude ancestrale, on ne vénère pas moins la Majesté royale que l'on adore le nom de Dieu[9] ».

Dès la « descente » de Charles VIII vers le royaume de Naples, la communication politique n'eut de cesse de vanter l'entreprise française outre-monts, première étape d'une aventure bien plus excitante encore : la croisade contre les Turcs. De nombreux textes insistaient sur le prestige mystique qui auréolait la monarchie du « Très Chrétien », paraissant justifier l'aventureuse entreprise, à l'exemple du traité que le médecin personnel du roi, Guilloche de Bordeaux, lui présenta et dont le titre semblait aussi alléchant que prémonitoire : *De la nouvelle réformation du siècle et de la récupération de Jérusalem à lui destinée et qu'il* [Charles VIII] *sera de tous les roys de terre le souverain et dominateur sur tous les dominions et unique monarce du monde*[10].

Avec le développement de l'imprimerie – en 1470, le collège de la Sorbonne reçut les premières presses à imprimer –, le règne de son successeur, Louis XII (1498-1515), a vu l'amplification de ce phénomène : ce fut un moment exceptionnel dans l'invention et la production d'une littérature qu'on pourrait qualifier de propagande, destinée à informer, à interpréter les événements et, surtout, à encourager le public des notables des bonnes villes à louer les exploits guerriers du souverain[11]. S'il est trop tôt pour parler d'un cabinet de presse, comme ce sera le cas au temps de Louis XIII et de Richelieu, tout un groupe de littérateurs – appelés les rhétoriqueurs (Pierre Gringore, Jean Marot, André de La Vigne, Jean Lemaire de Belges...) – fut mis à contribution pour louer et justifier la politique du roi. Dans ce dispositif de publicité royale qui investit l'espace public, la reine, Anne de Bretagne (1477-1514), a joué un rôle important, en contribuant à la diffusion de l'information dans l'ensemble du royaume. Jean Marot rapporte qu'apprenant la nouvelle de la victoire du roi contre les Vénitiens à Agnadel, en 1509, elle décida, depuis Lyon où elle résidait, d'organiser la célébration de l'événement pour lui assurer une adhésion populaire : « Mais, dessus tout, ceste noble Princesse,/ Royne de France,/ Voyant l'escript, qui donnoit cognoissance/ De la victoire, eut telle esjouissance/ Qu'au lieu de pleurs, dont avoit jouyssance/ Par cy devant,/ Va tout soulas et plaisir recevant. [...] Lettres, adonc, par toute France envoyé,/ Où doulcement à prier convoyé/ Grans et petiz et faire feux de joye[12]. »

Cette publicité royale, enrichie par la culture humaniste, a été renforcée au temps de François Ier et d'Henri II. Les victoires de François Ier notamment ont suscité de multiples comparaisons assimilant le jeune souverain à peine monté sur le trône aux héros de l'Antiquité : Alexandre, Constantin, Hannibal – en raison de la traversée des Alpes –, César surtout, « subjugateur des Helvètes[13] ». Une forme d'apothéose imagée fut atteinte avec les fresques de la galerie du château de Fontainebleau. Réalisées dans les années 1530, sur un modèle italien, par Rosso Fiorentino et le Primatice, elles proposent une biographie allégorisée du monarque. Le roi était si fier de sa galerie « qu'il en gardait lui-même la clé », comme le précise, en 1540, l'ambassadeur anglais Henry Wallop, et il ne l'ouvrait que pour la faire visiter à ses hôtes de marque, mettant à l'épreuve, face aux peintures le représentant, leur perspicacité et leur érudition.

Conçu comme une « défense et illustration » de la monarchie française, le programme iconographique du château préféré de François Ier – « son Fontainebleau, où il se plaisait tant, y voulant y aller, il disait qu'il allait chez soi » (Androuet du Cerceau) – entretient une étroite correspondance avec les textes des juristes et des humanistes qui, au même moment, énonçaient et définissaient les pouvoirs du roi, tel Guillaume Budé (1467-1540), « Maître de la Librairie du Roy », fondateur du Collège royal – futur Collège de France – dans son *Institution du Prince*, publié en 1547[14]. Composée vers 1517-1519, cette œuvre, qui se présente sous la forme d'un recueil d'histoires et de sentences, peut apparaître, dans une certaine mesure, comme un manifeste du « premier absolutisme » : multipliant les références à l'Antiquité, et le « jugement des anciens, colligez par moy en plusieurs aucteurs grecs et latins, et translatez en la langue françoise ainsi que faire je l'ay peu », Guillaume Budé y affirme, notamment, que « les rois ne sont point sujets aux lois et aux ordonnances de leur royaume ». Il soutient que le prince est seul à déterminer la vraie nature du gouvernement dont il assume la responsabilité ; « et doibt suffire pour leur commander la Loy divine seulement qui a authorité de Dieu législateur souverain, et non pas des hommes ». Car Dieu « conduict leur libéral arbitre, et les adresse par inspiration divine (qui est hors de la congnoissance des hommes) au droict chemin de la raison, et de ferme espérance de salut, et les conduict (s'il ne tient à eulx) à la droicte et sure voye ».

Parallèlement, l'appareil de l'État n'a cessé de s'affermir, même si nous savons peu de choses sur ce qui en constitue le cœur : le fonctionnement du Conseil du roi. Les études qui lui ont été consacrées font apparaître la souplesse et l'adaptabilité d'un instrument de gouvernement capable de s'ajuster en permanence aux événements, aux hommes, aux lieux, aux circonstances. Dans ce système mouvant, peu formalisé, un Conseil étroit, réuni presque tous les jours, traitait les principales affaires, notamment militaires et diplomatiques. Ce Conseil suivait le souverain au fil de ses nombreux déplacements dans le royaume – la monarchie est encore nomade –, pendant qu'un autre Conseil, le Conseil privé, siégeait en permanence à Paris, instruisant les affaires ordinaires et examinant les requêtes.

Dans la tenue et l'évolution du gouvernement durant le règne de François Ier, trois phases chronologiques peuvent être identifiées. Les quinze premières années sont dominées par la forte présence et l'influence dominante, jusqu'à sa mort, de la duchesse d'Angoulême, Louise de Savoie (1476-1531), la mère du roi, qui n'a cessé de couver son « bien-aimé César ». La décennie 1530 correspond à l'arrivée à la tête de l'État d'une génération de quadragénaires dont le plus éminent est Anne de Montmorency (1493-1567) : ses contemporains, notamment les ambassadeurs vénitiens, ont souligné sa rigueur, sa puissance de travail, sa fermeté, voire son autoritarisme, mais aussi sa fidélité au service du souverain. L'année 1541 marque une rupture brutale : avec la disgrâce de Montmorency (provoquée sans doute par des règlements de comptes au sein de la Cour), l'équipe précédente laisse la place à un triumvirat constitué de l'amiral Philippe Chabot, conseiller favori jusqu'à sa mort en

1543, de l'amiral Claude d'Annebault (entré au Conseil en octobre 1540) et du cardinal de Tournon, tous trois soutenus par Anne de Pisseleu, duchesse d'Étampes (1508-1580), la très influente maîtresse du roi.

Au-delà des changements dans la composition du Conseil du roi, de fortes constantes marquent un gouvernement qui est fondamentalement celui d'une monarchie du pragmatisme et de l'équilibre. Surtout, le souverain a eu l'intelligence politique de convier à son Conseil à la fois de grands féodaux (le connétable de Bourbon, le duc de Vendôme, le comte de Saint-Pol), mais aussi des conseillers spécialistes, des hommes d'expérience (le secrétaire Florimond Robertet, le financier Semblançay, le juriste Antoine Duprat), qui annoncent le développement technicien et administratif de l'État royal qui s'épanouira à partir du règne de Louis XIV[15].

Henri II a poursuivi et amplifié ces évolutions en cours : dès son arrivée sur le trône en 1547, il réorganisa et renforça le pouvoir central. Un règlement concernant le Conseil royal accorda un rôle accru aux quatre secrétaires du roi. Désormais, le souverain leur assignait un ressort territorial déterminé dans le royaume et hors du royaume - Guillaume Bochetel, par exemple, était chargé de la Normandie, de la Picardie, de l'Angleterre et de l'Écosse - et, dix ans plus tard, en 1558, ils prirent officiellement le titre de secrétaires d'État. Parallèlement, un règlement visait à renforcer le contrôle et la concentration des finances et le roi confirmait le découpage du territoire de sa souveraineté en dix-sept recettes générales (on les appelle généralités, futures circonscriptions des intendants), tout en précisant leur fonction : leurs titulaires devaient résider au siège de leur district, entreprendre des chevauchées annuelles, contrôler les agents locaux, les receveurs, les commis... Quant au Conseil royal, il tendait à se spécialiser : conseil « secret » le matin, conseils plus « techniques » et administratifs l'après-midi. En 1551-1552, alors qu'Henri II avait été impressionné

– et fortement inquiété – par la défaillance du parlement de Bordeaux lors d'une violente révolte populaire contre la gabelle en 1548, une soixantaine de « sièges présidiaux » furent créés pour juger les appels des juridictions inférieures. Cinq cent cinquante offices vénaux furent mis en vente à cette occasion. Il y aura une seconde vague de créations au temps de Louis XIII : une vingtaine de nouveaux présidiaux à l'époque de Richelieu, durant les années 1630-1642[16].

Ces présidiaux s'inscrivent dans le cadre d'un renforcement de l'État royal et constituent une innovation institutionnelle : il s'agit bien d'un absolutisme en action puisque, en soustrayant aux parlements de multiples petites causes, les présidiaux contribuaient à amoindrir leur puissance judiciaire. Surtout, ces tribunaux ont permis la mise en place d'un réseau d'officiers détenant une « dignité avec fonction publique », comme l'expliquera, au temps d'Henri IV, le juriste Charles Loyseau (1566-1627), car toutes les charges de justice devaient être achetées dans le cadre de la vénalité des offices : l'office royal – de justice, mais aussi de police ou de finances – constituait ainsi un instrument privilégié de promotion sociale et d'honorabilité locale – et en même temps d'immunité fiscale. Pour une « bonne famille » du royaume, enrichie dans le monde de la terre, de la boutique ou du commerce, l'achat d'un office paraissait un passage obligé dans le processus d'ascension et de reconnaissance sociales, avant l'étape ultime, l'achat d'un fief de dignité conférant la noblesse. Et songeons à la plus-value d'honneur apportée par un office royal, susceptible d'offrir en même temps la réponse à une ambition symbolique, dans cette société où la représentation du pouvoir s'identifiait en grande partie au pouvoir lui-même : par les multiples offices qu'elle n'a cessé de créer, la force de la monarchie fut d'unir à son destin celui de dizaines de milliers de familles qui virent dans l'État royal le meilleur moyen de réussir[17].

« Il entend parler de son maître une fois l'an »

Il ne faut, toutefois, nullement s'arrêter à une histoire de la monarchie qui se contenterait d'une analyse adossée à la politique royale et aux multiples décisions émanées des conseils du souverain, car la distance a toujours été grande de la lettre de la loi, exprimée par le souverain, à son application sur le terrain. Et comment le pouvoir aurait-il pu s'imposer alors qu'il ne disposait que de moyens très réduits pour pouvoir s'exercer ? Quelque cinq mille officiers composaient la « technostructure » de l'État royal au temps du vainqueur de Marignan. Sans doute seront-ils 60 000 au temps de Colbert, mais pour un royaume peuplé alors de près de 20 millions d'habitants.

Montaigne a bien saisi le caractère relatif de cette monarchie quand il évoque les provinces « éloignées de la Cour ». Et il choisit la Bretagne pour exemple. Dans ce finistère du royaume – officiellement français depuis 1532 –, voyez, explique-t-il, les sujets, les officiers, les occupations, le service et la cérémonie d'un seigneur retiré et casanier, nourri entre ses valets ; « il entend parler de son maître une fois l'an, comme du roy de Perse et ne le recognoit que par quelque vieux cousinage, que son secrétaire tient en registre ». Et l'auteur des *Essais* de conclure : « À la vérité, nos loix sont libres assez ; et le poids de la souveraineté ne touche un gentilhomme françois à peine deux fois en sa vie. La subjection essentielle et effectuelle [effective] ne regarde que ceux d'entre nous qui s'y convient [qui s'y prêtent] et qui ayment à s'honorer et enrichir par tel service : car celui qui se veut se tapir en son foyer et sait conduire sa maison sans querelle et sans procez, il est aussi libre que le duc de Venise[18]. »

Des recherches neuves ont déplacé les analyses à bonne distance de cet État « central », de ses édits et de ses règlements, pour retracer une tout autre histoire, en multipliant les études consacrées, notamment, à cette séquence déstabilisatrice qui succéda à ce « premier absolutisme » en germe et en voie d'affirmation : les guerres de Religion, qui ont déchiré le royaume dans la seconde moitié du XVIe siècle, conséquence du succès du protestantisme au sein des élites urbaines, de la noblesse et dans de vastes portions du territoire du royaume – dans la France du Sud, surtout. Les « troubles », comme les qualifiaient les contemporains – huit guerres successives entre 1562 et 1598 –, constituent aujourd'hui l'un des chantiers historiographiques les plus féconds.

Des guerres de Religion au règne d'Henri IV

Cette « nouvelle histoire » du politique révèle la nature révolutionnaire de la protestation la plus radicale et la plus ample qu'ait connue la France dite d'Ancien Régime, deux siècles avant les événements de 1789.

Pour le comprendre, il faut nous placer, une génération après le règne d'Henri II, au cœur des années ligueuses et de la huitième guerre de Religion, de part et d'autre de 1590 : « La révolution de 1589, par bien des côtés, écrit Jean-Marie Constant, emportait le vieux monde à un rythme aussi rapide que celle qui la suivrait deux siècles plus tard. » C'est, d'une certaine manière, l'envers de l'État absolu qui se présente à nous : les ligueurs, en effet, ces militants ultra-catholiques pourfendeurs des « hérétiques » de la RPR (« religion prétendue réformée »), revendiquaient l'élection du roi, le choix des ministres et le vote des impôts dans le cadre d'états généraux réunis périodiquement ; ils militaient aussi pour l'indépendance des villes, le triomphe du pouvoir local, de proximité, sur un pouvoir central jugé trop lointain, presque abstrait. Cette hostilité à l'État « national » était une caractéristique de l'esprit ligueur, qui ne concevait le pouvoir qu'à la base, c'est-à-dire au niveau de la municipalité, et ne supportait pas un gouvernement capable de contrer ce fondement absolu de l'autorité[19].

La Ligue est ainsi parvenue, pendant un court moment, à définir et à fonder un véritable droit populaire structuré à partir du noyau urbain. Robert Descimon a bien montré ce qui se jouait dans ces événements dramatiques : l'affrontement de deux mondes, la ville et l'État, le pouvoir structuré à un échelon local, opposé à l'absolutisme et son pouvoir centralisé. La voie ligueuse essayait bien de stopper l'évolution française vers l'absolutisme. Et s'il est évident que la supériorité des « politiques[20] » sur les ligueurs résidait dans une vision de l'État qui ne passait pas par la lorgnette de la ville, deux modèles de société et d'État se combattaient terme à terme dans ce paroxysme que fut la Ligue[21].

Au-delà de multiples nuances, on aperçoit en effet que ce qui était en jeu à travers les revendications des protestants du Midi – les calvinistes furent nombreux dans un croissant territorial allant de La Rochelle à Grenoble – comme des ligueurs de la France du Nord, mais aussi d'autres provinces (Marseille devint, pendant cinq ans, de 1591 à 1596, une « république » quasi indépendante au sein de la Ligue catholique), c'était une tout autre conception de la monarchie, bien différente de celle développée au temps de François Ier et d'Henri II et qu'Henri III (1574-1589) tenta, en vain, de faire admettre : la plupart des textes des opposants défendaient en effet l'idée d'une monarchie limitée et tempérée par des organismes de représentation de la société – états généraux, états provinciaux, conseil aristocratique, villes –, soit autant de forces capables de constituer des contrepoids à l'exclusive souveraineté royale.

Ce heurt de deux conceptions antagonistes de la monarchie aboutit à une crise dynastique sans précédent, conséquence de la fin tragique d'Henri III, assassiné à Saint-Cloud par Jacques

Clément alors que le souverain faisait le siège de sa capitale rebelle contrôlée par les ligueurs, et à l'instauration très contestée de la monarchie incarnée par Henri IV (1589-1610).

En effet, devenu roi de France, Henri de Navarre dut entreprendre un impressionnant travail de légitimation. La succession dynastique posa un problème particulièrement épineux : il avait fallu, en effet, loi salique oblige, remonter huit générations pour trouver un cousin, par les mâles, du dernier Valois, Henri III, mort sans héritier, c'est-à-dire remonter jusqu'à Saint Louis, Henri IV étant le descendant de son sixième fils, Robert de Clermont. Par comparaison, en 1328, lorsque Philippe VI de Valois avait succédé à Charles IV le Bel, deux générations en arrière avaient suffi pour qu'un ancêtre commun s'impose : Philippe III le Hardi (1270-1285). Tout aussi problématique, la légitimité religieuse : le nouveau roi était protestant, dans un pays à majorité catholique (un million de protestants sur une population d'environ 20 millions d'habitants). Comment faire coïncider la religion du roi et la religion de la majorité des sujets ?

Cette instauration périlleuse de la monarchie bourbonienne s'est opérée par de multiples moyens : des victoires militaires contre les ligueurs, à Arques et Ivry, l'abjuration solennelle du protestantisme à Saint-Denis (juillet 1593), le sacre à Chartres (Reims était aux mains des ligueurs), l'entrée à Paris (mars 1594), une série de traités signés avec les villes ligueuses (le plus souvent contre espèces sonnantes et trébuchantes), l'édit de Nantes d'avril 1598 instaurant la coexistence des deux religions, la reconstruction économique orchestrée par Sully (la fameuse « poule au pot »), etc. Cette restauration monarchique donna aussi lieu – on y reviendra – à une très violente et âpre « bataille d'images » autour de la figure du prince, car les ligueurs présentaient Henri IV comme un monstre, un démon, un hérétique promis à l'enfer.

Cette entreprise de « reconstruction d'image » fut d'autant plus problématique que tout au long des guerres de Religion la figure du roi absolu n'avait cessé de subir de multiples atteintes.

Iconoclasme royal

Dès le début des années 1560, à Orléans, Tours, Angoulême, Caen, Saint-Jean-d'Angély, des statues, des tableaux, des bas-reliefs à l'effigie des souverains et des tombeaux royaux furent endommagés et détruits par les protestants, parce que signes d'une royauté infidèle et même criminelle de lèse-majesté divine, accusée de violer, de manière délibérée ou par impuissance, la volonté de Dieu[22]. C'était là aussi une manière de riposte au processus de sacralité du roi et de son image autour des figures de François Ier et d'Henri II. Il y eut même, en avril 1562, la destruction du tombeau de Louis XI dans l'église de Notre-Dame de Cléry, près d'Orléans, dont témoigne un catholique anglais : « Après avoir ruiné le dedans de l'église, et pillé ce qu'il y avait de précieux, tant reliques qu'autres choses servant au service de Dieu, ils rompirent aussi la sépulture du roi de France Louis onzième de ce nom, brûlèrent les os d'icelui, comme voulant effacer sa mémoire. » D'autres sources rapportent que des protestants auraient joué à la boule avec le crâne du souverain…

Dans la décennie suivante, les « matines sanglantes » de la Saint-Barthélemy (24-25 août 1572) constituèrent un moment-rupture de violence extrême. Le massacre politique – la mise à mort, sur décision royale, des chefs protestants présents à Paris à l'occasion du mariage d'Henri de Navarre et de Marguerite de Valois – fut suivi d'un massacre populaire que le pouvoir n'avait nullement prévu et qu'il ne parvint pas à arrêter. Cet événement dramatique qui ensanglanta la capitale puis de nombreuses villes du royaume – jusqu'à Gaillac en octobre 1572 – a contribué à désacraliser la figure du roi, désormais considéré par les protestants comme un tyran, assassin de son peuple. Cette désacralisation apparaît clairement dans un terrible tableau de François Dubois : réfugié à Genève, le peintre huguenot montre Charles IX arquebusant ses sujets depuis une haute fenêtre du Louvre. Il s'inspire des *Mémoires* de Simon Goulart, alors pasteur de l'Église de Genève, qui rapporte que le roi « estoit aux fenestres de sa chambre, et pouvoit estre alors environ sept heures du dimanche matin. Encores dit-on, que le Roy, prenant une harquebusse de chasse entre ses mains, en despitant Dieu dit : "Tirons mort Dieu, ils s'enfuyent"[23] ». Le peintre montre aussi la mère du roi sous la forme d'une figure mariale inversée, abritant sous son grand manteau noir des cadavres nus et mutilés. En métamorphosant une Marie consolatrice en une Catherine tueuse, le peintre huguenot n'a pas seulement voulu expulser, avec violence, l'image immémoriale d'une Notre Dame maternelle, souveraine et divine ; la reine noire qui détient une part du pouvoir dans le royaume de France est aussi une figure monstrueuse et mortifère de l'État meurtrier.

Cette représentation et cet imaginaire de la « reine noire » ont également été véhiculés par des pamphlets, notamment ce long texte diffusé en 1575, au titre explicite : *Le Discours merveilleux de la vie, actions et deportemens de la reyne Catherine de Medicis déclarant tous les moiens qu'elle a tenus pour usurper le gouvernement du royaume de France et ruyner l'estat d'ici*[24]. La mère de Charles IX y est dépeinte sous les traits les plus sombres. Tout est prétexte à dénigrement, depuis ses supposées origines sociales, indignes d'une reine. Surtout, elle est décrite comme un « vray patron de tyrannie », coupable de tous les malheurs du royaume. C'est bien elle, peut-on lire, qui a commandité le massacre, renouant ainsi avec les figures des souveraines maléfiques, comme Frédégonde et Brunehaut ou, pis encore, Jézabel, l'épouse phénicienne d'Achab, roi d'Israël, la souveraine assassine et idolâtre de l'Ancien Testament…

Après le massacre, l'opinion protestante s'est emparée de l'idée d'une résistance nécessaire à un roi qui a cessé d'être légitime parce que devenu un tyran. Cette thèse « monarchomaque[25] » est développée et légitimée dans plusieurs textes, telle la *Franco-Gallia* de François Hotman en 1573, traduit en français l'année suivante par Simon Goulart sous le titre de *Gaule Francoise de François de Hotoman Iurisconsulte. Nouvellement traduite de Latin en François*. Le texte rappelle la situation de la Gaule (d'après César et Strabon), divisée en cités aristocratiques ou monarchiques. Le recours à ce lointain passé permet à l'auteur de justifier la légitimité de pouvoirs représentatifs de la société face au roi. À cette époque, tous les ans se tenait une diète générale pour l'ensemble du pays et, à cette occasion, les chefs locaux étaient choisis par le peuple assemblé. Après la conquête romaine, au temps des Francs, le monarque était désigné par acclamation et porté sur le pavois. Lors de ces réunions annuelles, « la souveraine et principale administration du royaume des Francs-Gaulois appartenait à la générale assemblée de toute la nation qu'on a appelée depuis l'assemblée des trois estat […] par où il ressort que le peuple de France n'était anciennement obligé de garder d'autres lois que celles-là qui avaient été autorisées par ses voix et suffrages ». La conclusion de cette histoire recréée paraissait transparente à tous les contemporains : la puissance souveraine du peuple au temps des Gaulois « semble estre un advertissement pour l'advenir ; que ceux qui estoient appelez à la couronne de France estoient esleux pour estre rois sous certaines loix et conditions qui leur estoient limitées, et non point comme tyrans avec une puissance absolue, excessive et infinie ».

D'autres textes contemporains justifiaient le tyrannicide, comme *Le Reveille-matin des François et de leurs voisins composé par Eusèbe Philadelphe cosmopolite, en forme de dialogue (1574)*. Cette même année, Théodore de Bèze, le successeur de Calvin à Genève, faisait paraître *Du droit des magistrats sur leurs subjects*, développant l'idée que le peuple crée le souverain. En conséquence, les sujets peuvent se rebeller contre leur prince si celui-ci ne respecte pas les obligations de sa charge et « les deux bornes que Dieu a lui-même plantées, assavoir Piété et Charité ». Quand le souverain agit mal, les magistrats, qui représentent la nation, sont habilités à déposer un roi devenu un tyran : « Ceux-là ont la puissance de déposer un Roy, qui ont la puissance de le créer. » Et de préciser que « ce en quoi faisant, ils ne doivent pas, tant s'en faut, être tenus pour séditieux et rebelles, tout au contraire, ils s'acquittent du devoir et serment qu'ils ont envers Dieu et le Patrie ».

Jean Bodin et ses *Six Livres de la République* (1576) : Le traité fondateur de l'État absolu

Paradoxe ? En pleine crise de l'autorité, alors que se diffusaient les thèses monarchomaques, le juriste Jean Bodin (1529-1596) faisait paraître, comme une riposte argumentée, *Les Six Livres de la République*, publiés en français, « pour être mieux entendu de tous François naturels ; je dis ceux qui ont désir perpétuel de voir l'état de ce royaume en sa première splendeur ».

Jean Bodin opère une véritable révolution dans la définition des pouvoirs du roi, en isolant le concept de souveraineté : l'État n'est plus défini par l'action du prince, ou le catalogue des droits qu'il détient, mais comme une entité abstraite. La souveraineté cesse d'être pensée comme un attribut d'un puissant, elle devient la substance même de la « République » (équivalent à l'État) ou, mieux, sa définition. La souveraineté se définit par deux caractères essentiels : elle est perpétuelle

– c'est la continuité de l'État, indépendante de celui qui en a la charge ; elle est absolue, la puissance de commandement s'attachant à la *Res Publica* surpasse toutes les autres – seigneurs, villes, provinces, etc.

Les thèses de Jean Bodin sont celles que défendent les « politiques » quand ils érigent l'État en impératif suprême... :

« La souveraineté est la puissance absolue et perpétuelle d'une République, que les Latins appellent *majestatem*. [...] Il est ici besoin de former la définition de la souveraineté, parce qu'il n'y a ni jurisconsulte, ni philosophe politique qui l'ait définie : je soutiens que c'est le point principal et le plus nécessaire d'être entendu au traité de la République. »

« Le fondement principal de toute République. »

« La République est un droit gouvernement de plusieurs familles, et de ce qui leur est commun, avec puissance souveraine. [...] »

« Ce qu'est la puissance absolue. »

« Disons ce que signifient ces mots PUISSANCE ABSOLUE [...]. Il faut que ceux-là qui sont souverains ne soient aucunement sujets aux commandements d'autrui, et qu'ils puissent donner loi aux sujets, et casser ou anéantir les lois inutiles, pour en faire d'autres : ce que ne peut faire celui qui est sujet aux lois, ou à ceux qui ont commandement sur lui. C'est pourquoi la loi dit que le Prince est absout de la puissance des lois ; et ce mot de loi emporte aussi en latin le commandement de celui qui a la souveraineté. »

[Les seules bornes posées face à cette puissance absolue sont « les lois de Dieu et de nature ».] « Mais quant aux lois divines et naturelles, tous les Princes de la terre y sont sujets, et il n'est pas en leur puissance d'y contrevenir, s'ils ne veulent être coupables de lèse-majesté divine, faisant guerre à Dieu, sous la grandeur duquel tous les Monarques du monde doivent faire joug, et baisser la tête en toute crainte et révérence. Et ainsi la puissance absolue des Princes et seigneuries souveraines, ne s'étend aucunement aux lois de Dieu et de nature [...]. »

Jean Bodin, *Les Six Livres de la République*, 1576. Extraits du livre I, chapitre 8, « De la souveraineté ».

Initialement diffusées par les protestants, les thèses monarchomaques furent reprises par les ligueurs quand Henri de Navarre, chef des huguenots, devint, en 1584, l'héritier présomptif du trône à la suite de la mort de François d'Alençon, frère cadet du roi Henri III.

Le dernier des Valois a puissamment contribué, lui aussi, à la dégradation de l'image royale, à la fois par son attitude (de son allure frivole à sa piété ostentatoire qui a choqué nombre de Parisiens), son entourage (ses mignons et ses « archimignons »), ses extravagances (le très dispendieux mariage du duc de Joyeuse en 1581), mais aussi et surtout à la suite de ce « coup d'État royal » qu'il décida d'entreprendre en assassinant les Guise, en décembre 1588[26]. Par cette double et spectaculaire mise à mort – le duc puis son frère le cardinal de Lorraine la veille de Noël –, Henri III espérait restaurer une autorité compromise (il avait été contraint de quitter Paris, aux mains des ligueurs, en mai 1588). C'est le contraire qui se produisit : le 7 janvier 1589, une déclaration de la Sorbonne déliait le peuple de l'obéissance due au souverain. « Ce décret ne fut pas plutôt rendu public, explique Pierre de l'Estoile, témoin des événements, que le peuple en fureur abattit les armes du roi, foula aux pieds ses écussons, défigura ses portraits, mutila ses statues. Des images en cire du souverain furent percées plusieurs fois au cœur pendant la messe… » Des estampes, largement diffusées dans la capitale et d'autres villes du royaume, présentaient « le vilain Herodes » (anagramme d'Henri de Valois) comme un démon, un monstre (harpie, chimère), ou encore sous la forme d'un squelette satanique mettant à mort les Guise et passible à son tour du châtiment suprême promis au tyran : quand il assassina le roi, Jacques Clément était convaincu d'obéir à un ordre divin.

La mort « christique » du duc de Guise, assassiné par « Henry de Vallois » à qui l'auteur de cette gravure dénie le titre de roi.

Le nombre des pamphlets s'est encore accru après la disparition d'Henri III en août 1589 et les 90 libraires-imprimeurs parisiens en multiplièrent les éditions. Dans son *Registre journal*, Pierre de l'Estoile évoque les « écrits et libelles diffamatoires criés et publiés à Paris contre la mémoire de ce pauvre prince ». Il cite 15 titres pour le seul mois d'août 1589 : *Testament de Henri de Valois* ; *Les Traces des admirables Jugemens de Dieu en la mort misérable de Henri de Valois* ; *Histoire mémorable récitant la vie de H. de Valois et les louanges de F. Clément* ; *Graces à Dieu pour la justice du cruel Tiran !*, etc. Le mémorialiste souligne aussi l'importance des images – estampes et gravures « imprimées, criées, préschées et vendues publiquement à Paris par tous les endroits et quarrefours de la Ville en l'an 1589 » –, qui contribuent à désacraliser la figure royale, « desquels [libelles diffamatoires contre Sa Majesté, farcis de toutes les plus atroces injures] j'ai este curieux, jusques là d'en ramasser jusques à plus de trois cents, tous divers, imprimés à Paris et criés publiquement par les rues, contenant quatre gros volumes que j'ai fait relier en parchemin, et étiquetés de ma main, dans un grand *in folio* plain de figures et de placards diffamatoires de toutes sortes, que j'eusse baillés en garde au feu, comme ils en sont dignes, n'estoient qu'ils servent plus que quelque chose de bon, à monstrer et découvrir les abus, impostures, vanités et fureurs de ce grand monstre de Ligue[27] ».

Henri IV : la « fabrication » d'un roi par l'image

Par le texte, par la gravure, par l'estampe, et jusqu'au geste régicide d'une certaine manière justifié par la mise à mort iconographique d'Henri III avant son assassinat, il y a bien eu, on vient de le mesurer, un « iconoclasme royal » qui nous fait comprendre l'ampleur de la tâche qui attendait son successeur : Henri de Navarre, devenu Henri IV, a dû tout reconstruire, et notamment « fabriquer » une contre-image pour effacer celle qui le décrivait comme le suppôt du démon surgi de l'enfer et convaincre l'opinion de la justesse et de la justice de sa cause. Henri IV est sans doute le premier souverain qui a reconnu la force spécifique de l'image comme fondement de son pouvoir. Dans cette entreprise, il a été puissamment aidé par des proches appartenant au camp protestant, Philippe Duplessis-Mornay (1549-1623) notamment, qui fut, en quelque sorte, son conseiller en communication[28].

La première image que le roi a largement fait circuler est celle, emblématique, du panache blanc et de l'écharpe blanche, symbole de ralliement identitaire à sa cause. Denise Turrel a consacré une belle étude à l'histoire de ce blanc henricien[29]. Elle montre que la Ligue, qui multipliait les couleurs (écharpe noire après l'assassinat des Guise, vert de la maison de Lorraine, rouge espagnol...), ne parvint pas à créer un signe unique d'adhésion à sa cause : le trop-plein de couleurs apparaît comme une manifestation de la faiblesse idéologique de la « Sainte Union » (autre nom de la Ligue). Par contraste, une grande campagne médiatique – des tableaux, des affiches, des gravures, des livres illustrés – a permis une refondation sacrale de la monarchie bourbonienne incarnée dans la nouvelle dimension de l'écharpe blanche.

Ce blanc matriciel avait été, à l'origine, un emblème protestant : en 1562, le prince de Condé décida que cette couleur virginale serait le signe de reconnaissance des protestants opposés aux troupes de Charles IX, « pour marque d'une netteté de conscience, explique l'historien La Popelinière, pour maintenir l'honneur de Dieu et du public ». Le blanc austère des guerriers huguenots contrastait alors avec les textiles somptueux des gentilshommes catholiques, vêtus de « velours cramoisi » rehaussé de broderies d'or et d'argent. C'est avec Henri IV que s'opère un complet retournement :

durant l'été 1589, la première saison de son avènement, l'écharpe blanche devint la « marque du roi », signe bien visible dans l'armée royale, alors que se multipliaient les portraits d'Henri de Navarre accompagné de ce blanc identitaire – panache ou écharpe –, pour faire de lui le souverain de la « nation France », le tout accompagné de tableaux et d'affiches permettant de reconnaître le premier des Bourbons par cette nouvelle marque de l'écharpe blanche : nombre de villes qui se ralliaient à Henri IV organisèrent des « fêtes des écharpes blanches » pour traduire leur sentiment d'appartenance à la monarchie restaurée, construisant ainsi la figure mythique d'un roi accessible, proche de ses sujets. En arborant le blanc, chaque Français devenait, en quelque sorte, « portrait du roi ».

Parallèlement, Henri IV a su accompagner plusieurs événements de son règne par une vaste « campagne médiatique », si l'on veut bien excuser le caractère un peu trop moderne de cette expression, car la production de l'imagerie politique n'a pas été le fruit d'une véritable concertation entre les graveurs et la tête de l'État : il n'y eut que des contacts informels et des stipulations dans certains contrats, mais pas de propagande orchestrée. Le monde de l'estampe était largement autonome par rapport au pouvoir royal et la gravure restait un métier libre, même si l'intervention royale a pu exister, à la faveur de commandes spécifiques faites par le pouvoir – par exemple à l'occasion, comme on va le mesurer, de l'entrée d'Henri IV à Paris.

Les premières années du règne ont ainsi été marquées par une production abondante d'estampes représentant des généalogies royales afin de légitimer la succession contestée entre Henri III et Henri IV. Ces arbres dynastiques, qui insistent sur le rattachement du tronc henricien à la racine figurée en Saint Louis, prennent souvent la forme d'un arbre de Jessé (la Bible indique que le patriarche Jessé a donné naissance à un tronc qui portera David, son fils, qui aboutira au Christ), ce qui sacralise d'autant plus le nouveau règne, placé sous les doubles auspices d'une nécessité historique et d'une onction divine. D'autres gravures représentent Henri III couronnant Henri IV sur son lit de mort ou dessinent des portraits en miroir des deux souverains unis par une étrange ressemblance ; des images sacralisent les premières victoires militaires contre les ligueurs : avant le sacre de Chartres, c'est un « sacre militaire » qui fortifie la légitimité d'Henri IV. Le roi est ainsi représenté en combattant valeureux, au cœur de la bataille – Arques, Ivry, Fontaine-Française –, bravant tous les dangers, tel un héroïque « guerrier de Dieu ». La scène de guerre est ici investie d'un enjeu religieux : il s'agit de rappeler l'intervention du Très-Haut dans la bataille. Ce fut le cas notamment après Arques (15 au 27 septembre 1589), la première d'une série de victoires royales, face à des troupes ligueuses et espagnoles beaucoup plus nombreuses que celles d'Henri IV. Ce roi de guerre victorieux apparaît aussi sous la forme d'un portrait équestre : d'un geste ferme et sûr, le prince tend un bâton de commandement, symbole de l'*imperium*, ou le sceptre, qui renvoie à sa majesté. L'écharpe blanche qu'il porte constamment flotte et claque au vent. Un quatrain accompagne souvent le portrait en action du roi cavalier :

> Henry race des Dieux le plus puissant des Roys,
> Porté de ce Cheval est un foudre de Guerre,
> Qui bouleversera les Ennemis par Terre
> Et bornera du Ciel la gloire des Françoys.

On assiste bien ici, dans cette répétition d'une même figure (avec variantes), à la construction d'une iconographie royale qui se fait dans l'atelier des graveurs, et à la fabrication d'une figure du souverain par un ensemble de signes qui cristallisent un topos iconographique permettant d'identifier tout à la fois le roi de guerre, le roi de justice, le roi en majesté, le roi élu de Dieu…

Lors de son entrée parisienne, le 22 mars 1594, Henri IV s'associa à un imprimeur parisien, Jean Le Clerc, qui dessina et diffusa trois gravures insistant sur l'acclamation populaire et la liesse qui avaient célébré son entrée dans la capitale reconquise. Le graveur délivre lui-même le sens de ces images dans le texte qui accompagne le premier placard : « Et ce discours sommaire servira pour expliquer ce qui est représenté en ces trois figures, qui sont mises en public, afin que vos subjects et les estrangers, mesmes les enfans, gens sans lettres et ignorants qui vivent à présent et naistront par cy après, ayent tousjours devant les yeux le pourtraict de ceste heureuse et esmerveillable journée. » L'évocation des enfants, passeurs de mémoire, et des générations à venir met bien en valeur la fonction de l'estampe comme garante de la construction de l'image du roi, inscrite dans une longue durée : elle est investie d'un pouvoir de remémoration.

Ces trois gravures représentent d'abord l'entrée du roi par la porte Neuve, la même porte qu'Henri III avait empruntée six ans auparavant quand il dut fuir piteusement sa capitale insurgée (« Réduction miraculeuse de Paris sous l'obéissance du Roy Très Chrestien Henri III et comme SA Majesté y entra par la Porte Neufve le mardy 22 mars 1594 ») ; ensuite, Henri IV est montré, entouré d'une foule aussi compacte qu'enthousiaste, se dirigeant vers Notre-Dame pour assister à un *Te Deum* solennel (« Comme le Roy alla incontinent à l'Église de nostre Dame rendre grâces solennelles à Dieu de ceste admirable réduction de la ville Capitale de son Royaume ») ; enfin, le roi regarde en souriant les soldats espagnols quittant Paris (« Comme sa Majesté le mesme jour estant à la Porte Saint Denis, vit sortir hors de Paris les garnisons estrangères que le Roy d'Espagne y entretenoit »).

Henri IV se rendant à Notre-Dame pour confirmer son abjuration à Saint-Denis. Souverain accessible sans armure mais entouré de ses soldats, au contact d'un peuple innombrable : nous assistons ici à la reconstruction de l'image royale.

D'autres entrées royales ont donné lieu à des estampes mettant en scène le souverain triomphant : Rouen (16 octobre 1595), Lyon (4 décembre 1595), Metz (13 mars 1603). Grâce à l'estampe, la cérémonie dépasse le temps éphémère d'une journée pour devenir une véritable mémoire visuelle de la construction de l'État[30].

Dans cette mise en image d'une monarchie régénérée, il ne faut nullement oublier les frontispices et les pages de titre des livres. Publié deux ans après la signature de l'édit de Nantes, le *Théâtre d'agriculture et mesnage des champs* d'Olivier de Serres (1539-1619) a participé, à sa manière, à la politique de pacification, d'union nationale, de retour à la terre voulue par Henri IV dans sa politique de pacification et de réconciliation « nationale » autour de l'unité restaurée de la monarchie, avec une volonté de remise de la société au travail (le fameux « labourage et pâturage » de Sully), après plus de trente années de guerres civiles. La page de titre représente un arc de triomphe monumental dans le creux duquel apparaît le titre. Cet arc de triomphe à la romaine porte un jardin rigoureusement ordonné en quatre parterres. Le roi y est représenté en majesté, paré des insignes du pouvoir – sceptre, main de justice, couronne –, au centre géométrique du jardin, à la croisée des allées, sur un trône surélevé de quelques marches. On aperçoit près de lui une allégorie de la justice (avec la balance qui pèse et l'épée qui tranche – roi de justice et roi de guerre) et une figure creusant la terre avec une pelle, tandis qu'un rameau d'olivier évoque la paix et la sécurité retrouvée *(« Securitas Publica »)* qui permettent le développement de la production agricole après des décennies d'insécurité dans les campagnes.

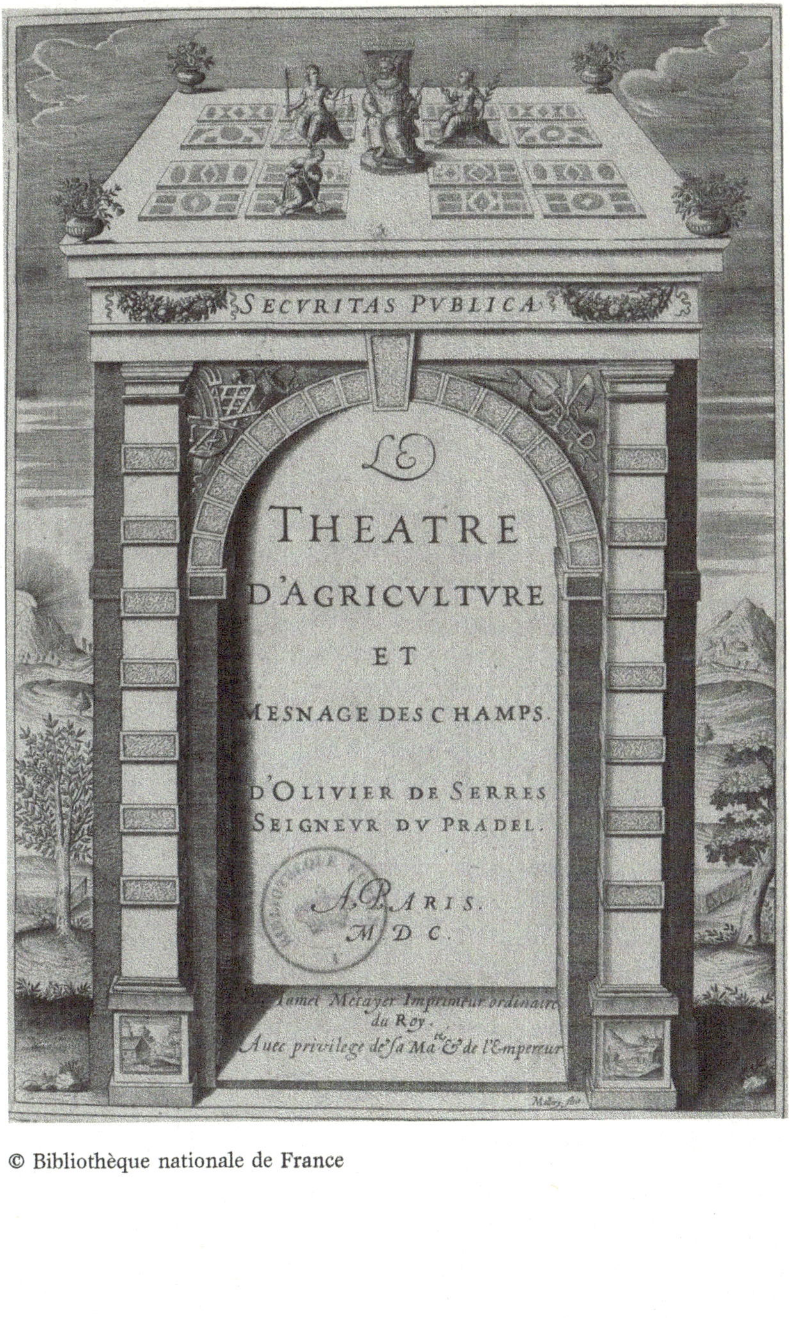
SECVRITAS PVBLICA
LE
THEATRE
D'AGRICVLTVRE
ET
MESNAGE DES CHAMPS.
D'OLIVIER DE SERRES
SEIGNEVR DV PRADEL.
A PARIS.
M. D C.
Iamet Metayer Imprimeur ordinaire
du Roy.
Auec priuilege de sa Ma.te & de l'Empereur

Olivier de Serres fut un des auteurs préférés du souverain : ce dernier ordonna, quand on lui présenta l'ouvrage qui lui était dédié, qu'on lui en fasse la lecture chaque soir. « Il était fort impatient, écrit un contemporain, et il lisait une demi-heure. » Le *Théâtre d'agriculture* obtint un vif succès : huit éditions parurent du vivant d'Olivier de Serres, mort en 1619. Henri IV ne pouvait qu'y apprécier l'exaltation des valeurs traditionnelles, apaisantes, lui qui voulait voir sa noblesse, moins batailleuse, transformer, comme l'écrit Olivier de Serres dans sa préface, « son épée en estoc de charrue[31] » : la violence ne mène à rien ; il s'agit, tout au contraire, de se faire « aimer, honorer, craindre, obéir de vos amis, voisins, sujets et serviteurs ». Ce traité d'agronomie a fonctionné comme un instrument d'incitation à entreprendre l'œuvre de renouveau économique à partir d'une initiative individuelle, celle du « gentilhomme et autre vertueux personnage, capable de raison, ayant délibéré de faire valoir le bien que Dieu lui a donné... ».

On le mesure bien ici : la reconstruction monarchique par l'image n'a été qu'un versant de la politique menée par Henri IV pour restaurer une monarchie et une société abîmées, mais elle nous a semblé suffisamment « parlante » pour mettre en valeur l'originalité de ce règne multiplement fondateur.

Un témoignage de la reconstruction henricienne : le nouvel idéal social du gentilhomme fermier

« Ces choses seroient vaines sans bon gouvernement, ne pouvant en ce monde rien subsister sans police. En quoi reluit la Providence divine, d'autant plus qu'on voit l'ordre qu'elle a établi en Nature marcher continuellement son train sans interruption ; aiant donné à aucuns le sçavoir commander, et à d'autres l'obéir ; dont par ce moien chacun est retenu en son office, pour la conservation du genre humain. [...] Ainsi, je m'adresse au Gentilhomme, et à autre vertueux personnage, capable de raison, qui aiant délibéré de faire valoir le bien que Dieu lui a donné, ou par ces antécesseurs ou par ses honnestes acquests, se résout à prendre joieusement la peine de le faire cultiver par serviteurs domestiques ou par fermiers [...].

Ce lui sera un grand support et aide que d'estre bien marié, et accompagné d'une sage et vertueuse femme, pour faire leurs communes affaires avec parfaite amitié et bonne intelligence. Et si une telle lui est donnée de Dieu que celle qui est descrite par Salomon, se pourra dire heureux et se vanter d'avoir rencontré un bon thrésor [...]. Cela mesme vous fera aussi aimer, honorer, craindre, obéir de vos amis, voisins, subjects, serviteurs. Et par telle marque estant vostre maison recogneue pour celle de Dieu, Dieu y habitera, y mettant sa crainte, et, la comblant de toutes sortes de bénédictions, vous fera prospérer en ce monde, comme est promis en l'Escriture : "Si à ton Souverain tu rends obéissance. En la ville et aux champs tu auras abondance. D'huile, de bled, de vin, de bestail à jamais." Hésiode, Caton, Varron, Columelle et autres anciens autheurs de rustication, quoique Païens, ne se peuvent souler de nous recommander d'implorer l'aide de Dieu en toutes nos affaires, comme article fondamental du Mesnage.

[...] Le père de famille aimera aussi ses subjects, s'il en a, les chérissant comme ses enfants, pour en leur besoin les soulager de ses crédits et faveurs ; mesmes en cas de nécessité, du passage des gens de guerre et autres occurrences, les gardant des foules et surcharges, d'exactions indues et semblables violences que les temps diversement produisent. Leur fera faire bonne justice par ses Officiers, du déportement desquels s'enquerra souvent, ne souffrant jamais que, sous ombre de Justice ne autre occasion, son nom et sa réputation soient aucunement souillés.

[...] N'exigera rien de ses subjects que justement ne lui soit deu ; comme, au contraire, ne leur quittera ne laissera courir chose aucune, tant petite soit-elle, lui appartenant de ses fiefs ou rentes ; et soit bled, vin, argent, chastaignes, poules, chapons, cire, huile, espices, corvées, servitudes, hommages et autres droicts et devoirs seigneuriaux, du tout exactement s'en fera faire la raison sans rien rabattre, ne laisser accumuler terme à terme ; ou seroit que la pauvreté de l'année, ou autre calamité publique ou particulière lui fournit matière de faire l'aumosne à quelqu'un de ses débiteurs, le mettant en ce cas au nombre des pauvres.

Sera honneste envers tous, mesmes envers ses parens, amis et voisins, les caressant en toutes sortes d'amitié et de bons offices, leur faisant bonne chère, estant par eux visité, de visage, de courtoisie, de vivres, avec toute libéralité [...]. Et comme horacle de ses voisins, sera imité d'eux ; voiant son labeur prospérer, faisant devenir bonnes les mauvaises terres, et meilleures les bonnes, voire, de rien (sans mettre en compte les bleds, vins et autres communes denrées) tirer grands revenus par acqueducs, moulins, prairies, minières, soies, herbes, racines, pour divers usages [...]. En somme, d'un désert et misérable lieu, laissé en friche plusieurs siècles (comme, à la honte de leurs possesseurs et intérest publiq, de tels se treuvent beaucoup en Roiaume) fera-il une très plaisante, riche et commode demeure. »

Olivier de Serres, *Le Théâtre d'agriculture et mesnage des champs*, Paris, 1600. Extraits du chapitre 6 du livre I, « De l'office du père de famille envers ses domestiques et voisins ».

Impérieuse raison d'État

Inauguré par le règne henricien, après une période de troubles et de révoltes aristocratiques contemporaines de la minorité de Louis XIII – les minorités sont toujours propices, on l'a dit, à l'expression des « malcontentements » –, le Grand Siècle a été marqué par une évolution « absolutiste » du pouvoir qui bouleversa les manières traditionnelles du gouvernement. C'est en effet une « monarchie exécutive » et « extraordinaire » qui tend à s'imposer, avec la guerre pour moteur, guerre indirecte à partir de 1630, puis directe en 1635 contre les Habsbourg d'Espagne puis d'Autriche.

Ce conflit militaire doit être placé au cœur de l'analyse parce que l'histoire de la guerre et celle de l'État sont structurellement liées : à partir du règne fondateur de Philippe Auguste (1180-1223), vainqueur à Bouvines, le 27 juillet 1214, de l'empereur Othon IV et de ses alliés, la croissance territoriale et administrative de l'État de police, de justice et de finances et celle de l'État militaire allèrent de pair. Deux siècles plus tard, à la fin de la guerre de Cent Ans, en 1439, la décision d'un prélèvement régulier et annuel de la taille, impôt central de la monarchie, le démontra clairement : elle était parallèle à la mise en place, par Charles VII, d'une armée permanente affectée, notamment, à la défense du royaume. Désormais, ces deux piliers de l'État moderne – l'impôt, l'armée – étaient justifiés l'un par l'autre. Toute l'histoire de l'Ancien Régime s'en trouva bouleversée, marquée par une sorte de « fuite en avant », dans la mesure où l'armée se révéla très tôt surdimensionnée par rapport aux capacités financières de l'État : Philippe Hamon a évalué à 200 millions de livres environ la somme parvenue aux caisses centrales entre 1515 et 1547, soit 6 à 7 millions par an en moyenne. Or, sur cette somme, les deux tiers des rentrées étaient affectés aux seules dépenses liées aux exercices de Mars, déjà dévorantes[32].

On sait, depuis les travaux de Françoise Bayard et de Daniel Dessert, qu'un système « fisco-financier » a été mis en place – sans doute au moment des guerres de Religion par des financiers en majorité italiens – pour tenter d'ajuster les recettes fiscales (anticipées par des emprunts) et les dépenses de l'armée, impliquant l'ensemble des classes dirigeantes dans ce système de financement de la guerre[33]. Au cœur de cette histoire, une date doit être retenue : 1635. Cette année-là, en déclarant la guerre à l'Espagne, la France entra officiellement dans la guerre de Trente Ans (1618-1648) et l'État royal mit sur pied une armée de plus de 100 000 hommes.

Seuls des emprunts massifs permirent de la financer, déséquilibrant un peu plus, et de manière irréversible, le budget de la monarchie.

Mais il y a plus encore : la guerre légitima la systématisation, dans toutes les provinces – sauf en Bretagne, où il faudra attendre 1689 –, des intendants de « justice, de police et de finances », commissaires dépendant directement de l'autorité royale pour appliquer les décisions du roi et, notamment, réprimer les violentes révoltes populaires que le « tour de vis fiscal » – une augmentation massive de la taille –, conséquence de la guerre, provoqua.

En matière de guerres, écrivait Richelieu à Louis XIII, « on sait comment et quand elles commencent, mais nul ne peut prévoir le temps et la qualité de leur fin ». La guerre imposa effectivement une situation d'urgence et d'exception. L'originalité française fut que cette situation subsista près d'un siècle. Elle rendait légitime l'application du vieux principe médiéval *Necessitas legem non habet* – « la nécessité ignore la loi » –, un principe modernisé par Guichardin, Machiavel, puis Botero, auteur du tout premier traité consacré à la raison d'État, érigée en impératif politique suprême[34].

La guerre, « cause publique » par excellence, car elle mettait en jeu la survie de l'État, ne pouvait suivre le cours procédurier et la lenteur ordinaire de la justice. Les arrêts du Conseil du roi, immédiatement exécutables, les commissions émanées directement du pouvoir central permettaient de passer outre les instances traditionnellement représentatives et les circuits habituels d'enregistrement, de publication et d'application de la loi : le Parlement se trouva ainsi réduit à son rôle d'instrument de la justice du roi et perdit toute possibilité d'intervenir dans les décisions souveraines, notamment dans le cadre du droit de remontrances : le 21 février 1641, lors d'un lit de justice, le roi faisait « très expresses défenses à notre cour de Parlement de Paris et toutes nos autres cours de prendre, à l'avenir, connaissance d'aucunes affaires concernant l'État, administration et gouvernement d'icelui que nous réservons à notre personne seule ». Le préambule de l'édit était tout aussi clair : « Nous avons rendu à l'autorité royale la force et la Majesté Royale qu'elle doit avoir en un État monarchique, qui ne peut souffrir qu'on mette la main au sceptre du souverain et qu'on partage son autorité. » Vingt ans avant la « prise de pouvoir » de Louis XIV – 10 mars 1661 –, il s'agissait là d'une véritable charte de l'absolutisme, la règle du pouvoir du roi, qui devait survivre, non sans aléas, jusqu'à la Révolution…

Ce changement de conception de l'autorité est bien lisible dans le *Testament politique* de Richelieu – ce dernier a été pourvu du titre de « principal ministre d'État » à partir de 1629 : « L'intérêt public est le seul objectif du prince et de ses conseillers. » En conséquence, le souverain se doit d'être un roi de raison, dépassionné, qui ne peut plus entretenir de relations personnelles avec ses sujets : le souverain est une « personne publique ». C'est-à-dire que pour appliquer politiquement le principe de la raison d'État, le prince doit transcender le cadre de référence coutumière des relations personnelles, notamment celles qui le liaient à sa noblesse. Comme l'écrit et le pratique Richelieu – par exemple en ordonnant l'exécution du duc de Montmorency, coupable de révolte contre l'État royal, en 1632 –, « des considérations privées ne doivent jamais influencer les affaires publiques ». Louis XIII et Richelieu ont ainsi fortement accru l'anxiété et le désarroi de la noblesse : pouvoir coercitif, écrasement des oppositions huguenotes (fortement aristocratisées), pouvoir accru des intendants…

C'est ainsi que la guerre a forgé l'union de la raison du prince et de la nation, une union érigée en nécessité supérieure à tout autre : c'est toujours au nom des « nécessités publiques », équivalent de la raison d'État, que les décisions exceptionnelles – une crue de taille, par exemple – sont imposées sans que le Parlement puisse s'y opposer.

*

Des textes de juristes et de pamphlétaires au service de la politique royale – Richelieu fut à la tête d'un véritable cabinet de presse[35] – confortèrent cette inflexion majeure : en 1631, Guez de Balzac faisait paraître *Le Prince*, qui dresse le portrait d'un souverain animé avant tout par la défense de l'utilité publique, tout en reconnaissant que celle-ci « se fait souvent du dommage des particuliers » : « Le prince voit avec douleur la misère de son peuple, mais il n'a pu s'empêcher de l'amaigrir en le guérissant. » L'année suivante, le juriste Cardin de Bret (1558-1655), dans un grand traité qui fait figure de charte de l'absolutisme, justifiait pleinement une extension quasi illimitée des pouvoirs du roi, au nom d'une impérieuse « nécessité » : « Il n'y a point de doute que les Rois peuvent user de leur puissance et changer les lois et ordonnances anciennes de leurs États, ce qui ne s'entend pas seulement des lois générales, mais aussi des lois municipales et des coutumes particulières des provinces ; car ils peuvent les changer quand la nécessité et la justice le désirent [...]. L'on demande si le Roi peut faire et publier tous ces changements de lois et d'ordonnances de sa seule autorité, sans l'avis de son conseil ni de ses cours souveraines. À quoi on répond que cela ne reçoit point de doute pour ce que le Roi est le seul souverain en son royaume et la souveraineté non plus divisible que le point en la géométrie[36]. »

Quant à Gabriel Naudé (1600-1653), avant d'être le bibliothécaire de Mazarin, il fit paraître en 1639, à Rome, un court traité qui s'inscrivait à la fois dans la lignée machiavélienne et dans celle de la raison d'État. Il explique que les « coups d'État » peuvent « marcher sous la même définition que nous avons déjà donnée aux maximes et à la raison d'État, qu'elles sont un excès du droit commun, à cause du bien public, ou pour m'étendre un peu davantage en français, des actions hardies et extraordinaires que les princes sont contraints d'exécuter aux affaires difficiles et comme désespérées, contre le droit commun, sans garder même aucun ordre ni forme de justice, hasardant l'intérêt du particulier, pour le bien du public[37] ».

Tous ces textes, et bien d'autres, ont pour élément commun de justifier au nom du « bien public » une politique affranchie de tout contrepoids, de tout contrôle : née d'une urgence militaire, la conjoncture politique et institutionnelle devenait la structure même de l'État royal dans sa version absolue.

Traduction concrète de cette autorité désormais réellement « absolue », à consulter les rapports des intendants chargés dans les provinces du royaume d'assurer la collecte de la taille, on croirait lire des comptes rendus de généraux écrasant des ennemis, à l'exemple de celui-ci, envoyé par l'intendant de Tours au chancelier Séguier le 9 octobre 1643 : « Je vous puis à présent assurer que les paroisses les plus rebelles sont dans l'obéissance, la punition exemplaire que je fais faire des chefs des seditieux de Vernay a surpris tous les peuples. Il fut ordonné que les corps seroient attachés à un arbre ; cet exemple a fait un grand coup en l'esprit des peuples[38]. »

Quatre ans plus tôt, pour faire cesser la révolte des Nu-Pieds normands en guerre contre l'impôt – des commis des gabelles avaient été massacrés à Rouen en août 1639, mais ni le Parlement ni la milice bourgeoise n'étaient intervenus contre les émeutiers, provoquant la colère de Richelieu –, des troupes furent envoyées, commandées par Gassion. Contre les Normands révoltés, il menait 4 000 hommes de pied, 1 200 cavaliers, voués à « punir les coupables » comme le mentionnait son ordre de mission. Des combats violents opposèrent les soldats aux insurgés, en particulier sous les murs d'Avranches à la fin de novembre 1639. Le siège fit plus de 300 victimes et il s'acheva par le sac de la ville et une série d'exécutions sommaires. L'arrivée du chancelier Séguier à Rouen, doté de pouvoirs d'exception, en particulier celui d'ordonner directement les exécutions, paracheva l'œuvre de répression, associant la force de la justice à celle de l'armée du roi pour une exemplaire punition[39].

Les guerres domestiques de la Fronde

À un tel durcissement ne pouvait répondre qu'une forte résistance, comme l'illustre la dernière grande révolte qu'on pourrait qualifier de « séparatiste », avant la Révolution.

De 1648 à 1653 se cristallisèrent toutes les oppositions à ce que le pouvoir central avait, depuis plus d'un siècle, perturbé dans l'équilibre des solidarités traditionnelles. Ces solidarités – villages, villes, seigneuries… – étaient aussi des pouvoirs, des pouvoirs locaux qui existaient et fonctionnaient bien avant l'État central, le dernier de ces pouvoirs, celui qui s'était surimposé sur tous les autres, souvent par la violence, comme on vient de le mesurer. Quand il évoque dans ses *Mémoires* le début des années 1630, Omer Talon, avocat général au parlement de Paris, écrit que « le gouvernement était dur ». Et cette dureté s'explique parce que « l'on voulait les choses par autorité et non par concert ». Aussi peut-on comprendre que ce qu'on appelle la Fronde dans ses différentes composantes – parlementaire, nobiliaire, populaire – fut, avant tout, la conséquence directe de tous ces changements violents imposés d'en haut, sans dialogue ni concertation possibles, par Louis XIII et Richelieu.

La révolte pouvait-elle l'emporter sur cet État absolu ? Non, parce qu'elle n'a bénéficié ni d'unité de protestation ni de continuité d'action. Les mouvements de contestation divers, apparemment confus, voire contradictoires, qu'elle illustre traduisent l'hétérogénéité de cultures politiques juxtaposées qui s'exprimèrent en ordre dispersé : les magistrats du Parlement cherchaient à retrouver leur faculté d'intervenir dans les décisions souveraines, les aristocrates aspiraient à plus de reconnaissance et de récompenses : le dépit du Grand Condé, vainqueur de Rocroi (1643), de Philippsbourg (1645) et de Lens (1648), fut considérable devant les refus réitérés de Mazarin, le principal ministre, de répondre à ces instantes demandes (sept requêtes sur onze refusées concernant des gouvernements de places en récompense de ses services) : « Je vois bien, lui écrit-il, en juin 1648, qu'il faut toutes les campagnes que je reçoive quelque petite mortification, mais pourtant il est assez rude de servir avec la passion avec laquelle je sers, et se voir hors d'estat de rien faire ny pour soy ny pour ses amis [...]. Mais je voys fort peu de gens doresnavant qui se veuillent adresser à moy pour obtenir quelque grâce, et je seray fort circonspect à en demander, de peur de me décréditer tout à fait. »

Dans cette France des années 1630-1650, Richelieu puis Mazarin contrôlaient une grande part du patronage royal. Mazarin, explique le comte de Brienne, « commença par disposer des charges, ayant persuadé à la Reine qu'il serait inutile à son service si elle ne lui donnoit de l'autorité et que c'étoit en manquer que de ne pas être maître de la distribution des grâces ». On comprend bien alors le moteur de la Fronde condéenne : la capture par le « principal ministre » du système du crédit et de la faveur, cette « distribution des grâces » qui fonde le pouvoir des grands...

À une autre échelle, les revendications du peuple urbain portent plus simplement sur le droit élémentaire à l'existence :

du pain et moins d'impôts. Quant à celles des communautés rurales, parfois soutenues par leur seigneur, elles expriment avant tout le rejet de toute « novelleté », notamment fiscale, au nom du mythique âge d'or d'un bon roi pacifique, justicier (Saint Louis, Louis XII, Henri IV) et économe du bien de ses sujets : « Vive le roi sans gabelle ! »

La conséquence de cette pluralité de langages et d'actions est que la Fronde, ou plutôt les Frondes, car c'est bien le pluriel qui s'impose, se sont déroulées en une suite de séquences conflictuelles plus indépendantes les unes des autres que solidaires. Aussi le dénouement politique de chacune des crises frondeuses a été résolu au coup par coup, en fonction d'un rapport de force qui institua, en définitive, le pouvoir royal comme principal et bientôt seul maître du jeu face à des coalitions provisoires, hétérogènes, éphémères, fédérations aléatoires de mécontents forgées pour répondre à des satisfactions et des prétentions particulières, loin de tout objectif général ou d'un idéal commun, loin donc de l'argument impératif, toujours répété par les hommes du roi, des impérieuses « nécessités de l'État » justifiées par la guerre qui continuait contre l'Espagne.

Et c'est ainsi que Louis XIV fut le seul vainqueur de la Fronde. En 1653, quand s'éteignirent, en Guyenne, les ultimes feux de ces « guerres domestiques », Louis « Dieudonné » était roi depuis dix ans… Loin des livres savants de ses précepteurs, ces événements firent office d'école politique de plein vent, élargie aux dimensions du royaume, une école de la vie, avec Mazarin, son mentor, son parrain, dans le rôle de royal instituteur.

*

La principale leçon fut celle de la nécessité d'abaisser les parlements, mais aussi de contrôler directement, c'est-à-dire personnellement, les aristocrates et les chefs des grands lignages. Ce fut une des raisons de Versailles et du rituel contraignant de la Cour imposé aux nobles, car la Cour fut, d'une certaine façon, une autre école politique dont le roi fut le grand instituteur, celle de la discipline des comportements : les seigneurs malcontents et quelque peu rustres du premier XVIIe siècle furent transformés en serviles courtisans, prêts à se disputer le privilège de tenir le bougeoir lors du coucher du Roi-Soleil, tenus à se montrer au souverain, et interdits d'aborder tout sujet politique. Nombre de témoins ont rapporté cette expression coutumière de Louis XIV : « C'est quelqu'un que je ne vois jamais. »

Sans doute, un « système de cour » existait-il déjà depuis longtemps – notamment sous le règne d'Henri III, qui légiféra en matière d'étiquette en 1574 et 1585 –, mais il a été perfectionné par le Grand Roi, à partir d'un jeu de jalousies, d'amour-propre, de devoirs réciproques, de compétition, que le souverain, seul gestionnaire des faveurs et des pensions, pouvait d'un mot, d'un geste, d'un silence perturber. Nul mieux sans doute que La Bruyère ne l'a décrit : « Un homme qui sait la cour est maître de son geste, de ses yeux, de ses visages ; il est profond, impénétrable ; il dissimule les mauvais offices, sourit à ses ennemis, contraint son humeur, déguise ses passions, dément son cœur, parle, agit contre ses sentiments » (La Bruyère, *Les Caractères*, « De la cour »). Et Mme de Maintenon, dans une de ses lettres, confirme : « Il n'y a point dans les couvents d'austérités pareilles à celles auxquelles l'étiquette de la cour assujettit les grands. »

« Austérités », carcan ? Est-ce aussi sûr ? La cour de Versailles a contribué à restaurer ce qui constituait l'essence même des relations rompues par Richelieu entre le roi et sa noblesse : la vue du roi, la faveur sont des invariants de toute l'histoire moderne. En 1562 déjà, Lansac, ambassadeur français au concile de Trente, écrivait au bout de quelques mois de présence dans la ville conciliaire : « Je ne scauroy souffrir peyne plus insupportable que de me veoir plus longtemps privé de la présence de vostre Majesté. »

Avec Louis XIV, on observe un retour spectaculaire à l'accessibilité du prince : la vie publique à Versailles, à travers le rituel de cour, contribue à cette visibilité retrouvée ; la codification des rangs permet une familiarité cérémoniale avec le roi. D'une certaine manière, l'État « louisquatorzien » a restauré la « qualité » de la noblesse, cette qualité que Richelieu et Louis XIII avaient failli lui faire perdre : les recherches de noblesse ont, du reste, resacralisé des privilèges attachés à la naissance. Et par sa fonction assumée de roi de guerre, présent sur les lieux des combats (jusqu'en 1693), Louis XIV manifesta sa volonté de se montrer à sa noblesse afin que cette dernière puisse, à nouveau, être exposée aux yeux du roi, pour sa plus grande gloire et celle de l'État. « Le soin particulier que je prenais des troupes qui servaient auprès de ma personne, écrit-il dans ses *Mémoires*, faisait que la plupart des jeunes gentilshommes français souhaitaient passionnément d'y venir apprendre leur métier, et que même plusieurs officiers réformés avaient passion de rentrer dans un service où l'on étoit exposé de si près à mes yeux. »

C'est là peut-être la grande leçon de la Fronde : la nécessité de la présence royale, pleinement réintégrée dans l'institution monarchique ; Louis XIV a considéré sa présence constante aux yeux de tous comme une réponse à une attente de la noblesse. Il a « hyper-personnalisé » la culture du service et ainsi répondu au traumatisme provoqué par le discours et les pratiques de la raison d'État.

Louis XIV : le souverain aux trois règnes

Le règne de Louis XIV, tour à tour enfant – il fut roi le jour même de la mort de son père, à moins de cinq ans –, adolescent, adulte, vieillard, dura soixante-douze ans. Il s'acheva au matin du 1er septembre 1715, au dernier souffle du vieux roi, « comme une chandelle qui s'éteint ». À cette date, l'écrasante majorité des Français n'avait connu nul autre souverain…

À partir de ce simple constat d'ordre biologique, on comprendra que le premier intérêt de ce règne, exceptionnel par sa longévité, est de nous permettre d'observer différents fonctionnements du pouvoir royal, suivant la « faiblesse » ou la « force » de celui qui a vécu sur le trône tous les âges d'une vie d'homme, depuis la minorité d'un souverain enfant, au centre des enjeux de pouvoir au temps de la Fronde, jusqu'à la maturité du « Roi-Soleil » à Versailles, cœur de la monarchie absolue et du cérémonial de la Cour – à partir de 1682 – dont Louis XIV fut l'ordonnateur ou le grand « horloger » (Saint-Simon).

Le très long règne de celui qui se qualifiait lui-même de « plus grand roi du monde » quand il s'adressa à son arrière-petit-fils, le futur Louis XV, sur son lit de mort – « j'ai trop aimé la guerre »… – a été traversé d'évolutions, de reniements, de retournements, et de violents contrastes, et tel un film à multiples épisodes et rebondissements, il paraît possible de partager la vie du roi en plusieurs époques, au moins trois, comme si Louis XIV avait été le souverain de trois règnes successifs et différents : quel rapport en effet entre le jeune souverain, au début de son « deuxième règne », qui impose lors des fêtes de l'Île enchantée (1664) Molière et son *Tartuffe*, véritable défi lancé à la Compagnie du Saint-Sacrement et aux dévots, et le vieux roi qui supprime d'un trait de plume l'édit signé à Nantes par son grand-père, transformant Versailles en un austère « couvent » comme n'hésite pas à s'en plaindre la princesse Palatine ? Il est vrai que les années tragiques et funestes de ce « troisième règne » ont fait peser sur Versailles une chape de plomb dont témoigne bien le marquis de Dangeau, chroniqueur attentif de l'existence monotone du vieux Louis XIV : la messe, le Conseil, les jardins, Saint-Cyr, à l'heure des vêpres l'appartement, le « Sanctuaire », comme on dit alors, de Mme de Maintenon le soir, où Mme de Caylus, Mme d'Auxy, Mlle d'Aumale jouent parfois quelques extraits d'*Esther* au son de la flûte et de la basse de viole…

*

Après les années de Fronde – au cœur du « premier règne », celui de la minorité et des années Mazarin –, le « deuxième règne » est inauguré par la fameuse séance du Conseil réuni le lendemain de la mort du cardinal-ministre, le 10 mars 1661, quand le souverain, âgé de vingt-deux ans, annonce sa décision de régner « seul ». La personnalisation de l'État, cristallisée dans la figure du Roi-Soleil, est parallèle à un changement majeur dans le fonctionnement de l'autorité, un changement perceptible au moment de ce qu'on pourrait appeler les « années Colbert », de 1661 à 1683. L'historien Michel Antoine a parlé de « la révolution de 1661[40] ». Jean-Christian Petitfils a souligné l'importance de ce moment d'un point de vue institutionnel : il marque la fin du « ministériat », ce stade primitif de l'absolutisme qui voit les pouvoirs gouvernementaux concentrés entre les mains d'un « principal ministre », seul responsable devant le souverain – successivement Richelieu puis Mazarin[41].

La période 1661-1673 est, de toute l'histoire de l'État monarchique, une de celles qui a vu la plus grande addition de « réformations », comme les appellent les textes du temps. On retrouve en ces années la tentation de la monarchie pendant les courts moments de paix (mis à part l'intermède de la guerre de Dévolution en 1667-1668 qui apporte au roi Lille et quelques villes du Nord) de mettre en place une réforme générale des institutions, voire de l'organisation économique et sociale du royaume. Tout un volume serait nécessaire pour établir une simple liste des édits, des ordonnances, des lettres patentes, des règlements (sur les manufactures textiles par exemple en 1669), des codifications (Code civil, dit « code Louis », de 1667, Code criminel de 1670 produisant une réforme classificatoire de la justice, Code forestier de 1669, commercial de 1673, maritime, colonial ou, plus tard, Code noir de 1685...), des procédures d'exception (Grands Jours d'Auvergne contre les seigneurs abusant de leur pouvoir en 1665, chambre de justice contre les financiers de 1661 à 1665). Dans ses *Mémoires*, Louis XIV prend bien soin de mettre en valeur sa fonction de roi-légiste en détaillant les dix-sept mesures d'autorité qu'il déclare avoir décidé lors de la seule année 1661[42].

Fortifié par la condamnation de Nicolas Fouquet, le surintendant des Finances, en 1665, dont il fut en partie responsable, à la tête d'un réseau de fidélité et de capitaux dont nous connaissons l'ampleur et les ramifications dans toutes les provinces du royaume[43], Colbert, maître, entre autres, des finances, entreprit cette série de « réformations » dans le cadre du fameux « grand dessein » qu'il présenta au roi en 1664 « pour le bien de l'État » : réduction des dettes et du déficit, assainissement du « budget » pour tenter de résorber le décalage chronique entre les recettes et les dépenses, amélioration du potentiel productif de l'économie, incitation à la consommation...

Si elles ne constituent pas un programme, comme on l'a parfois écrit, toutes ces réformes s'inspirent d'un ensemble de « vérités arithmétiques et démonstratives », dominé par un souci d'ordre et de rationalité économique, dont le but avoué est d'enrichir le royaume, c'est-à-dire l'État, à partir « de l'argent comptant que les sujets amassent par leur travail, par les fruits qu'ils recueillent de la terre et celuy que leur industrie leur procure ». Opiniâtre, sérieux, souvent sermonneur, le contrôleur général des Finances – il occupe cette fonction à partir de 1665 – présente au roi ses « vérités » dans de multiples mémoires, dont l'un, rédigé en 1670, constitue en quelque sorte la charte de ce que certains ont appelé le « colbertisme », variante française du mercantilisme. Colbert y détaille les moyens destinés à accroître « la grandeur, la puissance de l'Estat et la magnificence du Roy ». Partant du postulat d'une richesse fixe, non extensible, sans croissance, il s'agit d'« augmenter l'argent dans le commerce public en l'attirant des pays d'où il vient, en le conservant au-dedans du royaume et empeschant qu'il n'en sortist, et donnant des moyens aux hommes d'en tirer profit » (*Mémoire au roi sur les finances*, 1670).

On a souligné le passage d'une conception judiciaire de l'État – la révolte des *Torreben* bretons (printemps-été 1675), dite du « papier timbré » ou des Bonnets rouges, est souvent présentée comme la dernière des grandes insurrections paysannes contre le fisc et ses agents – à une conception plus utilitaire : Ernest Lavisse, au début du XXe siècle, écrivit de fortes pages sur cette « monarchie administrative ».

La politique de contrôle, d'enquête, de dénombrement ne débute évidemment pas au temps de Louis XIV ; mais elle tend, sous son règne, à devenir la règle. Les correspondances des intendants puis, à la fin du règne, des subdélégués deviennent régulières, ordonnées, cohérentes, plus techniques, et non plus inquiètes et occupées des affaires de répression armée comme au temps de Louis XIII, quand les maîtres des requêtes et les commissaires départis se comportaient, on l'a vu, tels des envahisseurs d'un espace à conquérir par la force contre la « canaille » des « séditieux ».

*

Cette pratique du pouvoir entreprise par Colbert se heurta, bien avant la mort du ministre, à de multiples obstacles qui interdirent la réussite de nombre de ses projets. Le premier de ces obstacles fut imposé par la conjoncture.

En effet, dans de nombreuses provinces, en particulier dans la France du Nord, la conjoncture économique s'est retournée, provoquant une baisse des profits et des prix, avec, pour conséquence, une moindre rentabilité de l'impôt. Né pendant la Fronde, le « grand malaise des fermiers » se poursuivra jusqu'aux années 1740, car la prospérité de ces grands exploitants du sol reposait sur une conjoncture générale propice dans laquelle le climat, la paix, la hausse des prix agricoles jouaient en faveur des producteurs. Or tous ces indicateurs passent au rouge de 1650 à 1740. Quelle que soit la position que l'on adopte à propos des caractères de la longue crise du XVIIe siècle, les observateurs s'accordent pour souligner la profondeur de la dépression économique qui s'installa alors dans les campagnes du Nord-Ouest de l'Europe, et frappa celles du Bassin parisien en particulier[44].

C'est dans cette conjoncture morose que débuta, en 1672, la guerre d'agression contre la Hollande – Louis XIV voulait abattre sa puissance, notamment commerciale –, qui annula et condamna la plupart des réformes entreprises par Colbert. Conçue comme une guerre éclair, elle se transforma en une guerre européenne marquée par une vaste coalition contre la France et se prolongea jusqu'en 1678 (traité de Nimègue). En 1694, dans une *Lettre à Louis XIV* particulièrement critique – nous sommes alors au cœur d'une des crises de subsistances les plus dramatiques de l'Ancien Régime[45] –, Fénelon fait remonter le dérèglement de la monarchie et son inflexion belliqueuse jusqu'à « cette origine de la guerre de Hollande », qu'il considère comme « la source de toutes les autres » et de tous les maux dont la France souffrait : « Vous avez passé votre vie entière hors du chemin de la vérité et de la justice, et par conséquent hors de celui de l'Évangile. Tant de troubles affreux qui ont désolé l'Europe depuis plus de vingt ans, tant de sang répandu, tant de scandales commis, tant de provinces saccagées, tant de villes et de villages mis en cendres, sont les funestes suites de cette guerre de 1672, entreprise pour votre gloire et pour la confusion des faiseurs de gazettes et de médailles de l'Europe. »

À partir de 1672, la situation financière se trouva en effet fondamentalement et durablement modifiée : jusqu'alors, le budget de la monarchie était pratiquement équilibré, les recettes compensant les dépenses (même au prix de réductions de rentes) ; à partir de la guerre de Hollande, bien que les recettes fussent accrues, elles restèrent constamment en dessous des dépenses. Le seul moyen de parvenir à un équilibre factice était le recours aux recettes extraordinaires – des emprunts, notamment. En 1673, les rentrées étaient de 96 millions de livres, les dépenses de 98 millions : la monarchie venait d'entrer dans l'ère des déficits, jusqu'à la fin du règne. Le roi prit lui-même, sur le tard, conscience de son erreur fatale de 1672 : « Il faut excuser une telle guerre chez un prince aussi jeune que je l'étais et aussi bien traité de la fortune. »

Après une conjoncture plutôt favorable, qui coïncida avec les deux décennies du ministériat de Colbert, les difficultés, militaires, financières, économiques, ne cessèrent de s'accumuler. Et les années qui encadrent 1685 – c'est là le début du « troisième règne » – forment une période charnière et rupture : le roi s'installe définitivement à Versailles (6 mai 1682) ; Colbert meurt (6 septembre 1683), quelques semaines après le décès de Marie-Thérèse d'Autriche, l'épouse du roi (juillet 1683), qui se remarie, secrètement, avec Mme de Maintenon (octobre 1683) ; après de nombreuses tracasseries contre les protestants, l'édit de Nantes est révoqué (18 octobre 1685) ; la guerre de la ligue d'Augsbourg commence (1688), une guerre inédite par son ampleur et les forces qu'elle met en jeu, sur terre comme sur mer. Dans le même temps, les problèmes se multiplient, alors que se succèdent les contrôleurs généraux chargés de les résoudre.

Entre tous ces événements, la révocation de l'édit de Nantes est sans doute le plus lourd de conséquences, à l'intérieur du royaume, mais aussi par les effets qu'il provoqua dans les relations internationales. Elle a eu pour effet immédiat de précipiter vers l'exil hors du royaume de nombreux huguenots : le chiffre de 200 000, soit le cinquième (environ) des réformés, a été avancé. Ce départ forcé accrut les difficultés économiques, car une majorité des exilés appartenaient aux métiers les plus productifs et innovants, dans l'industrie textile notamment : soie, toile à voile, tapisserie. Vauban se désespéra de voir bien des ingénieurs huguenots le quitter pour offrir leurs services – et leur savoir – à l'Électeur du Brandebourg, futur roi de Prusse…

Nombreux furent les pays qui accueillirent les réformés français : la Suisse (20 000 environ), le Brandebourg (20 000) – à Berlin en particulier –, l'Angleterre (Hume estima leur nombre à 50 000), la Hollande, les colonies anglaises d'Amérique… Et la révocation contribua à ternir l'image déjà fortement altérée du « Roi-Soleil » et à renforcer l'opposition des puissances européennes, en particulier protestantes : la guerre de la ligue d'Augsbourg, qui commence en 1688, est la conséquence directe du durcissement louisquatorzien vis-à-vis des protestants. En même temps, la résistance intellectuelle à l'absolutisme se voyait stimulée. Le refuge hollandais accueillit nombre d'écrivains, de pamphlétaires, de graveurs, qui multiplièrent, par le texte et par l'image, les critiques contre la politique agressive du « Très Chrétien », à l'exemple des *Réflexions sur la cruelle persécution* de Jurieu, paru dès 1685, virulent réquisitoire contre le « Dieu de poudre et de terre » résidant à Versailles, artisan de cette décision inique : « La mauvaise foi, la fourbe, la violation des promesses, la profanation du Sacré nom de Dieu, la fureur, la violence, la brutalité, tout y entre[46]. »

Les années de misère du Roi-Soleil

Les dernières années du « troisième règne » de Louis XIV virent le cumul de mille difficultés, alors que tout semblait se dérégler : une crise financière sans précédent acculait l'État royal à une quasi-banqueroute, des revers militaires allaient jusqu'à enfoncer la « frontière de fer », ce réseau de villes-forteresses conçues par Vauban, et menacer la capitale – la guerre avait recommencé en 1701 en raison de la succession controversée de Charles II, le roi d'Espagne –, sans oublier les morsures du « Grand Hyver » de 1709, cette terrible vague glacée qui s'abattit près de trois mois durant sur le royaume (température record de – 17 °C à Marseille le 11 janvier, de – 23 °C à Paris le 13 janvier), détruisant les blés semés l'automne précédent et jusqu'aux oliviers en Provence.

Dans la terrible conjoncture de ces « années de misère », un homme eut la responsabilité de devoir faire face, directement, à la somme de tous ces défis : Nicolas Desmaretz (1648-1721), un « Colbert oublié », neveu de Jean-Baptiste[47]. Il fut contrôleur général des Finances de 1708 à 1715 et promu en même temps ministre d'État. Il eut ainsi l'honneur de pouvoir participer au Conseil d'en haut, présidé plusieurs fois par semaine par le Grand Roi. Composé de quatre ou cinq ministres, ce conseil statuait, après discussions et intervention de chacun de ses membres, sur les grandes affaires intérieures et extérieures du royaume. Et presque chaque mardi, Desmaretz bénéficiait du privilège de se retrouver en tête à tête avec Louis XIV et Daniel Voysin, le secrétaire d'État de la Guerre, dans le cadre de la « liasse », des réunions hors Conseil où étaient examinées et se prenaient l'essentiel des décisions.

Pour mieux comprendre le fonctionnement de la monarchie durant ces années crépusculaires du règne du Roi-Soleil, nous allons suivre les actions de ce très zélé serviteur de l'État, qui réussit à ne jamais quitter les allées du pouvoir, de 1665 – Colbert venait d'être nommé contrôleur général des Finances – à sa mort en mai 1721, au temps de la régence de Philippe d'Orléans. C'est dire que sa vie traverse une grande partie du long règne, et nous pouvons, grâce à lui et avec lui, pénétrer au « cœur de l'État », pour reprendre la formule de Michel Antoine, ce cœur palpitant des finances qui irrigue tout le corps de la monarchie et, au-delà, de l'ensemble de la société[48]. D'autant que l'itinéraire de Desmaretz lui a permis d'expérimenter tous les postes, tous les bureaux de l'administration financière, depuis celui de petit commis – il a alors seize ans – à l'école de son maître, Colbert, l'oncle tutélaire, jusqu'à la fonction prestigieuse de contrôleur général des Finances, au terme d'une fulgurante ascension professionnelle : à vingt-six ans, maître des requêtes ; à trente ans, intendant des finances. Il exerça notamment la direction du « bureau des états au vrai » au sein du Contrôle général : cette dernière responsabilité lui permit d'examiner les recettes et les dépenses des comptables publics, pour en informer le Conseil. En même temps, au fil de ses promotions, de ses affectations, Desmaretz acquit un savoir-faire technique et cumulatif pour traiter des dossiers de plus en plus lourds, de plus en plus complexes, et siéger dans les principales commissions et les comités financiers qui peuplaient le Contrôle général.

À la tête des Finances, le ministre signa plus de 2 500 arrêts entre 1709 et 1715, alors que la machine administrative tournait à plein régime, comme l'illustrent les 25 302 lettres expédiées entre 1708 et 1714 (avec un pic pendant la crise de 1709-1710 : ces deux années représentent 40 % du total)[49]. Parallèlement, le contrôleur général multiplia les mémoires destinés à Louis XIV, comme le faisait déjà son oncle, pour l'informer, presque au jour le jour, sur la situation économique et sociale du royaume.

Voici, par exemple, le mémoire remis au roi le 26 août 1709, au cœur de la tourmente la plus dramatique à laquelle la monarchie louisquatorzienne fut confrontée. Nicolas Desmaretz s'alarme des multiples signaux d'une crise devenue aussi incontrôlable que généralisée. Dans ce long texte, il dresse une synthèse des rapports qu'il a reçus de toutes les provinces de la part des intendants, qui dénoncent « la mauvaise disposition des esprits de tous les peuples », las de la guerre – la guerre de Succession d'Espagne se poursuit sans discontinuer de 1701 à 1714 –, prêts à la révolte : en Normandie déjà, des mouvements séditieux ont eu lieu, alors que dans d'autres provinces, la troupe parvient à peine à contenir un mécontentement grandissant. Reprenant une série de critiques et d'arguments énoncés avant lui par Pierre de Boisguilbert ou par Vauban, le ministre des Finances évoque l'interruption de la circulation de l'argent, les mauvaises rentrées de l'impôt, la faillite du système fisco-financier : « Le crédit des fermiers généraux, des receveurs généraux des finances et des traitants est tombé entièrement par les avances qu'ils ont faites ; elles montent, suivant la vérification qui en a été faite depuis six semaines, à plus de 65 millions de livres. Bien loin d'être en état de faire de nouvelles avances, tous leurs créanciers les pressent en même temps de payer, et, pour les y forcer, exercent contre eux les poursuites les plus vives et les plus rigoureuses. » Le contrôleur général insiste particulièrement sur le tarissement des sources de financement obtenues par les banquiers (Samuel Bernard, qui permettait à l'État royal d'accéder au marché international des capitaux, frôle la faillite au printemps 1709) : l'impossibilité pour l'État royal de prendre en charge les dépenses de la guerre, notamment le paiement des munitionnaires qui assurent la fourniture du pain d'hiver aux soldats cantonnant dans les casernes. Desmaretz dénonce aussi la cherté des blés, le défaut de consommation des produits alimentaires et manufacturés, bref un ensemble de maux dus à la conjonction d'une mauvaise récolte, d'une disette et de l'excès de la fiscalité ordinaire et extraordinaire – sous la forme d'emprunts, de ventes d'offices, d'aliénation des domaines, de constitutions de rentes, de taxes multiples. Cette fiscalité produisait, selon lui, la cessation du travail et paralysait l'économie. « À tous ces maux concluait-il, il n'est pas possible de trouver des remèdes que par une prompte paix. » On se rend bien compte ici à quel point l'arme comptable et les multiples « effets de réel » que le ministre présente au roi ont été une force de persuasion politique.

Desmaretz se montra particulièrement réactif face à la crise des années 1709-1710. Une fois l'ampleur de la catastrophe pleinement identifiée et assumée par les hommes de l'État, le royaume fut considéré par le contrôleur général comme un territoire économique structuré autour de places centrales rayonnant sur des aires d'influence, dans le cadre d'un raisonnement mené à l'échelle de plusieurs généralités, capables d'instaurer ainsi une sorte de bassin économique en action. On assista alors à la mise en réseau du royaume, quand les services du Contrôle général imposèrent des interconnexions entre les différents responsables des généralités (intendants et subdélégués) afin de faire barrage à la crise, ce qui supposait, par exemple, que des provinces excédentaires en blés, comme la Bretagne, relativement épargnée par le « Grand Hyver », puissent soutenir des provinces déficitaires, telle la Guyenne, ou nourrir l'armée des Flandres, au bord de la mutinerie faute de vivres et de solde. Au point de faire de l'Armorique, dans la bouche de son intendant Antoine Ferrand, lors de son discours d'ouverture de la session des états en novembre 1709, la province providentielle, celle qui a délivré le royaume de la famine : « Si la Sicile se vantait autrefois d'être la nourrice de Rome et de l'Italie, la France est trop reconnaissante pour ne pas honorer la Bretagne du même nom. Deux fois depuis seize ans, la fécondité de vos terres a sauvé le cœur du Royaume des alarmes de la famine et réparé l'injustice des saisons… » Cette politique réactive se révéla efficace, puisque la terrible crise des années 1709-1710 fut bien moins meurtrière que celle de 1693-1694[50].

Au cœur d'une des séquences les plus dramatiques de l'Ancien Régime émerge ainsi la figure de l'administrateur technicien, l'action du « ministre-expert ». Par son itinéraire singulier, par sa pratique, par son écriture, par son appel final aussi, en 1715, à l'opinion publique, avec la publication de son compte rendu au Régent qui constitue, comme l'avait été avant lui la *Dîme royale* de Vauban en 1707, une véritable transgression des *arcana imperii*, les « mystères de l'État » – les finances en font partie –, Nicolas Desmaretz annonce un monde nouveau. Il rend compte de ce moment essentiel dans l'histoire de la monarchie d'Ancien Régime : la transition du Grand Siècle aux Lumières.

« Je m'en vais, mais l'État demeurera toujours… »

Parmi les dernières paroles du souverain, pieusement consignées par ceux qui ont assisté à ses derniers jours, voilà sans doute l'une des phrases les plus fortes[51]. Elle résume magnifiquement la révolution silencieuse qui s'est opérée durant ce long règne du roi absolu, de Colbert à Desmaretz : l'émergence, au-delà des clientèles, des réseaux de fidélités et des « lobbys », d'une haute administration, de plus en plus nombreuse, de mieux en mieux structurée, organisée et hiérarchisée, dotée de savoir-faire spécifiques, de pratiques d'écriture révélant un souci et un effort inédits de classification, d'ordonnancement et de catégorisation comptable dans le cadre d'un processus d'arithmétisation du politique[52]. Dans les bureaux du Contrôle général notamment, un travail d'objectivation a eu lieu, visant à une traduction mathématique de l'information reçue des intendances de toutes les provinces, afin de produire un « état au vrai », au plus près de la réalité – on vient de le mesurer avec le mémoire du 26 août 1709 destiné au souverain –, des capacités réelles, comptables, économiques et financières, du royaume. Il s'agissait de créer et de pérenniser un savoir d'État fondé sur la quantification et la constitution d'une mémoire administrative fortifiée par la sécurisation des documents, leur collecte, leur archivage. Quelques semaines avant la mort du Grand Roi, l'un des derniers actes de Nicolas Demaretz fut la création à Paris, le 18 août 1715, du fonds d'archives destiné à conserver tous les papiers liés à l'administration des finances[53].

Vauban (1633-1707), le maréchal-ingénieur de Louis XIV, a puissamment œuvré pour la constitution de cette « mémoire d'État » et la traduction statistique de la réalité économique et sociale, notamment dans sa *Description géographique de l'élection de Vézelay*, qui constitue le neuvième mémoire du deuxième tome des *Oisivetés*, qui rassemble ses écrits datés des années 1695-1696[54]. Il a eu pour dessein de rendre immédiatement visible, « clair comme le jour » écrit-il, l'ensemble de ses observations sur le terrain, d'où la constitution d'un inventaire chiffré qui a pour but de miniaturiser la réalité, de la rendre observable, sinon maîtrisable, en un seul regard, instantané : cet inventaire prend la forme d'un tableau statistique qui récapitule le « Dénombrement des peuples, fonds de terre, bois et bestiaux de l'élection de Vezelai, fait au mois de janvier 1696 », et il présente une vision des principaux paramètres quantifiés de l'élection. Dans ce tableau à colonnes, on trouve une liste des paroisses avec les données chiffrées de quelques-unes de leurs composantes, réparties en trente-six rubriques, depuis le nombre des maisons « sur pied » et « en ruine » jusqu'aux débits de vin (dernière colonne chiffrée), en passant par le nombre et la composition des familles, les têtes de bétail, la superficie des terres, des vignes, des bois, le nombre des moulins... L'œil du roi, comme celui de l'intendant ou du gouverneur, pourra ainsi en « surplombant » le territoire prendre aussitôt les mesures qui s'imposent pour rectifier, corriger, réformer. « Pour faire exécuter les ordres du Roy, précise Vauban dans sa *Méthode généralle et facile pour faire le dénombrement des Peuples* (1686), il faut de nécessité que [les gouverneurs] connoissent le fort et le faible de ceux à qui ils ont à faire et sur qui se doit étendre leur pouvoir, les moyens qu'ils ont de le mettre en exécution, et par où, et comment les appliquer, ce qui ne se peut avec les conditions requises sans des dénombrements qui expliquent et distinguent en même temps le pais, les personnes, et les facultez. » En classant des données disparates selon plusieurs axes, il s'agit bien de rendre immédiatement visible, palpable, mesurable la réalité à modifier, car « faute de ces connoissances, ils sont ordinairement contraints d'agir sur des conjectures et des rapports imparfaits, très souvent faux, et sur des ouï-dire incertains et quelquefois intéressés qui accusent rarement vray ». En conséquence, « ceux qui sont chargez de ces sortes d'affaires, quelque bonne intention qu'ils ayent, ne sçavent jamais positivement l'état des peuples envers qui ils doivent agir, et c'est à quoy il seroit aisé de parvenir par le moyen des dénombrements et détaillez comme ceux de ces tables[55] ».

Dans ce travail d'objectivation de la réalité économique et sociale du royaume, tout aussi importante est la grande enquête contemporaine réalisée pour l'éducation du duc de Bourgogne, le petit-fils du roi. Le 12 février 1697, un questionnaire mis au point par le duc de Beauvilliers et Fénelon, le précepteur du duc de Bourgogne, fut envoyé à tous les intendants afin, suivant les mots de Fénelon, de « connoitre l'état présent du royaume : qualité des terres, nombre d'hommes, mœurs, professions, occupation, le tout en détail autant qu'il se pourra ». En conséquence, chacun des 32 intendants, aidés des témoignages de leurs subdélégués, avait pour mission de rédiger un mémoire présentant un tableau complet de sa province « pour servir d'instruction à Monseigneur le Duc de Bourgogne », dans le but de placer sous ses yeux un rapport aussi exact que possible de la diversité et des potentialités du royaume « réel » qu'il allait avoir à gouverner[56].

À Versailles, au même moment, entre 200 et 300 personnes constituaient le milieu restreint des « secrétaires », des « principaux commis », des « commis », des « copistes » payés à la journée, soit tout un petit monde de greffiers à la plume d'oie sans lesquels la machine gouvernementale aurait été dans l'incapacité de fonctionner. Il s'agit là d'un vrai « royaume de papier », car les bureaux d'un secrétaire d'État, installés dans les ailes des Ministres, de part et d'autre de la grande cour d'entrée du château, étaient d'abord des officines de réception et d'expédition d'actes multiples (rapports des intendances, décisions du Conseil du roi...) rompues à une routine qu'on peut qualifier déjà de « bureaucratique[57] ». Ce « pouvoir administratif » tendait à devenir indépendant et autonome par rapport à ceux qui le dirigeaient. Le gouvernement de Louis XIV inaugura ainsi une longue tradition, bien française, qui mène vers nos hauts fonctionnaires, serviteurs de la « chose publique ».

Les dernières paroles de Louis XIV – « je m'en vais, mais l'État demeurera toujours » – disent aussi ce qui lui a importé avant tout : « L'intérêt de l'État doit marcher le premier[58] », parce que le bien public, explique-t-il dans ses *Mémoires*, se doit toujours préférer à l'intérêt des particuliers, au point « que nous sommes obligés de nous sacrifier au bien général[59] ». Il ajoute que ce que les rois semblent faire contre la loi commune « est fondé le plus souvent sur la raison d'État, qui est la première des lois, du consentement de tout le monde, mais la plus inconnue et la plus obscure à tous ceux qui ne gouvernent pas[60] ».

*

Avec cette réaffirmation d'une raison d'État imposée à l'ensemble de la communauté humaine – elle a commandé la politique de la monarchie depuis Richelieu au moins –, voilà, signifiés du point de vue du souverain, au-delà de ses « trois règnes », l'unité et le moteur de son action, si l'on considère que pour le roi c'est sa propre personne qui devait incarner pleinement « la grandeur, le bien et la puissance de l'État[61] ».

Cette hyperpersonnalisation de la puissance, nous l'avons vu éclore au temps d'un François Ier « césarisé » après Marignan, renaître avec le panache blanc d'Henri IV, être sanctuarisée dans le Versailles du Roi-Soleil[62]. C'est là, peut-être, une autre contribution française à l'histoire de la souveraineté, une spécificité qui a traversé les siècles, les régimes, les révolutions. Jusqu'à notre monarque républicain.

Première partie

Un premier absolutisme 1515-1559

Des châteaux bâtis dans le Val de Loire, résidence privilégiée des premiers rois absolus ; à Fontainebleau, une galerie illustrée d'images mystérieuses ; une langue « maternelle » qui paraît s'imposer : voilà trois marqueurs de cette monarchie qui s'affirme en ce premier XVIe siècle, au cœur d'une Renaissance optimiste et conquérante, avant que les guerres civiles et religieuses ne ravagent nombre des provinces du royaume le plus grand, le plus riche et le plus peuplé d'Europe.

Le royaume de France au temps de François Ier (1515-1547)

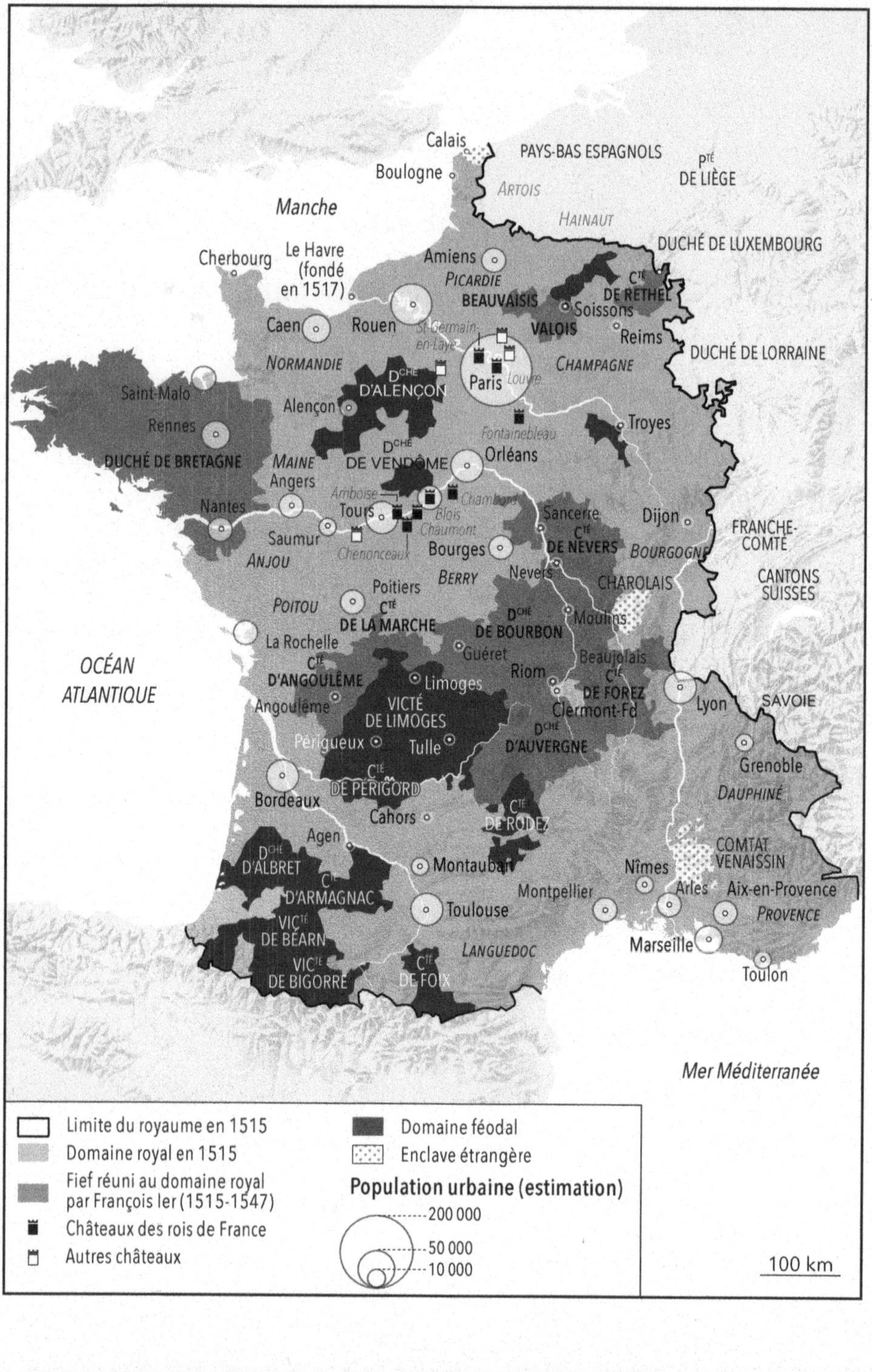

1

« Plaisant, opulent et abondant royaume »

Avec son territoire compact de 450 000 km^2, qui s'étend presque des bords du Rhin aux Pyrénées et de la mer du Nord à la mer Méditerranée, la France est en 1515 le plus grand, le plus peuplé et le plus puissant des États européens. Les étrangers ont alors coutume de s'extasier face aux richesses de ce « plaisant, opulent et abondant royaume », suivant les mots du monarque anglais Henri VIII.

Marino Cavalli, ambassadeur vénitien, écrira en 1546 que le pays est si grand qu'il est naturel qu'il soit fort divers de paysages, de régions et de produits. Ces produits, ajoute-t-il, sont d'une excellente qualité « et tellement abondants qu'ils suffisent à l'usage des habitants et dépassent leurs besoins ». Vingt ans plus tard, Jean Bodin, dans sa *Réponse aux paradoxes de monsieur de Malestroit*, parue en 1568, évoque le « peuple infini qui est multiplié en ce royaume ».

Les travaux des démographes et des économistes ont confirmé l'émerveillement des contemporains : à la fin du xve siècle, au moins 15 millions d'hommes et de femmes peuplent le territoire français. En comparaison, les îles Britanniques ne comptent que 5 millions d'habitants, la péninsule Ibérique 7 millions, le Saint Empire, comme l'Italie, à peine 10. Un Européen sur cinq est alors français ! Entre 1450 et 1560, la population a doublé.

De « bonnes villes »

Dès 1515, le juriste Claude de Seyssel, un Savoyard qui fit carrière en se ralliant à la cause du roi de France, souligne, dans sa *Grande Monarchie de France*, la « copiosité du populaire ». Et il ajoute que cette « copiosité » des hommes et des femmes concerne à la fois les nobles et les marchands, les « mécaniques » (artisans), les laboureurs et le « menu populaire ».

Il précise que plusieurs grosses villes, « qui étaient à demi vagues et vides, aujourd'hui sont si pleines que à peine y peut-on trouver lieu pour bâtir des maisons ». Dans les années 1510, Paris regagne sa population d'avant la Peste noire de 1348, soit environ 200 000 habitants et, en 1528, François Ier déclare qu'il a l'intention d'en faire sa principale demeure, afin de revivifier le lien qui l'unit à la première cité du royaume, plus que jamais confirmée dans son rôle de capitale.

De « bonnes villes » connaissent aussi une croissance significative, à l'exemple de Rouen, de Lyon, de Toulouse ou d'Orléans, qui dépassent les 40 000 habitants. Stimulant les échanges de marchandises et d'argent, la ville, « serre chaude de toute civilisation » (Fernand Braudel), contribue à accroître les différences sociales, à attirer le trop-plein démographique des campagnes, mais aussi à diffuser les innovations intellectuelles et artistiques par son taux élevé d'alphabétisation : le « beau XVIe siècle » est aussi celui de la Renaissance.

Les champs également, écrit Claude de Seyssel, connaissent l'abondance des hommes, car de nombreux lieux qui étaient incultes, en friche ou en bois, « à présent sont tous cultivés et habités de villages et de maisons ». Cette reconstruction agricole se traduit par le défrichement massif des terres arables abandonnées, souvent à l'initiative des seigneurs locaux.

Divers facteurs expliquent cette hausse de la population : le célibat est rare ; le mariage, relativement précoce (pour la majorité des filles, entre dix-neuf et vingt-deux ans), provoque une fécondité élevée, renforcée par l'absence, ou presque, de contraception. Mais le phénomène majeur est la baisse de la mortalité due à la fin des grandes famines, au recul de la peste, à une meilleure alimentation, à l'éloignement des troubles civils ou de la guerre entre les États.

Au XVe siècle, la « débandade » de la guerre de Cent Ans, avec le passage des troupes armées et la prolifération des bandes de brigands, avait entretenu pendant des dizaines d'années un climat de peur, d'incertitude et d'insécurité. Or, la guerre et son cortège de méfaits se déplacent loin du royaume : les guerres d'Italie (1494-1559), qui « exportent » la turbulence des gentilshommes et des soldats ordinaires, sont contemporaines de la plus forte croissance du nombre des hommes et de la prospérité paisible de nombre de provinces.

Cette expansion démographique ne fut pourtant qu'un rattrapage des niveaux déjà atteints deux siècles plus tôt, vers 1330, et l'essor ne prit pas la forme d'un mouvement continu, comme ce sera le cas au XVIIIe siècle. La croissance se manifesta, le plus souvent, par des alternances de poussées brutales et de coups d'arrêt marqués par de violentes crises de mortalité, comme le traduisent les courbes hachées et en dents de scie dressées par les historiens à partir des registres paroissiaux.

À Nantes par exemple, en 1531, une cherté des céréales provoqua une dramatique crise de subsistances ; la famine fut si grande, écrit un témoin, « que les pauvres mouraient de faim par les rues, les chemins et en leurs maisons, et ils étaient en telle nécessité qu'ils rompaient et perçaient murailles, maisons et édifices pour recouvrer du pain ».

Un monde plein

Un peu partout cependant, la densité de 40 habitants au km^2 fut vite atteinte. Ce chiffre mesure, sauf brillantes exceptions comme les plaines du Nord, le seuil de l'équilibre de la vie (le « monde plein ») rendu possible par la technologie du temps, une technologie qu'aucune révolution n'est venue bousculer : la bêche, le bœuf, le moulin, un grain semé qui en donnait 4 ou 5, rarement plus. Dépasser cette limite optimale des 40 habitants au km^2 signifiait le plus souvent la rupture de l'« écosystème » (Emmanuel Le Roy Ladurie), qui augmentait les risques de famines, de mortalité. Car dans ce monde fragile où la principale préoccupation était de se nourrir, on observe l'omniprésence des « blés », un mot qui désignait alors toutes sortes de céréales tels le froment, le seigle, l'orge ou le sarrasin : la France de François Ier, comme tous les États de cette époque, était avant tout un grand royaume paysan.

Bien sûr, dans ce royaume-mosaïque, il est impossible de généraliser : une région prospère voisinait avec telle autre touchée par une crise de subsistances ou une épidémie de grande ampleur. La rareté et la lenteur des moyens de communication interdisaient le plus souvent aux provinces excédentaires de nourrir les provinces démunies.

À la fin du règne de François Ier, le plafond des 18-20 millions d'hommes fut atteint, provoquant une considérable hausse des prix qui toucha d'abord les produits alimentaires d'immédiate nécessité : le pain, la viande. C'était la conséquence directe de la croissance du nombre des hommes, donc de la demande, et elle fut accompagnée et stimulée par l'arrivée des métaux précieux venus d'Amérique qui multiplia les espèces monétaires. Cette montée des prix accrut les écarts sociaux, renforçant les biens, les revenus et les richesses des propriétaires des domaines ruraux et des seigneuries (tous avaient des caves et des greniers bien remplis), au détriment des plus faibles : travailleurs de la terre, artisans des villes, et ces vagabonds que les textes décrivent « sans feu, sans lieu, sans aveu ».

Selon Pierre Goubert, le grand historien de l'Ancien Régime, la France de 1515 se présente comme un « quadrillage baroque » où cohabitent seigneuries, principautés (tel le grand-duché du connétable de Bourbon), domaine royal et trois territoires étrangers enclavés (Calais aux Anglais, le Comtat Venaissin à la papauté et le Charolais aux Espagnols). François Ier et Henri II n'eurent de cesse de s'employer à accroître leur domaine, à affirmer et à imposer leur souveraineté.

2

Les châteaux de la « vallée des rois »

La Renaissance s'est traduite par une véritable fièvre bâtisseuse. En Val de Loire surtout, résidence privilégiée des rois. Palais de plaisir et d'intimidation, Chambord manifeste avec éclat l'aspiration de François Ier au pouvoir absolu.

*

À partir du milieu du XVIe siècle, après des décennies de malheurs, l'horizon peu à peu s'éclaircit : une nouvelle génération d'hommes et de femmes surgit, en partie délivrée des misères du passé. Elle trouve à sa naissance des villages, hier encore désertés, en voie de restauration, des villes embellies, des champs naguère en friche à nouveau cultivés dans un royaume pacifié. Croissance du nombre des hommes, hausse des prix et des profits, extension de l'urbanisation, expansion du commerce, mobilité sociale, amélioration du niveau de vie : la Renaissance se mesure d'abord à cette addition de progrès qui ont fait boule de neige. Le XVe siècle finissant et le XVIe siècle commençant furent ainsi atteints par une « fièvre de gagner et de jouir » selon Claude de Seyssel, qui toucha les contemporains de Louis XII et de François Ier. Le goût de bâtir fut aussi un signe, et non des moindres, de cette Renaissance féconde, multiple, expansive qui s'est inscrite dans la pierre.

Jusqu'au milieu du XVIe siècle, la guerre n'était pas seulement un fléau de Dieu, elle était également présente dans le paysage des villes et des champs. L'aristocratie élevait ses châteaux et ses maisons fortes dans un souci primordial de sécurité : murs épais, fenêtres rares, lourdes tours d'angle couronnées d'un chemin de ronde, mâchicoulis, herses et douves. Avec le retour de la paix – même si les conflits ne sont pas tout à fait ni tout de suite apaisés –, ces éléments de défense revêtirent davantage une signification symbolique de privilèges nobiliaires, de marques d'ostentation et de puissance.

D'une façon générale, le développement du pouvoir royal et l'unification progressive du royaume avec l'annexion de la Bourgogne, de la Bretagne – en 1532 – contribuèrent à faire naître un sentiment de sécurité plus grand : les châteaux perdirent progressivement leur caractère de place forte et, peu à peu, la notion de confort commença à apparaître. Les murs épais furent percés de fenêtres à meneaux, les lourdes tours se transformèrent en élégantes tourelles d'angle, les mâchicoulis firent office de frise décorative ; la cour du château devint moins exiguë et donc plus lumineuse. À côté de grandes salles réservées aux manifestations officielles, des appartements privés, plus intimes, furent aménagés, comprenant plusieurs pièces dont les ouvertures protégées par un verre transparent – et non plus par du papier huilé semi-opaque – permettaient de mieux apprécier peintures et tapisseries.

Certes, ces changements doivent être relativisés : presque partout le donjon, le cœur du château, demeura intact, recouvrant de sa masse intimidante les nouveaux aménagements, et la forme générale resta celle d'une forteresse. Et, dans la seconde moitié du XVIe siècle, en raison des guerres civiles et religieuses qui ravagèrent presque toutes les provinces du royaume entre 1562 et 1598, les châteaux reprirent leur fonction pour ainsi dire naturelle de défense.

Tout commence à Amboise

Il n'en demeure pas moins qu'un réel changement se produisit, notamment dans la « vallée des rois », ce Val de Loire lumineux chanté par Ronsard ou Du Bellay, qui accueillit Charles VII (1422-1461), le « roi de Bourges », lorsqu'il fut chassé de Paris en 1418 par les Anglais. Ainsi, de Charles VII à François Ier (1515-1547), les monarques le choisirent pour résidence privilégiée.

En Touraine, la « fièvre de bâtir » s'empara alors du souverain, des gentilshommes de sa cour, des riches négociants, des financiers surtout, qui réinvestirent dans la pierre une part des bénéfices réalisés dans ce que Cardin Le Bret appellera un siècle plus tard le « doux maniement des finances ». En effet, beaucoup d'« hommes neufs » issus de la classe moyenne tourangelle, en l'espace d'une génération, se trouvèrent chargés, grâce à la présence royale dans les villes du Val de Loire, de l'administration des finances. Ils construisirent des demeures somptueuses, symboles de leur réussite, ouvertes aux influences napolitaines, florentines ou lombardes, à l'exemple d'Azay-le-Rideau, édifié entre 1518 et 1524 par Gilles Berthelot, trésorier de François Ier.

Tout avait commencé, d'une certaine manière, lorsque Charles VIII s'était pris d'enthousiasme et de passion pour l'Italie. Sur la route de Naples, dès qu'il avait été reçu à la *Sforzesca*, une vaste et agréable villa édifiée par les ducs de Milan, le souverain fut fasciné par ce « très plaisant et délectable lieu ». Tout au long de son périple latin, il apprécia les cités prospères et policées où les demeures patriciennes n'avaient plus besoin de se prendre pour des forteresses ; il goûta aussi à un art de vivre dans des palais lumineux et des jardins en terrasses, à leur féerie mouvante animée par des jets d'eau, où tout ne paraissait qu'abondance, richesse et beauté.

Aussi, au retour de sa courte campagne de Naples, en 1495, le souverain rapporta avec lui à titre de trophées, comme l'avaient fait les Vénitiens après le sac de Byzance en 1204, non seulement un riche butin, mais aussi des œuvres « pour la décoration et ustensile du châtel » et une vingtaine d'ouvriers « pour édifier et faire ouvrage à la mode d'Italie ». Cette poignée d'étrangers, portés par la faveur royale, fut à l'origine du grand mouvement qui transforma l'art français. Il est ainsi possible de dater le début de la Renaissance à l'arrivée à Amboise, à la fin de l'année 1495, de ces artisans et artistes italiens venus de Naples avec le roi.

Des architectes venus d'Italie

Ce n'est pas l'architecture qui bénéficia d'abord de la grande révolution importée par le souverain, mais les jardins. Jusqu'alors, les châteaux français se contentaient d'un petit enclos divisé en parterres réguliers que protégeaient des treillages. Or, les jardins italiens, surtout napolitains, jardins d'agrément, espaces de flânerie et de conversations galantes, prolongement végétal des longues galeries des palais, impressionnèrent le roi par leur ampleur, par la variété des espèces cultivées – notamment les agrumes –, les tonnelles ombragées, les fontaines à vasque, les jeux d'eau tourbillonnant en tous sens, les volières, les statues, les grottes tapissées de coquillages marins et souvent animées d'automates. « Il me semble qu'il n'y faille [manque] qu'Adam et Ève pour en faire un paradis terrestre », écrivait Charles VIII à leur sujet. Aussi, c'est par la transformation des extérieurs que la Renaissance s'inscrivit en premier lieu dans les châteaux français.

Dans l'architecture, on l'a dit, c'est surtout par la transformation du décor que s'est d'abord manifestée l'influence italienne, avec le choix de motifs empruntés à l'antique, remplaçant la flore réaliste de l'art gothique. Dans le domaine monumental, le renouveau est loin d'être radical, malgré la présence parmi les artisans venus de Naples de Fra Giocondo. « Deviseur de bâtiment », celui-ci est un vieux dominicain humaniste, âgé de plus de soixante ans en 1495, architecte, ingénieur, éditeur du *De architectura* de Vitruve (Ier siècle av. J.-C.[1]). Il resta en France une dizaine d'années, vécut à Amboise et à Paris, où il fut chargé d'un cours sur Vitruve. Mais les historiens de l'art demeurent partagés sur son influence réelle : sa seule trace avérée concernerait les voûtes d'une galerie à Amboise.

Dominique de Cortone, beaucoup plus jeune – il a vingt-cinq ans en 1495 –, figure lui aussi sur la liste des ouvriers italiens, avec la qualité de « faiseur de châteaux », c'est-à-dire fabricant de modèles d'architecture en bois. Il travailla pour Chambord, mais ne joua, semble-t-il, qu'un rôle effacé au temps de Charles VIII et de Louis XII : sa principale œuvre, il la réalisa dans la deuxième partie de sa vie comme architecte de l'hôtel de ville de Paris (1532-1549). Ce bâtiment constitue sans doute la production la plus authentique d'un architecte italien en France dans la première moitié du XVIe siècle.

Ce n'est pas dans le Val de Loire qu'il faut rechercher l'influence italienne la plus précoce, mais à Gaillon, dans l'Eure. Ce château, édifié sous le règne de Louis XII de 1502 à 1510, peut-être à partir de plans proposés par Fra Giocondo, est représentatif de la première Renaissance, en particulier pour son portail, sculpté par Pierre de Lorme. Gaillon appartenait au cardinal Georges d'Amboise.

Humanisme et culte de l'Antiquité

Acquis au goût italien depuis son voyage à Milan avec Louis XII en 1499, le cardinal dépensa 50 000 livres pour la réalisation de son château : il fit construire notamment un jardin en terrasses vers la Seine, agrémenté d'un bassin de marbre et de fontaines. Il envoya en mission à Rome le sculpteur Jean Juste pour y étudier la sculpture ornementale, en vue de l'embellissement de Gaillon. Le château, riche en tapisseries, en verrières, en broderies de Milan et de Lyon, en linge de Flandre, en tapis de Turquie, en porcelaines, en médailles, en marqueteries, comptait aussi de nombreux animaux de prix et une volière. Le cardinal d'Amboise collectionnait des manuscrits rares et des livres qu'il fit enluminer. Gaillon fonctionna comme une cour en miniature.

Au temps de François Ier, l'influence italienne ne se réduit plus aux seules décorations et à l'univers des jardins ; elle commence à gagner la structure même des bâtiments. Prince de la Renaissance, élevé par sa mère Louise de Savoie dans le culte de l'Antiquité et de l'humanisme italien, le vainqueur de Marignan fut, lui aussi, particulièrement sensible aux prestiges ultramontains. Du reste, au retour de son éphémère conquête du Milanais, il fit venir en France le déjà vieux Léonard de Vinci (1452-1519) et lui offrit de résider au manoir du Cloux – le Clos-Lucé –, tout près d'Amboise, une belle maison de briques roses et de pierre de tuffeau bâtie par Hugues d'Amboise sous le règne de Louis XI.

De 1515 à 1524 – date à laquelle commença une nouvelle campagne d'Italie qui conduisit à la défaite de Pavie et à la captivité du roi à Madrid –, François Ier entreprit d'importants chantiers centrés sur le Val de Loire : à Amboise, où il avait passé une grande partie de son enfance ; à Blois, la propriété de sa première épouse, Claude ; à Chambord surtout, joyau de pierre édifié au cœur d'une forêt giboyeuse proche de Blois.

Amboise fut la principale résidence royale pendant les trois premières années du règne, de 1515 à 1518. La façade orientale, dite aile François-Ier, surélevée d'un étage, est remarquable, notamment par ses lucarnes dont le style apparaît tout à fait dégagé de l'influence gothique, à la différence de l'aile de Charles VIII, encore très traditionnelle.

À Blois, où d'importants travaux furent menés de 1515 jusqu'à la mort de la reine Claude en 1524 sous la direction de Raymond Phélypeaux, l'influence italienne apparaît plus nette encore : pour la première fois en effet dans l'histoire de la Renaissance française, elle devient sensible dans la structure même du bâtiment. Les innovations expérimentées à Blois furent imitées dans tout le royaume, et même au-delà, puisqu'on les retrouve au château de Pau, par exemple, que Marguerite de Navarre – la grand-mère d'Henri IV – fit transformer à la mode du jour.

Chambord, architecture parlante du roi absolu

Chambord est l'exemple le plus extraordinaire sans doute, avec Versailles, d'un discours de pierre au service de la monarchie. Car l'histoire est bien présente à Chambord – comme elle le sera dans le palais du Roi-Soleil. Cette histoire, celle d'une volonté politique, est visible dans une architecture surprenante, qui manifeste le désir d'un jeune roi d'afficher l'expression d'un pouvoir surpuissant face à l'Europe de Charles Quint et d'Henri VIII d'Angleterre.

Chambord est la première et la plus grande demeure royale édifiée en Europe au début du XVIe siècle. Sa construction reste pourtant entourée de bien des mystères : il n'existe pas de plan d'origine et, faute de documents, on ignore tout

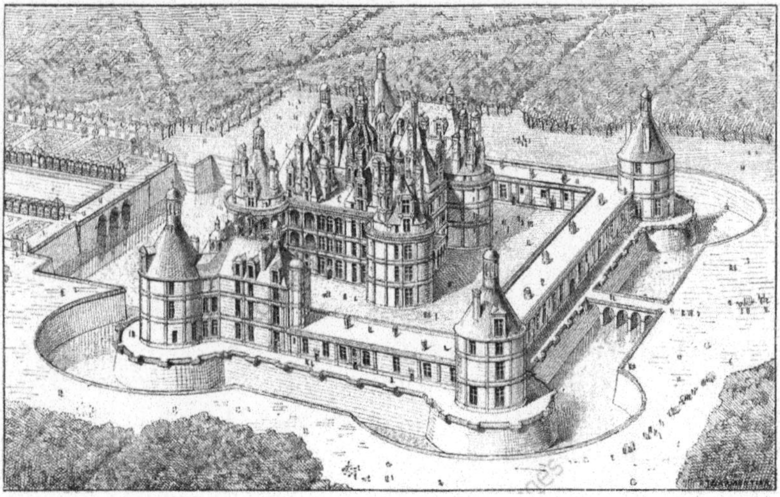

Le château de Chambord. Représentation à la fin du XVIe siècle, d'après les dessins d'Androuet du Cerceau in *Les Plus Excellents Bâtiments de France*, 1576.

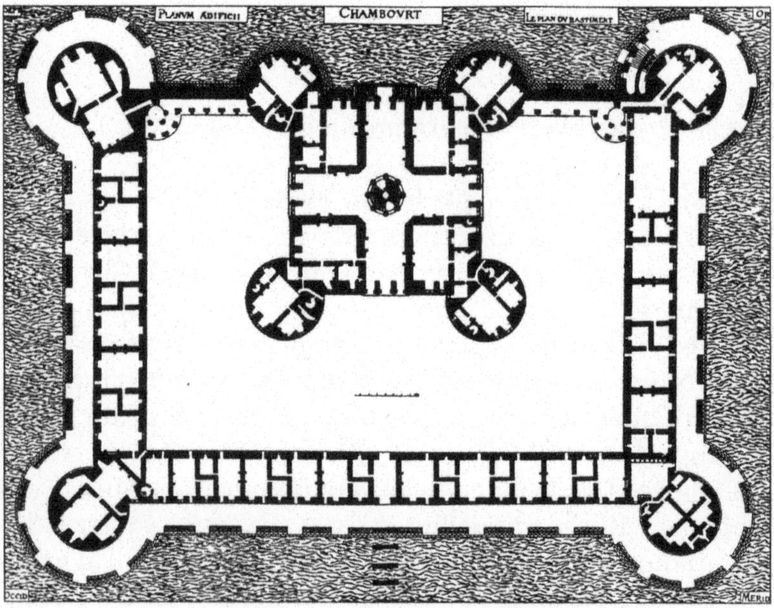

Plan du château de Chambord, in *Les Plus Excellents Bâtiments de France*, 1576.

– comme c'est le cas pour nombre de châteaux du Val de Loire – de l'identité des architectes. Léonard de Vinci aurait peut-être participé à l'élaboration parce que les dispositions les plus audacieuses du château – le plan en croix du donjon, la position centrale de l'escalier, le système à double révolution de la vis – y ont toutes des précédents dans ses dessins.

Pourtant, si intervention italienne il y eut, elle n'empêche nullement Chambord de demeurer un château très français : l'énorme donjon à quatre tours, les parties hautes ornées reprennent, en les développant de manière démesurée, véritablement royale, des motifs traditionnels qu'on pourrait qualifier de médiévaux ou de « gothiques ». Les idées italiennes les plus novatrices et les formes françaises les plus « nationales » se trouvent ainsi associées, imbriquées dans cette extraordinaire création où s'accomplissent les aspirations de la première Renaissance et les rêves de démesure d'un jeune roi.

Si le ou les architectes italiens demeurent inconnus, nous savons le nom des maîtres maçons, bien français, qui se sont succédé sur le chantier mais n'ont pas laissé de traces écrites : Jacques Sourdeau, un des bâtisseurs de Blois de 1519 à 1522, ne savait ni lire ni écrire ; Pierre Trinqueau, dit « Neveu », qualifié de « maître maçon du Roi notre seigneur en son bâtiment de Chambord », semble avoir conservé jusqu'à sa mort en 1538 la haute direction de l'œuvre ; après lui vinrent Antoine de Troyes, qui réalisa peu de chose, et surtout Jacques Coqueau.

À côté d'eux, des agents administratifs chargés de surveiller la bonne conduite des travaux constituaient une sorte de commission comprenant un surintendant, « commis à faire faire les bâtiments », un comptable et un contrôleur. Le premier surintendant fut François de Pontbriand, qui en raison de son grand âge – il avait près de soixante-dix ans – délégua bientôt ses pouvoirs à Mathurin Viart et à Pierre du Douet.

Broderies, porcelaines et médailles

Les travaux débutèrent le 6 septembre 1519. Quatre ans furent nécessaires pour creuser les fondations. En effet, le terrain était instable et marécageux : le château est construit sur un ensemble de pilotis de chêne enfoncés d'un seul tenant – parfois jusqu'à 15 mètres de profondeur – qui forment un réseau dense.

Puis un radier (fondation) de bois a été conçu pour répartir l'énormité du poids du bâtiment. Ensuite, un lit de chaux, étendu sur le radier, a reçu des couches de sable, de graviers, d'argile pour supporter les matériaux plus solides des fondations, le moellon (pierre non taillée), puis la pierre d'assise calcaire de Beauce ; en tout 5 mètres de fondation. La pierre d'élévation est du tuffeau, un calcaire tendre et friable. Onze carrières de tuffeau ont été ouvertes spécialement dans la vallée du Cher.

Tout arrivait sous la forme de parpaings par voie d'eau ; on halait les bateaux jusqu'à Saint-Dyé-sur-Loire à quatre kilomètres de Chambord, dont les grands quais du port aujourd'hui envahis d'herbe folle, inutiles, permettent de concevoir l'ampleur du trafic : blocs de calcaire, ardoises de Trélazé, bois des fondations, grosses charpentes de chêne venues de Moulins par flottage sur la Loire. Les plombs couvrant les lanternons avaient fait un voyage plus long encore, puisqu'ils étaient importés d'Angleterre par la Seine et la Loire. Il faut donc imaginer, pendant des décennies, un trafic incessant de chariots et de charrettes ; un document établit à 1 800 le nombre des ouvriers occupés à la construction dans les années 1520. Ils seront beaucoup moins cependant à partir de Pavie : la défaite, la captivité du roi, les difficultés financières de l'État royal ont provisoirement interrompu le chantier.

Le plan de l'édifice est celui d'un château fort de plaine, très voisin par exemple de celui de Vincennes, dominé lui aussi par un énorme donjon. À Chambord, ce donjon, de proportions réellement colossales, constitue à lui seul le château presque entier. C'est un écrasant cube de pierre d'environ 45 mètres de côté, la saillie des tours non comprise, flanqué de quatre puissantes tours d'angle et traversé par deux vestibules au croisement desquels se trouve la double hélice d'un escalier central. Six niveaux habitables ont été conçus, les niveaux supérieurs de volume plus réduit, et huit appartements par niveau dont quatre dans les tours d'angle construites à chacun des angles du donjon carré : ces 48 appartements, à l'usage de la Cour, confèrent au château de Chambord la structure d'un immeuble collectif pour gentilshommes.

Les proportions de ce plan ont été calculées avec un souci de symétrie et d'harmonie qui n'était pas habituel dans l'architecture française du Moyen Âge : un indice, encore, de l'influence italienne. En particulier, l'idée – de Léonard de Vinci ? – de situer au cœur du massif de maçonnerie du donjon une vis formée de deux escaliers enroulés autour d'un puits de lumière, le tout surmonté d'une fleur de lis, se révèle d'une audace sans précédent en France. Les concepteurs se sont aussi sans doute souvenus du modèle romain de Bramante au Belvédère, pour la réalisation de la vis double de Chambord, en logeant celle-ci dans une cage à claire-voie.

L'essentiel du décor se trouve reporté dans les œuvres hautes ; les combles, fort élevés, sont hérissés de lucarnes à plusieurs étages, de cheminées monumentales, de tourelles d'escalier, le tout orné pour conférer à l'édifice un couronnement d'une incomparable splendeur. Cette richesse exubérante relie Chambord à une tradition française que l'on retrouve dans les châteaux du XIVe siècle finissant, tels que Mehun-sur-Yèvre ou Saumur.

Cheminées, tourelles et clochetons

Cependant, tout dans l'exécution reste fortement imprégné d'italianisme. Ainsi, le donjon offre la particularité d'être couvert de vastes terrasses correspondant aux salles en croix. On ne peut méconnaître l'œuvre d'un artiste étranger dans la composition de la lanterne et des autres motifs d'architecture des superstructures, dont tous les éléments sont « à l'antique », et où la pierre blanche est incrustée de losanges et de disques d'ardoise imitant le jeu des marbres polychromes sur les monuments italiens.

À l'opposé de cet italianisme antiquisant, la multiplicité des clochetons, des tourelles, des cheminées accentue le caractère médiéval de la silhouette d'ensemble. Chambord apparaît bien comme la pièce maîtresse d'un mode de collaboration entre artistes italiens et français propre, semble-t-il, à ce début du XVIe siècle.

François Ier a pris une part décisive dans l'élaboration d'ensemble : comme, plus tard, Louis XIV à Versailles, le roi bâtisseur fut très présent lors des principales étapes de la construction de ce gigantesque relais de chasse – car la fonction première du château était bien de recevoir le souverain et sa cour pour de grandes parties de chasse au cerf avec chiens courants. Des architectes, parmi lesquels Dominique de Cortone, lui présentaient des maquettes. Une lettre de sa sœur bien-aimée, Marguerite de Navarre, écrite au début de l'année 1531 où elle évoque précisément Chambord témoigne du rapport instauré entre le souverain et son château : « Voir vos édifices sans vous, c'est un corps mort, et regarder vos bâtiments sans ouïr sur cela votre intention, c'est lire l'hébreu. Mais puisque j'aurai ce bien de vous y voir, je fortifierai mes yeux, mon cœur et mon entendement pour voir, sentir et entendre de vous seul contentement que saurait ni pourrait espérer de toute créature. »

Tout est conçu en effet pour dire le pouvoir, manifester la puissance, traduire aussi la culture du roi : ce donjon, au milieu d'une forêt giboyeuse, ne rappelait-il pas ce que les romans de chevalerie comme *Amadis de Gaule* – dont le jeune François Ier se délectait – mettaient en scène ? Le donjon, de dimension inédite, est la tour autour de laquelle tout s'organise. Un escalier à double vis en constitue l'axe central ; deux spirales parallèles s'entourent autour d'un noyau creux, transmettant l'image d'un mouvement incessant, perpétuel, dont le roi serait l'initiateur. En 1541, Francisco Moraes expliquait que le donjon avait quatre portes qui s'ouvraient sur les quatre parties du monde. Il faisait ainsi référence à la Jérusalem céleste, métamorphosant le roi en maître de l'univers.

Depuis longtemps déjà, les lettrés et les érudits proches du souverain présentaient le royaume de France comme le royaume de Dieu, les Français comme le peuple élu de la nouvelle alliance et les rois comme des guerriers de Dieu libérateurs de Constantinople et de la Terre sainte : Charles VIII, qui inaugura le « rêve italien » des rois de France, prit le titre de roi de Naples et de Jérusalem. François Ier lui-même manifesta à plusieurs reprises, notamment auprès du pape, sa volonté de délivrer le tombeau du Christ alors que toute une littérature l'exaltait comme un roi promis à un destin messianique.

Bien d'autres signes trahissent les prétentions impériales de François Ier : les proportions de Chambord, on l'a vu, ont pour but de transmettre cette idée d'un pouvoir surpuissant ; la couronne fermée de l'Empire se retrouve à de multiples reprises sculptée sur les grandes voûtes à caissons des appartements, tandis que les nombreux losanges des portes contiennent soit des « F » couronnés dans des rinceaux, soit des semis de flammes en forme de lis, avec en leur centre une salamandre couronnée à l'impériale.

Chambord est bien la traduction visuelle d'une volonté politique, le manifeste de pierre de l'aspiration des rois de France à devenir empereurs : depuis le XIVe siècle jusqu'à Louis XIV, il n'est guère de souverain qui n'ait songé, plus ou moins sérieusement, à coiffer la prestigieuse couronne impériale. Au temps de François Ier, outre la tentative d'élection à l'Empire en 1519 – un défi pour le monopole des Habsbourg sur la couronne impériale depuis le XIIIe siècle –, les évocations et les représentations des prétentions impériales du roi se sont multipliées. Sous son règne fut introduite la couronne à l'impériale, dite « couronne fermée » ou « couronne de Charlemagne », ainsi que l'usage d'employer le terme de « Majesté » pour s'adresser au roi.

La grande façade de Chambord accentue encore cette apparence d'architecture-spectacle d'un pouvoir incomparable. C'est en effet une façade longue de 157 mètres, mise en valeur par une grande allée qui met en scène l'axe de symétrie, la lanterne, avec un réseau d'allées convergeant vers le château.

Un monarque à l'égal de Dieu

De part et d'autre du donjon, deux ailes ont été édifiées après le retour de la captivité du souverain à Madrid, en 1526, pour abriter le logis royal (aile orientale), et la chapelle (aile occidentale) terminée bien après le règne de François Ier. Pour la première fois dans une architecture royale, on a situé, dans une sorte d'égalité, le logis du monarque et la demeure de Dieu, comme une image frappante de la solidarité des deux pouvoirs. Plus encore, la chapelle n'est pas visible de l'extérieur du château : elle est prise, englobée dans le bâtiment. Une telle audace architecturale en ce siècle de foi intense exprimerait-elle une volonté affichée de ne pas manifester le pouvoir de l'Église, dans un lieu conçu pour exalter avant tout la puissance d'un souverain symboliquement maître du monde ?

Les 18, 19, 20 décembre 1539, après avoir visité Chenonceau[2], que François Ier tenait depuis peu des héritiers de Thomas Bohier, Charles Quint fut reçu avec faste à Chambord. Émerveillé, il s'écria : « Je vois un abrégé de ce que peut effectuer l'industrie humaine ! » Nul doute qu'il fut surpris quand il vit les multiples références à un roi de France empereur non seulement dans son royaume, mais aussi dominateur du monde. À cette date, le donjon, après vingt ans de travaux, était terminé. Les lanternons étaient couverts de feuilles d'or et les façades habillées de bannières azur et fleurdelisées.

Mais la réception de Charles Quint fut aussi l'un des derniers grands événements dans la vie du château à peine édifié. François Ier n'y fit plus ensuite que des séjours rares et de courte durée, lors de deux campagnes de chasse, en 1541, puis en 1545. En fait, la désaffection de Chambord est un signe d'une mutation du pouvoir royal : dès son retour de captivité de Madrid, le roi avait décidé de quitter le Val de Loire pour faire, comme l'indique l'une de ses lettres datée du 15 mars 1528, « la plupart de sa demeure et séjour en sa bonne ville et cité de Paris et alentour ». De fait : de 1515 à 1524, François Ier a passé vingt-huit mois en Val de Loire, soit près d'un quart de son temps ; de 1527 à 1547, vingt-deux mois seulement, moins du dixième.

Diane de Poitiers à Chenonceau

À partir des années 1530-1540, une « seconde Renaissance » débutait, centrée sur la région parisienne et marquée par les transformations du Louvre, de Fontainebleau, où s'illustrèrent Rosso Fiorentino et le Primatice, de Villers-Cotterêts, par la reconstruction de Saint-Germain-en-Laye, par la création du château de Madrid au bois de Boulogne...

À la même époque, de nombreux gentilshommes construisaient des demeures obéissant aux canons des ordres classiques définis par Vitruve : en 1538, le nouveau château du connétable de Montmorency, à Chantilly, apparaissait comme l'une des plus belles demeures de France. Au même moment, le long portique à arcades élevé à Châteaubriant par Jean de Laval, gouverneur de Bretagne, offrait un exemple presque parfait de style italien. Il faudrait citer aussi La Rochefoucauld, Assier, Pagny... La « fièvre de bâtir » s'était désormais emparée des grandes familles de toutes les provinces.

Les aménagements des châteaux du Val de Loire ne s'interrompirent pas pour autant : en 1547, Henri II (1547-1559) fit don de Chenonceau à sa bien-aimée Diane de Poitiers (1499-1556), qui demanda en 1555 à Philibert de Lorme de compléter le château, qu'elle jugeait trop petit pour son appétit de gloire, par une galerie établie sur un pont au-dessus du Cher. Elle le dota de jardins spectaculaires et magnifiques, plantés d'une multitude d'espèces et d'essences – groseilliers, rosiers, lis, fraisiers sauvages, violettes, mûriers blancs... – réparties dans un jeu de parterres et d'allées à la géométrie savante. La galerie fut agrandie, peut-être par Jean Bullant, « architecte de la reine » Catherine de Médicis, maîtresse des lieux après la mort d'Henri II en 1559.

Cette dernière y organisa de nombreuses réjouissances, dont la plus brillante fut celle de mai 1577, donnée en l'honneur du duc d'Anjou qui venait de reprendre La Charité aux huguenots[3]. Le repas splendide, resté célèbre, était présidé par Henri III : en ce beau banquet, rapporte le chroniqueur Pierre de l'Estoile, « les dames les plus belles et honnêtes de la cour, étant à moitié nues et ayant leurs cheveux épars comme épousées, furent employées à faire le service ». Quant au roi, fardé, irisé, pommadé, décolleté, « à le voir, chacun était en peine s'il voyait un roi-femme, ou bien un homme-reine ».

Le destin de Chambord fut différent : tout laisse à penser qu'il était passé de mode avant même d'être achevé. Pourtant, en 1555, le sculpteur et architecte Jacques Dubroeuck fut chargé par Marie, la régente des Pays-Bas, d'exécuter pour Charles Quint deux copies d'un plan de Chambord qui se trouvait en possession d'Antoine Perrenot de Granvelle, évêque d'Arras. Ces dessins devaient être pris en compte pour la conception d'un palais destiné à l'empereur à Bruxelles. Le projet ne devait pas aboutir, mais il confirme que Charles Quint, jusqu'à la fin de sa vie, resta vivement impressionné par son séjour de 1539 dans le plus grand palais construit par un roi dans l'Europe de la Renaissance.

Chambord, palais de plaisir et d'intimidation, fut un rêve de pouvoir réalisé : la couronne de pierre d'un monarque chasseur et mécène, glorifié comme un « second César », maître du monde, reflet terrestre du Roi des cieux. Archétype des châteaux de la « vallée des rois », Chambord s'offre à nous comme l'architecture parlante de l'État absolu, la part d'imaginaire qui a soutenu pendant de longs siècles la monarchie de droit divin, cet imaginaire de l'autorité et de la puissance dont elle n'a cessé de se nourrir pour pouvoir s'affirmer.

L'Éléphant fleurdelisé. Fresque de Rono Fiorentino dans la galerie François Ier, château d
Fontainebleau.

3

Fontainebleau :
un récit à la gloire du roi absolu

En 1526, de retour de son humiliante captivité à Madrid après la défaite de Pavie, François Ier décida d'abandonner le Val de Loire pour l'Île-de-France. Fontainebleau était proche de la capitale et au cœur d'un magnifique domaine forestier et giboyeux de 17 000 hectares dans un chaos de grès et de sable habité de loups et de lynx. Mais très vite, ce qui ne devait être à l'origine qu'un « bâtiment de chasse » prit une ampleur inédite dans ce château que le roi affectionnait particulièrement, au point de l'appeler « chez moi », un mot rapporté par l'architecte Androuet du Cerceau : « Son Fontainebleau, où il se plaisait tant que, y voulant aller, il disait qu'il allait chez soi. »

Orgueil du roi, une galerie, dite de François-Ier, fut construite au premier étage à partir de 1528 par le maître maçon Gilles Le Breton. Décorée officiellement par les Italiens Rosso Fiorentino et le Primatice, c'est tout un atelier qui y travailla et devint bientôt célèbre : la première école de Fontainebleau participe de ce courant européen que l'on nomme « maniérisme ».

Ce qui frappe ici, c'est le luxe déployé : plafond à caissons, boiseries, stucs et scènes peintes à fresque. Rien de tel n'avait encore été réalisé. L'équipe italienne a su inventer un décor inspiré d'outre-monts mais adapté au goût français. Un jeu complexe de sources savantes procédant par allusions mythologiques inspire le décor. Nous sommes au cœur des « mystères de l'État » : la galerie fonctionne comme une énigme à partir de l'articulation des peintures et des sculptures. Le programme est une « défense et illustration » de la monarchie : les salamandres rappellent que tout doit être rapporté au seul monarque. Le « chiffre » royal « F » se retrouve dans de nombreux panneaux.

La lecture des douze grandes scènes que l'on doit à Rosso Fiorentino, comme de chaque détail, est complexe. Selon l'historien de l'art Erwin Panofsky, les images peuvent se lire deux à deux et face à face. André Chastel a quant à lui proposé de lire dans les six premières scènes (*L'Ignorance chassée*, *Le Sacrifice*, *L'Unité de l'État*, *L'Éléphant fleurdelisé*, *Le Dévouement de Cléobis et Biton* et *La Piété filiale*) les trois principes de la monarchie (le sacré, l'*imperium*, la *pietas*) et dans les scènes VII *(La Mort d'Adonis)*, VIII *(La Danaé)*, IX *(Le Naufrage)* et XII *(Vénus)* des figurations de la Fortune et de ses revers (la guerre, les catastrophes, etc.).

Faute de sources, il est difficile de confirmer ces interprétations. Seules certitudes : le message politique passe par l'allégorie, et la personnalité du roi confère une unité à l'ensemble. Il s'agit bien d'une biographie allégorisée de François Ier.

L'unité de l'État

Sur la fresque de Rosso Fiorentino située à l'ouest de la galerie, François Ier est vêtu à la romaine : le roi serait associé à César, le conquérant et l'unificateur de la Gaule. Il tient dans sa main gauche une grenade, tandis qu'un nain, à genoux, lui en présente une autre. Ce fruit, avec ses multiples grains, symbolise la société et l'État dont toutes les composantes sont rassemblées dans la personne du souverain. La présence de différentes catégories sociales autour du monarque permet d'étayer cette interprétation. La composition de la scène, structurée par des verticales fortes (personnages, bâtiments), renforce l'impression de stabilité. Tous ces éléments associés rendent perceptible la notion, encore abstraite, d'État absolu.

Sur une autre fresque, François Ier, glorifié en César victorieux, couronné de lauriers, « empereur en son royaume », tenant une épée et un livre (quelque peu dissimulé sous son bras), entre fièrement dans un temple d'où jaillit une vive lumière. Il laisse derrière lui des hommes et des femmes aux yeux bandés, comme perdus et hagards, qui semblent l'implorer. Il s'agit là du temple de la sagesse et du savoir qui accueille à la fois un roi chevalier et un roi savant : bâtisseur, collectionneur, créateur des lecteurs royaux, de l'Imprimerie royale, protecteur d'écrivains et de traducteurs (Guillaume Budé, Jacques Amyot). C'est bien ici le souverain humaniste « chasseur d'ignorance » qui est figuré.

Un éléphant nommé François

En face de *L'Unité de l'État*, première fresque que nous avons décrite, se découvre *L'Éléphant fleurdelisé.* Depuis l'Antiquité, l'éléphant, image de force et de sagesse, symbolise la royauté. Celui-ci, qui porte le « F » sur son dos et la salamandre sur son front, serait François Ier lui-même. La cigogne évoquerait la piété filiale. Les personnages au pied de l'éléphant seraient les trois fils de Saturne représentant les éléments : à gauche, Jupiter avec la foudre à ses pieds (le feu) et Neptune avec un trident (l'eau), à droite, Pluton avec Cerbère (la terre), en référence aux trois espaces sur lesquels règne le souverain. Quant au vieillard à la barbe rousse, à l'extrême gauche, il s'agirait d'un autoportrait de Rosso Fiorentino, principal concepteur du décor de la galerie.

Biographie allégorisée de François, en même temps que portrait du souverain, la galerie du château de Fontainebleau peut se lire comme un hymne à la gloire du premier roi absolu.

4

Le français : la langue du roi et des poètes

Quel rôle le roi a-t-il joué dans l'affirmation, la diffusion et le perfectionnement de la langue française ? S'agit-il d'une intervention officielle, directe, institutionnelle en quelque sorte, initiée par l'ordonnance de Villers-Cotterêts en 1539 et dont la fondation de l'Académie française en 1635 serait la manifestation la plus achevée et la plus éclatante ?

L'acte fondateur, dans cette relation privilégiée entre le roi et la langue, fut le choix par l'État monarchique du parler de l'Île-de-France comme mode d'expression. Ce choix, comment l'expliquer ? La réponse est simple. Le français, langue vulgaire, s'est diffusé originellement dans le territoire qui a vu naître la monarchie, un territoire centré sur l'abbaye de Saint-Denis et Paris : Saint-Denis, sous la protection de l'évangélisateur de la Gaule, le gardien de la loi qui règle la succession des rois ; Paris, gardien de la mémoire vive de l'action des souverains à travers les actes royaux pieusement conservés en leur palais de la Cité. Ainsi, naturellement pourrait-on dire, le choix du langage de l'Île-de-France permet de rappeler et d'affermir les rapports nécessaires entre Dieu, le monarque et le peuple : il appartient au latin et à l'Église de véhiculer les échanges entre le monde d'ici-bas et le monde de l'au-delà. Il appartient au français et à l'État d'énoncer la justice du monarque – en somme, l'ordre requis sur l'espace terrestre du royaume.

Ce choix d'une langue officielle, d'une langue d'État, se dessine de plus en plus précisément dans une série de textes de loi : ordonnance de Moulins en 1490 imposant la langue maternelle pour les interrogatoires et les procès-verbaux ; ordonnance de 1510 stipulant que tous les actes de justice seront rendus dans les langues parlées par le peuple ; ordonnance d'Is-sur-Tille en 1535 qui étend ces dispositions à la Provence. Ce choix culmine avec la signature, à Villers-Cotterêts en août 1539, d'une « Ordonnance générale en matière de justice et de police » destinée à l'« abréviation des procès et soulagement de nos sujets ».

Contrôler la société

L'ensemble du dispositif, énoncé en 192 articles, vise à organiser un contrôle de la monarchie sur la société : obligation de déclarer naissances et décès, redéfinition des domaines de juridiction ecclésiastique et séculier pour mieux réduire le premier, uniformisation des pratiques juridiques. Et, dans tous les cas, le « langage maternel français » est considéré comme le vecteur le plus commode de cette volonté de centralisation. Deux articles lui sont explicitement consacrés : l'article 110 décide que, pour éviter tout ambiguïté ou doute portant sur l'interprétation des décisions et des arrêts royaux, ces derniers seront dorénavant « faits et écrits clairement ».

L'article 111 est plus explicite encore : il constate que de multiples incertitudes font obstacle à l'« intelligence des mots latins » contenus dans les arrêts royaux ou les procédures des cours de justice, parlements, bailliages, sénéchaussées, mais aussi dans les « registres, enquêtes, contrats, commissions, sentences, testaments et autres quelconques actes et exploits de justice ou qui en dépendent ». En conséquence, l'ordonnance impose que tous ces actes soient « prononcés, enregistrés et délivrés aux parties en langage maternel français et non autrement ».

Ces dispositions sont exécutées, semble-t-il, sans grande difficulté. Dès les semaines qui suivent, les principaux jugements des grandes cours de Paris ou de province sont rendus en français. L'humaniste Ramus (Pierre de La Ramée), qui sera l'une des victimes du massacre de la Saint-Barthélemy en 1572, évoque les réticences, vite balayées, de certains notables et magistrats provinciaux : les parlementaires de Provence déléguèrent des députés auprès du souverain pour déplorer les « grands inconvénients » de cette décision. « Mais ce gentil esprit de Roi, les délayant de mois en mois, et leur faisant entendre par son Chancelier qu'il ne prenait point plaisir d'ouïr parler en autre langue qu'en la sienne, leur donna occasion d'apprendre soigneusement le français. » Si bien que les mécontents finirent par exposer leurs doléances en français ! Alors, explique Ramus, « ce fut une risée de ces orateurs qui étaient venus pour combattre la langue française, et néanmoins par ce combat l'avaient apprise, et par effet avaient montré que puisqu'elle était si aisée aux personnes d'âge, comme ils étaient, elle serait encore plus facile aux jeunes gens ».

Que l'impulsion en matière de langue vienne du roi et de l'État, bien d'autres indices tendraient à le confirmer. Ronsard, dans *La Franciade* (1572), soutient que « de tous les dialectes, le courtisan est le plus beau à cause de la majesté du Prince ». En 1557, l'imprimeur Robert Estienne affirme à son tour, dans la préface de sa *Grammaire*, que c'est à la Cour que se rencontre la langue la plus pure : « Je m'en rapporte à tous ceux qui ont tout le temps de leur vie hanté les cours de France, tant du Roi que de son Parlement à Paris, et aussi sa Chancellerie et Chambre des Comptes, auxquels lieux le langage s'écrit et se prononce en plus grande pureté qu'en tous autres. »

Il ne faudrait pas pour autant, par illusion rétrospective, confondre la monarchie du XVIe siècle avec la République jacobine et centralisatrice qui triomphera avec et après la Révolution : le roi de la Renaissance n'a nullement les moyens d'appliquer ses lois – François Ier dispose d'environ 6 000 officiers de justice, de police, de finances, pour un royaume peuplé d'au moins 15 millions de sujets.

Du reste, aucune sanction n'est prévue pour qui ne rédigerait pas des actes notariaux ou juridiques dans le langage adopté par la chancellerie royale. C'est donc que, loin du politique, d'autres facteurs, d'ordre économique, social, culturel, ont contribué à l'essor de la langue française, une langue dotée d'une énergie indépendante de l'action du roi.

Dans la frange nord-ouest des pays de langue d'oc, Bordelais, Périgord, haut Limousin, le français est la langue usuelle de nombreux notaires bien des années avant Villers-Cotterêts, sans intervention de l'État royal. À Bordeaux et dans le Bordelais par exemple, le gascon a cédé la place au français dans les actes notariés dès les années 1510-1520, et les états de Guyenne rédigent en français dès 1470 les actes soumis au souverain. À Toulouse, la création du parlement date de 1444 et, d'emblée, les registres parlementaires sont en français.

Le français s'est donc imposé de lui-même aux Méridionaux, dès avant 1539, beaucoup plus qu'il ne leur a été imposé d'en haut. En Bretagne, où l'on observe le même contraste entre une minorité de « lisants » et de francophones et une majorité d'analphabètes, on note une invasion de mots français dès le XIe siècle. En basse Bretagne, le latin commença à être remplacé par le français dans les chartes peu après 1260. D'où l'on peut conclure qu'à l'ancienne langue « universelle », le latin, langage de spécialistes, le chancelier Poyet, rédacteur de l'ordonnance de 1539, ne pouvait concevoir d'autre substitut qu'un langage unique, déjà parlé ou au moins compris dans l'ensemble du royaume, même si cette compréhension ne concernait qu'une mince frange de la population. C'est bien à quoi répondait la langue française, même dans le Midi, même en Bretagne.

Progrès de l'instruction

Cette victoire du français s'explique d'abord, incontestablement, par le désir des notables et des classes moyennes urbaines de se distinguer du peuple en parlant la langue de l'administration et de la culture.

Le « beau XVIe siècle » voit les profits des négociants multipliés par une prospérité qui coïncide avec le règne de François Ier : l'essor des échanges a favorisé, voire nécessité, une langue comprise au-delà des particularismes de chaque province. Le français, explique Ronsard, est le langage des « villes, bourgades et cités », des « marchands et trafiqueurs ».

Il y eut également, même s'ils sont difficiles à mesurer, les progrès de l'instruction : « Le processus de dislocation de l'occitanisme, écrit ainsi Emmanuel Le Roy Ladurie, n'est que la partie émergée d'un phénomène qui porte un nom précis : l'alphabétisation. » Rabelais a bien exprimé le nouveau climat intellectuel qui accompagne l'élargissement du nombre des participants à un savoir lettré : « Je vois les brigands, les bourreaux, les aventuriers, les palefreniers de maintenant plus doctes que les docteurs et prêcheurs de mon temps. » Cette alphabétisation a facilité la diffusion de l'imprimé, lui-même bénéficiant des travaux d'un humanisme conquérant et « national ».

Car c'est bien le travail des humanistes, une fraction particulièrement active des lettrés de la Renaissance, qui a permis au français d'acquérir ses lettres de noblesse. Lorsqu'en 1549 Du Bellay parle de « défendre la langue française », il s'agit de la dégager de ses origines vulgaires, pour répondre, notamment, à la demande d'une élite urbaine friande de livres. C'est pour ce monde urbain et prospère que Lefèvre d'Étaples publie sa Bible en français, tandis que sont diffusées, dans les années 1520-1540, des traductions et des adaptations, dans la même langue, de livres d'inspiration luthérienne, que Clément Marot traduit les Psaumes, que Rabelais écrit ses premières œuvres, et obtient, en retour, un prodigieux succès de vente. Si, en 1501, à Paris, neuf livres publiés sur dix l'étaient en latin, les courbes se croisent dès le milieu du siècle et, après 1550, le nombre des livres publiés en français dépasse celui des ouvrages en langue latine. Pourtant, le latin demeura longtemps encore la langue des sciences, des techniques, de la médecine, de la théologie.

Le français était le langage de la chancellerie, du Parlement, de la Cour, de la Ville ; le latin celui de l'Université et de l'Église. Ronsard explique ce partage dans la préface posthume de *La Franciade*, parue en 1587 : « C'est autre chose d'écrire en une langue florissante qui est pour le présent reçue du peuple, villes, bourgades et cités, comme vive et naturelle, approuvée des Rois, des Princes, des sénateurs, marchands et trafiqueurs, et de composer en une langue morte, muette et ensevelie sous le silence de tant d'espaces d'ans, laquelle ne s'apprend plus qu'à l'école par le fouet et par la lecture des livres. »

Il faudra cependant attendre la fondation de l'Académie française en 1635 pour établir les normes d'une parfaite ordonnance linguistique, en « nettoyant [la langue] des ordures qu'elle avait contractées ou dans la bouche du peuple, ou dans la foule du Palais, ou dans les impuretés de la chicane, ou par les mauvais usages des courtisans ignorants ». Cette création correspond aussi à la volonté d'enrégimenter les écrivains au service du prestige royal.

Partie II

Des guerres de Religion au règne d'Henri IV

Près d'un demi-siècle de violences et d'« épouvantement » : le temps des « guerriers de Dieu », qui culmine avec les « matines sanglantes » de la Saint-Barthélemy, est aussi celui de la mise en cause des pouvoirs du roi absolu, par les protestants comme par les ligueurs ultra-catholiques.

Henri IV est parvenu à réinstaurer la souveraineté et à canaliser cette violence en séparant, par l'édit de Nantes, le croyant, libre de sa foi, du sujet qui doit obéir à son roi. Mais ce fut au prix de sa vie. Lui aussi fut victime d'un « guerrier de Dieu », adepte de cette culture régicide qui autorisait la mise à mort des « mauvais rois ».

5

Catholiques et protestants : les violences des « guerriers de Dieu »

Destruction des croix, des statues et des reliques, mutilation des corps, massacres spectaculaires comme celui de la Saint-Barthélemy… Au XVIe siècle, habités par une mission sacrée, catholiques et protestants pratiquent la guerre des symboles. Au nom de Dieu. Ce n'est pas céder au péché mortel de l'historien, l'anachronisme, que de déceler au temps de ces guerres dites de Religion quelques traits qui évoquent le terrorisme contemporain, particulièrement dans sa dimension symbolique.

Parmi les fureurs collectives du XVIe siècle, on peut distinguer au moins trois types de violences : une violence contre les images et le clergé pratiquée par les protestants ; une violence nourrie par l'imaginaire du Jugement dernier, celle des catholiques ; une violence qui peut s'interpréter à la lumière de partis totalitaires n'hésitant pas à pratiquer la terreur, comme la Ligue parisienne entre 1585 et 1594.

Le protestantisme, notamment le calvinisme, représente une rupture dans l'histoire des échanges entre le monde d'ici-bas et le monde de l'au-delà. Calvin considère en effet que les œuvres sont inutiles en elles-mêmes : « Les œuvres humaines, quelle que soit leur magnificence, sont vaines et sans valeur si elles ne sont soumises à la parole et à l'esprit de Dieu. » Ce Dieu est un Dieu caché : l'imagination humaine est incapable de se représenter Dieu le père, qui est resté invisible, même à Moïse. L'Éternel veut et doit être adoré en esprit. Seule la lecture de la Bible le permet. Et les intermédiaires entre l'homme et Dieu que sont la Vierge et les saints sont inutiles. En conséquence, à la différence de l'église de la Contre-Réforme, saturée d'images, le temple doit rester vierge de toute représentation figurée. Derrière les images se profile le risque de l'idolâtrie et du paganisme.

Mutilation de statues, bris de croix, profanation des hosties, élimination des reliques : un mouvement iconoclaste, de destruction des images, a parcouru le XVIe siècle dans une partie de l'Europe protestante malgré le désaveu de Calvin lui-même. Cette tendance de longue durée débute avant même le calvinisme : le 1er juin 1528, des inconnus lacèrent à coups de couteau et décapitent une statue de Vierge à l'enfant dans une église parisienne. Le scandale est immense : le roi, dit-on, en pleure deux jours durant. Dans la région de Lyon, dans les années 1560, une violence très ritualisée est ordonnée par les autorités.

Dans cette même logique, les huguenots s'attaquent aussi parfois aux personnes, transformant la violence symbolique en une violence de sang, dirigée avant tout contre le clergé, séculier et régulier : cette « guerre aux rasés » proclame, de manière spectaculaire, l'avènement du règne de l'Évangile.

Du côté catholique, la violence culmine lors de la Saint-Barthélemy parisienne du 25 au 30 août 1572. Tous les témoins insistent sur le caractère inattendu d'une « fureur incroyable », surgie du peuple lui-même, et impossible à contrôler. On rapporte que les ducs de Guise, d'Aumale et de Nevers parcoururent les rues de Paris en criant : « Tuez-les tous, le roi le commande. » Un climat de catholicisme de croisade règne alors dans la capitale et dans de nombreuses villes du royaume. Dans les églises, les prédicateurs ne cessent d'affirmer que seule compte la gloire de Dieu, quels qu'en soient les moyens, préparant ainsi leurs auditeurs à la possibilité d'une action violente qui serait l'éradication totale des infidèles.

Dans un contexte d'attente de la fin des temps, la mise à mort des chefs huguenots ordonnée par le pouvoir royal le 24 août 1572 dut apparaître au peuple parisien comme le signe que le Temps de l'attente était enfin achevé : la vengeance de Dieu se réalisait, avec le bruit lancinant du tocsin vers les 4 ou 5 heures au petit matin du 25 août 1572. Le traitement infligé au corps de l'amiral de Coligny, le chef des huguenots, est particulièrement significatif : il s'agit d'un véritable massacre purificateur. Traîné par les rues d'un carrefour à l'autre, il est châtré et décapité, puis brûlé. Ses restes sont exhibés à la foule.

Seins de femmes arrachés, pages de la Bible mises dans la bouche de cadavres huguenots, sexe des hommes arraché et enfoncé dans leur bouche, visages défigurés pour rendre manifeste la « laideur » intérieure et diabolique : la violence extrême des catholiques a pour but de détruire, dans l'apparence extérieure du huguenot, l'image même du péché et du diable, de réaliser en quelque sorte, sur la terre, ici et maintenant, le Jugement dernier[1].

Nous savons, grâce aux études de Jérémie Foa, que ces « matines sanglantes » furent un « massacre de proximité[2] ». Car on s'est tué entre voisins, on a réglé bien des comptes en famille, à l'exemple de Marie Passart et de son époux, assassinés sous les coups de leurs propres neveux – « puis on jeta leurs corps en l'eau » (Simon Goulart). Nous connaissons le nom des principaux « meurtriers de masse » : Jean Tanchou, Thomas Croizier – « il se vantait publiquement d'en avoir tué de sa main jusques à 80 », écrit le mémorialiste Pierre de l'Estoile –, Nicolas Pezou, Claude Chenet, « un des tueurs en chef de la Saint-Barthélemy ». Ce dernier est responsable, entre autres, du massacre de Philippe le Doux, de sa femme enceinte et de toute sa famille, rue de la Vieille-Monnaie, le premier soir des tueries : « L'enfant sortoit la teste hors du corps et bailloit, au grand estonnement et confusion de quelques catholiques qui ont esté contrains le confesser maintesfois, en detestant la cruauté de leurs bourreaux. Le brodeur, compagnon du tireur d'or, estoit le principal meurtrier » (Simon Goulart).

« Brodeur », « tireur d'or » : la plupart de ces meurtriers étaient de respectables « bourgeois de Paris », à l'exemple de Claude Chenet – c'est lui le brodeur – ou de Thomas Croizier, son compagnon, le « tireur d'or » (orfèvre), militant catholique, porteur de la châsse de sainte Geneviève, la protectrice de Paris, lors des processions solennelles, membre de la milice parisienne, garante du « maintien de l'ordre ». Cette dernière fonction l'a conduit, lui et ses acolytes, à exercer son zèle en multipliant les actions punitives par l'interpellation de centaines de protestants pour les enfermer à la Conciergerie, entre octobre 1567 et août 1570, sous tous les prétextes : avoir mangé des œufs en carême, chanté des psaumes, n'être pas allé à la messe…

C'est là, précisément, « la clé du massacre » : dans les années qui ont précédé la tuerie, la persécution légale des huguenots a permis à ceux qui les ont arrêtés de connaître leurs visages, leurs métiers, leurs adresses, de dresser des listes d'hérétiques, quartier par quartier, des listes de « mauvais voisins ». La Saint-Barthélemy, écrit Jérémie Foa, « est un crime des interconnaissances, commis par des hommes qui savent pertinemment qui sont les êtres qu'ils anéantissent ». Ainsi, par exemple, les fils de Jean Thenard, Pierre et Isaac, abattus avec leur père rue de L'Homme-Armé, avaient déjà été arrêtés par Thomas Croizier le 13 janvier 1569, puis libérés à la suite de la paix de Saint-Germain en 1570…

Le constat est le même à Lyon où les meurtres des protestants commencèrent le jeudi 28 août 1572 : les assassinats furent commis par des troupes d'hommes qui se connaissaient, des catholiques fervents, soudés par des réseaux professionnels et familiaux : André Mornieu, échevin, et son neveu, Antoine Guillens de Salla, capitaine des arquebusiers, Claude de Fenoyl, capitaine de la milice, André Monieu, échevin, tous savaient parfaitement, par des listes déjà établies, qui ils allaient exécuter. Le massacre ne fut pas « hors sol », surgi d'un « peuple » anonyme en colère, indomptable et inconsidéré, il fut encadré, dirigé par de bons bourgeois de la ville, catholiques zélés qui rêvaient depuis des années d'en finir avec l'hérésie.

La violence ne s'est pas arrêtée après la Saint-Barthélemy. À Paris, pendant près de dix ans, entre 1585 et 1594, le « parti de Dieu » des ligueurs parisiens exerça une violence utilisant les armes de la terreur. Les ultra-catholiques ligueurs firent concurrence au pouvoir royal et même, après la fuite du roi en 1588, contrôlèrent directement la capitale. Cette Ligue parisienne offre des parentés avec un parti terroriste et révolutionnaire de type moderne, doté d'une organisation parallèle secrète. L'importance du nombre, de la masse comme argument politique, la place prise par l'idéologie, par l'endoctrinement, par l'intimidation, la tendance à l'effacement des barrières sociales au profit d'un ordre d'« élus », l'identification du parti à la communauté tout entière, et le dévouement sans bornes, absolu, qu'il exige de ses membres, jusqu'à la mort s'il le faut : voilà autant de signes qui ne peuvent tromper. « Tout ce que j'ai fait a été pour mon parti », écrit même Dorléans, ex-ligueur, en avril 1603[3]...

Destruction de tout ce qui éloigne l'homme de ce que les protestants considèrent comme la foi unique et véritable ; « guerriers de Dieu » habités par la croyance en une mission sacrée pour détruire l'autre, l'hérétique ; organisation totalitaire d'un « parti » fanatisé qui ordonne à chacun de ses membres d'obéir aveuglément au nom d'un ordre supérieur voulu par le Très-Haut : sans doute, au XVIe siècle, le mot « terrorisme » ne fait pas partie du vocabulaire, mais, comme toute expérience humaine, cette violence à l'œuvre, ces haines partisanes qui ont animé les hommes du temps des Réformes s'éclairent aussi à travers le prisme des événements récents…

6

Saint-Barthélemy : qui est responsable ?

Summum de la violence collective du temps des guerres de Religion, le déchaînement de fureur des 24 et 25 août 1572 – et des jours suivants – continue de susciter débats et controverses. Que s'est-il réellement passé ? Qui a pu décider d'un tel massacre ?

Faute de sources directes, l'ordre éventuel donné pour la tuerie n'a laissé aucune trace écrite et il semble impossible d'en déterminer les véritables responsabilités. L'historien se trouve face à un mystère qui laisse libre cours à toutes les interprétations, car nous ne disposons que de témoignages et de Mémoires contradictoires, écrits après coup.

Trois hypothèses principales ont été formulées.

Catherine de Médicis : un crime d'État

Pour de nombreux contemporains, la « machiavélique » Catherine de Médicis et son fils, le faible et influençable Charles IX, ont organisé le massacre dans sa totalité. Les sources sur lesquelles s'appuie cette thèse, toutes polémiques, ayant été forgées *a posteriori*, elle est aujourd'hui abandonnée. Cependant, Janine Garrisson soutient que Catherine a peut-être commandité l'attentat manqué contre l'amiral de Coligny, le 22 août 1572, parce qu'elle craignait de voir ce dernier convaincre Charles IX de secourir les calvinistes des Pays-Bas en lutte contre l'Espagne ; du reste, un corps expéditionnaire avait été envoyé pour soutenir la révolte des « gueux de la mer », qui avaient repris la guerre contre l'Espagne au printemps 1572. À la suite de l'échec de l'attentat, anticipant leur vengeance, Catherine aurait pu décider de faire exécuter les principaux chefs protestants. Cette exécution limitée a provoqué un déchaînement de fureur populaire spontané contre les huguenots – un événement qui n'avait pas été prévu par la famille royale.

Les Guise : un mensonge d'État

Selon Jean-Louis Bourgeon, l'enchaînement des violences trouve son origine dans le contexte européen. Philippe II, le roi d'Espagne, qui se pense investi de la responsabilité de défendre partout en Europe la cause du catholicisme menacé par les « hérétiques », condamne la politique française de réconciliation avec les protestants ; surtout, il ne peut tolérer que Coligny envisage l'envoi de renforts aux protestants des Pays-Bas. L'attentat du 22 août, puis l'exécution des chefs huguenots sont une initiative des Guise, à la solde de l'Espagne. Dans cette hypothèse, le rôle de l'ambassadeur espagnol à Paris aurait pu être décisif. Le roi, isolé, décide d'assumer la responsabilité du massacre pour rétablir son autorité.

Charles IX : un « crime humaniste »

Cette hypothèse est celle de Denis Crouzet. Après l'attentat manqué contre Coligny, qui l'a pris au dépourvu, le roi se trouve dans une impasse : il ne peut accuser officiellement les Guise – et s'aliéner ainsi le parti ultra-catholique, l'Espagne, le pape – ni attendre sans agir que les huguenots prennent les armes.

Pour éviter à son peuple les souffrances d'un nouveau conflit, Charles IX aurait donc ordonné la mise à mort des chefs militaires protestants. Denis Crouzet parle de « crime d'amour ». Le massacre populaire qui s'ensuit est un débordement imprévu, dont le roi endosse la responsabilité à la fois pour mettre un terme aux violences et pour ne pas reconnaître son incapacité à maîtriser les événements, en particulier cette « fureur incroyable » qui s'empare des Parisiens au petit matin du 24 août…

Une quatrième interprétation ?

Une lettre adressée à Catherine de Médicis en 1573 révèle une autre dimension du massacre des protestants. Jean-Louis Bourgeon propose en effet un document peu connu et souvent mal interprété, qui remet toutes nos certitudes en question. Il s'agit d'une lettre confidentielle destinée à « la royne mère », Catherine de Médicis, mère du souverain Charles IX[1]. Elle a été écrite le 20 août 1573 – un an, donc, après l'événement – par Louis de Gonzague, duc de Nevers. Ce dernier est un familier et un conseiller de Catherine ; c'est aussi un grand serviteur de l'État royal, fidèle, tour à tour, à Henri II, Charles IX, Henri III puis Henri IV.

Or, en ce mois d'août 1573, Louis de Gonzague est particulièrement inquiet : il fait part du « bruict » de l'imminence d'une nouvelle Saint-Barthélemy provoquée par le mécontentement des plus enragés des catholiques après l'échec du long siège de La Rochelle, ville-forteresse huguenote. Cette seconde Saint-Barthélemy pourrait fondre cette fois sur les « banquiers italiens », jugés responsables de « toutes les inventions des subsides et gabelles ».

Surtout, en contrepoint, cette lettre révèle le drame vécu par la royauté un an plus tôt. Le duc évoque notamment l'« esmeute générale », la « sédition », la « rébellion », autant de termes qui sont loin de faire du roi le décideur de l'événement mais plutôt, comme le montre Jean-Louis Bourgeon, une cible.

Ce qui rend l'épreuve de 1573 « très dangereuse » aux yeux du duc de Nevers, c'est qu'elle se présente comme une « querelle du bien publicq ». Or, nous savons qu'il s'agit là d'un argument qui justifie le « devoir de révolte » des grands seigneurs, qui s'estiment habilités à se soulever contre un souverain devenu un « tyran ». En 1465, Louis XI avait dû momentanément céder à une ligue du Bien public unissant les ducs de Berry, de Bretagne et de Bourbon, avec pour chef le duc de Bourgogne Charles le Téméraire. La crainte du duc, donc, est que, quelles que soient les victimes de cette nouvelle Saint-Barthélemy, la politique de l'État royal soit visée pour sa surfiscalisation.

La grande révélation de ce texte d'août 1573 tient au jugement rétrospectif porté sur la véritable nature de la Saint-Barthélemy : « Une querelle du bien public [...] couverte du manteau de Religion », c'est-à-dire une manipulation de l'opinion opérée par l'ambition personnelle de quelques grands seigneurs exploitant le mécontentement d'une population excédée par « les inventions des subsides et gabelles » et par ailleurs terrorisée, au fil des sermons des prêtres, par la crainte de l'enfer.

Il faut tenir compte, en effet, de l'accusation d'hérésie portée contre Charles IX et Catherine de Médicis, accusés par les prédicateurs d'avoir fomenté « l'union exécrable », ce « mariage contre nature » d'Henri de Navarre (un huguenot) avec Marguerite de Valois, sœur de Charles IX, fille d'Henri II et de Catherine. Nous savons en effet que la politique de concorde, consacrée par l'édit de pacification de Saint-Germain en 1570, a déchaîné une haine générale contre les personnes royales.

À lire cette lettre, il est impossible de penser que la royauté ait pu vouloir la Saint-Barthélemy. Il semble bien, au contraire, qu'elle l'a subie frontalement et qu'elle a tout fait pour l'éviter, comme le prouve la mobilisation tardive, par Charles IX, de la milice bourgeoise, arguant de la menace « de ceulx de la Nouvelle Religion » : un prétexte, écrit Jean-Louis Bourgeon, car il s'agissait avant tout de se protéger.

La Saint-Barthélemy a révélé l'ampleur du danger et l'effort pour échapper au pire, c'est-à-dire à « ceulx qui vouldroient gouverner le Roy et le roiaulme à leur fantesye ». Cette accusation sans nom vise les Guise, champions d'un catholicisme intransigeant, dont on sait qu'ils gouvernèrent la France au temps de François II (en 1559-1560) avant d'être écartés du Conseil du roi par Charles IX, et qui ne cessèrent alors, notamment avec l'appui de Philippe II d'Espagne, de s'opposer à la politique religieuse de Catherine et de ses fils.

Nous savons déjà, avec certitude, que les Guise furent à l'origine de l'attentat du 22 août 1572 contre l'amiral de Coligny – ce qui déclencha la Saint-Barthélemy. Le *Discours* du duc de Nevers nous aide à comprendre que Charles IX a craint d'être assailli en son Louvre par toute une population excitée par les Guise et leurs fidèles, liguée contre sa politique fiscale et religieuse. Un an plus tard, la crainte est toujours là.

7

La prise du pouvoir par Henri IV

Le 25 juillet 1593, à Saint-Denis, devant une grande assemblée ecclésiastique et populaire, Henri IV abjure solennellement la religion protestante. Une conversion dictée sans doute par l'ambition politique, mais qui, rapporte un chroniqueur, lui fit verser des larmes. La pacification du royaume était à ce prix.

*

Au-delà de la fureur assassine des troubles de Religion et de la complexité événementielle de plus de trente années de douleur et d'« épouvantement », le fait dominant du XVIe siècle finissant est la victoire finale d'un seul homme : Henri de Navarre, bientôt devenu Henri IV. La longue marche du premier des rois Bourbons vers la conquête de l'autorité fut marquée par des ruptures décisives. La plus importante fut sans doute la métamorphose du « Béarnais » et de l'hérétique, le « suppôt de Satan » des ultra-catholiques, en roi de France, « Très Chrétien » et « oint de Dieu ».

Seul souverain légitime à la mort d'Henri III en 1589, ainsi que la loi salique l'ordonnait, Henri de Navarre fut en effet un roi triplement légitimé : par l'abjuration, tout d'abord, à Saint-Denis le 25 juillet 1593 ; par le sacre à Chartres, ensuite, le 24 février 1594 (Reims était toujours aux mains des ligueurs) ; par l'entrée triomphale à Paris, enfin, le 22 mars 1594. Henri de Navarre bénéficiait, grâce à ce dernier événement, de l'acclamation populaire qui avait tant manqué à Henri III.

La première légitimation, sans doute la plus importante, eut donc lieu le dimanche 25 juillet 1593. À 8 heures du matin, habillé d'un pourpoint de satin blanc chamarré d'or, recouvert d'un manteau noir, Henri IV se présente à la porte de l'église abbatiale de Saint-Denis, accompagné de princes du sang, suivi de ses gardes suisses et écossais. Douze trompettes marchent devant lui. La foule nombreuse ne cesse de crier « Vive le roi ! ».

À l'entrée de l'église, le souverain est accueilli par l'archevêque de Bourges, assis sur un fauteuil de damas blanc, entouré de plusieurs évêques et des religieux de l'abbaye. Ce dernier lui demande qui il est, et ce qu'il souhaite. Henri IV répond : « Je suis le roi, qui demande d'être reçu au giron de l'Église apostolique et romaine. » « Le voulez-vous sincèrement ? » Le souverain répond affirmativement. Il se met alors à genoux, pour prononcer sa profession de foi : « Je proteste et je jure, devant la face de Dieu tout-puissant, de vivre et mourir dans la religion catholique, apostolique et romaine, de la protéger et défendre envers tous, au péril de mon sang et de ma vie, renonçant à toutes les hérésies contraires à la doctrine de ladite Église. »

Événement fondateur parmi ceux qui s'inscrivent dans l'histoire de la « nation France », ce geste public, en un lieu chargé de toute la mémoire longue de la monarchie, symbolisée par les tombeaux des rois, permet en effet une « recharge sacrale » de l'État royal, dans un royaume divisé, éclaté entre partis politiques et religieux rivaux : le roi fait ainsi coïncider sa religion avec celle de la majorité de ses sujets.

Mais peut-on imaginer les troubles de conscience qui assaillirent Henri de Bourbon en cet instant précis ? « Ce sera dimanche que je ferai le saut périlleux », écrivait-il à sa chère Gabrielle d'Estrées le 23 juillet. Et, le lendemain : « Je mets aujourd'hui mon âme entre vos mains. Je vous prie, prenez-y garde ; car là où vous me faites entrer, je n'en sortirai que par la mort, et de cela je vous jure et je proteste. » Pierre de l'Estoile, qui rapporte ces mots du souverain aux évêques catholiques qui l'entourent avant la cérémonie, dit aussi qu'en les prononçant « les larmes lui sortirent des yeux ». Comme il est difficile de devenir roi catholique quand on fut roi protestant ! Neuf ans durant, de 1584 à 1593, et malgré nombre de pressions, Henri avait refusé ce « saut ».

Pendant les jours précédant l'abjuration, il se fit instruire par des théologiens, notamment par Jacques Davy du Perron, évêque d'Évreux, sur les articles de foi dont, en bon huguenot, il doutait le plus : l'invocation et le culte des saints, la puissance du pape, la grâce, la confession et le caractère sacrificiel de l'eucharistie. Quant au purgatoire, il déclara qu'il y croirait non comme à un article de foi, mais comme à un dogme de l'Église, et aussi pour faire plaisir aux théologiens, « sachant que c'était le pain des prêtres ». Lui-même fut étonné de l'insistance des clercs lors de sa préparation à l'abjuration : « Il ne s'attendait pas, écrit Pierre de l'Estoile, à ce qu'on le force si avant en sa conscience, pour l'astreindre à des serments "étranges", et à signer et à croire des "badineries". » Un ministre huguenot présent se plaignit même, déclarant qu'on « violentait » le roi.

Après la cérémonie, les curés de la Ligue parisienne, du haut de leur chaire, tonnèrent contre l'imposture d'une conversion hypocrite et contre le « loup travesti en agneau ». Mais Henri IV savait bien l'importance politique de son geste. Louis de L'Hospital, un membre de la noblesse de Champagne qui réussit à convaincre les notables de Meaux d'ouvrir leurs portes aux troupes royales, explique clairement dans un *Manifeste à la noblesse de France* que, pour lui comme pour nombre d'aristocrates catholiques, c'est bien la conversion du roi qui fut l'événement déterminant du ralliement à Henri IV : « N'estimant plus qu'il y ait cause légitime et valable pour lui faire la guerre. Si nous y rentrons, elle ne pourra plus être qualifiée guerre de religion, mais d'État, d'ambition et d'usurpation. »

Le roi distribue gratifications, immunités et privilèges

L'abjuration du souverain a facilité la reconnaissance progressive, par toutes les provinces, par toutes les villes et par la plupart des lignages seigneuriaux de la souveraineté du prince : si Henri IV était à Nantes au printemps de l'année 1598, c'était avant tout pour signer la paix avec le dernier prince ligueur, le duc de Mercœur, gouverneur d'une Bretagne qui avait en partie fait sécession. Sans doute, nombre de ces ralliements spectaculaires ont été le résultat du verdict des armes sur les champs de bataille : ainsi les victoires d'Arques, le 21 septembre 1589, et d'Ivry, le 14 mars 1590, contre les troupes du duc de Mayenne, le chef des ligueurs après l'assassinat des Guise, furent-elles interprétées comme un signe de Dieu, un sacre militaire du roi.

Mais nombre de ralliements résultèrent aussi de combinaisons politiques et financières, de rapports de force qui révèlent que le jeu des intérêts fut déterminant dans le triomphe de l'ordre royal. « Travaillant séparément avec chaque particulier », comme il l'écrit dans une de ses lettres, Henri IV, pragmatique, savait qu'il devait miser sur les vues courtes de chaque ligueur pour faire triompher l'unité supérieure du pouvoir souverain, cette unité qui seule importait à ses yeux, au-delà de tous les clivages politiques ou religieux. Au total, les sommes exigées par les chefs de la Ligue pour leur ralliement atteignirent le chiffre, considérable, de 32 millions de livres (soit plus d'une année de recettes fiscales), sans compter les montants qui n'apparaissent que dans les articles secrets accompagnant la plupart des traités, et les postes lucratifs et prestigieux exigés par nombre de ligueurs. Ainsi, le traité signé avec le duc de Mercœur au début de l'année 1598 accordait à ce dernier plus de 2 millions de livres.

Surtout, Henri de Navarre eut l'habileté de respecter les « immunités et privilèges » des villes et des provinces, qui, l'une après l'autre, se rallièrent à lui. Tous les traités signés avec les cités ligueuses détaillent avec minutie les libertés et les franchises, notamment fiscales et judiciaires, dont le roi assurait la sauvegarde. Henri IV négocia de cette manière avec 30 villes de la Ligue. À chaque fois, un texte précis stipulait et précisait des privilèges défendus et revendiqués avec acharnement. Dans le traité signé avec Lyon, on peut lire cette belle formule : « Que le roi ne bâtirait jamais de citadelles en leur ville, que dans leurs cœurs et bonnes volontés. »

Inversement, Henri IV n'hésitait pas à supprimer les libertés urbaines en cas de « trahison » : l'exemple d'Amiens est à ce sujet particulièrement significatif. En 1597, en effet, en conséquence de la « surprise » d'Amiens (les habitants avaient facilité l'avance des Espagnols), le roi abolit la plupart de leurs privilèges. Il fit passer le nombre des échevins de 24 à 7, supprima la charge de mayeur (maire), limita les attributions judiciaires et militaires de l'échevinage ; le pouvoir passa au gouverneur, la justice au bailli, c'est-à-dire aux hommes du roi ; et une citadelle royale fut construite, pour bien signifier la prééminence politique et militaire du gouvernement central.

Lorsque Sully – Maximilien de Béthune, baron de Rosny, grand aristocrate protestant – entra au Conseil des finances vers le milieu du mois d'octobre 1596, une rude tâche l'attendait, lui qui allait devenir le principal soutien du nouveau souverain : il devait honorer tous les traités passés avec les ligueurs, trouver des fonds pour continuer la guerre contre l'Espagne (jusqu'en 1598), et en même temps réformer l'administration des Finances. Cette réorganisation ne représente pourtant qu'un des aspects de la réussite de l'ordre royal, préparée par la triple victoire militaire, politique et religieuse d'Henri IV devenu à présent souverain de tous les Français. « Lorsque je serai roi paisible, écrivait ce dernier à Sully le 8 mars 1594, vous pouvez vous assurer que je n'épargnerai aucun travail, ni ne craindrai aucun péril pour élever ma gloire et mon État en leur plus grande splendeur. »

8

L'édit de Nantes : liberté de la croyance, obéissance au roi absolu

Présenté trop souvent encore comme un texte de tolérance, l'édit signé à Nantes par Henri IV en 1598 a surtout contribué au renforcement du pouvoir royal. En soumettant le religieux au politique.

*

Au terme de huit guerres sanglantes, ponctuées de violences paniques (telle la Saint-Barthélemy en 1572) et par la conclusion de sept paix, toutes fragiles, provisoires et bafouées, l'édit signé à Nantes en 1598 instaurait enfin une pacification durable en établissant le principe d'une concorde entre les confessions protestante et catholique dans le royaume de France.

Le texte privilégie dans tous les cas les catholiques. Il proclame principalement la liberté de conscience définie de manière négative (nul ne peut être inquiété en raison de sa religion), la reconnaissance d'une liberté de culte restreinte et contrôlée pour les huguenots, l'instauration de chambres « mi-parties » permettant, dans certains parlements, d'associer magistrats catholiques et réformés dans l'instruction et les affaires judiciaires impliquant des protestants, des concessions politiques et militaires enfin (dans le cadre d'accords secrets et de deux brevets datés du 30 avril).

C'est une véritable révolution qui s'est opérée avec la promulgation de cet édit décisif. Pour en juger, il faut rappeler que près de quarante ans plus tôt, celui de janvier 1562, conçu par Michel de L'Hospital, qui instaurait pour la première fois en France une liberté de culte relative et limitée pour les protestants, provoqua un brutal rejet : parlementaires, « habitants de Paris », clercs, élites des villes, tous considérèrent la loi édictée par Charles IX comme une monstruosité, une œuvre de Satan. Cependant, l'inflation historiographique (livres, articles, colloques, conférences…) à laquelle l'édit de Nantes a donné lieu, notamment à l'occasion de son quadricentenaire, semble inversement proportionnelle à l'impact de l'événement sur les contemporains.

Déchaînement des ambitions politiques

Cet accord ne fut pas vécu, en effet, comme un moment exceptionnel. Le chroniqueur Pierre de l'Estoile, par exemple, témoin attentif des événements, ne le mentionne même pas dans son très prolixe registre-journal, et l'historien contemporain Henri-Caterin Davila, auteur d'une très détaillée *Histoire des guerres civiles en France* parue à Venise en 1630, sans même aborder l'édit, achève son récit par la paix de Vervins, signée elle aussi en 1598 et qui met fin au conflit militaire avec l'Espagne… Manque de recul ? Sans doute, en partie. Car, après tout, ce fameux édit signé à Nantes était le huitième, et nul ne pouvait se douter qu'il était destiné à se maintenir (malgré des restrictions continues jusqu'en 1685) près d'un siècle.

La signature, en effet, ne fut pas obtenue sans difficulté : Janine Garrisson, dans *L'Édit de Nantes* (Fayard, 1998), a retracé avec minutie les deux années d'âpres et tortueuses discussions qui précédèrent la rédaction du texte définitif. L'accord fut finalement signé à Nantes le 30 avril 1598, le jour de l'Ascension, et non le 13 avril comme on l'a souvent écrit. Qu'en cette période de foi partagée, le roi ait placé son édit sous le patronage du Christ est loin d'être dépourvu de sens. « Ne pas oublier qu'Henri IV engage “sa foy et parole” quant à la bonne exécution de son édit : le faire le jour de l'Ascension ne peut que renforcer la confiance des huguenots en ses promesses, et la propre confiance du souverain en l'avenir de cette cohabitation religieuse à laquelle il aspire depuis trente ans[1]. »

Cette aspiration à la paix est alors quasiment unanime. Les prédicateurs véhéments de la Ligue ne recueillent plus guère d'écho. La lassitude l'a emporté sur la ferveur, après plus de trente années de divisions, de violences et d'« épouvantement ». Et ce qui apparaissait comme un « scandale inouï » en 1562 est ressenti par beaucoup en 1598 comme une nécessité, voire une délivrance. D'autant que les rapports entre le sacré et le profane, l'Église et l'État, la société et les pouvoirs ont été bouleversés entre ces deux dates, révélant au grand jour la duplicité de ceux qui couvraient d'un « manteau de religion » des ambitions politiques ou des pulsions meurtrières. Il s'agit là d'un nouvel acquis, considérable, de la recherche récente sur l'édit : la reconstitution de l'univers intellectuel et mental, religieux et politique dans lequel il a été élaboré.

Une œuvre collective difficilement acceptée

Pour le comprendre, il convient tout d'abord de rappeler que si le texte définitif représente bien la volonté d'Henri IV, « roi de raison », qui l'a signé, sa rédaction proprement dite s'est étalée sur plus d'un an. Elle est le résultat d'une œuvre collective à laquelle participèrent, notamment, le président Jeannin et l'historien Jacques-Auguste de Thou. Ces derniers appartenaient au courant des « politiques » (le milieu des magistrats, surtout), pour qui la religion ne devait pas intervenir dans les affaires de l'État.

Tous les articles du texte ont ainsi été âprement négociés avec les délégués huguenots. Ils résultent d'une série de complexes compromis qui n'ont pas vraiment satisfait les deux parties, comme en témoignent les réticences des parlements à enregistrer l'édit. Il fallut attendre le 25 février 1599 pour le voir adopté par celui de Paris – après d'insistantes pressions royales.

Les autres chambres l'enregistrèrent à leur tour avec difficulté : le 27 septembre 1599, le parlement de Grenoble ; le 12 janvier 1600, celui de Dijon ; le 19 janvier, celui de Toulouse ; le 7 février, celui de Bordeaux. Le roi fut contraint d'adresser une lettre de jussion (portant commandement d'enregistrer une ordonnance) auprès du parlement d'Aix pour que celui-ci obtempère le 11 août, et deux lettres auprès du parlement de Rennes (23 août). Quant au parlement de Rouen, ville ligueuse qui résista longtemps à Henri IV, il ne se soumit que le 5 août 1609.

On comprend que les commissaires du roi nommés pour vérifier le respect des décisions (en général un commissaire protestant et un commissaire catholique, le plus souvent conseiller d'État ou maître des requêtes) aient eu beaucoup de travail pour faire accepter sur le terrain, dans les provinces du royaume, l'application des dispositions prévues à Nantes. En même temps, et c'est peut-être là l'essentiel, cet édit, si attendu mais si fragile et tant contesté, confortait l'autorité de l'État. Un État bien différent de celui de 1562, fortifié par les événements, un État de raison conçu à la fois comme absolu et arbitral, situé au-dessus de tous les partis, les confessions et les particularismes, confirmant « l'autonomisation de la raison politique », selon une expression d'Olivier Christin (*La Paix de religion*, Seuil, 1997). Plus que jamais, en soumettant le religieux à la loi civile, l'État apparaissait comme l'unique garant de l'intérêt commun, contre toutes les factions et les opinions. L'édit de Nantes marque donc une étape importante dans l'histoire de la distinction entre le citoyen, sujet politique obéissant à la loi, et le croyant, libre de ses choix religieux privés.

Le roi grand vainqueur de la guerre

Bernard Cottret, pour sa part, soutient que ce texte fondateur est l'une des expressions les plus parfaites de la raison d'État et ajoute : « S'il ne se situe pas encore dans la perspective de la laïcité – mais comment l'aurait-il pu ? –, [l'édit de Nantes] évite la construction d'un État confessionnel » (*L'Édit de Nantes*, Perrin, 1997). Quant à Pierre Joxe, qui fut ministre de l'Intérieur – et donc ministre des Cultes – au temps de François Mitterrand, il met en valeur le grand paradoxe de l'édit de Nantes : celui-ci, communément présenté comme fondant ou préparant la tolérance[2], a en fait contribué à la fois à extirper quasiment la Réforme de France et à fonder l'absolutisme. Avec comme aboutissement l'instauration d'une véritable religion royale, qui culminera avec Louis XIV et Versailles. « En instrumentalisant la religion – pour une bonne cause : l'ordre public –, Henri IV a fondé l'absolutisme de droit divin qui, par ses abus, a sans doute alimenté des Lumières fort différentes de celle du Roi-Soleil : celle des philosophes » (*L'Édit de Nantes. Une histoire pour aujourd'hui*, Hachette, 1998).

Et ce n'est pas le moindre des paradoxes que de voir ainsi l'édit de Nantes interrogé par les politiques de la fin du XXe siècle – Pierre Joxe, Michel Rocard, François Bayrou[3]… –, qui y puisent, à l'écoute des passions françaises du lointain XVIe siècle, une leçon tout à la fois d'histoire et de « bon gouvernement ».

9

L'assassinat d'Henri IV

Ce jour-là, vendredi 14 mai 1610, le roi demanda son carrosse pour le conduire à l'Arsenal afin de s'entretenir avec le duc de Sully, surintendant des Finances et grand maître de l'Artillerie, qui était légèrement souffrant : le souverain s'apprêtait à partir en guerre contre les Habsbourg dans le cadre d'un conflit opposant l'empereur à des princes allemands protestants à propos des successions des principautés de Clèves et de Juliers.

À 15 h 45, Henri IV monta dans le carrosse. Il avait quitté son manteau qu'il avait revêtu quelques instants auparavant et était couvert d'un simple « habillement de satin noir ». Il s'assit sur la banquette du fond, au milieu, le duc d'Épernon à sa droite, le maréchal de Lavardin et Antoine de Roquelaure (1544-1622) à sa gauche. Hercule de Rohan (1568-1654), duc de Montbazon, et Jacques-Nompar de Caumont (1558-1652), marquis de La Force, étaient en face de lui, MM. Charles du Plessis-Liancourt et François Chabot, marquis de Mirebeau, sur les côtés. Il avait demandé que les mantelets soient relevés afin que son carrosse soit ouvert de tous côtés. La seule escorte était constituée de quelques gentilshommes à cheval et quelques valets de pied courant aux portières.

Le carrosse s'ébranla alors. Parvenu devant l'hôtel de Longueville, le cocher demanda par où il devait continuer :

« Par la Croix-du-Tiroir », lui fut-il répondu. Quand il fut arrivé là : « Par les Innocents ! », commanda le roi. Dans la rue de La Ferronnerie – une rue étroite, ponctuée d'échoppes de marchands de cuivre et de fer-blanc à deux pas du Louvre, le long du cimetière des Saints-Innocents –, le carrosse se trouva bloqué par une charrette de foin et une voiture chargée de vin, le long de la maison du notaire Poutrain, à côté d'une auberge où pendait l'enseigne d'un cœur couronné percé d'une flèche. Données à Compiègne le 14 mai 1554, des lettres patentes d'Henri II avaient ordonné la démolition des loges, boutiques et échoppes construites le long de la rue de La Ferronnerie qui provoquaient des obstructions mais, comme la plupart des règlements, elles n'avaient pas été exécutées.

À ce moment précis, le roi n'avait aucune protection : les valets de pied étaient passés par le cimetière des Saints-Innocents et les gentilshommes à cheval étaient eux-mêmes bloqués par l'embouteillage. C'est alors que surgit un homme vigoureux, « à la barbe rousse et aux cheveux tant soit peu dorés », habillé de vert. Profitant de l'arrêt du carrosse, il monta sur la roue et porta deux coups de couteau au roi qui se faisait lire une lettre par le duc d'Épernon : « Le premier coup fut entre la seconde et troisiesme cote, de la largeur d'un travers de doigt, se coulant sous le muscle pectoral, sans offenser le thorax ; le second un peu plus bas, au milieu du flanc, entre la cinquiesme et sixiesme coste, large de deux doigts, traversa un des lobes des poulmons et donna jusques l'artère veineuse, laquelle il fendist au-dessus de l'oreille gauche du cœur [...]. Au premier, le Roy dict : “Je suis blessé.” Mais le second suivit si promptement qu'à peine put-il achever ce mot : “Ce n'est rien”, car le sang luy vint à gros flots par la bouche. » Ce « funeste et perfide coup », écrit Pierre Matthieu, fut donné si soudainement que personne ne s'en aperçut : « Si ce monstre eust jetté son couteau à terre, on ne l'eust pas connu à l'estonnement, car il estoit commun, ny à la pasleur du visage, car il confessa qu'il donna dans le corps du Roy, comme dans une botte de foin. »

À la différence de Jacques Clément, massacré à coups de hallebarde immédiatement après son geste assassin contre Henri III à Saint-Cloud en 1589, François Ravaillac fut épargné : « Ne frappez pas, il y va de votre tête ! », s'écria le duc d'Épernon à ceux qui voulaient l'exécuter sur-le-champ. C'est donc sous bonne garde, pour éviter la fureur de la foule parisienne, que le régicide fut conduit à l'hôtel de Retz, rue Saint-Honoré, près du Louvre, pour y être interrogé.

Car il fallait avant tout connaître le nom de ses complices et les raisons qui l'avaient poussé à « un si exécrable parricide »…

Le dossier Ravaillac

Durant treize jours, Ravaillac fut soumis à la question par ses juges : pourquoi avait-il commis cet acte « exécrable » ? Avait-il des complices ? Au plus près des documents originaux, écoutons les aveux d'un régicide.

Les pièces des interrogatoires

Le premier interrogatoire eut lieu le soir même de l'attentat, le 14 mai 1610 : « A dit avoir nom François Ravaillac, âgé de 32 ans, demeurant en la ville d'Angoulême. » Sa profession ? Enseigner aux enfants « à prier Dieu en la religion catholique, apostolique et romaine ». Pourquoi était-il à Paris à l'hostellerie des Cinq-Croissants ? Pour achever un procès dont « il était innocent » et dont il fut effectivement relaxé. À la question capitale de ses fréquentations avant l'attentat, il « dit n'avoir rencontré personne ».

Ravaillac déclara également qu'« il ne voulait point de pitié, et que si le coup était à faire, il le ferait encore ». Il répéta qu'« il n'a été induit par personne à commettre ce qu'il a fait », que c'était bien lui qui avait « blessé le roi d'un couteau », ce couteau au manche de corne de cerf dérobé dix ou douze jours plus tôt dans une hostellerie de la capitale, près de l'hôpital des Quinze-Vingts. Il précisa aussi qu'il avait tenté à deux reprises, « à la Pentecôte dernière » et « à Noël dernier », sans intention de « faire ce mauvais acte », de parler directement à Henri IV afin de « l'induire à faire la guerre à ceux de la religion prétendue réformée ». Mais à chaque fois il fut empêché, par des gardes, d'approcher le roi. À la question de savoir « qui sont ceux qui l'ont mené à cet attentat », il répondit que « ce sont les sermons qu'il a ouïs, auxquels il a appris les causes pour lesquelles il était nécessaire de tuer un roi ».

Après ce premier interrogatoire, les archevêques d'Aix et d'Embrun, accompagnés de quelques évêques, tentèrent d'en savoir plus, afin de « tirer de lui la confession de son crime ». Il raconta qu'il avait été frère convers chez les Feuillants de Paris, une communauté cistercienne réformée, particulièrement rigoureuse. Tellement rigoureuse qu'il fut vite chassé du monastère, car incapable de « soutenir la pureté de leur règle » : il est vrai que les moines dormaient sur une planche, pratiquaient le cilice – une chemise ou large ceinture de crin très irritante –, se nourrissaient d'herbes bouillies et de pain d'orge cuit dans du son. Quelques jours plus tard, il affirma, en pleurs, « avoir beaucoup de déplaisir de n'être demeuré avec les Feuillants en faveur de Dieu ».

De ses réponses, les prélats conclurent assez vite qu'ils avaient en face d'eux un « esprit entièrement brouillé », au cerveau encombré de « rêveries chimériques et ridicules ». Plusieurs personnes « éclairées, qui étaient présentes », ont elles aussi été frappées par sa manière de parler, par ses gestes incohérents, par la présomption qu'il avait de « participer aux conseils de Dieu », d'entendre ses volontés, et d'être choisi pour les exécuter. Autant de « preuves certaines que son esprit était absolument obsédé du démon ». D'autant que Ravaillac « déclama avec brutalité » contre la « souveraine puissance » du roi, soutenant qu'il était nécessaire qu'elle fût punie, « que l'on pouvait sans scrupule tuer un tyran et que ce grand monarque était réputé tel, parce qu'il ne voulait point en aucune manière déclarer la guerre aux huguenots, ni les contraindre sur peine de la vie de croire aux vérités de la religion catholique ».

Un fou de dieu

Ce soir du 14 mai, il fut fouillé : on trouva dans ses poches 3 quarts d'écu d'argent avec 4 ou 5 sols de monnaie – une toute petite somme –, quelques papiers avec sur l'un les armes de la France colorées soutenues par deux lions, l'un tenant une clé et l'autre une épée, « qu'il dit avoir apporté d'Angoulême ». Sur un autre papier était écrit trois fois le nom de Jésus. Il possédait aussi un chapelet et « un cœur de coton », un petit sachet de velours cousu en forme de cœur sur lequel était gravé le nom de Jésus et dans lequel Ravaillac était persuadé qu'il y avait un morceau de la vraie croix – quand on l'ouvrit, on ne trouva rien. C'est l'abbé Guillebaud, le curé de la paroisse de Saint-André d'Angoulême, qui le lui avait donné pour présent.

Les dimanche 16, lundi 17, mardi 18 et mercredi 19 mai, sous la conduite du premier président du parlement de Paris, Achille de Harlay, il y eut d'autres interrogatoires, dont certains accompagnés de torture, à la Conciergerie. « Pénétrée de douleur », Marie de Médicis, devenue régente depuis la mort de son époux, avait même proposé les services d'un boucher « pour l'écorcher tout vif, lui laisser suffisamment de force après qu'il serait dépouillé de sa peau pour lui faire endurer le plus cruel tourment ». Les juges refusèrent ces moyens extrêmes pour se contenter de la question, supplice habituel utilisé pour obtenir des aveux et notamment le nom des complices. Il subit pourtant une question extralégale, en quelque sorte, à l'hôtel de Retz : des vis serrées avec une telle violence qu'il eut les os des pouces rompus.

Avec ou sans torture, les réponses de Ravaillac demeurèrent invariables. Simplement, il précisa la nature de ses visions, « comme des sentiments de feu, de soufre et d'encens, le samedi d'après Noël ». Les mains jointes, les pieds croisés dans son lit, il avait aussi senti sa face et sa bouche couvertes d'« une chose qu'il ne peut discerner ». Et, en chantant les cantiques de David, « il lui sembla qu'il avait à la bouche une trompette faisant pareil son qu'une trompette à la guerre ». Au petit matin, en se levant, il vit près du feu de la cheminée « des hosties, semblables à celles qui servent à faire la communion aux catholiques en l'Église de Dieu… ».

C'est le jour même de Pâques, précisa-t-il aussi, que lui revint « la volonté d'exécuter son dessein de tuer le roi ». Il retourna à Paris « avec cette délibération, parce qu'il [le roi] ne convertissait pas ceux de la religion prétendue réformée et qu'il avait entendu qu'il voulait faire la guerre au pape ». Or, faire la guerre au pape, « c'est la faire contre Dieu, d'autant que le pape est Dieu et Dieu est le pape ».

À la question de l'identité de ses complices qui l'auraient aidé pour cette « méchante entreprise » et de ses mobiles – « tuer le roi par argent, ou par des grands ennemis de la France, ou par des rois et princes étrangers désireux de s'agrandir » –, son affirmation fut toujours la même : « Il n'avait été inspiré ni conseillé de personne que de lui-même […], il n'a été poussé par personnes quelconques que par sa volonté seule, et quelque tourment que l'on lui puisse faire, n'en dira autre chose. » Et, du reste, s'il avait voulu tuer le roi pour de l'argent, aurait-il, à trois reprises, fait le voyage d'Angoulême à Paris pour le supplier de combattre les protestants ?

Le matin même de son exécution, le 27 mai, après la lecture de la sentence, la question préalable lui fut appliquée. On lui fit subir le supplice des brodequins : les jambes enfermées dans des planchettes, on enfonça à coups de maillet des coins de bois. Au premier coin, avec « grands cris et clameurs », il persista à nier toute complicité : « Par la foi que je dois à Dieu, je ne sais autre chose et ne me faites désespérer mon âme. » Au deuxième coin, il tomba en syncope. Et lorsque ses pieds furent fracassés par le troisième coin, il « est entré en sueur universelle et comme évanoui »...

Dans l'après-midi, il fut conduit au supplice place de Grève – l'actuelle place de l'Hôtel-de-Ville – sur un tombereau, accompagné par les cris d'une foule déchaînée : « Méchant ! Parricide ! Le traître ! Le meurtrier ! » À sa grande surprise, car « ce malheureux croit que le peuple doit encore lui savoir bon gré du coup fatal qu'il avait porté au roi ».

Une Europe régicide

Ravaillac, imprégné de ce que nous pourrions appeler une « culture régicide », était persuadé que nombre de Parisiens et de Français approuveraient son geste, comme ils avaient, dans leur majorité semble-t-il, approuvé le geste de Jacques Clément, assassin d'Henri III en 1589. Née au XVIe siècle, le siècle de la Réforme, dans la majorité des États européens, la division religieuse avait entraîné une rupture sans équivalent dans l'histoire des relations que les hommes entretenaient avec la puissance temporelle et céleste.

Sans doute des doctrines régicides et tyrannicides ont-elles été soutenues et développées depuis l'Antiquité : de l'Ancien

Testament – Judith mettant à mort l'Assyrien Holopherne, David tuant Goliath – à Bartole, éminent juriste italien du XIVe siècle, d'Aristote à Jean Calvin, de Cicéron à des théologiens jésuites comme Mariana, les textes ne manquent pas pour définir les conditions qui permettent, en certaines circonstances, de se défaire, par la violence s'il le faut, d'un mauvais prince. Ainsi, au XIIe siècle, Jean de Salisbury, évêque anglais, primat de Canterbury, dans son *Policraticus* (1159), admettait que l'on pût mettre à mort le « tyran d'usurpation », c'est-à-dire celui qui s'était emparé de façon illégitime du pouvoir, par ruse ou par violence, et qui opprimait ses sujets. Au livre VIII de son œuvre, il étendait cette règle aux « tyrans d'exercice », catégorie visant les chefs d'État légitimes mais dont le comportement dépassait les bornes. Il justifiait sa position en considérant que la tyrannie, viol délibéré des lois voulues par Dieu, était un crime de lèse-majesté divine d'une extrême gravité.

Mais jusqu'alors la doctrine n'avait pas quitté le cercle étroit des spécialistes du droit, des hommes d'Église et des lettrés. Or la voilà à présent invoquée sur la place publique, proclamée dans les chaires des églises pour légitimer l'élimination d'un « mauvais roi » : dans le royaume de France, il y avait, explique Roland Mousnier dans sa magistrale étude consacrée à l'assassinat d'Henri IV en 1964, beaucoup de « Ravaillac de cœur », des « Ravaillac en puissance » qui considéraient Henri IV comme un tyran. « Beaucoup de Français, et même des étrangers, ajoute-t-il, ont pensé comme Ravaillac. »

Que s'est-il donc passé pour que le tyrannicide s'étende ainsi à une grande partie de la société ? Pour comprendre sa « popularité », il faut insister sur la rupture qu'a représentée la Saint-Barthélemy en août 1572. En décidant d'éliminer les protestants – même si les historiens discutent toujours du degré de responsabilité du roi dans cette affaire –, Charles IX a cessé de se situer au-dessus des partis, et, aux yeux de beaucoup, d'être légitime pour devenir un tyran. Et bientôt, ce sont les ligueurs ultra-catholiques qui allaient s'emparer de cette idée.

C'est en effet dans cet esprit de devoir de résistance à un tyran et inspiré par l'appel divin que le moine jacobin Jacques Clément se décida à tuer Henri III en 1589. Le roi, « vilain Herodes » – anagramme d'Henri de Valois –, était alors dénoncé comme un criminel par les catholiques les plus zélés qui appelaient à la vengeance de Dieu pour le punir de la mise à mort de deux figures centrales de la Ligue et de la Contre-Réforme, le duc de Guise et son frère, le cardinal de Lorraine, en décembre 1588. Et cela non seulement à Paris, mais aussi dans de nombreuses villes de province.

Le très énergique curé de Saint-Benoît Jean Boucher, qui travaillait à ce moment-là à la rédaction du *De Justa Henrici tertii Abdicatione* (« De la légitime abdication d'Henri III »), affirmait la légitimité du soulèvement contre un monarque qui avait failli à ses engagements à l'égard du peuple catholique. Il soutenait que l'institution royale, créée non par Dieu mais par la communauté des hommes libres, relevait du droit des gens et non du droit divin ou du droit de nature, et donc qu'il était parfaitement loisible aux sujets de se soulever contre le prince s'il violait la foi publique. Les députés et les magistrats, en tant que représentants de la république, étaient ainsi autorisés à combattre le tyran, et même à le mettre à mort. Pour étayer sa position, il n'hésitait pas à citer le calviniste écossais George Buchanan, qui, dix ans plus tôt, avait défendu la légitimité de l'exécution du tyran d'exercice, y compris lorsqu'elle est commise par un simple particulier.

Car il y a bien alors une « Europe tyrannicide » : c'est un autre Écossais, John Knox, ancien chapelain du pieux Édouard VI, qui fut sans doute l'apologiste le plus véhément de la mise à mort du tyran au XVIe siècle. Réfugié à

Genève après l'avènement de la reine catholique Marie Stuart en 1542, il publia en 1558 *The First Blast of the Trumpet against a Monstruous Regiment of Women* (« Le premier coup de trompette contre le monstrueux gouvernement des femmes »), un texte fortement misogyne : les femmes, écrit-il, « ne peuvent assumer le pouvoir, la prééminence, la domination ou l'empire sur quelque domaine, nation ou cité que ce soit ». Dans ce pamphlet, il défend le droit à la résistance contre les mauvaises reines catholiques qui gouvernaient alors l'Écosse et l'Angleterre et persécutaient les protestants : la régente Marie de Lorraine-Guise et sa fille Marie Stuart en Écosse, et surtout Marie Tudor en Angleterre, « Marie la Sanglante », présentée comme une punition que Dieu avait imposée à un peuple ingrat.

La reine Élisabeth Ire, qui succéda à Marie Tudor en 1558 et opta pour le protestantisme dès 1559 – elle fut décrétée hérétique et excommuniée par Pie V en 1570 –, fut elle aussi considérée comme un tyran d'usurpation, mais cette fois-ci par l'Église catholique. D'innombrables complots furent dès lors fomentés par des catholiques anglais contre la souveraine. Les tentatives d'assassinat se poursuivirent contre son successeur Jacques Ier (conspiration des Poudres, 1605).

Aux Pays-Bas, Guillaume d'Orange, « Guillaume le Taciturne », le stathouder (chef militaire des Provinces-Unies), fut lui aussi considéré comme un tyran d'usurpation par la monarchie catholique. Et, du reste, il fut exécuté le 10 juillet 1584 par un agent espagnol, catholique dévot, Balthazar Gérard, après avoir été victime d'au moins une demi-douzaine d'attentats.

Comme l'a démontré Roland Mousnier, une culture régicide circule donc en France et en Europe à la fin du XVIe siècle, une culture partagée par les catholiques et les protestants, même si les pères fondateurs de la Réforme – Luther, Calvin – ont toujours été hostiles au tyrannicide.

Et précisément, le geste de Ravaillac peut être considéré comme l'un des derniers épisodes de cette grande vague de violence contre les souverains.

Mais le paradoxe est qu'en croyant abattre l'absolutisme, Ravaillac a provoqué exactement le contraire et renforcé l'union des sujets avec leur prince : aux états généraux de 1614-1615, les délégués des trois ordres réaffirment la nécessité de l'autorité absolue du roi. Roland Mousnier a raison de conclure que Ravaillac a contribué à maintenir et à développer la France qu'il avait voulu frapper au cœur dans la personne d'Henri IV : la France absolutiste gallicane et patriote, dressée dans sa souveraineté « nationale » contre le pape et contre l'empereur.

Partie III

Les années cardinales 1610-1661

Le premier XVIIe siècle est marqué par la figure et l'action de deux cardinaux-ministres : Richelieu et Mazarin.

Ces années « cardinales » voient aussi, à partir de 1630, l'omniprésence de la guerre (guerre de Trente Ans, guerre contre l'Espagne) qui impose une inflexion majeure des structures et du fonctionnement de l'État royal : le coût démesuré des « exercices de Mars » par rapport aux capacités de la monarchie rend plus nécessaire que jamais l'affirmation d'un système « fisco-financier », alors que les « nécessités publiques » imposent un régime de plus en plus autoritaire.

Avant que la Fronde et son cortège de contestations et de révoltes ne mettent un frein provisoire à cette monarchie absolue durcie au feu et au fer de la raison d'État.

10

Louis XIII : dans l'intimité d'un enfant-roi

Enfant rudoyé, mal aimé de sa mère, très tôt privé de son père, Louis XIII reçut à Saint-Germain-en-Laye, pendant les premières années de sa vie, l'éducation rigoureuse d'un fils de roi. Son médecin, Jean Héroard, a été le témoin méticuleux du singulier apprentissage d'un souverain absolu.

*

« Je vous ai choisi pour vous mettre près de mon fils le Dauphin, servez-le bien. » Quand il lui confie cette mission en septembre 1601, dès la naissance du futur « Louis le Juste », Henri IV ne peut pas savoir que Jean Héroard, un médecin né à Montpellier en 1550, l'accomplira jusqu'à son dernier souffle et avec une telle constance, un si grand soin, une attention et une affection aussi fortes pour son royal patient. Au point de rédiger, jour après jour, jusqu'à sa mort en 1628, un « manuscrit immense », pour reprendre l'expression de Michelet, qui détaille les humeurs, les malaises, les paroles, les actions du petit prince : son alimentation, ses heures de lever et de coucher, ses évacuations...

« Vous ne voyez rien, écrit le mémorialiste Tallemant des Réaux, sinon à quelle heure il se réveilla, déjeuna, cracha, pissa, chia… » Nous sommes loin, aujourd'hui, de ce jugement définitif. En effet, cette source unique a été publiée pour la première fois, et partiellement, en 1868, puis, presque intégralement, par Madeleine Foisil en 1989[1]. Mais sa dimension (six gros registres, 11 054 pages réduites dans l'édition Fayard à 3 123) risque, malgré l'excellence du travail éditorial réalisé, de conduire bien des lecteurs au vertige, ou à se perdre dans cette matière gigantesque, foisonnante : 16 000 repas, par exemple, sont détaillés entre 1605 et 1622 ! Comme l'indique Pierre Chaunu, « dans toute la mémoire historique des hommes, ce document est unique. Pour aucun être humain ayant vécu, à ce jour, nous ne disposons d'une masse d'informations comparable à celle-ci[2] ». Il faut donc remercier Madeleine Foisil : elle a tenté et réussi l'improbable synthèse de cette histoire unique, une « exceptionnelle histoire de l'infime et de l'intime ».

La première période, celle de la petite enfance, au château de Saint-Germain, est celle du regard à la fois professionnel et affectif, de plus en plus affectif, du médecin à mesure que l'enfant grandit. Voici un petit corps qui vagit, qui tète, qui déjecte, qui respire : « Tété, dormi, vidé, remué. » C'est un corps souvent repoussant, car l'eau est exclue de la toilette : l'enfant est simplement frotté de corps gras (huile, beurre). Comment s'étonner, alors, des « élevures [croûtes] rouges au ventre et aux jambes », de la gale sur la tête, des oreilles ensanglantées… ?

Vient ensuite le temps des premiers sourires à Mme de Montglat, sa gouvernante, une robuste femme d'une cinquantaine d'années (il l'appellera « Maman Ga ») et à son médecin. Le 21 mai 1602, le Dauphin, qui a presque huit mois, « parle à Mme de Montglat des propos confus et mal cousus. Commence à se faire entendre en son jargon ». À partir de dix mois, l'enfant balbutie : « Raillé, rossignolé, gentiment gazouillé, jargonné, caqueté fort en son jargon. » Le 12 décembre 1603, « qui est cet homme-là ? » demande la remueuse (dont la fonction est de bercer l'enfant), en montrant le médecin. Et Héroard assure avoir entendu : « Eoua. » Le 12 janvier 1604, il note, pour la première fois, que le petit prince « bégaie en parlant ».

Dès les premières années, le *Journal* témoigne également de traits de caractère qui forgent la personnalité du futur souverain. Tout d'abord un sentiment de supériorité, qu'il exprime en particulier à l'égard des bâtards du roi, élevés avec lui : « Maman Ga, j'aime mieux ma petite sœur que Féfé chevalier [le fils d'Henriette d'Entragues, né en octobre 1601], parce qu'il n'a pas été dans le ventre à maman avec moi comme elle. » Et puis il y a les crises de colère, nombreuses, répétées, violentes : « Grande colère, colère prompte, colère froide, colère extrême, étrange colère, colère furieuse, en furie, outré, crevant de colère – 132 épisodes ont été comptabilisés dans le *Journal*, de 1601 à 1610, et plus particulièrement de 1604 à 1606. » Pour comprendre de telles colères, il faut souligner la brutalité, à vrai dire habituelle à l'époque, de l'éducation dispensée au Dauphin. Mme de Montglat a en effet reçu d'Henri IV la « puissance de fouetter ». Le roi n'hésite pas à lui écrire à propos de son fils : « Je veux que vous le frappiez jusqu'au sang. »

Il est cependant des instants moins pénibles. Quand le Dauphin, par exemple, s'amuse aux choses de la guerre. Car le jeune Louis est fasciné par tout ce qui touche au domaine militaire. Jean Héroard a ainsi noté, plus d'une centaine de fois, le goût du prince, dès son plus jeune âge, pour les jeux des armes. D'autre part, à 2 407 reprises, il indique que Louis « étudie ». Nous ne connaissons pas, malheureusement, avec exactitude le contenu de ces études. Mais nous savons que le 22 novembre 1607, le Dauphin « lit tout seul ». Et le médecin a conservé quelques pages d'écriture du royal écolier, notamment cette phrase : « Dieu voit tout ce que nous faisons et balance toutes nos actions. » En outre, l'enfant apprend par cœur des récitations, comme les *Proverbes de*

Salomon et les *Quatrains de Pibrac*, qui visent à transmettre une expérience morale et religieuse, afin de transformer le Dauphin colérique en « roi de raison », un homme maître de ses pensées et de ses actes, un souverain stoïcien.

Le *Journal* montre bien, en tout cas, que dans les années de formation, les sciences de l'action, l'enseignement concret, l'apprentissage de la pratique l'emportent sur le savoir livresque, théorique et abstrait. Ainsi l'enfant-roi affectionne le travail manuel : « Il aimait fort la maçonnerie et la technique » (10 mars 1605), et les exercices de plein vent, la chasse particulièrement. D'autant que la forêt de Laye, qui jouxte le château de Saint-Germain, est riche en cerfs, en sangliers, en renards, en lièvres, en lapins et en loups.

Bien évidemment, en ce « siècle des saints » qui voit l'affirmation des idéaux de la Réforme catholique, le fils du roi « Très Chrétien » est soumis, comme tous les hommes, et peut-être plus que tous les hommes, à l'empire du religieux qui imprime sa marque, du berceau à la tombe. À partir du 2 octobre 1603, le Dauphin, âgé de deux ans, apprend ses prières en latin et en français. Il les sait toutes dès l'âge de trois ans : le Notre Père, *Pater* ; Je vous salue Marie ; *Ave* ; Je crois en Dieu, *Credo.*

À huit ans et demi, il devient roi, brutalement et douloureusement, à la suite de l'assassinat de son père un après-midi de mai 1610. Les années qui vont suivre sont essentielles, et les plus difficiles aussi pour un souverain traité comme un enfant, un enfant mal aimé : il est souvent éconduit par sa mère, Marie de Médicis, qu'il redoute ; les coups de fouet continuent à lui être administrés ; les cauchemars s'amplifient. Ainsi, le 3 août 1612, à 1 heure du matin, il s'éveille en sursaut. Le matin, on l'interroge, et il raconte : « C'est que je songeais qu'il y avait un homme pendu dans la cour et que les esprits voulaient me battre. »

Madeleine Foisil souligne aussi que son mariage forcé avec l'infante d'Espagne fut un « désastre ». Héroard rapporte en ces termes la première rencontre intime avec la reine, Anne d'Autriche, à Bordeaux, le 25 novembre 1615 : « À cinq heures et demie, il conduit la reine en sa chambre. Il était las, il va en la sienne où il se repose. Les jeunes gens qui l'entourent lui font des contes gras pour l'assurer. Il a de la honte et une haute crainte, enfin, ils rassurent. Demande ses pantoufles et prend sa robe, et va à la chambre de la reine à huit heures, où il fia mis au lit auprès de la reine sa femme, en présence de la reine sa mère. À dix heures un quart, il revient après avoir dormi environ une heure, et fait deux [consommé son mariage] à ce qu'il nous a dit. Son gland paraissait rouge. On lui demanda comment il avait fait, et il répondit : “Je lui ai demandé si elle voulait bien, elle m'a dit qu'elle le voulait bien”. »

Il y a aussi, et peut-être surtout, la porte du Conseil royal. Le plus souvent, elle lui est fermée. Le 2 juillet 1609, pour la première fois, le Dauphin fut autorisé, exceptionnellement, par son père à y assister, mais il n'y sera admis, de nouveau, qu'à l'âge de treize ans. De mai 1616 jusqu'en avril 1617, Louis XIII, pourtant en âge et en volonté de gouverner, n'a été reçu que vingt-neuf fois au Conseil… du roi ! En avril 1617, une lettre de Nicolas Pasquier nous permet de mieux comprendre la psychologie du souverain à ce moment précis : « Une fois, il osa y venir [au Conseil] de lui-même, pour savoir ce que l'on discutait. La reine mère se leva vivement, le prit par les bras et, le mettant à la porte, le pria d'aller s'ébattre ailleurs. Ce n'était plus un enfant. Il rougit de honte. » Quelques jours plus tard, le 24 avril, Concino Concini, le favori de Marie de Médicis, est assassiné dans l'une des cours du Louvre d'un coup d'arquebuse par Vitry, le capitaine des gardes. « Grand merci à vous, à cette heure je suis roi », aurait déclaré Louis XIII au colonel d'Ornano venu lui annoncer la nouvelle.

Nombre de contemporains ont été frappés par certaines singularités du caractère de « Louis le Juste » : une forte tendance à la mélancolie, aggravée par ses difficultés à s'exprimer en public ; le goût pour les longues parties de chasse, en compagnie de quelques favoris, dans les forêts giboyeuses de l'Île-de-France ; la solitude relative recherchée, loin de la Cour, dans le « château de cartes » qu'il s'est fait construire à Versailles au milieu des années 1620. C'est là, à Versailles précisément, lors de la fameuse « journée des Dupes » (10-11 novembre 1630), qu'il demanda à Richelieu, ainsi confirmé dans ses fonctions de « principal ministre », de venir le rejoindre, alors que Marie de Médicis croyait avoir obtenu son renvoi. Un fils, ce jour-là, avait triomphé de sa mère.

11

Au service du roi absolu : le révélateur des livres de chevet de Richelieu

Ses idées politiques, Richelieu les a peu à peu nourries et enrichies au contact de ses lectures, très éclectiques. Le cardinal-ministre possédait en effet une formidable bibliothèque de manuscrits et d'ouvrages patiemment réunis tout au long de sa vie, et qui a alimenté sa pensée politique et son action.

*

Contrairement à l'idée reçue selon laquelle la puissance de « l'homme rouge » s'est nourrie de la guerre contre les Habsbourg et d'un pouvoir machiavélique sacrifiant tout aux intérêts supérieurs d'une impérieuse raison d'État, Jörg Wollenberg soutient que Richelieu fut avant tout un homme d'Église[1]. Et un artisan de la paix : jusqu'à son dernier souffle, il aurait défendu l'idée d'un ordre européen garanti par la France, se substituant au projet supposé de domination universelle du roi d'Espagne Philippe IV et de l'empereur d'Allemagne Ferdinand II.

Homme de Dieu avant d'être l'homme du roi, Richelieu s'est pensé, en effet, comme l'instrument d'une mission sacrée. Selon ses propres termes, « le règne de Dieu est le principe du gouvernement des États[2] ». Le système géopolitique qu'il édifie correspondrait, avant tout, à un ordre et à un équilibre du monde ordonnés par le Très-Haut : « Il semble que la providence de Dieu, qui veut tenir les choses en balance, écrit-il dans son *Testament politique*, a voulu que la situation de la France séparât les États d'Espagne pour les affaiblir en les divisant. » Si la Providence a accordé à la France cette position-clé, le roi « Très Chrétien », « gendarme » de la chrétienté, se trouve naturellement investi de la mission d'en être le légitime garant, et conduit à faire la guerre pour mieux garantir la paix.

De tels arguments ne sont pas nouveaux, mais l'intérêt de la thèse de Jörg Wollenberg tient au système de preuves qui la sous-tend : « Par l'usage qu'il fait de sa bibliothèque, véritable laboratoire de son action, Richelieu apporte une contribution essentielle à la systématisation de la pensée politique qui caractérise le XVIIe siècle », écrit-il. Le relevé le plus riche de ce rassemblement de manuscrits et de livres imprimés, celui de 1643, fait état de plus de 6 000 volumes rangés dans la bibliothèque du Palais-Cardinal (l'actuel Palais-Royal), et de 250 ouvrages abrités par la bibliothèque privée de Rueil.

Les textes théologiques, qui forment à eux seuls un tiers de l'ensemble, représentent la plus remarquable collection privée de l'époque : pas moins de 52 éditions de la Bible, principalement des in-folio. Richelieu et ses collaborateurs y puisèrent l'information qui leur permit d'alimenter leurs controverses doctrinales avec les protestants. Une autre tradition a grandement influencé la pensée et l'action du Cardinal : la synthèse de la scolastique espagnole tardive et de l'humanisme, réalisée au cours de la seconde moitié du XVIe siècle, essentiellement dans les universités de Salamanque et d'Alcalá. Il possédait ainsi de nombreux traités rédigés tant par des dominicains que par des jésuites. Sa bibliothèque protestante était la plus importante de son temps : elle comportait notamment les œuvres complètes de Luther en sept volumes publiées à Wittenberg en 1582, celles de Calvin en dix volumes et quatre volumes des œuvres de Melanchthon.

L'abondance des auteurs humanistes et néo-stoïciens témoigne en outre de l'attirance du Cardinal pour l'idéal d'Érasme (1469-1536), celui d'une « troisième voie » fondée sur la tolérance religieuse, la modération et la raison. Car la raison et l'Écriture sainte ne sont pas contradictoires. Tout au contraire : « L'Écriture sainte ne peut enseigner ni établir une chose directement contraire à la raison puisque la raison et l'Écriture sainte ont un même principe, et que Dieu, qui en est la commune source, ne peut se contredire en ses enseignements. » De la bibliothèque privée de Rueil, qui était en quelque sorte un condensé de celle du Palais-Cardinal, il existe une liste de 250 titres.

À côté de plusieurs éditions de la Bible et de quelques Docteurs de l'Église, on remarque l'abondance des livres d'histoire, l'importance des recueils de cartes et des traités de technique militaire. Rueil contenait aussi des textes d'une brûlante actualité. Parmi eux, *Mars Gallicus*, un violent pamphlet contre les souverains de France, publié dans l'été 1635, où les rois étaient accusés d'être, depuis les Mérovingiens, des criminels, des usurpateurs, des hérétiques, alliés des musulmans et des protestants, ennemis de la chrétienté. Richelieu avait été particulièrement affecté par ce pamphlet dont l'auteur n'était autre que le fondateur du jansénisme, Cornélius Jansen, évêque d'Ypres, et il s'employa à le réfuter.

Ces 250 titres procurent la sensation d'entrer dans l'intimité du Cardinal, lorsque ses rares moments de liberté l'autorisaient à ouvrir un ouvrage particulièrement cher, un recueil d'œuvres poétiques, par exemple, ou cette *Ouverture du théâtre de la grande salle du Palais-Cardinal.* Car son jardin secret fut le théâtre, auquel il s'essaya. Il participa en effet à l'écriture d'*Europe,* une « comédie héroïque » en cinq actes, écrite avec Jean Desmarets de Saint-Sorlin et qui fut répétée quelques semaines avant sa mort dans son nouveau théâtre du Palais-Cardinal. Elle met en scène la vaillance chevaleresque du noble et preux Francion (la France) contre le perfide et tyrannique Ibère (l'Espagne), tous deux courtisans empressés d'Europe. Cette dernière, la « reine des reines », est finalement, après bien des péripéties, conquise par Francion...

Jörg Wollenberg a raison : que ce soit par le mousquet, le canon ou la plume, Richelieu fut bien un précurseur de l'idée européenne !

12

L'« araignée » du cardinal-ministre : le père Joseph, conseiller occulte de Richelieu

Une légende noire : c'est le sort que l'histoire a légué au père Joseph du Tremblay, moine austère et « éminence grise » de Richelieu, le « principal ministre » de Louis XIII à partir de 1624. À la fois Talleyrand et Machiavel, perçu par ses contemporains comme une « âme méchante », une « araignée[1] » et un « bourreau », le père Joseph fut décrié pendant des siècles. Quel fut son vrai rôle ?

*

François Leclerc du Tremblay est né à Paris le 5 novembre 1577. Issue de la noblesse de robe par son père et d'épée par sa mère, sa famille remontait au-delà de Saint Louis… Généalogie illustre, éducation d'exception : hormis sa mère, personne ne devait lui parler autrement qu'en latin et en grec ! En 1585, le jeune garçon fut admis au prestigieux collège de Boncourt, où il eut pour condisciple Bérulle, futur cardinal et fondateur de l'Oratoire.

Son père meurt en 1587, en pleine période ligueuse. François a alors dix ans. Les troubles politiques incitent sa mère à se retirer dans leur château du Tremblay, près de Montfort-l'Amaury. C'est là que le jeune François découvre saint Augustin. « J'avais joué aux cartes, ri et folâtré à bouche ouverte, quand, au-dedans, je conçus soudain une grande mutation de sentiments ; sur les parties basses de mon âme, s'épandit une rosée de délectation divine. » Désormais sa vie se partage entre le modèle du « parfait gentilhomme » – il se distingue lors du siège d'Amiens en 1597 – et une vie de foi de plus en plus attirante. Il fréquente l'hôtel de Bérulle, le rendez-vous des dévots, et le salon de Mme Acarie, future introductrice du Carmel en France. C'est alors qu'à vingt et un ans il décide d'entrer au noviciat des Capucins à Orléans. Après une épreuve de quelques semaines, il prend l'habit de saint François et, le 2 février 1599, le nom de Joseph.

Créés en 1525 par Matteo di Bassi dans le but de restaurer la règle franciscaine dans toute sa rigueur, les Capucins exerçaient au XVIIe siècle, par leur ardeur militante, une influence grandissante. Au moment des grandes crises de subsistances et des épidémies, avec leur capuche, pieds nus dans des sandales, ils circulaient parmi les malades, payant de leur personne, très souvent au prix de leur vie.

En 1606, le père Joseph se rendit à Fontevraud et prêcha la pauvreté totale. L'abbaye se réforma en 1611 pour se vouer, sous sa direction spirituelle, à la prière et à la contemplation de la passion du Christ… C'est ici qu'intervient la rencontre décisive avec l'évêque de Luçon, un certain Armand du Plessis, plus connu sous le nom de Richelieu. Ils se rencontrent en 1610 ou 1611 alors qu'ils travaillent tous les deux à la réforme de Fontevraud. Avide de pouvoir, Richelieu, dont l'origine sociale et l'éducation étaient très proches de celles du père Joseph, a très vite compris le bénéfice qu'il pourrait retirer de l'amitié du capucin, qui connaissait parfaitement les milieux de la Cour. Désormais, leur destin restera lié.

En 1617, après l'assassinat de Concini dont Richelieu était l'allié, c'est le père Joseph qui œuvre à réconcilier le roi et l'évêque disgracié. En 1624, quand Richelieu entre au Conseil du roi, il garde près de lui celui qui influencera désormais sa politique.

C'est sans doute avec le père Joseph que le Cardinal a prémédité d'abattre La Rochelle en 1627, ville protestante, refuge des « forces du mal ». Et il semble que celui-ci a joué un rôle décisif dans la décision définitive de l'exécution : le siège de la ville dura plus d'un an et fit entre 15 000 et 20 000 victimes. Ensuite, il participa avec Richelieu à la campagne contre les villes protestantes du Midi, qui conduisit à la paix d'Alès, le 28 juin 1629 – la fin véritable des guerres de Religion.

Dès lors, le père Joseph se fit agent diplomatique au service du roi de France et de son cardinal. Sa parfaite connaissance du monde, ses voyages et les relations qu'il avait nouées aussi bien en Allemagne que dans les cours italiennes, sa maîtrise des langues, le réseau capucin… tout faisait de lui l'agent idéal.

Éminence « grise », comme la bure des Capucins

Le père Joseph occupa ainsi une place centrale dans la diplomatie cardinalice : il triait et sélectionnait l'information pour son maître ; composait des avis et des mémoires ; participait avec Richelieu à la rédaction des instructions. À partir de 1635, au moment de la guerre « ouverte » contre les Habsbourg, le capucin intervint surtout dans toutes les affaires concernant le Saint Empire. Le Cardinal reconnaissait en 1635 que « le père Joseph, à l'heure où je parle, répond des affaires d'Allemagne pourvu que je fasse ce que ses pensées enthousiastes lui dicteront ». « Pensées enthousiastes »… En fait, toute l'action du père Joseph n'avait qu'un objectif : la conversion généralisée de tous les peuples de la Terre pour restaurer l'unité de la chrétienté. Jusqu'à sa mort il poursuivit son « grand dessein » : il écrivit ainsi *La Turciade*, un long poème prédisant la victoire future des chrétiens sur les musulmans ; le pape Urbain VIII salua cette œuvre comme une « Énéide chrétienne ».

Perpétuellement malade, Richelieu pensait à son « éminence grise » pour lui succéder, et pour cela il voulait l'élever au cardinalat. Mais, épuisé par ses multiples activités, le père Joseph mourut avant lui, le 18 décembre 1638.

Le père Joseph a été surnommé l'« éminence grise » parce qu'il portait la triste bure des Capucins. L'expression a fait florès. On l'a employée encore à la fin du XXe siècle à propos de Marie-France Garaud et de Pierre Juillet pour leur rôle auprès de Georges Pompidou ou de Jacques Chirac. Personnages de l'ombre, aussi discrets que mystérieux, ils sont entourés d'une réputation sulfureuse qui rend leur influence difficile à mesurer. C'est peut-être là le secret de ces faux modestes à l'insatiable appétit de puissance…

13

Un instrument de l'État absolu : la naissance de l'armée moderne

« C'est l'épée qui a créé tous les monarques et les monarchies, qui les soutient depuis leur création, et qui fait observer leurs lois, leurs religions et la justice. » C'est ainsi que La Colonie (1674-1759), maréchal de camp des armées de l'Électeur de Bavière, place spectaculairement la guerre au cœur même de l'État royal, dans sa légitimation comme dans son fonctionnement.

*

Croissance des armées, puissance de feu décuplée : il est incontestable que « l'art de se détruire », pour reprendre une expression de Voltaire, atteint des proportions inédites aux XVIe et XVIIe siècles. Dans *Le Siècle de Louis XIV*, rappelant les sanglantes batailles qui marquèrent la fin de la longue et épuisante guerre de Succession d'Espagne (1701-1714), Voltaire observe que « l'art de se détruire [était] non seulement tout autre de ce qu'il était avant l'invention de la poudre, mais de ce qu'il était il y a cent ans ». Les historiens ont confirmé ce jugement : l'Europe fut le théâtre, à la charnière du Moyen Âge et des Temps modernes, de ce qu'il faut bien appeler une « révolution militaire », une révolution qui a accompagné et, dans une grande mesure, renforcé la souveraineté du roi absolu.

La croissance quantitative des armées en est la première manifestation. À la fin du XVe siècle, Charles VIII avait envahi l'Italie à la tête de 18 000 hommes seulement. Il en fallut 32 000 à François Ier en 1525, l'année de la terrible défaite de Pavie. Henri II commandait sans doute 40 000 hommes quand il s'empara de Metz en 1552. En 1635, lorsque la France intervint officiellement dans la guerre de Trente Ans (1618-1648[1]), près de 100 000 soldats furent mobilisés. Ils étaient 400 000 environ à la fin du règne de Louis XIV, au début du XVIIIe siècle… Les Européens qui combattirent au XVIIe siècle furent sans doute 10 à 12 millions.

D'autres changements d'importance touchèrent la composition de l'armée et sa puissance : la prépondérance de l'infanterie sur la cavalerie ; la place dominante des armes à feu, du canon à l'arquebuse puis au mousquet plus léger, plus rapide, plus précis, et au fusil, ce dernier pourvu d'une baïonnette à la fin du XVIIe siècle.

En France, dans les années 1440, l'artillerie royale consommait annuellement 20 000 livres de poudre et elle exigeait seulement le service de 40 canonniers. Un siècle plus tard, elle utilisait 500 000 livres de poudre et elle faisait appel à 275 canonniers. Cette puissance de feu, désormais maîtresse de la bataille, imposa une modification des systèmes de défense. Le modèle italien de fortification – la « trace italienne » –, centré sur le bastion, se généralisa : cette fortification basse en forme d'as de pique et aux murs épais était capable de résister à des bombardements d'artillerie. Elle rendit nécessaire pour l'attaquant l'utilisation d'armées plus nombreuses : Vauban estimait que les troupes assiégeant une ville fortifiée devaient être dix fois supérieures en nombre aux défenseurs.

Toutes ces transformations provoquèrent une augmentation massive du coût des armées, d'autant que celles-ci tendaient à devenir permanentes. Avec, pour conséquence, une profonde crise de la fiscalité des États, dont les armées se révélèrent vite surdimensionnées par rapport à leurs capacités financières : dans les premières années du XVIIIe siècle, le « budget » de la guerre représentait 75 % des recettes en France, 85 % en Russie.

L'impôt permanent devint ainsi partout nécessaire. Mais il se heurtait à la conception d'une fiscalité féodale centrée sur le domaine et reposant sur les besoins personnels et conjoncturels du prince, qui devait « vivre du sien ». Pour recevoir de nouvelles ressources, le roi devait, le plus souvent, obtenir le consentement d'assemblées représentatives : des parlements, des diètes, des états provinciaux, etc.

Cette « révolution militaire » présente, on le voit, de nombreuses facettes. Pour en comprendre les implications, nous devons nous déplacer dans les Provinces-Unies : en lutte contre l'Espagne de Philippe II, les sept petites provinces, qui acquirent leur indépendance – reconnue lors des traités de Westphalie en 1648 – au bout du canon et du mousquet, furent le laboratoire des innovations en matière d'armées, de combats, de fortifications.

Dans ces progrès de l'art militaire, Maurice de Nassau (1567-1625) joua un rôle décisif. « Stathouder », c'est-à-dire chef du pouvoir exécutif, des Provinces-Unies, commandant en chef des troupes à partir de 1587, il incarna la défense de la toute jeune République. Il mit notamment au point, en 1594, des feux de salve qui assuraient, par la disposition des soldats alignés sur trois ou six rangs – un rang tirant, un autre prêt à tirer, un autre rechargeant –, une puissance de feu continue capable de briser net une charge de cavalerie. Cette nouvelle technique, appelée l'« ordre mince », reposait sur des unités de petite dimension. Le stathouder conçut des bataillons de 550 hommes répartis en 250 piquiers armés de longues et lourdes piques, et 300 mousquetaires ou arquebusiers. Ces bataillons mobiles remplacèrent les citadelles vivantes formées par les lourds carrés de piquiers encadrés à chacun de leurs angles par des mousquetaires – ce que l'on appelait l'« ordre profond ».

Le fonctionnement de ces unités nécessitait un entraînement accru, des exercices répétés : ainsi la marche au pas ou la synchronisation des mouvements. Un mousquetaire, par exemple, devait se montrer capable de tirer une balle toutes les deux minutes. La discipline fut renforcée par une stricte hiérarchisation des fonctions de commandement et d'exécution, depuis l'officier qui lançait les ordres jusqu'à l'homme de troupe qui devait immédiatement les appliquer. La guerre nouvelle exigeait également une meilleure coordination entre l'infanterie, la cavalerie et l'artillerie. L'ensemble de ces règles furent consignées dans des manuels, les *Exercicia Mauriciana.*

Le modèle passa les frontières. En 1608, Gustave-Adolphe, fils de Charles IX, roi de Suède, bénéficia – il avait alors quinze ans – de deux mois d'entraînement intensif pour se familiariser avec les innovations militaires mises au point par les Provinces-Unies. Il considérait Maurice de Nassau comme son professeur. Il s'en souvint une fois qu'il accéda au trône, en 1611 : le règlement militaire suédois de 1626 s'inspirait directement des innovations introduites en Hollande. Il fut bientôt copié à son tour par le Brandebourg de Frédéric-Guillaume.

Il y a loin, pourtant, de la théorie à la pratique. Les *Exercicia Mauriciana* mirent longtemps à s'imposer, essentiellement parce que la guerre entre l'Espagne et les Provinces-Unies fut avant tout une succession de sièges et que les rares batailles rangées, comme Turnhout en 1597 ou Nieuport en 1600, avaient été indécises.

Nous savons aussi que la date de parution d'une ordonnance, d'une réforme ou d'un livre d'exercices, fût-il rempli de gravures explicatives, ne signifiait nullement son application sur le terrain : les hommes de guerre, dont la plupart étaient des nobles avant tout préoccupés par leur indépendance et leur liberté, étaient d'abord des praticiens, des soldats de terrain, rétifs aux exercices abstraits, aux figures imposées et aux théories livresques.

Il fallut attendre les victoires de Gustave-Adolphe, au début des années 1630, contre le Saint Empire romain germanique, en particulier celle de Breitenfeld le 17 septembre 1631, pour mesurer toute la portée des innovations des Nassau sur un champ de bataille. À leur suite, c'est l'ensemble de la guerre de Trente Ans qui fut le cadre de ces transformations. Le souverain suédois perfectionna la méthode hollandaise en l'adaptant aux grandes batailles en terrain découvert : double salve, action de la cavalerie placée sur les ailes, diminution de l'épaisseur des formations, mais extension plus longue afin d'accroître la pression du feu, charges rapides des piquiers permettant de combiner le choc des armes blanches et le feu de l'artillerie.

L'évolution technologique des combats tendait ainsi à transformer le soldat en un technicien de la guerre, à l'image des cavaliers armés de pistolets menant, au galop ou au trot, des charges meurtrières. Des canons plus légers, plus mobiles, tirés par un ou deux chevaux, servis par quatre hommes, permettaient un accompagnement d'artillerie capable de s'adapter à l'évolution de la bataille : à Breitenfeld, Gustave-Adolphe disposait de 75 canons, facilement manœuvrables, contre seulement 26 pour l'armée impériale. En mai 1643, à Rocroi, le jeune duc d'Enghien, futur prince de Condé, battait les Espagnols commandés par don Francisco de Mello en appliquant scrupuleusement la technique offensive suédoise : assauts réduits contre le centre de l'armée ennemie, concentration des attaques de cavalerie sur les ailes.

Mais la « révolution militaire » ne se réduit pas à de simples transformations chiffrables comme pourrait l'être le bilan comptable d'une entreprise. Il nous faut déplacer l'analyse sur le terrain, pour approcher le vécu et la violence des combats, l'âpreté des corps-à-corps qui sont la vérité crue, sans doute indicible, d'une bataille. Nous ne disposons malheureusement que de maigres sources provenant des milliers de piquiers anonymes, la plupart analphabètes, employés durant la guerre de Trente Ans. Que perçoit-il, ce fantassin inconnu, bien souvent mercenaire, quand il risque sa chair et son sang dans la fureur des assauts ? Qu'est-ce que la guerre pour lui ? Un exutoire à sa misère ? Un moyen de s'enrichir par le pillage ? Un métier ? Un idéal ?

Quelques lettres de soldats espagnols donnent à penser qu'ils se battaient pour la gloire de Dieu et celle de leur roi. Mais le *picaro*, qui fleurit dans les romans espagnols du XVIIe siècle, a emprunté certains de ses traits au fantassin qui, revenant des champs de bataille de l'Europe en guerre, choquait ses compatriotes par son insolente richesse et par son absence de scrupules.

Dans sa tragédie *Tyr et Sidon*, publiée en 1628, le poète français Jean de Schélandre fait parler un certain La Ruine, piquier de son état. L'auteur connaît bien les malheurs provoqués par les exercices de Mars : lui-même fut soldat au tout début du XVIIe siècle, sous les ordres précisément de Maurice de Nassau. Écoutons-le : « Enfin, je suis honteux de mon piteux état :/ C'est un méchant métier d'être pauvre soldat./ Le service est pour nous ; Messieurs les capitaines/ En ont la récompense aux dépens de nos peines,/ Et pour paraître en mine, ils nous rendent tous gueux. […]/ De fatigues sans fin nous portons le fardeau,/ À peine ayant le saoul de mauvais pain et d'eau./ Cependant ces messieurs veulent que, pour leur plaire,/ Nous ayons l'œil gaillard, l'armure toujours claire,/ Dérouillant notre fer et dehors et dedans,/ Cependant que le jeûne enrouille toutes nos dents. » Mais au-delà de cette misère vécue au quotidien par un soldat ordinaire, exposé sous des tentes malpropres au typhus et aux « fièvres des camps », nous disposons de bien peu de sources qui disent la violence du choc frontal entre deux armées : le massacre était assuré pour beaucoup puisqu'il s'agissait de percer la ligne adverse, en éventrant, en transperçant, en assommant, en égorgeant, en arrachant des membres…

Nous savons, d'après Montecuccoli, chef de guerre italien au service de l'empereur puis du roi de Pologne, que les Français criaient en attaquant : « Tuez, tuez ! » De telles clameurs, toujours selon Montecuccoli, « échauffent le sang et dissipent les fantaisies mélancoliques de l'esprit, rendant comme aveugle le courage de vos propres troupes, en terrifiant l'ennemi ».

Un témoignage saisissant de la guerre nous a été laissé par Bénédict-Louis de Pontis, né vers 1580. Simple soldat, avant d'accéder au régiment des gardes du roi et de devenir maréchal de bataille, c'est-à-dire le premier dans l'ordre des préséances militaires après les maréchaux de camp, il servit dans les armées royales durant cinquante-six ans, en particulier sous Louis XIII. Il a laissé des Mémoires particulièrement réalistes sur les combats qu'il a vécus : « Une multitude de furieux, pire que des bêtes farouches… Monsieur le maréchal de Brézé les yeux tout étincelants de fureur… Des soldats couverts de sang, de feu, de fumée… Les furieux fracas des pots de poudre jetés, ces morceaux volaient de toutes parts et, en blessant et tuant plusieurs, jetaient l'épouvante parmi les soldats… Ce jeune homme alla l'épée à la main aux ennemis. Il reçut un coup de mousquet qui le tua sur-le-champ[2]… »

C'est cette réalité de la guerre que l'on peut cerner à travers la bataille de la Montagne Blanche, le premier choc militaire de la guerre de Trente Ans, qui eut lieu le 8 novembre 1620 et marqua l'écrasante défaite des troupes protestantes de la Bohême face aux troupes catholiques, et cosmopolites, de l'empereur. Olivier Chaline, qui l'a étudiée, nous fait mesurer la douleur et la folie paroxystique de l'affrontement, la peur de chaque combattant face aux balles des mousquets, aux boulets des canons, aux épées, aux piques et aux dagues. L'historien s'est appuyé pour cela sur des sources rarement utilisées : les armes, les témoignages médicaux, l'analyse topographique du champ de bataille lui-même. Le croisement de tous ces indices permet de reconstituer avec minutie ce que cette furie représente : bruit, cris, fureur, choc, fumée, pénombre, odeurs, blessures, râles, sang, frayeur, panique, tuerie, carnage[3]… Ainsi, la professionnalisation des soldats, une plus grande organisation et discipline des troupes s'accompagnèrent d'une violence extrême des combats.

La « révolution militaire » aurait aussi entraîné, selon Geoffrey Parker, un renforcement des États. L'étude de David Parrott sur la période du ministériat de Richelieu (1624-1642) vient quelque peu nuancer cette idée[4]. La guerre, explique-t-il, n'a pas augmenté tout de suite l'autorité réelle de l'État central ; elle a tout au contraire, dans un premier temps, contribué à éroder le contrôle exercé par le cardinal-ministre sur les troupes et les officiers. Le contraste est patent, en effet, entre l'armée théorique, disciplinée et nombreuse sur le papier, et la réalité : absence de nombre d'officiers, non-paiement des troupes, désertions incessantes, mutineries… « Le roi sait bien, écrit Richelieu à Louis XIII, le 16 septembre 1635, que je me suis toujours plaint des retardements des trésoriers et des munitionnaires, et que j'ai dit plusieurs fois publiquement que ce n'était rien de mettre des armées sur pied, si on ne donnait ordre de les faire payer à temps, et si on ne pourvoyait soigneusement aux vivres. » C'est Louis XIV, dans les années 1660, qui entreprit, notamment grâce à Louvois, son efficace ministre de la Guerre, la reconstruction parallèle de l'armée et des structures administratives et financières du royaume.

Même si les transformations françaises, notamment celles de l'État, furent ainsi plus tardives qu'on ne l'a parfois écrit, il n'en demeure pas moins vrai que la guerre et la « révolution militaire » furent autant, sinon plus, que les évolutions économiques et sociales les principales responsables des changements politiques et institutionnels majeurs intervenus dans les puissances européennes.

C'est sans doute la Prusse qui offre le plus bel exemple d'une construction politique entièrement justifiée par la guerre. Voici en effet un régime décentralisé, où les pouvoirs représentatifs étaient forts, transformé de manière autoritaire en État absolu. Et la guerre, en particulier celle du Nord (1655-1660), qui vit la Pologne attaquée par ses voisins, fut bien le vecteur principal de cette mutation. Elle permit à Frédéric-Guillaume, Électeur de Brandebourg et duc de Prusse, dit « le Grand Électeur » (1640-1688), d'imposer la suppression des assemblées représentatives parlements de Brandebourg et de Poméranie, l'abolition des autonomies locales, urbaines en particulier, le droit de lever les impôts et d'utiliser l'armée pour leur collecte. La ville de Königsberg, capitale du duché de Prusse, fut occupée militairement en 1674 pour avoir refusé de se soumettre au nouveau régime fiscal. À cause de la guerre encore, la noblesse renonça aux privilèges dont elle jouissait dans le cadre des diètes assemblées, en échange d'un statut prépondérant dans le nouvel État prussien (1701), centralisé, autoritaire et militarisé. Ce processus de militarisation et d'étatisation fut renforcé encore au siècle des Lumières sous la férule de Frédéric-Guillaume Ier, « le Roi-Sergent » (1713-1740), et de Frédéric II, Frédéric le Grand (1740-1786), qui firent tourner l'économie du pays au service de l'État guerrier. La Prusse fut alors organisée comme un véritable camp militaire : Frédéric-Guillaume Ier porta l'armée prussienne de 45 000 à 76 000 hommes, un chiffre énorme rapporté à la faible population du royaume

– la Prusse comptait alors 2,2 millions d'habitants, soit environ dix fois moins que la France ; sous son successeur, en 1786, 195 000 soldats furent mobilisés. L'armée prussienne était la quatrième d'Europe, alors que le royaume ne venait qu'au treizième rang pour la population. Environ le quart de ses jeunes gens étaient conscrits. Près de 180 000, soit 1 sur 15, moururent au cours de la guerre de Sept Ans, une guerre européenne qui opposa principalement l'Autriche et la Prusse. Quatre-vingt-dix pour cent des recettes de Frédéric II passaient aux dépenses de guerre !

Outre les nationaux astreints au service quasiment obligatoire pour tous les hommes valides, l'armée était composée d'étrangers recrutés sur l'ensemble du continent par racolage, suivant des procédés plus ou moins réguliers. Les cadres étaient fournis par une noblesse disciplinée, formée par l'Académie des cadets, fondée à Berlin en 1722. En temps de paix, la troupe était exercée durement, et la précision automatique de ses mouvements impressionnait toutes les monarchies européennes. Voltaire s'en moqua dans son *Candide* en peignant les soldats tels des automates aux gestes mécaniques et parfaitement synchronisés : « On lui fait tourner à droite, à gauche, hausser la baguette, remettre la baguette, coucher en joue, tirer, doubler le pas, et on lui donne trente coups de bâton. Le lendemain, il fait l'exercice un peu moins mal et il ne reçoit que vingt coups. Le surlendemain, on ne lui donne que dix, et il est regardé par ses camarades comme un prodige[5]. » En 1788, Mirabeau pouvait écrire : « La Prusse n'est pas un État qui possède une armée, mais une armée qui occupe un État. »

Par contraste, les autres États européens présentent de fortes différences, en particulier le maintien, pour certains, de coutumes de gouvernement héritées du Moyen Âge. C'est le cas, par exemple, de l'Angleterre, une puissance qui ne cessa de s'affirmer du XVIe au XVIIIe siècle – l'époque, pour de nombreux historiens, de la « prépondérance anglaise ». Pourtant, le poids de l'armée y fut faible en comparaison de ce qu'il était chez ses voisins continentaux, et l'intervention militaire limitée. Aussi le financement des opérations militaires fut-il obtenu du Parlement sans difficultés excessives, du moins jusque dans les premières décennies du XVIIe siècle, sous le règne de Jacques Ier (1603-1625), au pacifisme affiché. Au contraire, le bellicisme revendiqué de son successeur, Charles Ier (1625-1649), contribua à la crise politique qui devait conduire à la révolution, à la chute provisoire de la monarchie et à l'accession au pouvoir de Cromwell.

Le gouvernement de ce dernier, dans les années 1640, n'inaugura pas, pour autant, un régime d'absolutisme militaire. Essentiellement parce que l'armée, la *New Model Army*, n'atteignit jamais une grande dimension : elle comptait 20 000 hommes environ. Sans doute, dans la seconde moitié du siècle, après le rétablissement de la monarchie, avec le règne de Charles II, les guerres contre Louis XIV et l'intervention militaire anglaise sur le continent modifièrent les données du problème : 75 000 soldats furent mobilisés pendant la guerre de Succession d'Espagne. Mais le financement des troupes fut en partie assuré par la croissance économique, notamment commerciale, et la Banque d'Angleterre, fondée en 1694, joua un rôle essentiel.

Tous ces exemples démontrent que la guerre oblige à penser autrement les évolutions politiques, institutionnelles et culturelles qui ont profondément transformé l'Occident des Temps modernes. Elle oblige aussi à inscrire la violence d'État au cœur de toute analyse sur la nature, l'histoire et le fonctionnement de l'autorité.

Bouleversant la structure administrative et financière des États, justifiant la puissance centralisatrice, organisatrice et « exécutive » incarnée par le souverain, notamment en France et en Prusse, la guerre n'apparaît pas comme une simple annexe « événementielle » ou comme le domaine réservé d'une « histoire-bataille ». Elle doit être considérée tout au contraire comme une des forces motrices, et non la moindre, de la formation et de l'organisation des États européens, en particulier dans le cadre de ce que les historiens appellent l'« absolutisme », mot forgé en 1797. Plus encore, face aux Européens et à l'exceptionnelle efficacité de leurs techniques militaires, les peuples d'Amérique, de Sibérie, d'Afrique noire et du Sud-Est asiatique ne purent résister longtemps et ils finirent, les uns après les autres, par perdre leur indépendance.

Seuls la Chine, l'Empire ottoman et le Japon furent préservés, jusqu'au jour où les nations industrielles déployèrent contre eux les navires à vapeur et l'artillerie d'acier d'une guerre devenue industrielle, héritière de la « révolution militaire » des XVIe et XVIIe siècles. En février 1841, sur sa route vers Canton, le vapeur cuirassé *Nemesis* à deux canons de 32 en tourelles détruisit en une seule journée 9 jonques de guerre, 5 forts, 2 stations militaires et une batterie côtière. En 1853, à Sinope, l'anéantissement de la flotte turque par les vapeurs russes ouvrit l'Empire ottoman à l'exploitation occidentale. En 1863, le gouvernement Tokugawa tenta, mais trop tard, d'interdire les eaux japonaises aux navires de guerre occidentaux. Presque au même moment, les canons à tir rapide des hommes blancs écrasaient toute résistance des tribus indiennes des Grandes Plaines américaines. Quant aux Africains, que pouvaient leurs sagaies face aux balles des fusils ?

La « révolution militaire » a permis aux Occidentaux de se rendre « maîtres et possesseurs » d'une grande partie de la planète. Et c'est ainsi que les innovations touchant l'art de la guerre jouèrent un rôle moteur dans la première hégémonie mondiale de l'histoire des hommes.

14

Comment les rois apprennent à faire la guerre

Des jeux belliqueux du petit Louis XIII jusqu'aux extraordinaires festivités militaires organisées par Louis XIV pour servir d'« amusement » et d'enseignement au Dauphin, l'éducation des rois de France a été marquée par la guerre. Car une certitude est au cœur de tous les traités pédagogiques destinés au Prince : savoir faire la guerre, c'est savoir gouverner. Commander aux armées, c'est être pleinement roi.

*

« La guerre, les institutions et les règles qui la concernent sont le seul objet auquel un prince doive donner ses pensées et son application, et dont il lui convienne de faire son métier ; c'est là la vraie profession de quiconque gouverne. » Si Louis XIV, alors qu'il n'était que Dauphin, n'a sans doute pas pu lire ce passage du chapitre XIV du *Prince* de Machiavel, il a toutefois appris, dès son plus jeune âge, que la guerre occupait une place éminente dans l'apprentissage de son métier de souverain.

Les écrivains de cour ne consacraient-ils pas le roi comme le guerrier *(bellator)* par excellence ? François de Bretagne[1] voyait un signe de la providence divine dans la coïncidence entre le début du règne de Louis XIV et la victoire de Rocroi (19 mai 1643, soit cinq jours après la mort de Louis XIII).

Hardouin de Péréfixe, précepteur du jeune prince, confirmait cette idée en écrivant, au début de la préface à son *Histoire du roi Henry le Grand* consacrée à Henri IV et publiée en 1661 : « Vous avez été proclamé vainqueur aussitôt que roi. » Son ouvrage affirme le destin prédestiné du roi de guerre : Jeanne d'Albret s'aperçut de sa grossesse et sentit remuer le futur Henri IV alors qu'elle se trouvait au camp en Picardie avec Antoine de Bourbon, son mari, gouverneur de cette province. « Il était bien juste, ajoute Hardouin de Péréfixe, que celui qui était destiné à être un prince extraordinaire marquât les premiers mouvements de sa vie dans un camp, au milieu des trompettes et du canon, comme un vrai enfant de Mars. »

Dès sa plus tendre enfance, le futur roi se trouvait confronté, par le jeu, par les leçons de ses précepteurs, par l'exemple de son père, de ses ancêtres et de toute une galerie d'« hommes illustres », à l'exercice et au commandement militaires, instruments essentiels de la souveraineté. En effet, si tous les enfants du monde jouent à la guerre, les amusements belliqueux des fils de roi étaient entourés d'une attention pédagogique particulière. Ainsi, en 1614, le prince des Asturies, futur roi d'Espagne sous le nom de Philippe IV, alors âgé de neuf ans, reçut en cadeau la réplique en bois de l'armée des Flandres qui occupait les Pays-Bas depuis 1567, avec ses compagnies, ses régiments, sa cavalerie, son artillerie, ses bannières, et tout son matériel (les magasins d'armures et de vivres), ainsi qu'une forteresse en bois à assiéger. Des matériaux spéciaux permettaient au petit prince de construire à sa convenance des lacs artificiels, des forêts, des pontons de bois. Le fabricant, Alberto Struzzi, y joignit un livret dédicatoire en espagnol et en latin, soulignant combien cette guerre était ruineuse pour les fragiles finances du roi d'Espagne : « On verra bien par là quelles dépenses un roi doit prévoir s'il veut être victorieux, et que, si l'argent manque, ses projets ne peuvent être menés à bien. »

Quelques années auparavant, en France, au château de Saint-Germain, Louis XIII enfant, accoutumé à observer les manœuvres des 120 hommes du régiment des gardes affectés à la protection du domaine, se passionnait tant pour ces exercices que son père, Henri IV, remarquait dans une de ses lettres qu'il avait « l'esprit plus adonné aux armes qu'à toute autre chose ». Dans son méticuleux *Journal,* tenu quotidiennement à partir du 28 septembre 1601 (le lendemain de la naissance du prince), Jean Héroard, son médecin, nota plus d'une centaine de fois le goût de l'enfant pour les jeux guerriers : « Quand il était petit », ne s'amusait-il pas déjà à transformer ses chapelets en « compagnies entrant en garde » ? Comme le dauphin d'Espagne, le dauphin de France possédait tout un arsenal de jouets de guerre : une pique, une arquebuse, un mousquet, un arc pour la chasse, cadeau d'Héroard, des canons en miniature, des chevaux avec lesquels souvent il jouait dans son lit avant de s'endormir, un petit navire d'argent, une « compagnie de poterie » offerte par sa mère. L'un de ses plus grands plaisirs était de s'habiller en simple soldat. Ainsi vêtu, le lundi 6 décembre 1604 – il a trois ans –, il « joue [avec] sa harquebuse et sa bandoulière. [...] Puis parle en s'animant comme s'il était à la guerre. Il était extrêmement porté à ce métier, tous les thèmes de ses discours, de ses chansons, de ses actions étaient les tambours, les soldats, les armes et la guerre ». Le 26 avril 1608, personne ne parvint à le distraire, tant il était absorbé par ses exercices militaires et son « métier » d'arquebusier, pour qu'il assiste au baptême de son jeune frère, le duc d'Anjou.

L'armée en miniature du jeune roi

Parmi les premiers livres que Jean Héroard feuilleta avec le Dauphin figurait un bel in-quarto, *La Castramentation des Romains* de Guillaume Du Choul, rempli d'images de soldats (vélites, archers, légionnaires, porte-enseigne, etc.), d'instruments de combat (bélier, catapulte), de tactiques (« la façon de faire la tortue ») et des savants dispositifs des camps romains. En 1605 (le fils d'Henri IV n'avait pas encore quatre ans), lorsque son médecin lui expliquait la carte d'Ostende, alors assiégée, il s'informait « de toutes les particularités du siège tant du dedans que du dehors ». Le 14 décembre, on lui montra sur une carte le « côté des Flandres », et il s'exclama : « C'est moi qui bats les Espagnols »... Et il n'était pas rare de voir le petit Louis unir la pratique à la théorie, comme dans l'après-midi du 19 mars 1608, quand, délaissant pour un temps l'arquebuse, il s'amusa sur la terrasse de Saint-Germain avec une truelle et du mortier « à bâtir une muraille ». Enfin, le 6 mars 1609, lorsque Louis reçut ses premières leçons de Nicolas Vauquelin des Yveteaux, le précepteur affecté à son éducation, l'ouvrage qui lui fut proposé en guise de lecture fut l'*Histoire de la guerre des Juifs* de Flavius Josèphe, qui comporte plusieurs chapitres détaillant les techniques romaines de la guerre de siège lors de la prise de Jérusalem par Titus, en 70 apr. J.-C.

Son fils, Louis XIV, reçut de même dès son plus jeune âge une armée en miniature, avec ses cavaliers et ses fantassins, ses canons et ses machines de guerre. En 1651, en pleine Fronde, le souverain de treize ans, accompagné de Monsieur, son frère, et de quelques gentilshommes de son âge s'amusait à attaquer ou à défendre un fortin construit sur ses ordres dans le jardin du Palais-Royal, en utilisant des mousquets et de la vraie poudre.

Roi à son tour, Louis XIV eut le même souci de l'éducation militaire de ses successeurs : son fils d'abord, le Grand Dauphin (qui devait mourir en 1711), puis son petit-fils, le duc de Bourgogne. En 1688, alors que commençait la guerre dite de la ligue d'Augsbourg, le souverain donna l'ordre au

Grand Dauphin, qui avait alors vingt-six ans, de commander le premier siège de la campagne, celui de Philippsbourg, « porte » allemande sur la rive droite du Rhin : une position solide, entourée de marais, au nord de Karlsruhe. La ville investie le 27 septembre, le creusement des tranchées commença aussitôt. Vauban devait initier le fils du roi aux techniques du siège. Lors de ce baptême du feu, le jeune homme manifesta une vive curiosité, exigeant qu'on le conduise jusqu'à une tranchée distante des ennemis d'une soixantaine de pas seulement. Si près du souffle des boulets et du sifflement des balles, Vauban éprouva peut-être l'une des plus grandes frayeurs de sa vie. « Non content de cela, écrivit-il le 13 octobre 1688 au ministre de la Guerre Louvois, il fallut accommoder un endroit par où il pût regarder par-dessus la tranchée à son aise. Je lui en fis un, et il s'éleva, moi le tenant par le pan de son justaucorps pour le retirer quand il en serait temps. » Philippsbourg tomba le 29 octobre, et le Grand Dauphin fut si heureux de cette première expérience qu'il offrit quatre canons capturés à l'ennemi à son mentor militaire.

En 1698, à seize ans, le duc de Bourgogne, petit-fils de Louis XIV, était quant à lui le savant élève de Claude Fleury, et surtout de Fénelon. En août, le jeune homme fut convié à Compiègne afin de participer à un « amusement » militaire inédit (le mot est de Saint-Simon), une grandiose mise en scène de la puissance du roi organisée quelques mois après la signature des traités de Ryswick qui avaient mis fin à la sanglante et coûteuse guerre de la ligue d'Augsbourg. Soixante mille hommes furent donc rassemblés, dans leur plus belle tenue, et dirigés par le maréchal de Boufflers, l'ordonnateur de la cérémonie. Pour accueillir la Cour, on construisit un village de bois, on dressa de grandes tentes doublées de « satin des Indes à fond blanc avec toutes sortes de figures[2] ». On fit venir, depuis Versailles et Paris, des convois de mobilier, de porcelaine, d'argenterie et de vaisselle précieuses. La maison du roi, peinte en blanc, imitant la pierre de taille, « et le reste en rouge, représentant la brique », dominait toutes les autres par sa hauteur et le luxe de sa décoration. Un service d'intendance exceptionnel fut assuré par une armée de serviteurs empressés : liqueurs chaudes et froides, vins français et étrangers, eau de source, « ortolans, perdrix rouges, gelinottes des bois, veaux de rivière de Rouen, veaux de Gand, faisans, chapons de Bruges »...

À l'école des princes

Pour ce grand jeu de guerre et de gloire, les régiments devaient simuler devant le roi et les dames, au bruit des trompettes et des tambours, toutes les opérations qui ponctuent une campagne militaire. D'abord, le rassemblement, la troupe en ordre de marche, l'installation du camp. Puis la charge d'une cavalerie, la bataille rangée, les étapes d'un siège, depuis le creusement des tranchées jusqu'à l'échange des conditions écrites de la capitulation. Les petits-fils du roi devaient tirer le plus grand profit de cette école de guerre grandeur nature : « Monseigneur le duc de Bourgogne fut toujours avec les assiégeants, notait Dangeau le 13 septembre. Tous les travaux et toutes ces attaques lui font grand plaisir et l'instruisent fort. Messeigneurs ses frères sont presque toujours avec lui, et supportent fort bien la fatigue de la guerre. » Dans ses *Additions au journal de Dangeau*, Saint-Simon se montre plus critique. Il évoque les « marionnettes » que le roi voulut se donner « sous le nom de M. le duc de Bourgogne et de son instruction » : un « spectacle effrayant de magnificence et de luxe qui étonna l'Europe après une si longue guerre, et qui ruina troupes et particuliers, les uns pour longtemps, d'autres à ne s'en jamais relever[3] ».

Il est une autre source qui permet de mesurer l'importance accordée à l'art de la guerre dans l'apprentissage du métier de roi : les traités d'éducation des princes. C'est entre 1640 et 1690 que l'on peut situer l'âge d'or d'un genre qui remonte aux « miroirs des princes » médiévaux. Si tous leurs auteurs s'accordent à privilégier le respect et la crainte de Dieu, la plupart d'entre eux consacrent une part importante de leur ouvrage aux problèmes de la guerre et de son enseignement.

En 1640 – Louis XIV a alors deux ans –, La Mothe Le Vayer fit paraître *De l'instruction de monseigneur le dauphin*, un grand traité remarqué par Richelieu, détaillant les mérites des sept « arts libéraux » et des sept « arts mécaniques » appliqués à l'exercice d'un « bon gouvernement ». Les arts libéraux, tout d'abord, ont pour fonction d'éduquer l'esprit. En grammaire, « le premier » d'entre eux, il suffira, selon La Mothe Le Vayer, que l'enfant possède « quelque intelligence du latin ». La rhétorique, qui permet d'acquérir une « éloquence courte et vraie », devra être étudiée avec soin, car « elle apprend à bien parler, ce qui est une faculté si royale qu'elle donne le commandement souverain parmi les hommes à ceux qui la possèdent ». La logique est utile pour saisir « quelques petites règles qui sont dans l'usage ordinaire ». L'arithmétique « semble convenir mieux à un marchand ou un mathématicien qu'à un roi ».

Quant à l'histoire, « l'école des princes » selon Héroard, elle offre un champ d'apprentissage privilégié : en particulier l'histoire de France et celle de l'Antiquité abondent en exemples de princes belliqueux « pour se rendre meilleur ». Placé en 1645 comme valet de chambre auprès de Louis XIV, qui, à sept ans, venait de quitter l'environnement féminin de sa petite enfance, La Porte rappelle dans ses *Mémoires* que le jeune roi fut étonné de ne plus entendre « des contes de *Peau d'Âne* avec lesquels les femmes avaient coutume de l'endormir ». Le zélé serviteur décida, avec l'accord d'Anne d'Autriche, des nouveaux contes qu'il convenait à un roi d'écouter : « Je croyais qu'on ne pouvait lui en lire un meilleur que l'histoire de France. [...] Je lui ferai remarquer les rois vicieux pour lui donner de l'aversion du vice, et les vertueux pour lui donner de l'émulation et l'envie de les imiter. » Il utilisa le premier volume de l'*Histoire de France* de Mézeray, un gros in-folio de 1 090 pages paru en 1643, qui détaille les vies des ancêtres de Louis, chacune illustrée d'un portrait et de médailles résumant les faits majeurs du règne. La guerre occupe la place centrale de cette « histoire-bataille ». Et les premières pages assignent clairement au jeune prince la mission de poursuivre l'œuvre belliqueuse de son père. Une solennelle dédicace, imprimée en lettres majuscules, rappelle les victoires de Louis XIII, et entre toutes elle privilégie la fonction guerrière du roi : « À l'immortelle gloire du très chrétien, très grand et très victorieux monarque, Louis le Juste, vainqueur perpétuel, sur mer et sur terre, dont les combats ont toujours été autant de victoires et les actions autant de miracles. »

La géométrie et les leçons d'Archimède

Les arts mécaniques, quant à eux, doivent préparer le corps du futur roi aux grandeurs et aux servitudes de la gloire militaire, « qui ne peuvent que rendre Sa Majesté plus auguste ». Le jeune Louis XIII avait ainsi été initié à « l'art de monter à cheval » par Pluvinel, fondateur en 1594 d'une académie parisienne destinée, sur le modèle italien, à parfaire l'éducation des jeunes gentilshommes : Héroard décrivit avec force détails, et admiration, la première leçon, au matin du 6 juillet 1615. Dans ces activités préparatoires à la guerre, tous les pédagogues des princes louent surtout les éminentes vertus de la chasse : elle est un « abrégé des exercices militaires » pour Héroard.

À l'intersection des arts libéraux et des arts mécaniques, la géométrie est une science fondamentale : elle est « nécessaire, écrit Héroard, en temps de guerre aux fonctions militaires, en temps paisible à celles de la paix ». Car elle est indispensable dans l'art des fortifications et des combats. Archimède n'a-t-il pas, grâce à ses machines, arrêté les Romains devant Syracuse ? Une autre de ses fonctions était d'accoutumer le jeune prince à se « représenter » les territoires qu'il contrôlait ou qu'il se proposait d'attaquer. Héroard a habitué très tôt le jeune Louis XIII à l'observation et au maniement des cartes : la géographie lui paraissait un outil privilégié dans la connaissance du royaume. Mêmes préoccupations chez La Mothe Le Vayer, qui s'attarde sur la chasse parce qu'il l'estime indispensable à la connaissance du territoire.

Héroard définit la géographie comme la « science royale » par excellence, précisant ainsi le détail des leçons dont le souverain devait bénéficier : « Ayant en main le compas et la règle, faites-lui mesurer le globe de la terre, et reconnaître après, par le menu, les pièces de ce grand héritage qui doit échoir, au temps préordonné, tout entier en sa main ; lui en apprendre, se promenant dans son cabinet, les routes et les voies, afin qu'[...]il puisse un jour, avec pleine science, bâtir ses entreprises et porter ses desseins sur toute l'étendue de la terre habitable. » L'attention portée par le médecin de Louis XIII aux « routes et aux voies » est d'autant plus remarquable qu'en ce début du XVIIe siècle, les rares cartes françaises ne comportaient pas encore d'itinéraires : il faut attendre *La Carte géographique des postes* dressée par Nicolas Sanson et gravée par Melchior Tavernier en 1632 pour que le roi puisse « se promener dans son cabinet ».

Tous ces exemples attestent l'importance de la guerre dans l'apprentissage du métier de roi. Ils disent aussi que l'utilisation de la force armée est un élément moteur de la définition et du fonctionnement de l'autorité politique : sur son lit de mort, Louis XIV déclara à son arrière-petit-fils, le futur Louis XV, qu'il regrettait de n'avoir pu maintenir la paix et soulager le peuple, en raison des « nécessités de l'État ». Si les « nécessités de l'État » sont dites plus impérieuses que la volonté présentée pourtant comme « absolue » du « plus grand roi du monde », c'est que la guerre est une composante majeure d'une souveraineté dont Jean Bodin pensait déjà en 1576 qu'elle était infiniment supérieure aux personnes physiques et mortelles des rois, temporaires gestionnaires d'une « puissance de commander » dont ils étaient les provisoires dépositaires et qui, en aucune façon, ne pouvait leur appartenir : « Je m'en vais, l'État demeure », aurait aussi déclaré le Grand Roi sur son lit de mort.

La guerre, une affaire d'État

La guerre n'est pas une annexe de la puissance, elle est une partie constitutive de la « plus grande puissance de commander », identifiée à la souveraineté, et cela dans toutes ses composantes : structures (l'intendant aux armées, par exemple, avait les mêmes compétences que l'intendant d'une généralité), fondements juridiques (la notion de « guerre juste »), mais aussi représentations et imaginaires. Parallèlement au droit qui fondait l'autorité d'un roi de justice, les affrontements guerriers n'étaient pas seulement une forme récurrente de la puissance et de la violence. Par le sacrifice du sang versé, de celui du souverain – comme Gustave-Adolphe mort à la bataille de Lützen le 17 novembre 1632 – à celui des soldats anonymes, par l'ensemble des valeurs qu'elle fondait et revivifiait sur les lieux des combats et dans l'imaginaire des « bons et loyaux » sujets, du chef d'un lignage appartenant à l'ordre des *bellatores* jusqu'au plus humble travailleur de la terre, la guerre fut un instrument majeur de l'ordre royal.

Car il s'agit bien d'une affaire d'État, d'une affaire de l'État. Ouvrons le *Dictionnaire* de Trévoux : « Différend, querelle entre les États ou des princes souverains, qui ne se peut terminer que par la justice, et qu'on ne vide que par la force, par la voie des armes[4]. » Dans cette courte et dense définition, copie conforme de celle proposée à la fin du XVIIe siècle par Antoine Furetière dans son *Dictionnaire*[5], et qui synthétise une très ancienne et érudite réflexion sur la guerre, trois données peuvent être repérées : l'institution (« les États », les « princes souverains »), la violence (« la force », « la voie des armes »), le droit (« la justice » qui achève le « différend » ou la « querelle »). La guerre peut légitimement être tenue pour un objet central, tout à la fois facteur d'explication et de compréhension du fonctionnement de la « chose publique », et plus précisément encore, dans une Europe à majorité monarchique, de l'autorité du roi.

Si à la fin du règne de Louis XIV, dans le cadre d'une « crise de conscience européenne[6] » déstabilisatrice des valeurs et des comportements, Fénelon, comme bien d'autres acquis à la cause d'une « paix perpétuelle », put écrire que « la fonction de commander des armées n'est qu'une fonction passagère, forcée et triste pour les bons rois », il n'en fut pas toujours ainsi. Le précepteur du petit-fils de Louis le Grand, ainsi nommé parce que des contemporains pensaient que sa gloire militaire dépassait celle d'Alexandre, le vainqueur de Darius, savait sans doute qu'en désacralisant la guerre, il s'attaquait à l'une des plus solides et anciennes fondations de l'État royal. En 1713, l'abbé de Saint-Pierre estimait que « les affaires de la guerre soit directement, soit indirectement, sont les trois quarts et demi des affaires de chaque État[7] ».

15

Les impôts du roi et le coût de la guerre : au cœur de l'État de finances

La guerre a un coût. Exorbitant. Comment armer, nourrir, entretenir une armée surdimensionnée par rapport aux capacités financières de l'État ?

C'est là le talon d'Achille du roi absolu et la monarchie française a fini par mourir des carences, des injustices et des rigidités de son système fiscal : pendant des siècles, un État royal de plus en plus endetté, et toujours à court d'argent, a fait subir à ses sujets des prélèvements d'une complexité inouïe et d'une profonde inégalité. Tous les projets de réforme ont échoué devant ces vices structurels et le conservatisme des détenteurs de privilèges. Pour en venir à bout, il fallut la Révolution.

*

Impôt : « Nom qui ne se donnait autrefois qu'aux levées passagères des deniers que le gouvernement imposait pour les besoins de l'État. » C'est ainsi qu'Émile Littré, dans son *Dictionnaire de la langue française*, publié de 1863 à 1873, définit ce prélèvement douloureux mais nécessaire, objet de tant de tensions et de passions, de polémiques et de résistances : « Tout ce que je vois sur ces questions de finances, écrivait Voltaire un siècle plus tôt, jette les semences d'une révolution qui arrivera immanquablement, et dont je n'aurai pas le plaisir d'être témoin. » C'est qu'il s'agit là, sans doute, toutes périodes confondues, du nœud le plus douloureux dans les relations instituées entre gouvernés et gouvernants : au XVIIIe siècle toujours, l'abbé Raynal n'hésitait pas à écrire que l'impôt était « le sacrifice d'une partie de sa propriété pour la défense de l'autre ». Et Mirabeau, dans *L'Adresse aux Français*, à propos de la contribution patriotique, estimait que « l'impôt [était] une avance pour obtenir la protection de l'ordre social ». Avance contre protection : voilà bien les deux faces d'un échange. Mais à quel prix ? Et que se passe-t-il quand les termes de ce pacte social ne sont pas respectés ?

Que se passe-t-il quand l'un des deux contractants estime que le contrat a été rompu ? Le débat sur les rapports entre le pouvoir, la société et l'impôt est bien, on le voit, une constante – que l'on retrouve aujourd'hui, plus que jamais d'actualité. Aussi, ce voyage au cœur de l'État de finances, au temps des rois absolus, est-il riche d'enseignements sur la difficulté – l'impossibilité ? – de faire coïncider les aspirations du peuple (à toujours moins d'impôt) et les « nécessités de l'État » (à ajuster ses recettes au niveau toujours trop élevé de ses dépenses).

Cette réflexion peut s'articuler autour de quatre questions centrales, pour qui veut mieux connaître la fiscalité d'Ancien Régime : 1) À quels types de prélèvements étaient soumis les sujets du roi de France ? 2) Comment était répartie et prélevée la taille, l'impôt par excellence de la monarchie ? 3) Pourquoi la royauté s'est-elle trouvée dans un état constant de surendettement, et par conséquent contrainte de lever toujours plus d'impôts ? 4) Comment caractériser le pouvoir des « financiers » qui assuraient au roi les anticipations de ses recettes, et sans lesquels la monarchie n'aurait pas pu survivre ?

*

Avant d'aborder le système fiscal de la France d'Ancien Régime, il convient tout d'abord de ne pas oublier qu'outre les impôts royaux, les sujets du roi sont soumis à bien d'autres prélèvements, notamment la dîme ecclésiastique, les droits seigneuriaux, la rente du propriétaire. Les impôts royaux constituent un système fiscal d'une telle complexité qu'il nous est difficile, aujourd'hui, d'en dresser un tableau précis. Les contemporains eux-mêmes avaient bien des problèmes pour s'y retrouver. « Chaos d'affaires », « encre de la seiche », « peloton de fils mêlés » : c'est par ces mots que le marquis d'Effiat, nouveau surintendant des Finances depuis le mois de juin 1626, présenta l'état du Trésor à l'assemblée des notables réunie à la fin de l'année, justement pour tenter, une fois encore, de résoudre les inextricables problèmes financiers de l'État royal… Il faut donc, avant tout, éviter d'appliquer un schéma trop rationnel à un ensemble confus, disparate, opaque et qui résiste à tout ordre.

Les distinctions les plus courantes opposent les « impôts directs » (la taille est le principal d'entre eux) et les « impôts indirects » (la gabelle, les aide, les traites), ou, mieux, les revenus « ordinaires » et les revenus « extraordinaires ». Le revenu « ordinaire » concerne le domaine du roi et lui seul, parce que, en théorie, suivant la conception médiévale d'un souverain seigneur de ses terres, le roi « doit vivre du sien ». Tout le reste, c'est-à-dire la totalité des impôts levés sur l'ensemble du royaume, y compris la taille, appartient à « l'extraordinaire », c'est-à-dire à une « nécessité urgente », comme l'explique en 1631 La Barre dans son *Formulaire des Esleuz*, car « les lois fondamentales du royaume ne permettent point et n'autorisent personne à lever les armes, ni à lever deniers, non pas même les rois, sans délibération du public et consentement des états, les trois ordres du royaume étant pour ce congrégés et assemblés ». C'est ainsi que, dans la rubrique des impôts « extraordinaires », il place « toutes les impositions qui se mettent sur le peuple, taille, taillon, aides, gabelles et autres subsides qui ne sont point d'ancienneté, et qui se posent et imposent à la volonté et nécessité des rois ».

« Volonté et nécessité des rois », « délibération du public et consentement des états » : toute l'histoire fiscale de la monarchie est contenue dans ce conflit d'autorité qui oppose un impôt nécessairement consenti, dans le cadre d'une assemblée des états généraux, à un impôt imposé par un souverain absolu, hors de toute instance délibérative. On voit bien que ce qui est en jeu ici, dans un apparent problème de vocabulaire, c'est la nature même de la monarchie : l'impôt « extraordinaire », théoriquement décidé par les représentants de tous les sujets du roi, est devenu « ordinaire » par la volonté souveraine du roi. En 1789, l'Ancien Régime fut victime de cette mortelle contradiction – qu'aucun ministre, fût-il réformateur, n'a su ou pu résoudre – quand les États généraux se transformèrent en Assemblée nationale, et dépossédèrent le monarque de tout pouvoir de décision en matière d'impôt.

Pour comprendre le système fiscal de la France au temps des rois absolus, Françoise Bayard, spécialiste des finances de la monarchie, propose un classement original, qu'elle juge plus conforme aux pratiques mouvantes du temps. Elle distingue ainsi, tout d'abord, les revenus rigides, collectés par des officiers royaux qui exercent des fonctions financières dans le cadre d'une administration territoriale organisée (généralité, élection) ; ce noyau dur des entrées fiscales, peu malléable, concerne en priorité la taille. À ces revenus rigides, Françoise Bayard oppose les revenus souples, en perpétuelle évolution : il s'agit de tout ce qui concerne les offices, des recettes provenant d'une administration affermée (les aides, les gabelles, les traites), des prêts à court terme, des rentes sur les villes (créées à l'imitation des rentes sur l'hôtel de ville de Paris, mises en place au début des années 1520) ; ces revenus souples tendent, nous le verrons, à passer sous le contrôle de la gestion des financiers (fermiers, partisans, traitants, prêteurs).

Une telle classification a le mérite de mettre en valeur les conséquences des choix politiques et fiscaux de la monarchie : si les revenus souples sont privilégiés – et ce sera le cas, comme on en jugera, au XVIIe siècle avec Richelieu –, l'influence des financiers s'accroîtra d'autant et, avec elle, l'aliénation progressive de la monarchie à un groupe de professionnels, spécialistes des finances.

Impôt central de la monarchie, la taille n'est pas le seul impôt royal, loin de là, ni même celui qui a rapporté le plus à l'État : si, pendant le ministère de Sully, au tout début du XVIIe siècle, il constitue encore 60 % des revenus du roi, il se stabilise ensuite autour de 40 % environ, et Colbert s'est flatté, à juste titre, d'en avoir diminué le montant[1] : en 1715, la taille ne représente plus que 27 % des recettes du roi. Pourtant, c'est bien contre elle que les paysans, soutenus par leurs seigneurs, ont souvent levé « l'étendard de la révolte » ; c'est en pensant à elle que bien des réformateurs, de Vauban et Boisguilbert à Turgot, ont imaginé un autre système fiscal, moins injuste.

La taille a cristallisé, et parfois monopolisé, l'attention parce qu'elle fut l'imposition la plus mal ressentie, en raison des inégalités, effectivement criantes, de son prélèvement : au siècle des Lumières, « l'arbitraire de la taille personnelle » était, aux yeux de nombre d'économistes, « le plus funeste des abus qui puisse se rencontrer dans la perception d'un impôt[2] ».

Jusqu'en 1695, date de création de la capitation, la taille, « imposition en argent qui se répartit annuellement sur chaque contribuable, en proportion de ses biens, facultés et industrie », était le seul impôt que l'on puisse qualifier

– un peu improprement d'ailleurs – d'impôt « direct ». Elle était dite par les contemporains « extraordinaire » jusqu'au XVIIIe siècle, ce qui révèle, on l'a dit, la difficulté de séparer l'impôt de la demande personnelle d'un roi qui, en théorie, doit vivre « du sien », c'est-à-dire de son domaine. Pourtant, la taille est devenue un impôt permanent à partir de 1439. Comment expliquer cette contradiction ?

Pour la comprendre, il faut souligner que l'histoire de l'État, l'histoire de la guerre et l'histoire de l'impôt ont été, en France comme dans la plupart des monarchies européennes, structurellement liées : à partir du règne fondateur de Philippe II dit Auguste (1180-1223), vainqueur à Bouvines, le 27 juillet 1214, de l'empereur Othon IV et de ses alliés, la croissance territoriale et administrative de l'État de police, de justice et de finances et celle de l'État militaire allèrent de pair.

Deux siècles plus tard, à la fin de la guerre de Cent Ans, en 1439, la décision d'un prélèvement régulier et annuel de la taille le démontrait clairement : elle était parallèle à la mise en place, par Charles VII, d'une armée permanente affectée, notamment, à la défense du royaume. Et ces deux piliers de l'État moderne – l'impôt, l'armée – étaient justifiés l'un par l'autre. Non sans provoquer malaises, résistances et oppositions : dans ces mêmes années 1440, Jean Juvénal des Ursins, l'archevêque de Reims, dénonçait, avec beaucoup d'autres, une telle « novelleté ». Il écrivait qu'employer des revenus « extraordinaires » à d'autres fins que la guerre revenait « à décevoir le peuple et la chose publique ; [...] c'est vrai larcin, voire, pourrait-on dire crime de lèse-majesté contre le roi et le bien public de ce royaume[3] ».

Pour saisir le fonctionnement de la taille et la complexité de son prélèvement, nous allons nous placer, à présent, au XVIIe siècle, ce siècle du « tour de vis fiscal » et des plus violentes révoltes populaires contre l'impôt. Les provinces étaient alors soumises à de multiples régimes de collecte : dans les pays dits de taille réelle, essentiellement la France du Sud, marquée par le droit romain, l'impôt pesait sur les biens roturiers, inscrits sur un cadastre, même si ces biens appartenaient à un duc ou à un évêque ; en revanche, une terre noble, en passant de main en main, fussent-elles roturières, conservait son immunité fiscale. Au contraire, dans les pays de taille personnelle (essentiellement la France du Nord), le prélèvement pesait sur « l'ensemble des facultés » personnelles des contribuables appartenant au tiers état. Ainsi, les privilégiés ne payaient pas l'impôt. En outre, ils cherchaient le plus souvent à en dispenser leurs fermiers. Le 16 novembre 1708, Pierre de Boisguilbert, lieutenant général de police à Rouen, écrivait : « J'ai une liste des plus grands seigneurs dont les fermiers ne payent rien ou approchant, pendant qu'on ravage tout dans la maison d'un malheureux. » De même, dans les pays de taille personnelle, un principe, généralement respecté, était que chaque contribuable ne pouvait être imposé qu'en un lieu, celui de son domicile, ce qui permettait à nombre de propriétaires non résidents d'échapper à l'impôt.

Il faut distinguer aussi les pays d'états (où le montant de la taille devait passer par un accord des représentants des états de la province, comme en Languedoc, en Provence ou en Bourgogne) et les pays d'élection (où le prélèvement était organisé par des élus, officiers et juges en matière de finances, chargés de lever une somme sur l'étendue de leur élection). Rattachée tardivement à la France (1532), la Bretagne, elle aussi pays d'états, ne payait pas la taille mais le fouage, un impôt modéré prélevé par foyer.

Pourquoi les nobles étaient-ils dispensés de la taille en pays de taille personnelle ? La raison principale tient au fait qu'on estimait qu'ils s'acquittaient de leurs obligations envers la société en servant dans l'armée du roi, un impôt du sang qui les déliait de toute autre contribution : l'ordonnance de Charles VII de 1445, qui exempte les nobles de la taille, indique bien que ce privilège leur est accordé parce qu'ils sont, par définition, des hommes d'armes, des *bellatores*. Dans *Le Conseiller d'État,* publié en 1632, Philippe de Béthune confirmait que « si quelques-uns doivent jamais jouir d'exemption, il semble que les gentilshommes qui sont obligés au service personnel et à contribuer à la défense de l'État non seulement de leurs biens, mais aussi de leurs vies, peuvent être exemptés ». Ajoutons que nombre de bourgeois habitant des villes pourvues de chartes les protégeant contre les velléités du souverain étaient dispensés de la taille. Beaucoup d'officiers – de finances, de justice, municipaux – bénéficiaient d'avantages identiques. Ainsi, dans tous les cas, l'impôt royal pesait, avant tout, sur les paysans exploitants du sol.

Comment la taille est-elle prélevée ? En juillet de chaque année, au moment des récoltes, le roi fixe, au Conseil des finances, le « brevet de la taille » qui indique pour chaque généralité le montant qui sera prélevé. Les différences de traitement sont grandes entre les généralités, en raison notamment de la pression plus ou moins forte qu'exercent les états provinciaux : la Normandie, par exemple, est très imposée, beaucoup plus que la Bretagne (fouage) ou que le Languedoc.

En août, ces documents (le brevet de la taille et sa répartition par généralité), accompagnés d'une lettre de cachet, sont expédiés aux trésoriers de France dans toutes les généralités afin qu'ils procèdent à la répartition de la taille sur les élections, « le plus justement et également que faire se pourra », comme le précisent les textes.

En septembre, les trésoriers de France, ou leurs représentants, parcourent le pays. À l'occasion de ces « chevauchées », ils se rendent compte, sur place, des possibilités de paiement ; ils décident aussi si les prélèvements prévus en juillet peuvent être réalisés : à cette date, les récoltes sont terminées et ils peuvent mesurer l'aisance des paysans. Des rapports sont alors envoyés par les trésoriers au surintendant des Finances à Paris (ou au contrôleur général, à partir de Colbert). D'après leur contenu, le roi établit ce qu'on appelle « la crue de l'extraordinaire de la taille », c'est-à-dire une somme supplémentaire à payer. C'est à ce moment – nous sommes alors en octobre – que les élus (officiers d'une élection) font à leur tour leur chevauchée pour constater l'état des paroisses, et fixer la répartition de la taille suivant les villages.

Les mois d'octobre et de novembre, les derniers moments de grande effervescence dans les campagnes avant le long hiver, correspondent aux règlements de compte : les récoltes sont rentrées ; les exploitants signent les contrats d'exploitation devant le notaire ou avec le propriétaire (les contrats débutent le plus souvent à la Saint-Martin, c'est-à-dire le 11 novembre) ; les mariages sont aussi très nombreux en ces mois de greniers bien remplis propices à la fête et à la bombance, et avant l'interdiction de se marier pendant l'Avent (c'est-à-dire en décembre). C'est à ce moment, précisément, que, dans les pays de taille personnelle (la France du Nord), les asséeurs et les collecteurs dressent les rôles de la taille, à partir de la fortune et du revenu estimés de chacun.

Le recouvrement a alors enfin lieu : il est effectué par les collecteurs ou les asséeurs, qui sont habituellement responsables de la bonne marche des opérations sur leurs propres deniers. Ces collecteurs sont élus, en général chaque année, par la communauté des habitants – on comprendra que les candidatures ne soient pas nombreuses ! Souvent, mais la situation varie suivant les provinces, les paysans payent la taille cinq fois par an, à partir du montant fixé en novembre : le 15 novembre, le 15 janvier, le 15 avril, le 15 juillet et le 15 octobre. Concrètement, les collecteurs vont de maison en maison réclamer l'argent des contribuables, en rayant à chaque fois leur nom sur la liste qui leur a été confiée.

Les sommes ainsi collectées sont expédiées aux receveurs particuliers qui les acheminent aux receveurs généraux. Ceux-ci, à leur tour, font parvenir l'argent, dans des charrettes ou à dos de mulet, au Trésor de l'Épargne. Ainsi circulent – difficilement ! – les deniers de l'État, de la province vers Paris. Bien entendu, une partie de l'argent reste sur place où il est distribué aux intermédiaires locaux. On a ainsi calculé, par exemple, que le roi ne touche que les deux tiers de ce qui est prélevé dans le Languedoc[4].

Et pourtant, malgré la mise en place de la taille, mais aussi des autres formes d'imposition, l'État royal était perpétuellement endetté. Les raisons de cet endettement sont nombreuses. Tout d'abord, il faut noter les difficultés de prélèvement sur le terrain. La taille, impôt en argent, essentiellement fondé sur les récoltes, avait pour principal inconvénient de dépendre d'une production aléatoire et d'un revenu foncier incertain. Les archives du Conseil des finances témoignent ainsi de l'ampleur des obstacles rencontrés pour faire entrer dans les caisses de l'État les espèces « sonnantes et trébuchantes » : de nombreuses paroisses réclament des remises, pour cause de misère, d'épidémie, de ravage des soldats, de catastrophe météorologique.

Ajoutons que dans les provinces, loin du roi, bon nombre d'officiers de finances usent et abusent de pratiques malhonnêtes, en particulier, comme l'indique La Barre dans son *Formulaire des Esleuz*, ceux « qui achètent leur charge à beaux deniers comptants, sans mérite. Étant leurs lettres vérifiées et passées, ils ne se soucient du reste, d'où procède une grande surcharge sur les pauvres contribuables, et autant d'augmentation et une crue de tous les ans ». En 1632, dans son traité *De la souveraineté du roi*, Cardin Le Bret fustigeait lui aussi les officiers, experts dans « le doux maniement des finances », faisant « leur profit aux dépens du public ».

Pensons également aux conditions matérielles d'acheminement de l'impôt : les sacs et les caisses pèsent lourd ! Aussi les retards et les contretemps sont-ils incessants, quand les charrettes, lourdement lestées (200 000 écus, l'équivalent de 600 000 livres, pèsent plus d'une tonne !), ne sont pas attaquées au coin d'un bois par des brigands embusqués, peu sensibles aux difficultés financières de leur bon roi…

Cependant, la cause principale de l'endettement de l'État royal, c'est la guerre. Deux exemples illustrent l'importance des dépenses militaires dans le budget de la monarchie : en 1683, l'année de la mort de Colbert, une année de paix pourtant, sur 115 millions de livres de dépenses, l'armée, la marine et les fortifications (la « ceinture de fer » imaginée par Vauban pour protéger le royaume) coûtaient 65 millions de livres, c'est-à-dire 56 % de l'ensemble du budget. Les dépenses de la Cour, des pensions à la noblesse et de Versailles étaient bien faibles en comparaison (moins de 10 %, ce qui corrige, on l'espère définitivement, le stéréotype d'une cour principale consommatrice des deniers de l'État). En 1706, année de conflit cette fois, les dépenses extraordinaires de guerre, qui étaient loin de comprendre toutes les dépenses militaires, s'élevaient à 100 millions de livres.

Ce phénomène est européen : on peut dire que la guerre, quasi permanente, en particulier au XVIIe siècle, a bouleversé partout les vieilles fiscalités qui reposaient sur les revenus domaniaux du roi et sur des subsides accordés par des assemblées d'états (états provinciaux en France, ou états généraux, diètes en Allemagne, Cortes en Espagne, Parlement en Angleterre.). La guerre a permis à l'impôt d'acquérir permanence et régularité ; elle fut ainsi l'occasion et le moyen du centralisme fiscal et étatique ; elle accéléra le passage du féodalisme à l'État moderne et au règne du roi absolu.

Une autre raison de l'endettement de l'État est l'absence de « budget », au sens moderne du terme : la dépense précédait le plus souvent la recette, d'autant que toute prévision était rendue impossible par la pratique du « comptant », c'est-à-dire la possibilité pour le souverain de demander au surintendant ou au contrôleur général des Finances la somme dont il avait besoin, sans aucune justification (et donc sans aucun contrôle de la Chambre des comptes). Le comptant a été utilisé, en particulier, dans le cadre des relations internationales pour financer une alliance, acheter un prince étranger, payer des espions ou des ambassadeurs… De telles dépenses représentaient des millions de livres.

On comprend ainsi pourquoi, en matière de finances, la monarchie d'Ancien Régime a sans cesse vécu au jour le jour, toujours à court d'argent et, faute d'argent, de crédit. D'autant qu'il ne fallait guère attendre du roi des vertus d'économe. En effet, dans une société aristocratique, ce qui importe avant tout, c'est l'ostentation, la magnificence. Premier des seigneurs, le monarque se doit d'être un roi dépensier, accordant dons et gratifications à l'aristocratie en récompense de ses services, en particulier la dépense du sang versé à la guerre. En 1615, Antoine de Montchrestien écrivait dans son *Traité de l'économie politique* (IV) : « Il n'est rien de si royal que de donner ; et pourtant devez-vous bien garder que la source de vos libéralités ne tarisse jamais afin de le pouvoir toujours faire. […] Votre libéralité doit donc être immense, à proportion de votre puissance. » La puissance du roi était donc directement liée à sa capacité de « libéralité », c'est-à-dire de dépenser, de dépenser plus que le plus important de ses gentilshommes. Le château de Versailles, avec ses trois cours, ses deux grands appartements, sa gigantesque galerie des Glaces, ses meubles en argent, etc., manifeste bien ce « plus » que le souverain, en toute occasion, devait manifester.

La conséquence directe de cet endettement perpétuel fut l'incapacité, pour la fiscalité « normale », de répondre aux besoins dévorants de l'État royal. Aussi eut-on recours, au XVIIe siècle, aux avances des plus riches personnages de l'État. Ce qui favorisa la naissance, dans les années 1630, de ce que Daniel Dessert a appelé un véritable système « fisco-financier ».

Pour comprendre la naissance du système « fisco-financier », il nous faut faire retour en arrière. Nous savons en effet que pendant le règne de François Ier (1515-1547), 200 millions de livres environ sont parvenus aux caisses centrales, soit 6 à 7 millions de livres par an en moyenne, pour un royaume peuplé de 16 à 17 millions d'habitants. Sur cette somme, les deux tiers des rentrées étaient affectés aux dépenses liées à la guerre, déjà dévorante. Cette somme paraît énorme. Pourtant, elle se révèle bien faible si on la compare avec le prélèvement au temps de Louis XIII : une conversion, en poids d'argent, donne environ 110 tonnes par an au temps de François Ier, 1 194 tonnes en 1636 !

La confrontation de ces chiffres est importante pour comprendre la différence de nature entre le système financier au temps des Valois et celui qui prévaut au temps des Bourbons. Sous le règne de François Ier, les dominants, quand ils s'impliquent dans les prêts du roi, le font directement, sans prête-noms, et pour des sommes réduites ; les traitants (qui signent un traité avec le roi pour lui avancer des sommes dont il a besoin) sont inconnus, et les fermiers n'ont pas encore l'importance qu'ils acquerront plus tard.

Tout change, semble-t-il, dans la première moitié du XVIIe siècle, essentiellement à partir des années 1630, quand le mécanisme fiscal de la monarchie se trouve parasité par un autre système de prélèvement qui perturbe profondément le régime habituel. En fait, toutes les formes de revenus de l'État (les aides, la gabelle, les traites, les ventes d'offices, et même, pour un temps, la taille) ont été, à partir de cette époque, peu à peu contrôlées par un groupe de professionnels que l'on peut définir globalement sous le terme de « financiers », des spécialistes de la finance. Que s'est-il donc passé ? 1635 fait, en la matière, figure d'année fondatrice. Elle voit en effet l'intervention directe de la France dans la guerre de Trente Ans : quelques 100 000 hommes de troupe ont été mobilisés. Comment faire pour les payer ou, plutôt, tenter de le faire ? Si l'on examine le budget de 1635, on constate qu'à côté des recettes ordinaires (essentiellement la taille), des impôts indirects et des ventes d'offices, qui représentent à eux trois quelque 50 millions de livres, les « deniers extraordinaires » interviennent pour plus de 150 millions.

On appelle « deniers extraordinaires » tout ce qui ressortit à un « traité ». Pour la seule année 1635, 145 traités furent ainsi signés ! Un traité est un contrat signé au Conseil des finances « à chandelle s'esteignant et dernier enchérisseur », et suivant lequel un financier s'engage à avancer au roi une somme fixée par avance. Le « traitant » doit présenter au Conseil du roi des cautions et des certificateurs pour garantir sa solvabilité. En échange de l'argent avancé, il obtient le contrôle d'une ferme (et peut donc en récolter directement les produits) ou d'une taxe particulière (l'entrée de marchandises dans une ville, par exemple), ou encore de la vente d'offices.

Ainsi, peu à peu, l'ensemble du royaume a-t-il été quadrillé par un réseau de bureaux, à la tête desquels se trouvaient des sous-fermiers ayant signé à leur tour des sous-baux. Chaque ferme supposait, en effet, un réseau pyramidal infiniment hiérarchisé, le tout se pratiquant, évidemment, au détriment des contribuables, car chaque traitant ou fermier voulait se faire rembourser le plus vite possible les sommes avancées au roi. Les traités étaient en général signés pour une assez longue durée (dix à vingt ans), et ils portaient sur des sommes très variables, allant de 100 000 à 10 millions de livres.

Ainsi, à partir de 1635, débute « l'âge d'or des partisans », qui deviennent alors, véritablement, les interlocuteurs privilégiés du pouvoir. La guerre, en effet, a engendré ce nouveau système qui, une fois mis en place, se fortifie lui-même. Il grandit d'autant mieux qu'il faut à la monarchie, jour après jour, toujours plus d'argent frais. Qu'on en juge : en mars 1636, après une seule saison de guerre, l'Épargne ne possédait en caisse que 1,26 % des besoins de l'État, en juin 0,47 %. Et, à partir de 1643, l'ampleur des dépenses fit que, généralité après généralité, la taille elle-même passa sous la coupe des traitants, échappant ainsi en grande partie au contrôle direct du monarque et de ses représentants.

On le voit, c'est bien la guerre qui a modifié la nature du système fiscal et aliéné l'État aux financiers, qui n'ont cessé, depuis lors, de se renforcer, au point de venir se juxtaposer au personnel traditionnel des officiers de finances (même si beaucoup de financiers étaient eux aussi des officiers de finances). Françoise Bayard a pu repérer 5 000 financiers environ. Sur ce nombre, un millier traitent des grands contrats et de plusieurs affaires en même temps : « Ainsi, le milieu financier est à la fois étroit et large ; moins de 1 000 individus tiennent en cinquante-cinq ans environ le sort de l'État entre leurs mains de par les décisions fréquentes qu'ils sont amenés à prendre ; 4 000 hommes opèrent ponctuellement à des moments particuliers. Un nombre inconnu de personnes riches du pays les aide à accomplir leur tâche. »

En effet, les financiers n'étaient pas en mesure d'avancer les sommes énormes réclamées par le roi. Pour alimenter la « pompe aux finances », ils ont eux-mêmes eu recours à la « bonne société » du royaume, tous ordres confondus : bourgeois, nobles, et même gens d'Église. Par l'intermédiaire des financiers, « l'État réussit ce tour de force inouï de faire payer volontairement les riches ».

Engendrée par les besoins dévorants du « roi de guerre », la dynamique de la crise financière est fondamentale pour comprendre la croissance de l'État de finances. Déjà patente au temps des guerres de François Ier, menées en Italie ou aux marges de l'Empire contre Charles Quint, cette crise sera désormais structurelle, jusqu'à la Révolution. Ce déséquilibre financier, talon d'Achille, mais aussi véritable matrice de l'État moderne, a provoqué en 1788 la convocation des états généraux et… la chute de la monarchie.

16

Mazarin, le cardinal millionnaire

Une immense fortune, en espèces, en meubles, en bijoux, en tableaux et en livres... Mais aussi des marchés d'État monopolisés, une mainmise sur les fonds du roi, le recours régulier à des caisses noires : les richesses accumulées par le cardinal de Mazarin, qui dirigea la France pendant la jeunesse de Louis XIV, n'ont guère eu d'équivalent. Aurait-il été l'homme d'État le plus « corrompu » de l'Ancien Régime ?

« Il était si fort attaché à l'argent qu'il en faisait des bassesses indignes de son rang. Il vendait tout, offices et bénéfices, et faisait commerce de tout. » Voilà le portrait de Mazarin, pour le moins sans concession, que dessine le marquis de Montglat dans ses *Mémoires.* Comme pour mieux confirmer, encore, ce constat et ce jugement, il raconte qu'un peu avant la mort du cardinal-ministre (en 1661), la charge de premier président du Parlement se trouva vacante : Mazarin dit à d'Argouges qu'il la lui remettrait si ce dernier lui accordait 100 000 écus. Et la reine mère, Anne d'Autriche, de se récrier : « Ne se lassera-t-il jamais de cette sordide avarice ? Sera-t-il toujours insatiable et ne sera-t-il jamais saoul d'or et d'argent[1] ? »

« Saoul d'or et d'argent » : l'expression est forte. Elle semble confirmée, cependant, par les témoignages de nombreux contemporains qui évoquent presque tous l'insatiable cupidité du ministre. Et parmi les multiples critiques adressées au cardinal pendant la Fronde, la rapidité suspecte de son enrichissement est un thème véhiculé par de nombreuses « mazarinades », comme on appelait les pamphlets qui fleurirent contre lui à cette époque : dès 1648, la *Requête des trois états* dénonce ses détournements de fonds destinés à la solde des troupes ; l'*Apologie pour Monseigneur le cardinal Mazarin* lui fait exposer comment il a mis à l'abri des richesses considérables dans son Italie natale.

Accumulée en quelques années, cette fortune n'est pas seulement un mythe. Elle est aujourd'hui confirmée par le simple examen des chiffres produits par les travaux des historiens. Le cardinal-ministre laisse en effet à sa mort, tout simplement, la plus grosse fortune personnelle de l'Ancien Régime : 35 millions de livres tournois, soit l'équivalent du tiers de l'ensemble des recettes de l'État pour l'année 1653. Dans cette fortune, il se trouve plus de 8 millions de livres en argent liquide – une pratique assez répandue au sein de l'aristocratie d'épée, de robe ou de fonction, dans ce qu'elle a de plus grand et de plus puissant, qui manifeste une propension marquée à jouir de fortes réserves en numéraire. Soyons plus précis encore : les économies du cardinal équivalent à l'encaisse métallique de la banque d'Amsterdam, ou encore à 5,5 % de l'argent engrangé par l'État dans la décennie 1651-1660. C'est-à-dire que, pour reprendre la formule de Daniel Dessert, « Son Eminence vaut, à elle seule, trois cent mille sujets[2] ! ».

La brutalité de ces chiffres ne doit pas masquer la diversité et l'ampleur des biens accumulés par le ministre. Évoquons seulement sa soif insatiable de collections : de Rome, il recevait régulièrement des chargements de tableaux, de statues, de bustes et de piédestaux antiques et modernes : de Florence et de Milan lui parvenaient des meubles, incrustés d'ivoire et de pierres dures ; du Levant, des tapis ; de Harlem, de Gênes et de Venise, des dentelles ; de la Chine, des porcelaines ; des Flandres et du Portugal, des tapisseries…

En même temps, sa bibliothèque s'enrichissait jour après jour : dès 1643, il en avait confié la direction à Gabriel Naudé, infatigable bibliophile. « Je fais ce que je puis et peut-être davantage pour mettre la bibliothèque à sa perfection », écrivait ce dernier en 1646 à l'un de ses amis. De 1644 à 1647, il parcourut successivement les Flandres, l'Italie, la Suisse, la Rhénanie, la Hollande et l'Angleterre. Il rapporta de ces voyages un nombre impressionnant d'ouvrages, souvent rares : 14 000 d'Italie et de Suisse, 4 000, « tant manuscrits qu'imprimés », d'Allemagne. En 1648, la bibliothèque comptait entre 35 000 et 40 000 volumes : elle était sans doute, à cette date, la plus importante d'Europe[3].

En 1651 et 1652, les frondeurs, qui tenaient provisoirement Paris, ordonnèrent la mise en vente des livres et des meubles du cardinal. Le 30 janvier 1652, Guy Patin écrivait : « On vend toujours ici la bibliothèque de ce rouge tyran ; 16 000 volumes en sont déjà sortis ; il n'en reste plus que 24 000. Tout Paris y va, comme à la procession. » Pourtant, l'immense fortune, l'immense collection furent vite reconstituées : pour la seule bibliothèque, au 1er janvier 1654, alors que Mazarin avait repris la situation en main et retrouvé sa place de principal ministre, près de 10 000 livres avaient déjà été récupérés. L'inventaire de l'ensemble de ses biens, dressé après sa mort en 1661, comprend 546 tableaux, dont 283 italiens (Raphaël, Titien, le Tintoret, Carrache…), 77 allemands ou flamands, 77 français. Les statues et les bustes sont au nombre de 326, dont 12 bustes en marbre de couleur et à tête de porphyre représentant les douze Césars (actuellement à Versailles). Faut-il aussi détailler les 46 tapis de Perse, les tapisseries, souvent tissées de soie, d'or, d'argent (le *Grand Scipion*, la plus belle, réalisée à partir des dessins de Jules Romain, est estimée à 100 000 livres), les 21 cabinets d'ébène, d'écaillé, de mosaïque, ornés d'argent et de pierres dures, les miroirs de Venise, les matières précieuses (mais le cardinal avait légué beaucoup de bijoux avant de mourir), l'orfèvrerie, la vaisselle (761 pièces) d'or, de vermeil, d'argent, les 50 000 volumes et les 400 manuscrits de la bibliothèque ?

Le comte de Brienne raconte qu'un mois avant sa mort, en février 1661, le cardinal-ministre voulut revoir une dernière fois sa chère galerie de peintures : dans sa robe de chambre de camelot fourrée de petit-gris, avec un bonnet de nuit sur la tête, traînant ses pantoufles, il lui apparut « comme un homme fort languissant ». Il s'arrêtait à chaque pas, de tableau en tableau, disant douloureusement : « Il faut quitter cela ! Et encore cela ! Que j'ai eu de la peine à acquérir ces choses[4] ! »

« De la peine à acquérir ces choses » ? Voire. Mazarin nous offre, en fait, l'exemple le plus manifeste de confusion entre les intérêts publics et les intérêts privés. Car il a tout simplement confondu sa propre fortune avec celle de l'État ! Cette confusion des intérêts, il convient pourtant, pour éviter tout anachronisme ou jugement infondé, de la replacer dans la culture et les pratiques du temps : il était d'usage qu'un ministre de l'Ancien Régime (pensez à Nicolas Fouquet, autre exemple de fortune subite) s'enrichisse. C'était la coutume, en quelque sorte : « Il fallait bien, explique Pierre Goubert, qu'ils aient un style et un train de vie, des escortes, des carrosses et des résidences fastueuses ; imaginer un ministre pauvre ou presque, c'est naïveté ou sottise, même si on a affublé certains [Sully, Colbert] d'une réputation absolument imméritée d'honnêteté[5]. »

Cependant, une fois admise cette politique de nécessaire enrichissement, il faut tenter d'en comprendre le fonctionnement. Mazarin a occupé la fonction de principal ministre dès la mort de Richelieu, en 1642. Nous sommes alors dans les années les plus noires pour les finances de l'État royal. La monarchie se révèle incapable de chiffrer ses besoins. Ainsi, en 1640, le surintendant des Finances tente-t-il de boucler le budget de 1637, en 1644 celui de 1641, et après 1644 les anticipations de recettes sont devenues la règle. À partir de 1643, les tailles[6] passent sous la coupe de financiers et de traitants qui avancent la recette au Trésor royal.

Cette année-là, première année de Mazarin au ministère, les « comptants » dépassent 50 % des dépenses, soit plus de 64 millions de livres ; en 1644, ils coûtent plus de 83 millions de livres à la monarchie[7]. Or, ces « comptants » vont beaucoup intéresser le cardinal-ministre. Et pour cause : il s'agit d'une technique financière qui permet au roi de prélever sur le Trésor des sommes d'argent sans en justifier les raisons ; les nécessités de la guerre et les affaires étrangères (en particulier le financement d'une alliance avec un autre État) expliquent cette procédure qui échappe au contrôle de la Chambre des comptes. Or, précisément, la confusion systématique des intérêts publics et privés entretenue par Mazarin va être grandement facilitée par la technique des « comptants ». C'est en effet dans ce dramatique contexte financier qu'il a exercé la fonction de principal ministre, avec la confiance de la régente, Anne d'Autriche, et les pleins pouvoirs en matière de décision – Louis XIV est alors un enfant.

Ainsi, sur de nombreuses ordonnances de paiement, le ministre notait simplement : « Je sais le motif de cette dépense. » Il écrivait par exemple à Colbert, intendant de sa maison, le 20 mai 1657 : « Je vous envoie une ordonnance de comptant de trois cent mille livres, de laquelle vous vous servirez auprès de M. Servien, comme M. le procureur général [défenseur des droits du roi au Parlement] vous dira, prenant garde que nulle autre personne que lui n'en ait connaissance. Cette ordonnance regarde en partie M. Le Tellier [secrétaire d'État chargé de la Guerre] ; mais vous prendrez le prétexte que vous voudrez avec M. Servien, que vous concerterez avec ledit sieur procureur général, afin qu'il paraisse que cela regarde les affaires générales plus que les particulières des personnes que le roi a résolu de gratifier[8]. »

Cette gestion occulte, complexe déjà du seul fait de son étendue et de sa variété, fut encore obscurcie par des irrégularités d'écriture, par les confusions, aussi, de maniement entre les fonds appartenant au ministre et ceux de l'État. De 1643 jusqu'à la mort du cardinal, près de vingt ans plus tard, on peut relever ainsi dans sa correspondance des indications fréquentes d'avances de sommes faites au Trésor. On peut juger de l'obscurité qui devait en résulter, pour la comptabilité, par le manque de pièces comptables. En fait, après la Fronde, dès que l'opinion n'eut plus de prise sur les actes du ministre principal, l'Épargne versa, bon an mal an, 20 à 23 millions de livres pour les dépenses que Mazarin faisait comme munitionnaire, c'est-à-dire comme pourvoyeur d'armes pour les troupes[9]. Ajoutons enfin qu'il percevait les revenus de « droits du roi », achetés en 1654 : c'est-à-dire qu'il recevait – entre autres – le produit des droits domaniaux de Mortagne, d'Auvergne et du Languedoc, plus celui de la « ferme des fers et aciers » du Maine, plus celui du sel de Brouage…

Cette gestion occulte tourna-t-elle au profit du cardinal ? La réponse est aisée à donner. Il suffit de quelques constatations : Mazarin ne cessa de gémir sur sa misère, affirmant qu'il se ruinait pour le succès des armées et la défense de la cause du roi ; or il laissa une fortune si grande que ses amis n'osèrent jamais en dire le montant. Germain Martin, qui, le premier, mit au jour ces pratiques, n'hésite pas à écrire que « Mazarin fut le premier et le plus exigeant des traitants[10] ». Et il explique que le roi se regardait comme le propriétaire des biens mobiliers et immobiliers de ses sujets. Aussi, ceux qui agissaient avec son autorisation, ou tout au moins sans être réprimandés par lui, jouissaient-ils d'une impunité tellement large que les consciences ne faisaient plus la distinction entre ce qui était permis et ce qui était défendu. Colbert a été l'artisan le plus zélé de cet enrichissement du cardinal-ministre, dont il fut, dès 1651, l'intendant, c'est-à-dire qu'il dirigeait ses affaires domestiques. Bien évidemment, il participa aux opérations financières de Mazarin : ainsi, le cardinal-ministre s'était-il chargé en 1653 de la fourniture du pain de munition à l'armée de Champagne et il s'était fait, pour cette opération, traitant sous un nom d'emprunt. Dans une de ses lettres, il indique à quel point il tient à cet anonymat, ce qui constitue un aveu d'une conscience quelque peu troublée par de telles pratiques (le souvenir des mazarinades est encore très présent) : « On peut remédier à cet inconvénient en faisant apparaître le nom d'Albert, ou tel autre que vous jugerez à propos, étant absolument nécessaire que mon nom ne paraisse pas[11]. »

Dans les *Défenses*, rédigées à l'occasion de son procès (à partir de la mise en place d'une Chambre de justice en 1661), à plusieurs reprises, l'ancien surintendant des Finances Nicolas Fouquet accusa explicitement le cardinal-ministre d'enrichissement public, avec la complicité de Colbert : « C'est ce qu'on doit appeler mauvaise disposition quand il se trouve que tout l'État s'appauvrit et qu'un étranger seul met des millions à couvert dedans et dehors le royaume, abusant de son autorité absolue[12]. »

Le cas de Mazarin n'est pas isolé. Lui aussi expert dans la confusion des intérêts, Richelieu, son prédécesseur, n'avait quant à lui laissé à sa mort « que » 22 400 000 livres (avec 6 498 917 livres de dettes). Une fortune considérable, qui pose le même problème : dans quelle mesure le Cardinal perçut-il d'importants revenus illicites ou occultes pendant ses années de pouvoir ? Joseph Bergin, qui a étudié en détail sa fortune, constate que les archives ne conservent pas la moindre preuve permettant de répondre sans ambiguïté à cette question. Mais l'analyse de la progression de sa fortune fait apparaître que, sans additions substantielles à ses ressources connues, il n'aurait jamais pu effectuer les investissements qu'il fit chaque année à partir du milieu des années 1620, en particulier dans son domaine privé où il fit édifier un somptueux château. Et si l'on ajoute à ces placements un budget de sa maison toujours plus élevé – près de 500 000 livres en 1639 –, le trou à combler devient un gouffre. Aussi, malgré le soin extrême avec lequel Richelieu s'occupait de ses affaires personnelles, il était inévitable que le gonflement de sa fortune, au fil des ans, fît s'interroger ses contemporains : certains laissaient entendre qu'il n'était pas au-dessus de tout soupçon[13].

D'autres fortunes ministérielles paraissent plus modestes, bien qu'en ce domaine tout soit relatif : Bullion, surintendant des Finances à l'époque de Richelieu, laissa à sa mort environ 8 millions de livres, le chancelier Pierre Séguier quelque 4 millions[14]. En 1691, quand il meurt brutalement, Louvois, secrétaire d'État à la Guerre, est à la tête d'une fortune estimée à près de 10 millions de livres. Ézéchiel Spanheim, ambassadeur de Brandebourg à Versailles, évoque « les grandes et belles terres qu'il a acquises, comme celle de la baronnie de Meudon [en 1695, Mme de Louvois la vendit au roi un million de livres], entre Paris et Versailles, avec un château magnifique qu'il y a réparé ou bâti, avec un grand et beau parc qui l'environne, ou d'autres seigneuries en Champagne et dans le duché de Bourgogne, [...] les grandes sommes d'argent comptant qu'il aurait mises en rente sous des noms empruntés, et qui lui reviennent ou de l'héritage du chancelier Le Tellier, son père, ou des acquêts certains de ses importantes et lucratives charges, comme le maniement de tout l'argent requis pour le département de la guerre, de celui qui est destiné pour les bâtiments et jardins des maisons royales et de ce qui en dépend[15] ».

Au XVIIIe siècle, même les fortunes les plus importantes, exprimées en une livre qui a perdu, en gros, un tiers de sa valeur par rapport à celle de 1661, seront nettement inférieures à celle de Mazarin : les Condés, l'un des lignages les plus riches du royaume, n'ont amassé « que » 31 à 32 millions de biens, et les Conti (en 1752) 13 110 206 de livres. Comme le souligne Daniel Dessert, les fermiers généraux – accusés par leurs contemporains des pires prévarications – font piètre figure, si l'on peut dire, avec une fortune moyenne de 2 707 052 livres[16]. Le siècle des Lumières est marqué, toutefois, par des enrichissements fulgurants : celui du comte de Toulouse (1678-1737), par exemple, le dernier « bâtard légitimé » de Louis XIV et de Mme de Montespan, et de son fils, le duc de Penthièvre (1725-1793). Autour de ces deux hommes, c'est en effet toute une « nébuleuse » qui s'est constituée, un réseau complexe, mouvant, de plusieurs milliers de personnes attachées à faire vivre et prospérer une famille qui, sortie du néant, ou plutôt du sang du roi, devint la troisième fortune de France, après celle du souverain et celle du duc d'Orléans, son frère[17].

Au-delà d'un cas personnel, exceptionnel sans doute, l'immense fortune de Mazarin, son « amour désordonné de l'argent », pour reprendre une formule de Montyon[18], illustre bien une des caractéristiques de la société d'Ancien Régime : la confusion des intérêts, la confusion des deux sphères, publique et privée. Cette redistribution du revenu – on dirait aujourd'hui du revenu national – à des personnes privées fut, on l'a vu, une des cibles des mazarinades. Elle sera, aussi, l'une des cibles de bien des critiques de l'État royal au siècle des Lumières, associant l'animosité viscérale contre les financiers (et les fermiers généraux) à la condamnation générale des principes mêmes du gouvernement du roi. Il s'agit là, sans doute, de l'une des causes, et non des moindres, de l'explosion révolutionnaire.

17

La Fronde : la fin d'un monde

Au mitan du XVIIe siècle, l'État royal affronte la plus grande contestation avant la Révolution : elle mêle opposition des parlements, insurrection des villes, rébellion des princes, soulèvement des paysans… S'agit-il d'une guerre civile ou d'une révolte des autorités locales contre cette monarchie de guerre imposée par Louis XIII et Richelieu, alors que Louis XIV n'est encore qu'un enfant ?

*

Qu'est-ce que la Fronde ? C'est d'abord un jeu d'enfant, dont le nom fut utilisé, à l'époque, pour désigner la grande révolte qui marqua la France du milieu du XVIIe siècle, entre 1648 et 1652. Était-ce pour en dénoncer l'apparente futilité ? La Fronde, ce sont quatre années de « guerres domestiques », scandées d'événements déstabilisateurs : la chambre Saint-Louis, qui voit le parlement de Paris imposer le principe d'une monarchie modérée, sinon tempérée ; les journées des Barricades, qui font de la capitale une ville insurgée, la fuite du roi et le siège de Paris, l'arrestation du prince de Condé, le « massacre » de l'Hôtel de Ville…

Les historiens ont coutume de distinguer une Fronde dite « parlementaire » (1648-1649), puis une Fronde « princière » ou « condéenne » (1650-1651). Cette dernière aurait été suivie d'une phase d'union puis de désunion des deux Frondes, avant la « grande guerre condéenne » qui marqua l'année 1652 et affecta surtout, cruellement, les campagnes et les villes de l'Île-de-France, sans épargner la capitale elle-même, comme en témoigne Angélique Arnaud, abbesse de Port-Royal, dans une lettre du 28 juin 1652 : « Paris et ses environs sont les plus maltraités. Tous les villages d'alentour sont entièrement déserts, et ce qui reste d'habitants sont retirés dans les bois, les autres étant morts ou ayant été assommés par les soldats. »

La difficulté d'analyse de ces événements est aggravée par l'emboîtement des mouvements de protestation tout au long de ces quatre années de désordres, avant que la « récupération royaliste » ne vienne couronner la crise. Mazarin, expliquent les historiens Robert Descimon et Christian Jouhaud, a pris « le risque d'instituer le roi en parti. Et il gagne[1] ». Aussi l'écheveau événementiel de la Fronde défie-t-il toute tentative de mise à plat chronologique de phénomènes opaques et imbriqués, tant à Paris qu'en Guyenne, en Normandie ou en Provence, certaines provinces se trouvant peu affectées, comme la Bretagne ou le Languedoc.

La complexité d'approche de ces « mouvemens », comme disaient les contemporains, est renforcée encore par la multiplicité des témoignages des acteurs – tous subjectifs par définition –, le torrent pamphlétaire qui accompagna et parfois provoqua les actions – les fameuses « mazarinades » –, la diversité, aussi, des interprétations des historiens, aussi nombreuses que contradictoires.

Au-delà de la multiplicité d'interprétations qui en ont été tour à tour proposées, se demander si cette révolte-révolution multiforme de la société contre l'État peut être qualifiée de « guerre civile » est une manière d'y voir un peu plus clair. La question est légitime, car la Fronde est surtout l'expression des rapports de force entre un pouvoir central durci au fer et au feu de la raison d'État et des pouvoirs locaux qui se sentent violemment agressés dans leur identité la plus profonde : provinces, villes, villages, seigneuries. Du reste, Pierre Goubert écrit que la Fronde est un phénomène qui ne peut être compris que comme « une terminaison, presque comme la fin d'un monde, celui des intrigues séparatistes et de la désobéissance institutionnelle[2] ». Et de son côté, Yves-Marie Bercé, historien des mouvements populaires, souligne qu'il ne s'agit pas de l'épisode erratique que l'historiographie a souvent représenté, mais du « fruit direct et amer des choix tragiques de Louis XIII et de Richelieu[3] ».

La Fronde fut effectivement, dans l'histoire de l'Ancien Régime, la dernière grande révolte « séparatiste » avant la Révolution. Ce fut le moment où se cristallisèrent, en ordre dispersé et sous forme d'alliances factices, toutes les vieilles oppositions à ce que le roi absolu avait, depuis plus d'un siècle, perturbé dans l'équilibre des solidarités traditionnelles : villages, villes, seigneuries... À ces pouvoirs locaux qui lui préexistaient, l'État central s'était surimposé, souvent par la violence. Quand il évoque dans ses *Mémoires* le début des années 1630, Omer Talon, avocat général au parlement de Paris, écrit que « le gouvernement était dur », car « l'on voulait les choses par autorité et non par concert ».

Autorité en effet : dans tous les cas, la puissance royale est intervenue, soit par la justice, soit par l'impôt, soit par la répression de toute opposition menée par les hommes de guerre. Ce qu'on appelle la Fronde fut, en premier lieu, la conséquence directe des changements violents imposés par Louis XIII et Richelieu. Elle s'oppose à la « raison d'État », justifiée par la guerre : pour financer une armée insatiable – la France a pris part directement à la guerre de Trente Ans à partir de 1635 –, l'« État Richelieu » a imposé un « tour de vis fiscal » sans précédent. « Les guerres civiles, écrit Voltaire dans son *Siècle de Louis XIV*, commencèrent à Paris comme elles avaient commencé à Londres. Pour un peu d'argent… »

La Fronde pouvait-elle l'emporter sur cet État absolu ? Non, parce qu'elle n'a bénéficié ni d'unité de protestation, ni de continuité d'action. Point ici d'objectif général ni d'idéal commun face aux « impérieuses nécessités » de l'État justifiées par la guerre qui continuait contre l'Espagne (jusqu'en 1659). Les mouvements de contestation divers, apparemment confus, voire contradictoires, qu'elle exprime ne sont en effet que la traduction de l'hétérogénéité de cultures politiques juxtaposées et opposées.

La première de ces cultures politiques est le corporatisme des magistrats du parlement de Paris, avant tout attachés à leurs droits mais aussi à une participation délibérative à un pouvoir dont ils se pensent membre et partie, pour jouer un rôle de modérateur contre les entreprises autoritaires d'un État absolu : « Je me suis instruit des principales maximes de ce grand corps, écrit Jean Le Boindre, conseiller à la troisième chambre des enquêtes, qui avait jusqu'alors servi de rempart à la liberté française contre les entreprises du Conseil[4]. »

Si le discours parlementaire, fondé sur le droit, paraît sans doute le plus cohérent, le plus structuré, bien d'autres cultures politiques s'expriment pendant ces quatre années de « guerres domestiques » : l'identité locale et l'aspiration aux « libertés » – privilèges – exprimées par les communautés citadines, d'abord. Dans ce cadre, la résistance parisienne qui se déploie dans les journées dites « des Barricades » d'août 1648 serait la dernière expression d'une fiévreuse identité urbaine face à l'État central : pendant trois jours, les 26, 27 et 28 août, le centre de Paris se couvre de barricades « faites avec des tonneaux remplis de terre et de fumier », d'après les mots de la duchesse de Nemours, pour protester contre l'arrestation de Broussel et de Blancmesnil, deux magistrats du Parlement que le pouvoir royal accuse d'être les meneurs de la contestation.

Il y a aussi, autre manifestation de cette culture de la résistance, le désir bafoué des « récompenses de l'honneur », toujours aussi vivace en ce milieu du XVIIe siècle parmi les nobles attachés à recevoir mais aussi à distribuer dans leur clientèle faveurs et récompenses. Dans la France des années 1630-1650, ce sont Richelieu et Mazarin qui contrôlent une grande part du patronage royal. Mazarin, explique le comte de Brienne, « commença par disposer des charges, ayant persuadé à la reine [Anne d'Autriche] qu'il serait inutile à son service si elle ne lui donnait de l'autorité et que c'était en manquer que de ne pas être maître de la distribution des grâces ». On comprend bien alors le moteur de la Fronde condéenne : la capture par le « principal ministre » du système du crédit et de la faveur, cette « distribution des grâces » qui fonde le pouvoir des grands…

À une autre échelle, les revendications du peuple urbain portent plus simplement sur le droit élémentaire à l'existence : du pain, moins d'impôts. Quant à celles des communautés rurales, parfois soutenues par leur seigneur, elles expriment avant tout le rejet de toute « novelleté », notamment fiscale, au nom du mythique âge d'or d'un bon roi pacifique, justicier – Saint Louis, Louis XII, Henri IV…, économe, surtout, du bien de ses sujets : « Vive le roi sans gabelle ! »

La conséquence de cette pluralité des langages et des actions est que la Fronde ou plutôt les Frondes – car, on le voit, c'est bien le pluriel qui s'impose ici – se sont déroulées en une série de crises séparées, une suite de séquences conflictuelles plus indépendantes les unes des autres que solidaires. En conséquence, chacune des « révolutions » frondeuses a été résolue au coup par coup, en fonction d'un rapport de force qui institua, en définitive, le pouvoir royal comme principal et bientôt seul maître du jeu face à des coalitions provisoires, hétérogènes, fédérations aléatoires de mécontents forgées pour répondre à des satisfactions et des prétentions particulières.

Pierre Lenet, fidèle d'entre les fidèles du prince de Condé, a expliqué la faiblesse du parti des princes par la place prépondérante des intérêts individuels et par les possibilités plus grandes du parti royal à les satisfaire. Il tire, avec amertume, la leçon de toutes ces années de malcontentements tout simplement intéressés : « J'ai observé, pendant près de dix ans que nos mouvements ont duré, que l'intérêt est presque toujours la raison principale qui fait entrer les gens de qualité dans les partis, ou les gens d'ambition ; et c'est ce qui fait que plusieurs grands seigneurs y entrent, et que peu y demeurent ; car comme la Cour a plus de quoi les intéresser que les princes qui les forment, on trouve moyen de les en retirer par le même principe qui les oblige à s'y jeter ; et l'on attribue souvent à mauvaise humeur ou à méconnaissance du chef ce qui est inconstance et souvent infidélité du subalterne[5]. »

La peur de la subversion sociale a également joué en faveur de la monarchie et de ce qu'on pourrait appeler le « parti de l'ordre », vite identifié au seul parti de la Cour. En effet, au paroxysme des événements, après quinze jours d'émeutes presque continues, l'incendie partiel de l'hôtel de ville de Paris, le 4 juillet 1652, et le meurtre de plusieurs grands notables sur la place de Grève – Robert Miron, maître des comptes et colonel du quartier Saint-Germain-l'Auxerrois, le maître des requêtes François Legras, le conseiller au Parlement Pierre Ferrand, le marchand épicier et ancien échevin Geoffroy Yon... – ont fait craindre le pire aux bourgeois de la capitale, ceux que les archives qualifient parfois de « gens de bien ». D'autant que ces événements sanglants ont révélé la responsabilité des agents du prince de Condé : la paille au chapeau des « agitateurs » était un signe d'appartenance au parti condéen. « Nos fortunes, nos vies et nos biens semblent péricliter avec l'État », confie alors Omer Talon dans ses *Mémoires*.

En cet été de l'an IV de la Fronde, le prince de Condé était devenu « maître dans Paris », disposant d'une autorité despotique « conforme à son humeur ». Toutes choses, écrit encore Omer Talon, « étaient disposées à la violence », cette violence d'un peuple « fou », « sot », « inconstant », mais aussi manipulable, que de plus en plus de Parisiens réprouvent. D'autant que le nombre de paysans chassés de leurs terres, d'errants sans feu et sans lieu s'est brutalement accru dans la capitale : le président au Parlement Potier de Novion s'inquiète du « nombre presque inouï de pauvres qui regorgent dans Paris, venus de tous les environs[6] ». Aussi, contre la logique de guerre civile, contre tout « esprit de faction, de sédition, d'intérêt particulier » – le mot est d'Omer Talon –, les partisans de la paix civile, dans la hantise de la subversion sociale, plaidèrent avant tout pour une résolution « légaliste » des problèmes et des conflits, afin d'éviter une rupture avec la monarchie, les troubles de religion de sinistre mémoire et la très contemporaine révolution anglaise – Charles Ier est décapité le 30 janvier 1649 – jouant le rôle de repoussoir.

Et puis, une fois encore, les finances ont fait office de révélateur. En effet, les contestataires, qui appartiennent essentiellement aux classes dirigeantes, ont fini par admettre, devant la menace de banqueroute, que le roi était le meilleur et en définitive le seul garant des finances qu'ils lui avaient avancées par la médiation des traitants.

Malgré les batailles et les barricades, la guerre civile a-t-elle eu lieu ? Sans doute est-il difficile de distinguer deux partis dressés l'un contre l'autre. Pourtant, en faisant naître la peur d'une opposition frontale entre classes dominantes et peuple « dangereux », notamment en 1652, la crise dramatique de la Fronde a fait resurgir la peur sociale, en cassant le moule culturel de la communauté civique ou urbaine identifiée à un corps homogène et harmonieux. La conséquence de cette grave altération du modèle de représentation organiciste d'un tout social pacifique et ordonné – la « société d'ordres » définie par les juristes comme Charles Loyseau – a été l'installation, cette fois sans contestation massive, et avec le désir ardent de tous les « gens de bien », d'un État absolu qu'au même moment le philosophe anglais Thomas Hobbes identifie au Léviathan, bientôt confondu, jusqu'à l'aveuglement, avec le « Roi-Soleil ».

Partie IV

L'État Louis XIV

Le « Siècle de Louis XIV » (Voltaire) – demi-siècle plutôt – est bien celui de l'absolutisme, terme forgé très tard, à l'issue de la Révolution, un absolutisme marqué par une « recharge sacrale » sans précédent autour de la figure du Grand Roi.

Louis le Grand fut-il pour autant un roi absolu ? Oui, assurément, si l'on considère les représentations et les images, notamment celles transmises par le château de Versailles : la nature et la pierre « réduites à l'obéissance » ne sont-elles pas les figures visibles d'une entreprise que le roi a voulu mener à l'échelle du royaume ?

Le fonctionnement « vrai » de l'État royal transmet toutefois une autre image, comme l'itinéraire et l'écriture critique d'un Vauban ou d'un Fénelon le montrent avec éloquence, alors que les années tragiques et funestes de la fin de règne du « plus grand roi du monde » révèlent les failles de « l'État Louis XIV ».

18

Le nouveau Louis XIV est arrivé !

Au début des années 1930, stimulée par les interrogations inquiètes provoquées par une crise économique inédite dans son ampleur, ses manifestations et ses effets, à l'image de King Kong escaladant l'Empire State Building, symbole d'un capitalisme triomphant, l'histoire, avec la naissance des *Annales*, revue fondée par Marc Bloch et Lucien Febvre, s'est centrée sur l'étude des grands mouvements de l'économie, puis de la démographie et de la société. La politique, l'État, le roi furent les grands oubliés du tournant historiographique qui a marqué des générations de chercheurs. Or, depuis une trentaine d'années, depuis que « la crise de l'État » est devenue un lieu commun, on n'a, semble-t-il, jamais autant pensé sur l'État, parlé de l'État, écrit sur l'État.

Parallèlement, les historiens ont quitté peu à peu les certitudes du chiffre-roi et l'étude des « vingt millions de Français » qui peuplaient le royaume du Roi-Soleil pour s'intéresser à l'histoire même de la monarchie et plus précisément à ceux qui en assumèrent la fonction directrice : Pierre Goubert, l'historien des « cent mille provinciaux » du Beauvaisis, a écrit, non sans délectation, une biographie de Mazarin (1990), avant de préfacer une réédition des *Mémoires* de Louis XIV, ne cachant pas sa fascination, voire une admiration à peine contenue pour un « Grand Roi » qu'il dénigrait trente ans plus tôt. Comment expliquer ce singulier retournement ?

Sans doute, il y a trente ans, l'histoire de l'État n'était-elle nullement délaissée, mais elle se confondait, en grande partie, avec celle des institutions. Il était encore possible, héritage d'une longue tradition historiographique, de décrire le fonctionnement de la monarchie dite « absolue » en une suite de chapitres au déroulement presque rituel : le roi, tout d'abord, entouré des membres de sa cour ; les ministres et les conseils ensuite, dans le cadre d'une étude de l'administration centrale ; puis l'administration provinciale (les états, les intendants, les subdélégués) et locale (municipalités et échevinages), sans oublier les administrations spécialisées, grands corps ou grands services de la monarchie.

Et cette « monarchie administrative » convergeait, tout naturellement, vers Versailles, temple du « Roi-Soleil » dont le « gouvernement personnel » formait comme une manière de perfection monarchique. Cette perfection culminait avec la « réduction à l'obéissance », suivant l'expression d'Ernest Lavisse, d'une noblesse « domestiquée », appauvrie et docile, soumise au rituel d'un « roi de gloire » autoritaire et impérieux, dispensateur des faveurs et des pensions, grand horloger d'une « mécanique de cour » décrite dans ses moindres rouages par Saint-Simon ou, plus près de nous, par le sociologue Norbert Elias.

La victoire de l'État « louisquatorzien » n'était pas inéluctable

Cette démarche intellectuelle et historiographique repose sur un postulat : l'action de l'État royal est effective, positive, bienfaisante, éclairée, progressiste, et les forces qui s'y opposent, la turbulence brouillonne et « baroque » des grands au temps de Louis XIII et de la Fronde, ou la résistance des villes protestantes ou ligueuses au temps d'Henri III et d'Henri IV, sont à expédier en quelques formules.

Tout a volé en éclats quand les historiens se sont attachés à l'histoire des « vaincus ». Turbulence brouillonne et « baroque » des grands ? Nous savons aujourd'hui que le « *devoir* de révolte » des gentilshommes correspondait à une culture vive, dont l'honneur était le moteur principal, échappant à la logique froide et procédurière des officiers du roi. Car la noblesse se définit comme le deuxième ordre, celui des *bellatores* (« guerriers ») dans la hiérarchie des trois « états » : dans son *Traité des Ordres et simples dignités* paru en 1610, Charles Loyseau écrit que les nobles sont voués « à conserver l'État par les armes ». Il s'agit donc, pour un aristocrate, de faire couler le sang, son propre sang quand il le faut, sur les champs de bataille, ce qui implique la notion de sacrifice, de don de soi, par fidélité sacrée au souverain.

Ainsi, les revendications politiques des nobles, par exemple au moment des états généraux de 1614-1615, de la révolte du duc de Montmorency en 1632 ou de celle des gentilshommes frondeurs entre 1649 et 1652, s'expliquent avant tout par le « troc » qu'ils pratiquent avec le roi. En effet, dans l'économie des échanges symboliques de l'ordre aristocratique, la dépense de soi, qui peut aller jusqu'à la mort au combat pour la gloire du prince, doit être naturellement payée par les « récompenses de l'honneur », l'organisation et la distribution des pouvoirs, des largesses, des pensions que le souverain a pour charge de gérer. En cas de non-respect de ce contrat éthique, non écrit mais scellé par le sang, le roi prend le risque de devoir faire face à un « malcontentement » jugé légitime et de voir ainsi son « crédit » s'altérer.

L'attitude politique de Turenne, puis du prince de Condé face à Mazarin au moment de la Fronde (tous deux, à tour de rôle, « trahirent » la cause royale) ne peut se comprendre sans référence à cette économie du don et du contre-don, un pacte politique tacite dont ils estimaient les règles bafouées. Nous voilà loin, on le voit, d'une noblesse considérée comme « rétrograde », « brouillonne », incapable de s'intégrer à l'État absolu : ce sont deux logiques, deux cultures qui s'affrontent et il appartient à l'historien d'en rendre compte sans considérer la victoire de l'État « louisquatorzien » comme inéluctable.

Noblesse appauvrie et « réduite à l'obéissance » par Louis XIV ? On pouvait encore l'écrire il y a trente ans. Aujourd'hui, des travaux neufs ont montré qu'à quelques exceptions près, il n'en fut rien. Mieux encore, nous savons que la noblesse « servile », apparemment vouée au luxe, à la dépense et à l'ostentation, a placé une part non négligeable d'une fortune sonnante et trébuchante souvent considérable dans les affaires du roi. C'est ainsi, par exemple, que le prince de Condé – le père du vainqueur de Rocroi – y aurait investi, dans les années 1640, par le biais d'hommes de confiance, plus d'un million de livres.

Nous connaissons mieux, à présent, la nature et le fonctionnement d'une monarchie « nouvelle manière » sans doute plus « vraie » que celle des édits et des décisions pris au Conseil du roi. Elle repose, nous l'avons vu, sur un système « fisco-financier » (une expression forgée par Daniel Dessert) apparu sans doute au temps d'Henri III et qui s'est durci dans les années 1630, plus particulièrement en 1635, avec l'intervention directe de la France dans la guerre de Trente Ans.

En effet, à ce moment-là, faute d'argent frais (les impôts « normaux » sont bien trop faibles pour assurer l'entretien d'une armée-monstre), l'État royal a eu recours plus que de coutume à des financiers s'engageant à avancer au Trésor une somme qu'ils récupéraient ensuite, augmentée d'un fort intérêt, en prélevant eux-mêmes les rentrées fiscales (gabelle, aides, taille...). C'est ainsi qu'à partir de 1635 débute véritablement « l'âge d'or des partisans », qui deviennent alors l'interlocuteur privilégié du pouvoir. Cependant, incapables de fournir à eux seuls les centaines de millions de livres réclamées par le roi pour alimenter la dévorante « pompe aux finances », ils se sont fait aider par la « bonne société » du royaume, tous ordres confondus : des bourgeois, des nobles, et même des gens d'Église, souvent dissimulés sous un voile opaque de prête-noms et d'hommes de paille.

Et voici le paradoxe : en apparence, Louis XIV a bien domestiqué la noblesse et « réduit à l'obéissance » les villes, les provinces et les élites du royaume, mais, en même temps, il en dépend totalement puisque la plupart des grandes et des moins grandes fortunes ont placé une part de leurs intérêts dans le devenir de la monarchie dite absolue : la « réduction à l'obéissance » fut donc en fait une servitude en grande partie volontaire et particulièrement intéressée.

Comme on peut le mesurer avec ces exemples, les historiens ont modifié et enrichi interrogations et problématiques, élargissant considérablement le territoire un peu étroit traditionnellement assigné à l'histoire politique. La recherche est désormais ouverte à de nouveaux questionnements, fructifiée par l'histoire financière (du budget de l'État aux grandes fortunes et infortunes ministérielles), sociale (notamment l'étude des réseaux et des règles du jeu des patronages, des fidélités et des clientèles), culturelle (la violence, l'honneur, la culture de la guerre, la puissance émotionnelle des relations au sein du monde nobiliaire, mais aussi la sociabilité académique, le contenu des bibliothèques, l'importance de l'imprimé, l'opinion), ou encore celle des symboles, des rituels et des représentations.

Les cérémonies souvent fastueuses dont le pouvoir s'est toujours entouré, de la naissance aux funérailles du roi, ont à leur tour fasciné les historiens. Des études originales ont été consacrées aux relations entretenues entre la monarchie, la représentation et le sacré. Un livre savant a particulièrement impressionné les chercheurs français : celui d'Ernst Kantorowicz, intitulé *Les Deux Corps du roi*, publié aux États-Unis en 1957 et traduit en français en 1989 seulement. Consacré à la théologie politique au Moyen Âge, cet essai met en valeur l'importance des liens noués entre la politique et le religieux : « Les deux corps du roi [le corps charnel et mortel d'une part, le corps politique et éternel d'autre part] sont un produit de la pensée théologique chrétienne [à l'image du Christ mort et ressuscité] et, par conséquent, ils représentent une étape de la théologie chrétienne. »

Cette approche de l'État royal, identifiant le pouvoir aux représentations et aux formes cérémonielles qui le fondent, est particulièrement prisée outre-Atlantique : certains ont appelé les historiens américains qui s'inscrivent dans ce cadre de recherche les « cérémonialistes ». Cette « école », spécialisée dans l'étude des rituels producteurs d'émotions qui fondent une « religion royale », s'est attachée notamment à l'analyse du sacre, aux entrées royales, aux lits de justice, c'est-à-dire à la présence solennelle du roi au Parlement pour imposer un édit, aux significations des funérailles royales…

La Fontaine, « résistant intérieur » au système absolu

À l'intersection du sentiment du sacré, des représentations du roi et des fondements sociaux et culturels de l'absolutisme, Versailles, la Cour et les images du souverain ont été, eux aussi, « revisités ». En témoigne, par exemple, la relecture de Saint-Simon entreprise par Emmanuel Le Roy Ladurie. Elle lui a permis de reconstituer un « système de la Cour », modèle en réduction de l'Ancien Régime hiérarchique, comme d'écrire une « histoire cabale », analyse rigoureuse des coteries qui gravitaient autour du vieux roi, de son fils et de son petit-fils dans les années 1709-1710.

Les historiens ont interrogé aussi les images du souverain, du roi représenté en Alexandre ou en César dans le Grand Appartement de Versailles, les peintures de Charles Le Brun qui, dans la galerie des Glaces, figurent « Louis le Grand » avec ses traits propres. De même, les relations entre le Roi-Soleil et les écrivains, dans le cadre d'une culture du mécénat « étatisé » en quelque sorte par Louis XIV, ont été analysées à partir de problématiques renouvelées s'attachant, notamment, au statut naissant de l'écrivain, au public (la Cour, la Ville), aux significations esthétiques et politiques des « querelles » (*Tartuffe,* les Anciens et les Modernes, *La Princesse de Clèves…*).

Nous savons aujourd'hui qu'un mécénat privé et éclairé a continué à fonctionner, avec magnificence, comme celui du prince de Condé à Chantilly (La Bruyère, Molière, Bourdelot – initiateur d'une académie de savants lecteurs de Descartes et de Gassendi –, beaucoup d'autres encore bénéficièrent de ses libéralités) ou celui de sa petite-fille, Anne-Bénédicte de Bourbon, la duchesse du Maine : son palais de Sceaux est devenu, au crépuscule du Grand Siècle, un brillant foyer d'art, de divertissements et de débats savants ouverts aux idées les plus neuves en matière de science et de philosophie.

Il fut donc possible d'échapper à l'irrésistible attraction versaillaise. S'attachant à La Fontaine, protégé par Nicolas Fouquet, le surintendant au destin malheureux, Marc Fumaroli a montré que le poète aimable, mélancolique et discret, amoureux d'Ésope, nourri de toute la culture vive de l'Antiquité et de la Renaissance, était un « résistant intérieur ». Il a osé répondre à la servitude politique et culturelle imposée par Richelieu, puis par Louis XIV : telles des mazarinades masquées, les *Contes* et les *Fables* « frondent la monumentale abstraction de l'État[1] ».

À la fin du règne de Louis XIV, au-delà des difficultés aggravées par des guerres épuisantes et des crises météorologiques aux effets dévastateurs (autant d'années de misère pour le plus grand nombre des sujets du roi), la transition entre le Grand Siècle et les Lumières se révèle particulièrement féconde. Ainsi, la désacralisation de la guerre et la sacralisation de la paix constituent une mutation aux effets déstabilisants pour un État royal en partie défini par sa fonction belliqueuse.

Il est vrai qu'à la fin du règne de Louis XIV, du fond des provinces du royaume « réel », c'est par dizaines que les requêtes parvenaient à Versailles, sur les bureaux des commis du contrôleur général des Finances, opposant les intérêts privés des négociants, des artisans, des laboureurs, à la toute-puissance de l'État royal.

Une grande part de notre modernité mais aussi de nos interrogations, à l'aube du troisième millénaire (plus ou moins d'État ?), puise ses origines dans les lumières et les ombres de la France du Grand Siècle. Assurément, le nouveau Louis XIV est arrivé !

19

Comment Louis XIV a pris le pouvoir

9 mars 1661 : le cardinal-ministre Mazarin, parrain de Louis XIV, meurt. C'est une véritable naissance politique pour le jeune roi, qui décide de régner désormais en maître absolu.

Suivant ses propres mots, le Louis XIV à l'aube de ses vingt-trois ans « souhaitait et craignait tout ensemble » la mort de Mazarin. En tant que principal ministre, le cardinal était le vrai détenteur du pouvoir depuis que le jeune Louis était monté sur le trône en 1643 alors qu'il n'avait pas encore cinq ans. Au lendemain du décès du cardinal-ministre le 9 mars 1661, il fait cet aveu à son cousin Charles II d'Angleterre : c'était là « le plus grand déplaisir que j'aie ressenti dans le cours de ma vie »...

Déplaisir, sûrement, appréhension aussi devant l'inconnu. Mais, en même temps, pour celui « qui a souvent avoué que, jusqu'alors, il n'avait été monarque qu'en peinture » (Saint-Simon), la disparition de ce parrain impérieux a provoqué un effet inattendu de libération. Louis XIV en fait part à son fils dans ses *Mémoires*, dans un texte qui érige la mort du cardinal-ministre en condition nécessaire d'une seconde naissance, une naissance toute politique dont la première vertu fut de lui ôter une encombrante « timidité » dont il faisait preuve dès qu'il lui fallait s'exprimer en public :

« Je commençai à jeter les yeux sur les diverses parties de l'État, et non pas des yeux indifférents, mais des yeux de maître [...]. Il me sembla seulement alors que j'étais né roi, et né pour l'être. »

« La face du théâtre change »

L'événement qui suivit la disparition du cardinal est devenu un « classique », la scène primitive du « règne personnel » de Louis XIV (1661-1715), une « révolution » même pour l'historien Michel Antoine. Il est vrai que nous croyons tout savoir sur cet épisode inaugural de la « prise de pouvoir », notamment parce qu'il a été rapporté en détail par Louis-Henri de Loménie, comte de Brienne, qui en fut tout à la fois témoin et acteur. Des études récentes permettent de « revisiter » cet événement souvent présenté comme fondateur de l'État « louisquatorzien ».

Le lendemain de la mort de Mazarin, au château de Vincennes, le roi fit assembler dans la chambre de la reine mère Anne d'Autriche, où les conseils se tenaient habituellement, princes, ducs et ministres d'État afin de leur confirmer qu'il avait pris la décision de gouverner personnellement son État, « sans s'en reposer que sur ses propres soins ». Alors, il les congédia en leur disant qu'il les ferait désormais appeler uniquement quand il aurait besoin de leur avis. Il retint seulement Michel Le Tellier, Hugues de Lionne et Nicolas Fouquet, « pour leur donner à eux seuls la plus secrète part dans sa confiance ».

Dans ses Mémoires, le maréchal de Gramont rapporte : « Le lendemain [...] toutes les affaires changèrent de face à la cour : le roi, quoiqu'à la fleur de son âge et au milieu de ses plaisirs, prit seul le timon de l'État et se livra entièrement aux affaires. [...] La reine, sa mère, qui avait été régente si longtemps, n'eut plus de part aux affaires, non plus que les princes du sang et les plus grands seigneurs de France. [...] Tout le gouvernement de l'État fut renfermé en la personne du roi et en trois ministres dont il forma son conseil étroit. »

Trois hommes donc, tous d'âge mûr et d'expérience, partagent seuls désormais la « plus secrète part » de la confiance du roi et participent, avec lui, au Conseil d'en haut : Michel Le Tellier, cinquante-huit ans ; Hugues de Lionne, cinquante ans ; Nicolas Fouquet, quarante-cinq ans.

Ce changement dans la composition du Conseil place au premier plan des secrétaires d'État. A-t-on assez souligné l'importance de cette « révolution » ? Les secrétaires d'État étaient jusqu'alors affectés principalement à l'ouverture des dépêches, à la lecture des rapports reçus, à l'envoi dans les provinces des ordres royaux : une fonction technique et administrative, l'expédition des affaires courantes en somme, loin de la « grande » politique. Or les voici, par la seule volonté du prince, aux avant-postes du pouvoir, au cœur des secrets de l'État, et participant au processus de la décision politique.

Voilà donc le principe qui a guidé le roi en 1661 : ses choix de ministres lui ont été dictés par les services rendus antérieurement, et par les conseils de Mazarin. « Pour vous découvrir ma pensée, explique Louis XIV dans les Mémoires écrits pour l'instruction du Dauphin, il n'était pas de mon intérêt de prendre des sujets d'une qualité plus éminente. Il fallait avant toutes choses établir ma propre réputation et faire connaître au public par le même rang, d'où je les prenais, que mon intention n'était pas de partager mon autorité avec eux. » C'est là le deuxième principe qui a déterminé la décision royale : choisir des hommes de condition modeste, des personnes incapables « de plus hautes espérances que celles qu'il me plairait de leur donner ».

Une autorité sans partage qui ne peut plus être contestée : telle est donc la maxime fondatrice de la souveraineté absolue que le roi entend incarner. À lui la décision, aux secrétaires d'État l'application et la gestion administratives : cette séparation tranchée du « politique » et de l'« administratif » est sans doute l'un des éléments les plus saillants de la « révolution » de 1661.

Assurément, il s'agit là d'une clarification en forme de simplification radicale du principal conseil du gouvernement, le Conseil d'en haut qui, jusque-là, était souvent une « cohue » où se pressaient les membres de la famille royale, les princes du sang, les ducs et pairs, les maréchaux, le chancelier, le surintendant des Finances, ainsi que tous les personnages qui avaient reçu des lettres de ministre d'État. La naissance, le titre, la fonction ne sont plus, désormais, des critères pour participer au Conseil d'en haut : on devient « ministre d'État » ou « ministre » le jour où le roi le décide.

C'est là, pour Michel Antoine, que se situe précisément la « révolution », notamment en raison de l'éviction du chancelier de France, seul survivant des grands officiers de la Couronne après la disparition du connétable et de l'amiral. Sa charge, depuis des siècles, était l'une des principales de la monarchie. Incarnant la justice du roi – la première fonction de la souveraineté –, il était à ce titre le chef-né des conseils du prince et de toute la magistrature du royaume. En outre, depuis le XIVe siècle, il avait acquis un droit de contrôle sur les finances, comme le prouve la correspondance du chancelier Séguier au temps de Richelieu et de Mazarin, qui le montre très intimement lié à l'administration financière, en relation permanente avec les intendants, qui lui rendent compte de leur action, des difficultés et des résultats de leurs missions dans les généralités du royaume[1]. Or en écartant le vieux Pierre Séguier – soixante-treize ans –, le roi signifiait que ce dernier cessait d'être ministre d'État. Son éviction le privait aussi de toute participation à l'administration des finances dont il partageait la responsabilité avec le surintendant. Cette dépossession avait déjà été tentée par Henri IV, au profit de Sully. Mesure provisoire, interrompue par l'assassinat du roi le 14 mai 1610. Cette fois, elle réussit. Et c'est là un élément supplémentaire de la révolution « louisquatorzienne » : le déplacement du centre de gravité de la monarchie, qui prend désormais appui non sur le département de la Justice, mais sur celui des Finances bientôt animé par un Colbert aussi suractif qu'ambitieux, dont la puissance de travail, le sens de l'organisation, la personnalité vont vite s'imposer.

Le coup d'État du 5 septembre

À la fin du XIXe siècle, à l'heure où la république naissante avait besoin de modèles d'identification, Ernest Lavisse a statufié Colbert en prototype du parfait serviteur de l'État, en ministre impeccable, totalement dévoué à son roi. Assurément, il fut un bon commis, comptable expert, doté d'un esprit clair et méthodique, dont les principales idées n'étaient nullement nouvelles mais inspirées par Richelieu comme l'a depuis longtemps démontré l'historien Henri Hauser. Mais Lavisse se trompe lorsqu'il soutient qu'il est de naissance médiocre, qu'il est un « homme nouveau » : Jean-Louis Bourgeon a bien montré à quel point le succès de Colbert n'est en rien le résultat d'un exploit individuel, mais le fruit de la réussite familiale d'une parentèle d'officiers de finances, de marchands installés depuis plusieurs générations dans une confortable honorabilité bourgeoise. La grande chance de Colbert fut d'être recommandé par Mazarin. En outre, étant une personne « moindre » que Le Tellier, Lionne ou Fouquet, il parvint, sans doute grâce à cette dénivellation des rangs dont le roi a fait, on l'a vu, un instrument de son pouvoir, à devenir rapidement le conseiller attitré de Louis XIV, sans trop attirer l'attention.

Dès le début de l'année 1661, des bruits couraient sur Fouquet : qu'il avait conclu une entente secrète avec l'étranger, qu'il voulait débarquer à Belle-Île, etc. On sait aujourd'hui que c'est Colbert qui s'ingéniait à colporter ces rumeurs auprès du roi, qui ne pouvait qu'y être sensible tant était grande sa crainte d'une nouvelle Fronde : toute sa vie, Louis XIV resta hanté par le souvenir des « guerres domestiques » qui lui imposèrent notamment cette fuite précipitée à Saint-Germain au cœur de l'hiver 1648-1649…

Il semble que le roi a pris sa décision d'éliminer le surintendant moins de deux mois après la mort de Mazarin. Il aurait pu le faire arrêter immédiatement, mais Fouquet était procureur général au parlement de Paris et, de ce fait, il n'était justiciable que devant cette cour. Il agit donc en plusieurs étapes, avec une extrême prudence : ce mélange de dissimulation et de ténacité nous offre un portrait psychologique du roi en action. D'abord, il suggéra à Fouquet de vendre sa charge de procureur général au parlement de Paris, ce qu'il fit. Ensuite, sur un mot du souverain, il versa à l'Épargne une partie du produit de la vente – 1 million de livres. Le 17 août, Louis XIV honora de sa présence une invitation au château de Vaux où le surintendant commit l'erreur d'offrir une fête trop somptueuse : un défi de magnificence qui choqua le roi. La reine mère déclara à ce propos : « Le roi aime à être riche et n'aime pas ceux qui le sont plus que lui. Il ne doute pas que les grandes richesses des autres ne lui soient volées. » Toujours expert dans l'art de la feinte, le souverain donna le change en nommant le frère de Fouquet, l'évêque d'Agde, « maître de l'oratoire de la chapelle royale ». Et, lors d'un séjour à Nantes pour présider aux états de Bretagne, il témoigna à Fouquet, malade, affection et sollicitude.

C'est le 5 septembre 1661, vers midi, à la sortie du Conseil, sur la place de la cathédrale, que Fouquet fut arrêté par le sieur d'Artagnan, sous-lieutenant des mousquetaires du roi.

À sa grande surprise : « Je croyais être mieux que personne dans l'esprit du roi… » Après des années passées dans l'obscurité d'un cachot de Pignerol, il mourut en 1680. Louis XIV marquait ainsi son animosité pour un homme qui avait outrepassé la marge de liberté qui lui avait été accordée. Ce qui transparaît aussi, c'est une grande soif d'autorité, jointe au goût du secret, allant jusqu'à la dissimulation et la ruse.

Les appréhensions royales n'étaient pas fondées : l'arrestation du surintendant s'est opérée sans heurts ni réactions, du moins explicites et dangereuses pour le pouvoir. Mais elles s'expliquent évidemment par le souvenir encore vivace de la Fronde. Il convient toutefois de nuancer la légitimité apparente de ce « coup d'État » de Louis XIV : Daniel Dessert a mis au jour la somme de faux-semblants qui se cachent derrière cette triomphante arrestation de Fouquet. Ainsi, le fameux « plan de Saint-Mandé », pièce centrale qui servira lors du procès à l'accusation de lèse-majesté, n'a été découvert qu'après l'arrestation du surintendant ; il en va de même des documents censés démontrer que Fouquet accaparait les gouvernements et les charges maritimes. Quant à Belle-Île, il n'a jamais songé à en faire secrètement une place de sûreté mais une base pour soutenir le commerce maritime qu'il voulait développer.

Pourquoi cet acharnement ? Daniel Dessert postule que c'est en découvrant, notamment avec Colbert, la réalité du système fisco-financier que Louis XIV s'est rendu compte à quel point l'État était à la merci des puissances d'argent : il réalise alors qu'il est le jouet de tout un système, bien plus qu'il n'en est le maître. C'est là un constat amer et une atteinte à son orgueil. Or, durant cette « découverte », Colbert a tout fait pour charger Fouquet, en en faisant le principal responsable de la situation catastrophique des finances – le château de Vaux n'en est-il pas la preuve tangible ? Pour lui, il s'agissait aussi tout à la fois d'éviter la foudre royale et de s'innocenter d'un risque de compromission ou de responsabilité dans ce système opaque de traitants et de contrats financiers aliénant pour l'État royal. Et il a incité Louis XIV à faire un exemple : Fouquet n'était-il pas le parfait bouc émissaire, permettant par contraste à Colbert de justifier ces maximes de l'ordre nécessaire pour restaurer les finances, seul moyen de sauver le royaume de la ruine ?

« L'empire du roi »

Le reste coule de source : une chambre de justice pour punir tous les financiers ; la suppression de la surintendance dont la responsabilité sera désormais assumée par le roi en personne ; la création d'un Conseil de finances qui « remettra les compteurs à zéro ». Le coup de génie de Colbert, qui a fait ses classes chez un négociant, est peut-être cette idée toute simple qu'un registre des dépenses et des recettes, visé par le roi seul, pourra éviter à l'avenir tous les abus du passé et sera capable de résoudre l'essentiel des difficultés. Une telle solution ne peut que satisfaire le jeune roi dans sa volonté d'exercer pleinement ses responsabilités et de procéder en personne à cet assainissement moral dont les finances ont tant besoin.

La chute spectaculaire de Nicolas Fouquet signifie aussi que toute renaissance du système du « ministériat » se trouve écartée. Plus encore, par cet événement, un article essentiel du programme des frondeurs s'est trouvé réalisé, eux qui avaient concentré une grande part de leurs critiques sur Mazarin, accusé de tous les maux : le roi gouverne désormais sans principal ministre. Pour l'opinion, la chute du surintendant incarne celle de cet archétype social que les frondeurs détestaient : l'homme d'argent dont l'ascension s'était opérée en dehors des valeurs et des critères traditionnels de la société d'ordres.

Sur un autre registre, l'arrestation de Fouquet a marqué un changement de cap dans ce qu'on pourrait appeler la politique culturelle de la monarchie. Le surintendant au destin tragique était en effet le protecteur attentionné de La Fontaine et de nombre de créateurs – Corneille, Molière ou Perrault –, tous animés par l'aiguillon de la liberté. À la fin des années 1650, il avait tenté de créer à Vaux-le-Vicomte et à Saint-Mandé, ses deux résidences principales, une académie réunissant tous les talents : architectes et jardiniers, peintres et sculpteurs, tapissiers et passementiers, instrumentistes et chanteurs, comédiens et poètes. Avec le consentement de Louis XIV, Fouquet aurait pu donner à son règne un tour modéré, animé par une académie encyclopédique, digne de la Renaissance italienne ou de celle des Valois.

Nous savons qu'il n'en fut pas ainsi : son arrestation provoqua un brutal changement de cap de la politique culturelle de l'État royal. Dans une lettre écrite en janvier 1665, après le procès de Fouquet, Mme de Sévigné note le changement de climat imposé par le roi. Longtemps elle a espéré un adoucissement du souverain pour atténuer la peine du surintendant. En vain : « À nos ballets, écrit-elle, je regarde notre maître… » Alors que faire ? Imiter Fouquet : « Il faut suivre l'exemple de notre pauvre prisonnier ; il est gai et tranquille ; soyons-le aussi. » Tranquillité et masque extérieurs, liberté intérieure de comportement et de jugement : telle est la contradiction désormais imposée par le maître de Versailles. « Tout ici n'est qu'intérêt et fausseté, et cela rend la vie très désagréable », écrira la Palatine le 7 mars 1696, en décrivant la Cour.

Pour un grand nombre de Français lettrés, l'étatisation forcée de l'expression créatrice mise au service de la machine à gloire de la monarchie louisquatorzienne entraîne l'intériorisation d'une véritable « faille intérieure ». Cette faille oppose la vie privée des sujets du roi et leur appartenance captive et servile à la vie commune du royaume, qui se cristallise désormais sur la scène éclatante et impérieuse du grand théâtre de Versailles : « L'empire du roi, écrit Marc Fumaroli, contracté dans l'État tout-puissant, s'est coupé du règne des cœurs. »

La prise du pouvoir de Louis XIV ne fut pas seulement politique et administrative, elle fut aussi culturelle. Plus que jamais elle érigea la monarchie en maîtresse tutélaire des comportements et d'une grande part de la création.

20

Serviteur du roi absolu ou affairiste modèle ? Colbert en procès

Qui était donc Jean-Baptiste Colbert ? Depuis une vingtaine d'années, des études successives ont ébranlé son image de probité et de désintéressement et mis l'accent sur son affairisme. Voici les pièces du dossier.

*

Jean-Baptiste Colbert (1619-1683) a longtemps été l'exemple du self-made-man, le modèle du grand commis sorti de l'ombre, le symbole de la réussite sociale conçue comme un exploit individuel. Et depuis Ernest Lavisse, il y a un siècle, la République n'a cessé de voir en lui un de ses héros. Une somme impressionnante de qualités, présentées comme emblématiques – compétence, acharnement au travail, application au bien public, esprit d'économie, probité – lui ont été attribuées. Un portrait flatteur transmis par les manuels scolaires, à l'exemple de ce livre pour le cours élémentaire publié en 1961 : « Colbert n'était pas noble comme Sully ou Richelieu. Son père tenait une boutique de drapier à Reims, à l'enseigne du Long Vêtu. Mais Colbert était si travailleur et si économe que Louis XIV le prit pour ministre des Finances. »

Depuis plusieurs décennies, cette image d'Épinal a été corrigée. Dans les années 1970, d'abord, Jean-Louis Bourgeon a montré tout ce que la réussite de Colbert, loin d'être l'effet du seul mérite individuel, devait à la prospérité de sa famille. Grâce à la richesse des archives des notaires, l'historien a pu reconstituer, depuis l'origine, l'histoire de son lignage : l'itinéraire de Jean-Baptiste résulte de la lente et patiente conquête de la fortune et du pouvoir menée par toute une parentèle pendant plusieurs générations. Les Colbert surent, en effet, s'adapter aux conjonctures favorables de chaque siècle : ils furent « massons » au temps des forteresses (XIVe-XVe siècle), « marchands » au siècle des banquiers Fugger (XVIe siècle), officiers du roi et financiers au temps de la construction de l'État.

Le père de Jean-Baptiste, Nicolas Colbert, sieur de Vandières (1590-1661), quitta Reims pour s'installer à Paris, où il pratiqua le change, le crédit à de grands seigneurs, et, surtout, où il acquit en 1632 l'office[1] de receveur général des rentes de l'hôtel de ville de Paris, assignées sur les aides – impôt sur la circulation et la consommation des denrées, notamment le vin. Il devint un financier de l'État royal. En 1641, il acheta la charge de « conseiller et maître d'hôtel ordinaire du roi[2] », en 1652, celle de « conseiller du roi ». Sans doute, la Fronde (1648-1652) et son cortège de désordres compromirent la réussite de ses affaires. Mais l'ascension remarquable de Jean-Baptiste fut facilitée par le réseau social et politique édifié par l'ensemble du clan Colbert : l'oncle de Jean-Baptiste, Oudart, riche marchand drapier, était en relation d'affaires avec Mazarin. Et le fils de cet oncle, Colbert de Saint-Pouange, avait épousé la sœur de Michel Le Tellier, le nouveau secrétaire d'État à la Guerre.

Le jeune Jean-Baptiste obtint quelques stages d'apprentissage pratique grâce aux relations entretenues par le lignage : le banquier Mascranny à Lyon, le notaire Chapelain, le procureur au Châtelet Biterne et le trésorier des parties casuelles – offices – Sabathier à Paris. Sans ce réseau, qui fonctionnait comme un groupe de pression, il n'y aurait jamais eu Colbert, « parfait ministre » de Louis XIV.

L'ascension, lente, obstinée, peut commencer : Jean-Baptiste, âgé de vingt ans, devient « commissaire ordinaire des Guerres » le 24 avril 1640 : il s'agit là d'une charge modeste, mais réputée lucrative, que son père a dû lui acheter pour ses débuts dans la vie active. Sa tâche consiste à préparer le cantonnement des troupes, inspecter les garnisons, s'assurer de la réalité des effectifs que le roi paye, veiller à l'équipement et au matériel… En avril 1643, Michel Le Tellier est nommé secrétaire d'État à la Guerre ; l'année suivante, Colbert est commis du ministre. C'est précisément dans cette fonction qu'il est conduit, en 1650, au moment de la Fronde, à rencontrer de plus en plus fréquemment Mazarin.

Paradoxalement, c'est l'exil forcé du cardinal-ministre, en février 1651, à Brühl, près de Cologne, qui assure la réussite du zélé commis : le ministre le charge en effet de protéger une part de sa fortune. Colbert profite de l'aubaine pour démontrer ses qualités : son travail est appliqué ; il rédige des lettres quotidiennes et des rapports détaillés. Il veut se rendre indispensable et il y réussit. Mazarin se laisse séduire par son entier dévouement. En juin 1651, il fait de lui le chargé de procuration officiel de ses affaires. À l'automne 1651, c'est la consécration : Colbert est nommé « intendant et administrateur général des bénéfices de Monseigneur l'Éminentissime Cardinal ». Ce dernier peut écrire, le 15 novembre, à son secrétaire Bartet : « Colbert est à moi… »

Les années 1651-1661, passées dans l'intimité de Mazarin, sont essentielles dans l'apprentissage du pouvoir. Jean-Baptiste Colbert a demandé au cardinal, dans une lettre datée du 18 novembre 1652, l'assurance d'une confiance absolue et exclusive : « Si j'ai toutes les qualités nécessaires pour la servir [Votre Éminence], comme le choix que Votre

Éminence a fait de moi doit le faire croire, la créance et la confiance qu'elle doit avoir en moi ne doit être ni partagée, ni disputée, ni contestée par aucune personne. » Il sera l'un des artisans les plus actifs de l'enrichissement de son maître, rentré triomphalement en France au début de 1653.

C'est ce qu'a mis en évidence Daniel Dessert au début des années 1980 en décrivant les rouages du système « fisco-financier » de la monarchie française : un système où des financiers avancent au roi les sommes énormes nécessaires à ses dépenses, notamment guerrières, et obtiennent en retour le droit de prélever eux-mêmes une partie des impôts. Les sommes avancées proviennent des grandes fortunes du royaume – noblesse, bourgeoisie, Église. L'image de Colbert serviteur désintéressé de l'État est durablement écornée. Ainsi, par exemple, c'est avec sa complicité que Mazarin dissimule sa participation à un marché de fourniture du ravitaillement à l'armée de Champagne en 1653, en prenant un nom d'emprunt. Dans une de ses lettres, le cardinal-ministre livre ses instructions : « On peut remédier à cet inconvénient en faisant paraître le nom d'Albert, ou tel autre que vous jugerez à propos, étant absolument nécessaire que mon nom ne paraisse pas. »

Colbert lui répond : « Votre Éminence doit bien connaître que cette affaire ne lui peut être qu'à charge ; et, par ainsi, le plus tôt que nous pourrons nous en défaire, ce ne sera que le mieux, bien entendu qu'il ne faut pas se déclarer de ce dessein qu'après avoir eu les assignations, pour prendre les meilleures pour le remboursement de ce que nous avons avancé[3]. »

Mazarin meurt le 9 mars 1661. Soutenu par Le Tellier, Colbert devient intendant des Finances. C'est à cette place qu'il organise la chute de Nicolas Fouquet, le surintendant des Finances, une place stratégique dans l'appareil de l'État, arrêté le 5 septembre 1661, puis emprisonné dans la forteresse de Pignerol (Piémont italien). Fouquet est accusé de malversations financières, mais Colbert lui-même a usé de moyens similaires pour faire la fortune de Mazarin – la plus grande fortune de l'Ancien Régime ! – et la sienne.

Dans ses *Défenses*, à plusieurs reprises, Nicolas Fouquet dénonce les détournements opérés par Colbert : « Sans mon crédit, sans mon affection, et sans les risques que j'ai courus, dont j'avais entre mes papiers mille témoignages authentiques, par les lettres de M. le cardinal, les affaires n'auraient pas réussi comme elles ont fait, et le succès en aurait été bien plus avantageux si le sieur Colbert n'avait pas eu soin d'amasser des trésors d'argent comptant et de les mettre hors du commerce dans les lieux où ils se sont trouvés après la mort de Son Éminence, sans qu'il ait paru aucune dette et sans ce qu'on n'a pas encore divulgué. » Il poursuit, contre Mazarin : « C'est ce qu'on doit appeler mauvaise disposition quand il se trouve que tout l'État s'appauvrit et qu'un étranger seul met des millions à couvert dedans et dehors le royaume, abusant de son autorité absolue [*idem*], et non pas en accuser un subalterne, qui n'agit que sous ses ordres, qui se trouve sans biens, qui tâche de soutenir le crédit par politique, se sentant intérieurement épuisé et consommé par un supérieur insatiable[4]. »

Daniel Dessert a bien mis en relief le rôle clé joué par Colbert dans la chute de Fouquet. Le nouveau contrôleur général des Finances a été nommé à ce poste en 1665 et s'est trouvé au centre du procès intenté à son prédécesseur. Il a dirigé toutes les attaques contre ce dernier, il a commandé toutes les manœuvres pour le perdre et a méticuleusement monté toute l'horlogerie de la machination destinée à l'abattre[5]. Pour l'historien, qui a consacré une biographie au surintendant malheureux, Fouquet fut injustement condamné : le comportement ostentatoire qu'on lui reprocha, son goût du faste et de la fête, notamment à Vaux-le-Vicomte, se justifiaient par ses fonctions. Car pour obtenir du crédit, il lui fallait inspirer confiance, et comment mieux y réussir qu'en paraissant opulent, richissime ?

« Il a voulu, écrit Colbert à propos de Fouquet, mettre ses créatures dans toutes les charges de la cour et de la robe, et, pour cet effet, il a donné une partie du prix de toutes celles qui ont été à vendre, et qui n'étaient pas remplies de gens à lui. »

Colbert lui-même ne pratiqua pas autrement, notamment dans la marine, dont il fut le maître d'œuvre à partir de 1669 : le ministre y a placé le noyau de son « lobby ». Les Bégon, les Lubert, les Saint-André, les Loynes de Parassi, les Du Pille, les Amé ou les Brunet sont tous des parents ou alliés qui lui ont donné les moyens, « tout en tissant son réseau de dévouements et de compétences, de renforcer son emprise sur le royaume par le biais d'un système contractuel où l'efficacité des uns conditionne la réussite de l'autre, et inversement[6] ». Appuyé sur un système clientéliste, n'hésitant pas à s'enrichir grâce aux fonds publics, acharné à perdre un rival innocent, Colbert n'est pas sorti grandi des travaux de Daniel Dessert.

Michel Vergé-Franceschi renverse la perspective : il montre en effet que l'antagonisme irréductible de Colbert et Fouquet, qui se sont disputé la succession convoitée de Mazarin auprès du roi, cache un débat de fond mettant en jeu la nature même de l'exercice du pouvoir[7]. Il insiste sur la cohabitation impossible de deux conceptions politiques de l'État royal au temps de la monarchie absolue. En effet, face au « système Colbert », une pyramide de serviteurs et de fidèles dévoués à la personne sacrée du roi, Fouquet a bien incarné une autre conception de l'autorité. À la Cour, il se trouve en effet au cœur d'un parti ultra-catholique favorable avant tout aux intérêts de la chrétienté. On pourrait presque parler à propos du surintendant et de ses proches d'une « fronde des dévots » qui entendent prendre leur revanche sur 1630. Cette année-là, la « journée des Dupes » avait vu l'affirmation du pouvoir de Richelieu, consacré par Louis XIII comme principal ministre, contre l'avis de sa mère, Marie de Médicis. Or la politique proposée au roi par celle-ci, depuis l'époque des « mariages espagnols » (1615), comportait un volet ultra-catholique et pro-espagnol. Elle était porteuse aussi d'un grand rêve messianique de croisade unissant toutes les forces de la chrétienté contre toutes les formes d'« hérésie », notamment le protestantisme et l'islam.

Le triomphe de Richelieu, en 1630, fit prévaloir l'option « étatiste » et anti-Habsbourg et primer les intérêts de l'État sur tout autre impératif. Et l'intérêt de l'État imposait de lutter avant tout contre ces Espagnols impérialistes qui, disaient les thuriféraires du roi de France, « ont pour but la monarchie universelle de laquelle ils ont jeté les fondements dès le temps et sous l'empire de Charles Quint et n'en démordent jamais le dessein[8] ».

En reprenant les principales pièces de ce dossier, qui dépasse, on le voit, les personnes de Colbert et de Fouquet, Michel Vergé-Franceschi s'inscrit en totale opposition avec les thèses de Daniel Dessert. Non seulement il réhabilite Colbert, qui retrouve son image de ministre impeccable, mais il cherche à démontrer que l'arrestation et l'enfermement de Fouquet étaient totalement justifiés, au nom, précisément, de l'intérêt supérieur de l'État. Plus encore, le prisonnier de Pignerol apparaît comme le chef d'orchestre d'un vaste complot dont les dévots, inféodés à Madrid, sont les acteurs : « Le maître de Fouquet est Dieu. Celui de Colbert est le roi », écrit Michel Vergé-Franceschi. Colbert apparaît comme l'héritier de la politique de Richelieu, une politique guidée par la raison de l'État, notamment dans le domaine maritime.

Dès lors, deux logiques irréductibles s'opposent. Fouquet est dépeint comme « le prototype du faux dévot couvert de femmes stigmatisé dans *Tartuffe* ». Le surintendant a acheté en septembre 1658 Belle-Île, « la plus belle forteresse du royaume », pour la transformer en base de repli ou de rassemblement de troupes en cas de danger. Le « projet de Saint-Mandé », la principale pièce à charge lors du procès Fouquet, une « instruction » destinée à ses parents et ses amis, prouve qu'il a envisagé la possibilité de son arrestation et qu'il a été jusqu'à prévoir une résistance armée à partir de la Bretagne – Belle-Île, île d'Yeu, Concarneau – et du Nord et du Nord-Est du royaume – Verdun, Sedan, Arras, Béthune… – pour le sortir de prison. Il s'agit bel et bien d'un complot et, dans le cadre juridique de l'État royal, d'un crime de lèse-majesté.

Pour l'historien aujourd'hui, s'il est avéré que la « cabale des dévots » a bel et bien existé, il est difficile de déterminer jusqu'à quel point elle a infiltré les différents rouages de l'État dans les années 1660. Il semble que l'affaire des Poisons, une vaste et mystérieuse affaire d'empoisonnements et de sortilèges qui compromit de nombreuses personnes de la Cour, dont la maîtresse de Louis XIV Mme de Montespan, y soit liée, mais toutes les archives de justice la concernant ont été détruites sur ordre royal[9].

Le roi, Colbert et le lieutenant général de la police de Paris La Reynie ont fini par avoir l'intime conviction, et peut-être même les preuves, explique Michel Vergé-Franceschi, que Fouquet dirigeait de façon occulte un réseau efficace depuis sa prison de Pignerol. D'où sa mort, « programmée » en 1680, une mort avec des « convulsions et des maux de cœur sans pouvoir vomir » qui ressemble fort à un empoisonnement…

Alors que penser aujourd'hui de Colbert ? Beaucoup, assurément, doit être apporté à son crédit, notamment ses efforts pour introduire plus de justice dans la perception des tailles, l'équilibre rétabli des finances très provisoirement à la fin des années 1660, le développement du commerce, une surveillance accrue, parfois tatillonne, de l'économie, de multiples ordonnances et codifications, le développement des colonies, la renaissance et le développement des marines de guerre, de commerce, des arsenaux, sans évoquer une politique culturelle intense. Quant aux pratiques « fisco-financières », elles furent partagées par tous les ministres : Sully, Richelieu, Mazarin, Colbert…

Peut-être conviendrait-il aussi de déplacer le débat en braquant le projecteur sur l'acteur principal de ce drame d'État qui opposa, en une haine inexpiable, deux hommes, Colbert et Fouquet, dont l'un sans doute était de trop auprès du roi : le souverain lui-même. Car, en définitive, c'est Louis XIV qui choisit entre les deux conceptions de l'État, c'est bien le Roi-Soleil qui s'acharna sur Fouquet, au point d'user à l'envers de son droit de grâce pour commuer le simple bannissement infligé au surintendant par ses juges en détention perpétuelle…

21

Louis XIV : l'histoire c'est moi !

Louis XIV voulut susciter une histoire officielle de son règne. Pourtant, tous les candidats pressentis échouèrent dans l'entreprise. N'était-ce pas au roi de prendre les choses en main ?

*

Hardouin de Péréfixe composa un *Sommaire de l'histoire de France*, d'un format commode et d'un abord facile, « pour l'usage de Sa Majesté, qui en faisait la lecture tous les jours avec tant de plaisir, qu'il n'est point croyable que ce puisse être sans utilité ». L'histoire, telle que l'apprend alors le jeune Louis XIV, est avant tout une « histoire bataille » incarnée par des rois de France, mais aussi de l'Antiquité – Alexandre, César... –, qui s'offrent comme autant de héros valeureux, érigés en modèles à imiter, en exemples à dépasser. Car l'histoire est alors tout entière au service du pouvoir politique. Et, du reste, c'est ce qu'attend Louis XIV, devenu adulte et pleinement roi, des historiographes et des lettrés pensionnés pour exalter sa gloire.

Dans les *Mémoires de ma vie*, Charles Perrault raconte que « dans le temps que la Reine mère était malade de la maladie dont elle mourut » – nous sommes donc au milieu des années 1660 –, Louis XIV reçut les membres de la « Petite Académie », un petit groupe d'académiciens – Chapelain, l'abbé de Bourzeis, Charpentier, l'abbé de Cassagnac, puis Charles Perrault – créé en 1663 à l'instigation de Colbert et chargé de « travailler à l'histoire du roi ». Voici ce qu'il leur dit : « Vous pouvez, Messieurs, juger de l'estime que je fais de vous, puisque je vous confie la chose du monde qui m'est la plus précieuse, qui est ma gloire. Je suis sûr que vous ferez des merveilles ; je tâcherai de ma part de vous fournir de la matière qui mérite d'être mise en œuvre par des gens aussi habiles que vous êtes. »

Peut-on dire plus clairement que la matière de l'histoire, c'est le roi et, plus encore, la « gloire » du roi ?

L'impossible histoire « à chaud »

Encore faut-il être capable de l'écrire. Et de disposer de suffisamment de documents et de sources pour la mener à bien. Comme l'explique Jean Chapelain à Colbert en 1662, « il est de l'histoire comme de ces fruits qui ne sont bons que gardés et pour l'arrière-saison. Si elle n'explique point les motifs des choses qui y sont racontées, si elle n'est pas accompagnée de réflexions prudentes et de documents, ce n'est qu'une relation pure, sans force et sans dignités ». Mais voilà, précisément, où le bât blesse, car si des documents sont utilisés « durant le règne du Prince qui en est le sujet, cela ne se pourrait sans exposer au public les ressorts de Cabinet, donner lieu aux ennemis de les prévenir ou de les rendre inutiles et trahir ceux qui auraient des liaisons avec lui, lesquelles ne subsistent que par le secret et à l'ombre d'un profond silence ».

Et c'est ainsi que Colbert refusa fermement de communiquer aux académiciens toute pièce d'archive touchant à l'État royal, car de tels documents auraient permis de pénétrer les « ressorts » de la conduite du prince et donc de percer les secrets de sa politique, de les rendre publics. La souveraineté, en effet, est un mystère et nul dévoilement au « public » ne peut être concevable. Contradiction insurmontable ! Qui explique pourquoi, tout au long du XVIIe siècle, la monarchie a tenté de susciter une histoire contemporaine qui la satisfasse, mais sans jamais y parvenir.

La raison fondamentale de cet échec tient à l'incompatibilité entre un discours de vérité et le « secret » nécessaire à l'exercice de l'autorité publique : l'histoire a toujours été un encombrant défi pour les pouvoirs. Car il est impossible de faire de l'histoire « à chaud » sans trahir la raison d'État et les *arcana imperii*, les « mystères de l'État ». En conséquence, la Petite Académie perdit la charge d'écrire l'histoire du roi, parce qu'une telle tâche se révélait impossible. Perrault explique : « Ainsi la chose en demeura là. Ce fut une grande perte pour la Petite Académie, et un bonheur pour M. Pellisson, et particulièrement pour M. Racine et Despréaux [Boileau], qui ont été chargés d'écrire l'histoire du roi par Mme de Montespan, qui regarda ce travail comme un amusement dont elle avait besoin pour occuper le roi. Ils en ont reçu de très grandes récompenses en différents temps. »

Pourquoi Racine échoua

Racine et Boileau, à leur tour, échouèrent dans cette tentative « amusante » d'écrire l'histoire du roi. Et pourtant, ce n'est pas faute d'avoir essayé ! Racine, en effet, quitta le théâtre en 1677 pour se consacrer entièrement à sa tâche d'historiographe du roi. Il accompagna même le souverain à l'armée en 1678 quand Louis XIV investit Gand et il prit des notes sur le vif, destinées à lui servir de matière première pour l'écriture de son *Histoire du règne de Louis XIV*. Mais, de cette œuvre projetée, il ne subsiste que des fragments, notamment un *Précis historique des campagnes de Louis XIV depuis 1672 jusqu'en 1678* dans lequel on sent l'apprenti historien sans cesse bridé : le style est guindé, ampoulé – nous sommes loin d'*Andromaque* et de *Phèdre* ! –, les latinismes incessants, l'imitation de Tite-Live patente et, surtout, la vérité historique est sans cesse malmenée, falsifiée : Racine glisse sur les revers des armées du roi, car ce serait attenter à la gloire du souverain ; en 1674, il signale à peine que les Français avaient entièrement évacué la Hollande – c'est presque une défaite ! –, sans jamais mentionner les mises à sac des villes et des villages et la terrible tuerie de Seneffe, le 11 août – un véritable carnage de l'armée française ; il se contente souvent de recopier la *Gazette*, hebdomadaire fondé en 1631, quasi gouvernemental, une sorte de « journal officiel » tout à la gloire du roi. Et du déroulement de la guerre, il ne retient essentiellement que les sièges que celui-ci a présidés et qu'il affectionne particulièrement, car ils mettent en valeur la toute-puissance de l'État et la place du souverain qui préside les attaques des villes et des places fortes. Ajoutons que Racine grandit systématiquement les ennemis pour mieux les abaisser dans la défaite.

Au total, l'*Histoire du règne de Louis XIV* de Racine est restée à l'état de notes et de fragments dans lesquels domine une poussière de petits faits qu'aucune idée générale ne vient ordonner. Nul ne sait ce qu'aurait été l'histoire telle que la projetait Racine. Peut-être parce que l'entreprise était tout simplement impossible pour lui, car aucune distance critique n'était permise à l'historiographe, tout entier au service de la seule, impérieuse et omniprésente gloire du roi.

Durant quarante années, de 1653 à 1693, la présence presque continue du roi à la tête de ses armées a entretenu un rapport de plus en plus étroit avec le message « historique » qu'elle était chargée de transmettre, comme si le souverain, lors de chacune de ses campagnes, se mettait lui-même en scène pour accompagner le travail des peintres, des graveurs, des poètes, des littérateurs, des historiographes occupés tout au long du règne à « fabriquer », pour reprendre une formule de l'historien américain Peter Burke, l'image du roi. Dans une lettre écrite à Boileau depuis Luxembourg – un nouveau siège présidé par Louis XIV –, le 24 mai 1684, Racine nous offre sans doute la clé d'explication de ses difficultés et de ses tourments d'historien officiel. Et c'est un terrible aveu d'échec : « Je vois bien que la vérité qu'on nous demande tant est bien plus difficile à trouver qu'à écrire. »

Pellisson, l'autre historiographe évoqué par Perrault, est l'auteur, lui aussi, vers 1670, d'un *Projet de l'histoire de Louis XIV* dans lequel il explique à Colbert ce qu'il entend par « Histoire de Louis XIV » et le « cahier des charges » qui incombe à tout historien digne de ce nom : « Il faut louer le Roi partout, mais pour ainsi dire sans louange, par un récit de tout ce qu'on lui a vu faire, dire et penser, qui paraisse désintéressé, mais qui soit vif, piquant et soutenu, évitant dans les expressions tout ce qui tourne vers le panégyrique. » On ne peut être plus clair sur les « effets » attendus d'une histoire entièrement au service du pouvoir : il s'agit de manipuler le lecteur, de susciter son admiration par le récit, afin de le faire pleinement adhérer au pouvoir absolu incarné par le roi. En présentant son projet à Colbert, Pellisson aspirait aussi à obtenir la charge d'historiographe du roi…

En fait, face à cet échec de toute histoire au temps des rois absolus, le seul homme capable d'écrire l'histoire du règne, ne serait-ce pas, tout simplement, le roi lui-même ? Louis XIV l'a parfaitement compris quand il rédige, ou fait rédiger, à la fin des années 1660, sous sa dictée, des Mémoires destinés à son fils, le Dauphin, afin de lui transmettre, « par l'exemple et par le conseil », comme il le justifie lui-même, un message politique inscrit dans l'histoire immédiate, un message qu'aucun autre livre n'aurait été capable de lui apporter : la somme des expériences que les « troubles domestiques » venaient de lui enseigner, notamment la Fronde (1648-1652), avec son cortège de révoltes, d'insubordinations et de trahisons ; « le désordre régnait partout », explique-t-il quand il dessine le tableau du royaume à son avènement, en 1661. Du reste, le roi indique au Dauphin la clé de compréhension et le dessein didactique de ce texte singulier, qui n'a guère d'équivalent non seulement dans la France de l'Ancien Régime, mais aussi dans l'ensemble de l'Europe des monarchies : « La lecture de ces Mémoires pourrait suppléer à toutes les autres lectures », d'autant que « les maximes que je vous apprends aujourd'hui, mon fils, ne m'ont été enseignées par personne, parce que mes devanciers n'en étaient pas avisés ».

« Mon État, mes peuples »

Dans ce texte, le roi ne cesse d'utiliser le registre de vocabulaire d'un absolutisme possessif – « mon État », « notre royaume », « ma couronne », « mes peuples », « nos peuples », « nos sujets »… Et il s'en justifie : « Car enfin, mon fils, nous devons considérer le bien de nos sujets bien plus que le nôtre propre. Il semble qu'ils fassent une partie de nous-mêmes, puisque nous sommes la tête d'un corps dont ils sont les membres. » Louis XIV explique aussi clairement que par les réformes décidées à la suite de sa prise de pouvoir personnelle en 1661, le lendemain même de la mort de Mazarin, il voulait « rendre sa volonté bien absolue, par une conduite qui imposât la soumission et le respect ». L'arrestation de Nicolas Fouquet, le 5 septembre 1661, le jour anniversaire de sa naissance, comme pour mieux signifier encore sa nouvelle naissance – politique –, constitue une autre manifestation d'absolutisme en action. Et pour les années 1666-1667, les *Mémoires* sont ponctués de multiples affirmations « autoritaires » : le souverain « a l'autorité de tout faire » ; les rois « sont nés pour posséder tout et commander à tout » ; ils sont « seigneurs absolus et ont naturellement la disposition pleine et libre de tous les biens tant séculiers qu'ecclésiastiques » ; pour le roi, « la vie de ses sujets est son propre bien »...

Monologue intérieur, livre d'histoire immédiate, traité d'enseignement du « plus grand des arts, celui de régner », les *Mémoires* de Louis XIV constituent tout à la fois un autoportrait exceptionnel de ce souverain si secret, si souvent silencieux, un traité d'absolutisme en action et l'histoire officielle du règne, écrite directement par celui qui incarne pleinement le pouvoir. En même temps, le Roi-Soleil explique à son fils que par son expérience unique de l'autorité, par sa lucidité concernant les comportements humains, seul un roi se trouve en position d'apprendre et d'enseigner à un futur roi, un autre lui-même en somme, l'essentiel du savoir et du « métier » nécessaires à l'exercice de la souveraineté : la connaissance du secret des *arcana imperii.*

Ce secret, aucun autre livre d'histoire ne saurait le transmettre, sinon celui écrit par le roi lui-même : l'histoire, c'est bien Louis !

22

Louis XIV ou la religion royale

Absolutisme de droit divin... Jamais, sans doute, la monarchie n'a été si proche du sacré. Idolâtrie ou mise en scène politique ? Pour Louis XIV, ce qui importait avant tout, c'était de renforcer la majesté royale.

*

Dans ses *Rois thaumaturges*, publiés en 1924, le grand historien Marc Bloch écrivait que « jamais époque n'a plus nettement et peut-on dire plus crûment que le XVIIe siècle accentué la nature quasi divine de l'institution et même de la personne royale ». Et il constatait que la manière d'agir et de sentir de la majorité des Français au temps de Louis XIV, sur le terrain politique, a pour nous quelque chose de mystérieux : « Nous comprenons mal l'idolâtrie dont la royauté et les rois étaient alors l'objet. » Selon Marc Bloch, cette difficulté où nous sommes de pénétrer sur un point si important la mentalité d'une époque tient peut-être à ce que nous n'en étudions trop souvent les conceptions, en matière de gouvernement, qu'à partir de ses grands théoriciens, tel Jean Bodin, ou de ses grands juristes, comme Charles Loyseau. Et de conclure : « L'absolutisme est une sorte de religion : or, ne connaître une religion que par ses théologiens, ne sera-ce pas toujours en ignorer les sources vives[1] ? »

Voltaire confirme les intuitions de Marc Bloch quand il explique, dans *Le Siècle de Louis XIV*, que vers 1690 Paris était « idolâtre de son roi ». La plupart des Parisiens, ajoute-t-il, « nés sous le règne de Louis et façonnés au joug despotique, regardaient alors un roi comme une divinité[2] ». Le témoignage de Valentin Jamerey-Duval, petit paysan bourguignon à la fin du règne du Roi-Soleil (1643-1715), confirme cette divinisation du souverain au niveau populaire : « Comme j'avais entendu parler plus souvent de la puissance absolue du roi que de la grandeur et de la majesté de Dieu, je le croyais une espèce de divinité. Je m'informais même s'il était immortel, s'il était visible ou si on pouvait l'approcher », rapporte-t-il dans ses *Mémoires*. Comment un jeune paysan qui n'a jamais vu un roi peut-il l'imaginer ? « Ayant appris que sa fonction était de rendre la justice à ses sujets, je conclus qu'il devait être d'une taille gigantesque et cela par ce que le juge de notre village surpassait en hauteur de taille le reste des habitants. J'avais aussi remarqué que ce même juge avait la voix forte et sonore, c'en fut assez pour me figurer que, proportion gardée, celle du roi devait retentir comme le bruit du tonnerre, et que c'était ce qui le rendait si puissant et si redoutable[3]. » Ainsi, imaginé avec des yeux d'enfant, le souverain du royaume de France, s'il n'est pas tout à fait un dieu, est bien plus qu'un homme ordinaire : il a l'allure d'un géant à la voix de stentor…

Sans doute, la nature « quasi divine » de l'institution et de la monarchie est-elle décelable bien avant le XVIIe siècle. Nous savons qu'une « religion royale » s'est lentement cristallisée depuis le Moyen Âge. Nous connaissons les figures sacrales qui sont associées, par exemple, à François Ier (1515-1547). Le vainqueur de Marignan est qualifié par ses contemporains d'« élu de Dieu », de « nouveau Constantin », de « reflet terrestre du roi des cieux », de « bien-aimé du Cantique des cantiques », de « protégé des archanges et des séraphins ».

Autant de maillons d'une chaîne de représentations qui ont toutes en commun d'établir le code d'une théologie politique. Laquelle est nourrie du quadruple héritage de la chevalerie, de la culture antique, du christianisme et de la souveraineté impériale de Rome pour donner du roi de France l'image d'un élu de Dieu, voire, dans le registre mythologique, d'un dieu : Hercule, Neptune, Apollon[4]...

Cependant, malgré ces antécédents spectaculaires, le Grand Siècle reste bien, comme l'affirme Marc Bloch, le siècle de l'absolutisme – terme forgé très tard, à la fin du XVIIIe siècle. Un absolutisme marqué par une « recharge sacrale » sans précédent.

Au XVIIe siècle, les signes de la divinisation de l'institution et de la personne royales sont multiples. L'un des témoignages les plus spectaculaires est celui de Pierre de Bérulle (1575-1629). Dans la dédicace de son *Discours de l'État et des grandeurs de Jésus* adressée à Louis XIII en 1623, le fondateur de l'Oratoire, l'introducteur des Carmélites en France, écrit : « Un monarque est un Dieu selon le langage de l'Écriture : un Dieu non par essence mais par puissance : un Dieu non par nature mais par grâce : un Dieu non pour toujours, mais pour un temps : un Dieu non pour le Ciel mais pour la Terre. Un Dieu non subsistant, mais dépendant de celui qui est le Subsistant par soi-même ; qui étant le Dieu des Dieux, fait les rois Dieux en ressemblance, en puissance et en qualité, Dieux visibles, images du Dieu invisible[5]. »

Voici un second témoignage, celui d'Omer Talon, avocat général au parlement de Paris pendant la Fronde (1648-1652). Ses *Mémoires* montrent à quel point il s'est considéré comme le grand prêtre d'une religion royale dont il se voulut le plus fidèle serviteur. Lors du lit de justice du 18 mai 1643, qui « inaugure » le règne de Louis XIV, il déclare, agenouillé devant le jeune roi : « Sire, le siège de Votre Majesté nous représente le trône du Dieu vivant. Les ordres du royaume vous rendent honneur et respect comme à une divinité visible[6]. »

Une génération plus tard, Bossuet, sans doute le plus célèbre des thuriféraires de la monarchie absolue, dans sa *Politique tirée des propres paroles de l'Écriture sainte* (livre III, 3e proposition), explique qu'il y a « quelque chose de religieux dans le respect qu'on rend au prince. Le service de Dieu et le respect pour les rois sont choses unies. [...] Aussi Dieu a-t-il mis dans les princes quelque chose de divin. [...] C'est donc l'esprit du christianisme de faire respecter les rois avec une espèce de religion, que [...] Tertullien appelle très bien "la religion de la seconde majesté". Cette seconde majesté n'est qu'un écoulement de la première ; c'est-à-dire de la divine, qui pour le bien des choses humaines a voulu faire rejaillir quelque partie de son éclat sur les rois[7] ». « Religion de la seconde majesté. » Il faut retenir cette expression car Bossuet souligne ainsi que la religion royale est clairement subordonnée à celle de la « première majesté » : Dieu, dont elle dépend totalement. Le roi, qui reste un homme, ne peut prétendre être tout à fait divin.

C'est Bossuet toujours, dans son *Sermon sur les devoirs des rois*, prononcé en 1662, qui définit le mieux la force et les limites de cette « religion du roi » : « Pour établir cette puissance qui représente la sienne, Dieu met sur le front des souverains et sur leur visage une marque de divinité. [...] Il a fait dans le prince une image mortelle de son immortelle autorité. [...] Vous êtes des dieux, encore que vous mouriez. Vous êtes des dieux, dit David, et vous êtes tous des enfants du Très-Haut. Mais ô dieux de chair et de sang, ô dieux de terre et de poussière, vous mourrez comme des hommes[8]. »

Un peu plus tard, l'évêque de Meaux, cette fois dans son rôle d'instituteur de prince, en l'occurrence du Grand Dauphin, le fils du roi, déclare : « Je n'appelle pas majesté cette pompe qui environne les rois, ou cet éclat extérieur qui éblouit le vulgaire. C'est le rejaillissement de la majesté, et non pas la Majesté elle-même. La majesté est l'image de la grandeur de Dieu dans le prince. »

Versailles est peut-être l'espace qui exprime le mieux cette religion royale dont le souverain est à la fois le grand prêtre et le dieu mortel. Bossuet, du reste, nous en offre une nouvelle illustration. Dans le livre X de sa *Politique tirée des propres paroles de l'Écriture sainte*, après avoir parlé du temple de Salomon qui n'est pas, sous la plume de l'évêque de Meaux, sans rappeler le Versailles de Louis XIV, il évoque cette prière de l'Église faite au moment du sacre : « Puisse la dignité glorieuse et la majesté du palais, faire éclater aux yeux de tous la grande splendeur de la puissance royale, en sorte que la lumière, semblable à celle d'un éclair, en rayonne de tous côtés. » Il ajoute que ces paroles ont été choisies pour « exprimer la magnificence d'une cour royale, qui est demandée à Dieu comme un soutien nécessaire de la royauté ».

Effectivement, Versailles, érigé en évangile de pierre et d'images, a bien été conçu pour « faire éclater aux yeux de tous la grande splendeur de la puissance royale ». Versailles, c'est-à-dire non seulement le château, mais aussi le jardin, la ville, les activités de ses hôtes, du souverain au valet en passant par les courtisans. Tous participent à cette religion du roi, religion de la « seconde majesté », partout visible dans l'ordonnance, le décor, le cérémonial, les images du lieu. Ainsi éclate aux yeux de tous le véritable sens de la religion royale, qui est peut-être tout autant une « religion d'État ». Un État qui a bénéficié de ce que Marcel Gauchet appelle un « transfert de religiosité ». Son acte fondateur est la conversion d'Henri IV à Saint-Denis, un demi-siècle exactement avant le règne de son petit-fils, Louis XIV. À partir de cet événement inaugural, la fidélité au roi l'a emporté sur l'appartenance religieuse, comme en témoigne avec éclat la « journée des Dupes », en novembre 1630 : elle marque l'élimination des dévots, mis hors de la proximité immédiate du souverain. Dès lors, l'État, associé au roi, tend à devenir une référence dominante et rationnelle, rassurante et régulatrice, à l'image de Dieu. Avec ses grands prêtres, les officiers, comme Omer Talon, qui se pense investi, en servant l'État royal, d'une mission d'ordre sacré.

Le sacré s'est en quelque sorte déplacé pour se fixer sur cette entité abstraite et impersonnelle qu'est devenu l'État absolu, désormais renforcé et préservé, par-delà les aléas des événements et des contingences. Que le roi soit faible ou fort, qu'il soit un adulte ou un enfant, la raison d'État prédomine, l'État est immuable, impératif, inscrit dans une durée « perpétuelle » qui dépasse la personne physique des souverains. Tel est l'argument central de Jean Bodin dans *Les Six Livres de la République*, publiés en 1576.

En conséquence, le caractère « religieux » du roi, associé à l'État, se trouve renforcé par ce transfert de sacralité. Il débarrasse en même temps le souverain de cette part passionnelle, violente et eschatologique de la religion qui caractérisait fortement le XVIe siècle des « guerriers de Dieu ». Cette religion panique est désormais réservée aux dévots, qui, eux-mêmes, l'ont intériorisée, au profit d'un « roi de raison » (Denis Crouzet). Ce roi de raison, maître de ses passions, régulateur du tout-social, gouverne la cité terrestre mais s'éloigne en même temps de plus en plus de la cité de Dieu.

La nouvelle religion de l'État royal qui émerge de la grande crise de la fin du XVIe siècle serait-elle la « religion de la sortie du religieux », suivant une forte expression de Marcel Gauchet ? Il est vrai que l'effacement relatif de la religion du roi transparaît bien à travers l'importance amoindrie, au XVIIe siècle, des cérémonies royales fondamentalement religieuses, comme le sacre et les funérailles. Les entrées, surtout, qui rappelaient notamment l'entrée du Christ à Jérusalem. La dernière entrée royale est celle de Louis XIV à Paris, en 1660, au retour de son mariage qui a accompagné la paix des Pyrénées. Les cérémonies qui les remplacent sont plus centrées sur le roi politique et législateur : le lit de justice, par exemple, à partir du lit « inaugural » de 1527. Lors de cette cérémonie qui se déroule au Parlement, le roi est placé en suréminence sur un trône surélevé de sept marches. La disposition de la grand-chambre du palais fait que l'attention se fixe sur le chancelier interprète du roi de justice, assis au pied du trône. Tout a été conçu pour mettre en valeur, isoler la majesté royale, intermédiaire et médiatrice entre le monde d'ici-bas et le monde de l'au-delà[9].

Il y a encore la cérémonie du roi de guerre et de victoire, comme le *Te Deum*, célébré en même temps dans toutes les paroisses du royaume, à partir de la cérémonie fondatrice de 1587. Toutes expriment ce processus de transfert de sacralité qui fait de la religion du roi la religion de l'État. Un État absolu *ab solutus*, « délié » des lois dont Louis XIV, « Roi-Soleil » à Versailles, formule la plus fascinante des synthèses…

23

Deux conceptions de la monarchie : la querelle Bossuet-Fénelon

Précepteurs des enfants royaux, théologiens engagés, mais aussi et surtout théoriciens de la monarchie, Bossuet et Fénelon ont marqué le Grand Siècle de leurs querelles. Car à travers eux rivalisait, déjà, une philosophie de l'absolutisme et une philosophie annonciatrice des Lumières.

*

Bossuet et Fénelon : l'histoire les a associés, définitivement. D'abord parce que ces deux fortes personnalités marquèrent le siècle de Louis XIV par leur parole et leur éloquence de prédicateurs, par leur plume de polémistes dans la défense d'un catholicisme de combat dirigé contre le protestantisme et contre le jansénisme, par leur réflexion sur le métier de roi et la pratique de l'autorité politique, enfin par la *Politique tirée des propres paroles de l'Écriture sainte* pour le premier, *Les Aventures de Télémaque* pour le second.

Mais la profonde amitié qui unissait le maître, Bossuet, et son disciple, Fénelon, fut brisée par la querelle du quiétisme, cette « sensualité spirituelle » qui permettait à Mme Guyon (1648-1717), une dévote mystique, d'entretenir, selon ses propres termes, un commerce « immédiat » avec le Verbe divin. Cette forme de spiritualité contemplative impressionna Mme de Maintenon, séduisit Fénelon, choqua Bossuet : il la jugea d'une « entière inutilité » et subversive surtout parce qu'elle mettait en cause l'enseignement de l'Église et la place du clergé dans l'encadrement des fidèles. Dans une atmosphère d'intrigues tortueuses à Versailles et à Rome, de commérages à la Cour, de complications passionnelles de tous côtés. En 1699, le pape Innocent XII en personne eut à statuer sur cette affaire, à la demande insistante du roi lui-même.

L'essentiel n'est cependant pas là : ce qui importe, pour nous, c'est que Bossuet et Fénelon incarnent deux versants du Grand Siècle. D'abord parce qu'ils furent associés aux « mystères de l'État » par leur fonction de pédagogue de fils et de petit-fils de roi, Bossuet pour le Dauphin dans les années 1670, Fénelon pour le duc de Bourgogne dans les années 1690. Ensuite parce que leur querelle marque en fait deux conceptions radicalement opposées de la nature et du fonctionnement de la chose publique : pour penser l'économie, pour penser la politique, pour penser la société. Bossuet et Fénelon proposèrent des options radicalement dissemblables. Aussi, à eux deux, symbolisent-ils une grande révolution intellectuelle : celle qui vit le passage du « tout à l'État » du XVIIe siècle au « tout à l'individu » du XVIIIe, c'est-à-dire le grand passage de l'absolutisme aux Lumières.

Le « tout à l'État » d'abord. Il s'agit là de Bossuet, « dictateur de l'épiscopat et de la doctrine », selon un mot de Saint-Simon. Sainte-Beuve le décrivait « dans sa chaire, adossée au trône », dominant le siècle. Né à Dijon en 1627, mort en 1704, Jacques-Bénigne Bossuet était l'aîné de dix ans de Louis XIV, et comme lui il mourut à l'âge, plutôt exceptionnel pour le temps, de soixante-dix-sept ans. Septième enfant et cadet d'une famille de parlementaires bourguignons étroitement liés à la nouvelle administration des maîtres des requêtes et des intendants, client de Condé, le vainqueur de

Rocroi et le gouverneur de Bourgogne, il fut successivement ou conjointement secrétaire et agent de la Compagnie du Saint-Sacrement – une association de militants post-ligueurs œuvrant au triomphe du catholicisme –, prédicateur de cour, précepteur de Monseigneur le Dauphin, évêque de Meaux, défenseur acharné du gallicanisme, chantre de la monarchie absolue, pourfendeur du quiétisme. Sa longue carrière, on le voit, l'a fait témoin et acteur des grandes évolutions théologiques, intellectuelles et politiques du Grand Siècle.

Surtout, en cette période de monarchie absolue, Bossuet s'est voulu le porte-parole des idées dominantes en matière politique. Il les formula à plusieurs reprises : dans son *Sermon sur les devoirs des rois*, en 1662, dans son *Discours sur l'histoire universelle*, en 1681, dans sa *Politique tirée des propres paroles de l'Écriture sainte*, particulièrement. Ce dernier traité, rédigé pour l'essentiel dans les années 1670, fut remanié entre 1700 et 1704, publié enfin en 1709 par les soins de l'abbé Bossuet, son neveu. Il était conçu, à l'origine, pour l'éducation du Grand Dauphin.

L'idée centrale qu'y développe Bossuet est que le roi puise son autorité de Dieu dont il est le « principal ministre ». C'est à lui, et à lui seul, qu'il doit rendre compte de son action : l'idéal de Bossuet est de voir s'instaurer une monarchie exemplaire, totalement responsable devant le Très-Haut. Car l'ordre politique n'est pas la conséquence d'un contrat passé entre les hommes, comme les philosophes Grotius ou Hobbes l'ont soutenu, le premier en 1625, dans son *Droit de la guerre et de la paix*, le second dans son *Léviathan*, en 1651. Le pouvoir vient du Ciel, il est sanctifié et authentifié par le sacre qui fait du souverain le roi « Très Chrétien ». En conséquence, la souveraineté royale est nécessairement située hors de tout contrôle humain : « Sire, soyez le Dieu de votre peuple, c'est-à-dire faites-nous voir Dieu en votre personne sacrée ; Dieu est le modèle des rois[1]. »

Dans une telle perspective, la monarchie absolue apparaît comme le meilleur des gouvernements, le moins tyrannique, car le roi cristallise en sa personne l'essence même de l'État : « Dieu est infini. Dieu est tout. Le prince, en tant que prince, n'est pas regardé comme un homme particulier : c'est un personnage public, tout l'État est en lui, la volonté de tout le peuple est renfermée dans la sienne. Comme en Dieu est réunie toute perfection, et toute vertu, ainsi toute la puissance des particuliers est réunie en la personne du prince. Quelle grandeur qu'un seul homme en contienne tant[2] ! »

Pour autant, la monarchie de droit divin n'est pas une dictature, ni même un pouvoir arbitraire, car « l'autorité royale est soumise à la raison » (V, 1), et le souverain, qui bannira toute passion, doit veiller, avant tout, au bien public ; il doit aussi veiller sur les finances, assurer une bonne justice, la « première institution de la royauté », assister les pauvres ; il doit être informé des difficultés de chaque province et savoir les résoudre : « Le prince doit connaître les hommes. [...] il faut, avant toutes choses, qu'il connaisse le naturel de son peuple. » Toute la politique d'enquêtes économiques entreprise par Colbert dans les années 1660 s'inscrit dans ce cadre.

Dans une telle perspective, les sujets n'ont cependant que des devoirs et peu de droits : « Les sujets doivent au Prince une entière obéissance » (VI, 2, 1). Et l'État royal requiert la force pour punir les fautifs. Or, l'hérésie est une faute, une « erreur impie », ce qui légitime le combat mené contre les protestants et, à terme, la révocation de l'édit de Nantes, décidée en octobre 1685[3]. Cet acte, Bossuet l'approuve pleinement : dans le livre VII de sa *Politique*, rédigé après la révocation, il explique que « le prince doit employer son autorité pour détruire dans son État les fausses religions. [...] Il est le protecteur du repos public, qui est appuyé sur la religion, et il doit soutenir son trône, dont elle est le fondement. [...] Ceux qui ne veulent pas souffrir que le prince use de rigueur en matière de religion, parce que la religion doit être libre, sont dans une erreur impie » (VII, 3, 9).

Définissant les assises de la royauté, Bossuet établit enfin un ordre des priorités : en premier lieu, « les armes », puis « les richesses ou les finances, les conseils ». Au moment où ce texte posthume fut publié, en 1709, l'année du « grand hiver » et des défaites cuisantes essuyées dans le cadre de la guerre de Succession d'Espagne (1701-1714), les critiques se multipliaient pourtant, on le verra, pour mettre en cause la légitimité d'un conflit qui apparaissait sans issue.

Certes, dans son ouvrage, l'évêque de Meaux ne manque pas de fustiger longuement les motifs « injustes » de la guerre, mais si la paix est proclamée le bien suprême, elle est aussi destinée à augmenter la force, en particulier monétaire, du prince en vue d'un prochain et inéluctable combat. Ainsi, la sixième proposition de l'article 6 du livre IX de la *Politique* indique que « de quelque paix qu'on jouisse, toujours environné de voisins jaloux, il ne faut jamais entièrement oublier la guerre, qui vient tout à coup. Pendant que l'on vous laisse en repos, c'est le temps de se fortifier au-dedans ».

« Un bandeau fatal sur les yeux »

Sur cette relation nouée et instituée entre le roi, la guerre et l'absolutisme, Fénelon apporte d'autres arguments, critiques cette fois. Avec lui, c'est un Grand Siècle différent qui se présente à nous. Fénelon fut lui aussi précepteur d'enfants royaux promis au trône : les ducs de Bourgogne, d'Anjou, de Berry. Descendant d'une vieille famille du Sud-Ouest établie près de Sarlat, François de Salignac de La Mothe Fénelon est né en 1651. Cadet d'un lignage désargenté, il était promis à une carrière ecclésiastique ordinaire. Son destin bascula grâce à quelques rencontres décisives, à Paris, dans les milieux dévots de Saint-Sulpice et de la Compagnie du Saint-Sacrement. C'est là qu'il fit la connaissance des ducs de Beauvilliers et de Chevreuse, gendres de Colbert, dont il devint le directeur de conscience et le précepteur de leurs enfants. C'est là aussi qu'il fut remarqué par Bossuet, qui devint son protecteur. Ces hommes d'influence, très proches du roi, lui permirent d'être admis dans les cercles de la Cour, et lui-même multiplia les actes d'allégeance et les lettres de sollicitation.

Il devint donc, en 1689, le précepteur du duc de Bourgogne, le turbulent et indiscipliné fils du Dauphin, qu'il transforma, en l'espace de quelques années, en un élève attentif et appliqué. Les courtisans ne manquèrent pas de noter le contraste entre la réussite éducative de Fénelon et l'échec de Bossuet, ce qui contribua, sans nul doute, à aigrir les relations entre les deux hommes. Vingt ans plus tôt, en effet, l'« aigle de Meaux » n'était pas parvenu à transformer le Grand Dauphin : « La manière rude avec laquelle on le forçait d'étudier, écrit Mme de Caylus, dans ses *Souvenirs*, lui donna un si grand dégoût pour les livres, qu'il prit la résolution de n'en jamais ouvrir quand il serait son maître ; il a tenu parole. » Tout au contraire, le duc de Bourgogne impressionna par sa soif d'apprendre, par sa persévérance à bien faire, par sa dévotion ; Louis XIV craignit même que Fénelon n'initie son petit-fils au mysticisme de Mme Guyon. Et le royal disciple resta jusqu'au bout fidèle à son maître, malgré la condamnation papale et la disgrâce qui frappèrent l'archevêque de Cambrai pour cause de quiétisme : à partir de 1699, le roi lui interdit toute entrée à Versailles.

Comme Bossuet, Fénelon transcrivit son expérience de pédagogue dans de nombreux essais destinés à dessiner le portrait d'un « parfait souverain », et comme Bossuet il révèle une conception à la fois finaliste et hiérarchique d'un monde ordonné par Dieu. Pourtant, à la différence de l'évêque de

Meaux, ce qui frappe dans son écriture, c'est sa dimension critique, associée à un grand conservatisme social et politique. En effet, dans sa théologie comme dans sa philosophie, Fénelon – héritier, il ne faut jamais l'oublier, d'un très ancien lignage aristocratique et féodal – développe le même paradoxe qui sera énoncé un peu plus tard par le duc de Saint-Simon : l'alliance d'une vive attaque de la situation présente, jointe à des remèdes puisés dans un passé mythifié.

La critique du présent est manifeste dans de nombreux textes de Fénelon. D'abord, la célèbre *Lettre anonyme à Louis XIV*, écrite en 1693 ou en 1694, dans le contexte de la guerre de la ligue d'Augsbourg, aggravée par la plus désastreuse crise de subsistances du siècle (deux millions de morts ?). Mme de Maintenon et le duc de Beauvilliers en eurent connaissance, et peut-être le roi lui-même. Dans cette lettre, Fénelon met en garde le souverain : « Vous vivez comme avec un bandeau fatal sur les yeux » ; le pouvoir monarchique est corrompu ; il est devenu un véritable despotisme, dont les ministres sont les instruments car, « depuis environ trente ans, vos principaux ministres ont ébranlé et renversé toutes les anciennes maximes de l'État, pour faire monter jusqu'au comble votre autorité qui était devenue la leur parce qu'elle était dans leurs mains. On n'a plus parlé de l'État ni des règles, on n'a plus parlé que du roi et de ses plaisirs ».

En cette douloureuse fin de règne dominée par des guerres longues, épuisantes, coûteuses, la politique extérieure fait l'objet des plus vives attaques : « On a causé depuis plus de vingt ans des guerres sanglantes. [...] La guerre de Hollande [1672-1678] a été la source de toutes les autres. Elle n'a eu pour fondement qu'un motif de gloire et de vengeance, ce qui ne peut jamais rendre une guerre juste. » Et les conflits militaires, avec leur cortège de destructions, avec leurs exigences fiscales, provoquent la ruine économique, anéantissent le commerce, appauvrissent la société : « Vos peuples, que vous devriez aimer comme vos enfants, et qui ont été jusque ici si passionnés pour vous, meurent de faim. La culture des terres est presque abandonnée ; les villes et la campagne se dépeuplent, tous les métiers languissent, et ne nourrissent plus les ouvriers. Tout commerce est anéanti. Par conséquent, vous avez détruit la moitié des forces réelles du dedans de votre État pour faire et pour défendre de vaines conquêtes au dehors. [...] La France entière n'est plus qu'un grand hôpital désolé. »

Au moment de la guerre de Succession d'Espagne (1701-1714), les critiques de Fénelon s'amplifient encore. Le 4 août 1710, il écrit au duc de Chevreuse, l'un de ses plus fidèles protecteurs, mais aussi « l'oreille » de Louis XIV suivant le témoignage de nombre de contemporains : « Notre mal vient de ce que cette guerre n'a été jusqu'ici que l'affaire du roi, qui est ruiné et discrédité. Il faudrait en faire l'affaire véritable de tout le corps de la nation[4]. » Quelques années plus tôt, en 1699, dans son *Télémaque*, que Bossuet jugeait « un ouvrage peu sérieux et peu digne d'un prêtre », opposant les merveilles d'une Bétique[5] antique, pacifique et travailleuse, aux désastres provoqués par les appétits insatiables des princes de guerre, Fénelon expliquait qu'un conquérant est un homme que les dieux, irrités contre le genre humain, ont donné à la terre pour ravager les royaumes, répandre partout l'effroi, la misère et le désespoir : « Ces grands conquérants, qu'on nous dépeint avec tant de gloire, ressemblent à ces fleuves débordés qui paraissent majestueux, mais qui ravagent toutes les fertiles campagnes qu'ils devraient seulement arroser[6]. » Et dans ses *Dialogues des morts*, une suite de dialogues imaginaires opposant, à la mode de Plutarque, de grands hommes du passé, le précepteur du duc de Bourgogne fait dire à Socrate que c'est une conduite insensée, brutale, pernicieuse « que le chef d'une nation mette sa gloire à augmenter la puissance de son peuple, en troublant le repos et la liberté des peuples voisins ». Sa conclusion est sans appel : la guerre est le plus grand de tous les maux, un déshonneur pour le genre humain[7].

Après le versant critique de l'œuvre de Fénelon, voici le versant positif, constructif. On le trouve essentiellement dans *Les Aventures de Télémaque* (1699), *L'Examen de conscience* (1702), et surtout les *Tables de Chaulnes* (1711). *Télémaque*, déjà évoqué, dresse dans son livre XXII un tableau du peuple de Bétique harmonieux et prospère, car il vit dans la paix, sous la « droite nature ». Comme souvent à cette époque, l'utopie véhicule un modèle économique : ce royaume imaginaire, « cultivé comme un jardin », permet à Fénelon de décrire l'organisation d'une société parfaite. La Bétique est peuplée de laboureurs, de pasteurs, d'« ouvriers diligents », vêtus sobrement ; c'est une société simple, qui dédaigne l'or, l'argent, les pierres précieuses et le luxe qui « empoisonne toute une nation ». Le travail est créatif, facteur de développement et de progrès humain. La Bétique, sagement gouvernée par Idoménée, « roi philosophe », est une société de petits producteurs accédant au bonheur parce que l'intérêt particulier coïncide avec l'intérêt général. Les philosophes des Lumières ont vu dans cette description un modèle de monarchie éclairée.

Écrit, peut-être, en 1702, *Examen de conscience sur les devoirs de la royauté* est, cette fois, un conseil pratique adressé au Prince. Pour qu'il puisse mener une politique efficace, il faut en effet que le roi connaisse son royaume, le nombre de ses habitants ; il faut qu'il consulte les hommes les plus éclairés, les plus zélés, et qu'il se méfie de ses ministres qui l'endorment sous la flatterie ou par des rapports truqués. Surtout, le roi doit prêter une grande attention aux impôts, qui seront indexés sur les capacités réelles du royaume et non sur ses besoins, car « les subventions des peuples doivent être employées pour les vraies charges de l'État. Vous devez vous étudier à retrancher, dans les temps de pauvreté publique, toutes les charges qui ne sont pas d'une absolue nécessité ».

Quelques années plus tôt, en 1697, la grande enquête décidée conjointement par le duc de Beauvilliers et Fénelon se voulait l'application de ce principe : il s'agissait de fournir au futur roi, le duc de Bourgogne, qui atteignait alors ses quatorze ans, les outils d'une parfaite connaissance du royaume afin qu'il puisse agir efficacement. Cette enquête marquait une étape nouvelle du savoir élaboré par les hommes de l'État, car à la tentative de mesure des seules capacités financières d'un territoire (Colbert) succédait une volonté d'évaluation de l'ensemble de ses richesses : « Savez-vous, écrit Fénelon s'adressant au duc de Bourgogne, le nombre d'hommes qui composent votre nation, combien d'hommes, combien de femmes ; combien de laboureurs, combien d'artisans, combien de praticiens, combien de commerçants, combien de prêtres et de religieux, combien de nobles et de militaires ? Que dirait-on d'un berger qui ne saurait pas le nombre de son troupeau ? Il est aussi facile à un roi de savoir le nombre de son peuple : il n'a qu'à le vouloir. [...] Un roi ignorant de toutes ces choses n'est qu'un demi-roi. »

Une refonte générale des institutions

Le questionnaire envoyé à tous les intendants, le 12 février 1697, leur enjoignait donc de rédiger un mémoire présentant un tableau complet de leur province « pour servir d'instruction à Monseigneur le duc de Bourgogne ». Il y eut loin, sans doute, entre le programme fixé et sa réalisation. Les trente intendants (environ) répondirent, sauf un (celui de Perpignan, mort avant d'avoir terminé son mémoire). Mais nombre d'entre eux s'acquittèrent souvent médiocrement de leur mission. Ils présentèrent un tableau adouci d'un royaume dont nous savons, par ailleurs, la situation de crise et de misère, accentuée par le « dérèglement des saisons » des années 1692-1694 (étés pourris, pluies, froids…) et la lourdeur des prélèvements fiscaux. Mais Fénelon contribua à un processus irréversible : la grande enquête pour le duc de Bourgogne servit de modèle et d'exemple pendant un siècle, jusqu'aux mémoires des préfets du début du XIXe siècle, lorsque Chaptal, ministre de l'Intérieur, assigna aux préfets de l'an IX, dans la continuité des grandes enquêtes entreprises au temps des rois absolus, la mission de « donner à la nation la connaissance exacte de ses richesses et de ses ressources ».

Dans ce registre concret de la contribution de Fénelon à la pensée et à la pratique politiques, il faut surtout citer les *Tables de Chaulnes.* Le 14 avril 1711, le Grand Dauphin, l'ancien élève de Bossuet, l'héritier direct du trône, meurt. Le souverain virtuel est désormais son fils, le duc de Bourgogne, âgé de vingt-neuf ans, petit-fils du vieux Louis XIV, resté toujours fidèle à son bon maître Fénelon. Ce dernier, en exil forcé dans son archevêché de Cambrai depuis l'affaire du quiétisme, envisage désormais l'avenir sous des couleurs moins sombres : peut-être même sera-t-il, bientôt, associé au gouvernement ? Télémaque, le fils d'Ulysse, et son vieux Mentor pourront-ils, enfin, quitter le monde de la fable ? À l'automne 1711, avec le duc de Chevreuse, Fénelon met au point, dans cette perspective, un plan de gouvernement. C'est dans cet ouvrage, élaboré à Chaulnes, un domaine picard appartenant au duc, qu'il s'est le plus approché d'une politique pratique.

Le programme d'un « plan de réforme après la paix » se révèle vaste et radical : on y trouve la suppression de toutes les pensions « non nécessaires », la convocation régulière, tous les trois ans, des états généraux, appelés « les états du royaume entier », l'affirmation de la liberté économique : « La France est assez riche, si elle vend bien son blé, huiles, vins, toiles, etc. Ce qu'elle achètera des Anglais et des Hollandais, sont épiceries et curiosités nullement comparables. Laissez liberté. » Et la paix sera une règle d'or : « Jamais de guerre générale avec l'Europe. Rien à démêler avec les Anglais. » Il conviendra enfin d'établir partout des états provinciaux qui voteront un impôt nouveau, léger, annuel, portant sur les revenus de la terre, et qui remplacera toutes les anciennes taxes. Fénelon et le duc de Chevreuse proposaient, on le voit, une refonte générale des institutions : l'autorité royale en sortait diminuée face aux états généraux, aux états provinciaux, à la vieille noblesse aussi qui devait reconquérir une part de ses droits confisqués par la monarchie absolue. Le rêve de Fénelon était bien celui d'une monarchie nobiliaire, où une aristocratie épurée et rénovée, après une diligente enquête sur les usurpateurs de noblesse, contrôlerait l'autorité royale.

Mais les *Tables de Chaulnes* demeurèrent à l'état de projet : en février 1712, le jeune Dauphin mourut à son tour, annulant tous les espoirs de Fénelon. « Tous mes liens sont rompus, [...] rien ne m'attache plus à la terre », déclara-t-il alors. Mentor mourut trois ans après son Télémaque, en janvier 1715. Tout pourtant ne fut pas qu'utopie : quelques mois plus tard, le Régent mettait en place la « polysynodie », un système de conseils aristocratiques qui répondait en partie aux vœux de Fénelon. Expérience éphémère : divisés par des rivalités de clans, minés par des querelles de préséance, affaiblis par le peu d'expérience et de crédibilité de la plupart de leurs membres dans la gestion des affaires, les sept conseils de la polysynodie se révélèrent assez vite incapables d'efficacité politique, à l'exception du Conseil de la marine, présidé par le comte de Toulouse, bâtard de Louis XIV. À l'automne 1718, Philippe d'Orléans abolit ce que Saint-Simon lui-même, pourtant ardent partisan de ces conseils aristocratiques, appelait des « pétaudières ».

Bossuet, l'« aigle de Meaux », chantre de la monarchie absolue ; Fénelon, qui ne dédaignait pas de s'intituler « prince d'Empire et archevêque-duc de Cambrai », critique, réformateur, homme des Lumières ? Ce schéma est en partie justifié. Mais en partie seulement, car il ne faut pas se tromper d'époque ni d'objet ; la fin du règne de Louis XIV n'est pas la veille de la Révolution. Si Fénelon envisage la convocation des états généraux, il les considère avant tout comme une assemblée dominée par la vieille noblesse, celle-là même que l'absolutisme a éloignée du pouvoir depuis Richelieu, au moins. Plus clairement encore, dans sa lettre du 4 août 1710, quand il évoque le « corps de la nation », il précise bien qu'il ne s'agit que des « principaux évêques et seigneurs », des « plus célèbres magistrats », des « plus puissants et plus expérimentés marchands », des « plus riches financiers ». Il proposait néanmoins, ce qui se révélait d'une certaine hardiesse après plusieurs décennies d'absolutisme, de rendre tous ces hommes « responsables du gouvernement » par les « lumières » que le roi pourrait faire naître de leurs « conseils ».

Mais en cette crépusculaire fin de règne du Roi-Soleil, Fénelon n'est pas la seule voix qui s'élève pour proposer du nouveau. Au même moment, l'économie politique naissante – celle de Vauban et de Boisguilbert notamment – disqualifiait, elle aussi, ce « tout à l'État » qui caractérise et définit l'absolutisme : elle insistait sur le rôle moteur des agents individuels, sur le jeu de l'intérêt privé, sur la force des activités de production et d'échanges considérées tout à la fois comme le moyen d'échapper à la violence, à la lutte armée entre les États, et la principale source du bien-être de chacun dans un royaume enfin pacifié.

Prologue aux Lumières, toutes ces voix, toutes ces écritures passaient, on le voit, de l'analyse des « nécessités de l'État » à celle des aspirations et des besoins de la personne. À partir de 1715, au lendemain de la mort de Louis XIV, qui laissait désormais à Dieu seul le privilège d'être Grand, la politique pacifique, apaisante, anglophile du Régent et de l'abbé Dubois fut une première réponse, concrète, à une attente largement partagée. Les leçons de Mentor n'étaient pas restées tout à fait lettre morte…

24

Le roi et son peintre : l'invention de l'art officiel

Charles Le Brun a construit l'image de l'absolutisme royal. Louis XIV lui doit beaucoup. Qui est cet homme ? Comment travaillait-il ? Quels étaient les rapports entre le souverain et son « imagier » favori ?

*

Si Eugène Delacroix s'identifie au romantisme, Claude Monet à l'impressionnisme, Charles Le Brun (1619-1690) exprime lui aussi pleinement la créativité et l'esprit de toute une époque : le Grand Siècle, et plus précisément le « siècle de Louis XIV ». Égal du Bernin pour l'Italie, de Rubens pour les Flandres, de Vélasquez pour l'Espagne, il lègue à la postérité une invention promise, pour le meilleur et parfois pour le pire, à un grand avenir : l'art officiel, entièrement au service du pouvoir, un pouvoir pleinement incarné par le Roi-Soleil.

Le pouvoir, Charles Le Brun l'a rencontré et fréquenté très tôt : fils de Nicolas Le Brun, un artiste modeste employé à des travaux de sculpture dans les jardins, il s'est formé auprès de plusieurs maîtres, dont Simon Vouet. Mais c'est la rencontre avec le chancelier Pierre Séguier, dans les années 1635-1636 (il a alors seize ans), qui fut décisive.

Dès 1638, grâce à l'intervention de son influent protecteur, il est nommé « peintre ordinaire de Sa Majesté Louis XIII ». Il est présenté au tout-puissant Richelieu, qui, conquis par ses créations, lui commande plusieurs tableaux. Le chancelier lui offre alors un voyage en Italie – parcours obligé de tout peintre en quête de reconnaissance et de légitimité. À Rome en 1642, en compagnie de Poussin, il côtoie les chefs-d'œuvre des grands maîtres (Raphaël surtout pour les *Stanze* du Vatican), effectue des copies pour la galerie de son patron mécène, et admire le palais Farnèse.

De retour à Paris en 1646, Le Brun travaille pour de nombreux commanditaires, sans jamais oublier son premier patron. En 1648, avec quelques jeunes créateurs avides d'indépendance, il fonde et dirige l'Académie royale de peinture et de sculpture, au nom de la liberté de l'art et de l'artiste contre les contraintes imposées par les corporations. Jusqu'alors, comme n'importe quelle occupation manuelle, peinture et sculpture étaient assimilées aux « arts mécaniques » ; désormais, peintres et sculpteurs accèdent à un statut traditionnellement réservé aux « arts libéraux ».

En 1656, Le Brun obtient un brevet de peintre ordinaire du roi Louis XIV et, de 1657 à 1661, il travaille prioritairement pour Nicolas Fouquet, qui lui verse une pension de 12 000 livres. À la demande du surintendant des Finances, dans le grand chantier du château de Vaux, Le Brun expérimente un programme d'images visant à l'exaltation du maître des lieux. Nicolas Fouquet lui a aussi confié la création et la direction de la manufacture de tapisseries qu'il installe à Maincy, près de Vaux, dans un couvent désaffecté. Il dirige alors toute une équipe de tapissiers, de peintres, de sculpteurs, d'ébénistes, d'orfèvres et, avec Torelli (magicien machiniste), il imagine pour les fêtes de son patron-mécène d'extraordinaires décors, des combinaisons inédites d'architectures, d'eaux et de feux. Ces magnificences provoquèrent, on le sait, la vive colère de Louis XIV et la disgrâce de celui qui commit l'erreur d'oser ce défi d'autoglorification : un crime de « lèse-image », en somme, de la souveraineté absolue du prince.

« *Manufacture de la grandeur* »

Un patron chasse l'autre : à partir de 1661, Charles Le Brun se voue totalement au service du Grand Roi. Celui-ci a été impressionné par une série de grandes toiles, réalisées par le peintre, notamment *Les reines de Perse aux pieds d'Alexandre* : Nivelon, le biographe de Charles Le Brun, raconte que chaque jour, pendant que le peintre travaillait, dans le château de Fontainebleau, le roi et son entourage venaient le regarder. « Les courtisans identifiaient dans cette œuvre Louis XIV avec Alexandre le Grand. Dès lors le tableau devenait, pour eux, admirable et sacré. »

Avec le début du règne personnel de Louis XIV, une grande part de la création artistique est captée à des fins politiques. Une véritable « manufacture de la grandeur royale » se met en place, dédiée à la représentation de l'État, à la fabrique d'un pouvoir pleinement incarné.

Ce dispositif d'exaltation de la gloire du prince repose tout entier sur le travail de quatre hommes : Colbert, surintendant des Bâtiments, protecteur de l'Académie de peinture et de sculpture, patron de la Petite Académie (quelques lettrés chargés d'élaborer les programmes de représentation du roi) ; Charles Perrault, homme lige de Colbert, membre de la Petite Académie, commis puis contrôleur général des Bâtiments du roi ; André Félibien, « historiographe du roi et de ses Bâtiments, des Arts et Manufactures de France ». Charles Le Brun, notre quatrième homme, occupe ici une position centrale. Il est en effet premier peintre du roi, chancelier de l'Académie de peinture et de sculpture, membre de l'Académie d'architecture, directeur de la manufacture des Gobelins. Sans doute n'est-il pas le « dictateur des arts » de la monarchie absolue, comme certains historiens de l'art l'ont trop souvent qualifié, mais il en fut assurément le chef d'orchestre.

Cette équipe restreinte, polyvalente, commande et forme les exécutants, dirige la production, supervise les descriptions, organise la diffusion. Elle impose un art officiel non seulement à Paris et dans les palais royaux, mais aussi chez les grands et en province. La création des manufactures des Gobelins et de Saint-Gobain chargées de la création de l'environnement matériel des palais royaux, la réorganisation de l'Académie royale de peinture et de sculpture, la fondation de l'Académie de France à Rome – autant d'organismes dans lesquels Charles Le Brun occupe une fonction de direction – donnèrent à la monarchie française les moyens de se constituer un cadre complet pour la réalisation d'œuvres à sa gloire : suites de tapisseries de l'*Histoire du roi*, des *Mois* et des *Saisons*, des *Éléments*, mobilier d'argent, miroirs d'ameublement, copies de statues antiques des collections romaines…

Louis XIV fut ainsi sans cesse mis en scène et en images, notamment à la guerre. Outre ses historiographes, lors de chacune de ses campagnes militaires le roi était accompagné de peintres et de graveurs – Joseph Parrocel, Adam François Van der Meulen, nommé en 1664 peintre des batailles du roi –, et Charles Le Brun, évidemment, qui multiplia les croquis pris sur le vif, au crayon noir et à la plume.

Comment représenter le souverain ?

Jusqu'à la mort de Colbert en 1683, Le Brun fut de plus en plus accaparé par ce qui a été, d'une certaine manière, l'œuvre de sa vie : Versailles, véritable « architecture parlante » de l'État absolu, un temple voué à la religion du roi. Par la manufacture des Gobelins, où il règne sans partage, la décoration lui appartient intégralement ; Louis Le Vau est un de ses plus vieux collaborateurs ; André Le Nôtre, un ancien condisciple, est un ami ; Jules Hardouin-Mansart, un élève. Et il dispose d'une armée de sculpteurs à ses ordres : Regnaudin, Le Hongre, Marsy, Guérin, Tuby, Magnier, Caffieri, Desjardins, bien d'autres encore, mobilisés pour décliner la gloire du souverain. Car tout ici a une valeur allégorique : les captifs sculptés signifient que Louis XIV a vaincu de nombreux peuples ; le serpent Python, né des impuretés de la Terre et percé dès sa naissance des flèches d'Apollon, c'est la Rébellion, que les glorieuses Vertus du roi-Apollon ont réduite à l'impuissance ; les quatre parties du monde indiquent que le souverain a réuni les raretés de la Terre entière pour décorer ce lieu.

Louis XIV veille en personne, jalousement, aux thématiques chargées d'illustrer cette « gloire » à laquelle il tient plus que tout : nous savons que lorsque Charles Le Brun conçoit un croquis, il le soumet au roi et le remet ensuite, avec son approbation, aux artistes chargés d'exécuter d'abord une maquette précise, puis le modèle définitif. Pour chaque scène, l'artiste compose plusieurs esquisses (trois projets différents pour la seule *Conquête de la Franche-Comté*) : Louis XIV choisit la version qui lui convient. Le Brun exécute alors à l'huile une petite étude poussée du dessin adopté. Le sujet arrêté, l'armée des élèves se met au travail : le maître a le don de commander comme un général d'armée. Il ne prend sans doute lui-même qu'une petite part à l'exécution définitive, travaillant surtout vers la fin, rectifiant les erreurs, donnant les derniers coups de pinceau…

Comment représenter le roi ? La réponse à cette question a préoccupé Charles Le Brun tout au long de son œuvre créatrice, qui fait apparaître trois étapes qui sont aussi trois manières de « dire » le pouvoir.

Le Grand Appartement à Versailles, d'abord, réalisé entre 1671 et 1681, « où le roi reçoit mais ne vit pas ». Ce qui domine ici, c'est l'allégorie et l'histoire antique. André Félibien explique, dans sa *Description sommaire du château de Versailles* (Paris, 1674), que « comme le soleil est la devise du Roy, l'on prit les sept planettes pour servir de sujet aux Tableaux des sept pièces de cet appartement, de sorte que dans chacune on y voit représenter les actions des Héros de l'antiquité, qui ont rapport à chacune des planettes et aux actions de sa Majesté. On en voit les figures symboliques dans les ornemens de sculpture qu'on a faits aux corniches, et dans les plafonds ».

Détruit en 1752, l'escalier des Ambassadeurs est une deuxième étape de cette représentation du monarque : il fonctionne comme une entrée royale permanente fixée une fois pour toutes dans la pierre et dans la peinture, au moment même où la monarchie vient d'abandonner le cérémonial de l'entrée dans les villes du royaume. À la différence du programme iconographique du Grand Appartement, où triomphent l'allégorie seule et la « mythistoire » (mélange des dieux de la mythologie et des héros de l'antiquité exaltant les vertus et les actions du Roi Soleil), ici Charles Le Brun mêle la fiction, sous forme de symboles, d'allégories, de figures mythologiques (les mois, les muses, les dieux et déesses de l'Olympe…), et la réalité (les succès militaires de Louis XIV, mais aussi la réformation de la justice, le rétablissement du commerce, la réception des ambassadeurs), afin de mettre en valeur un « roi parfait ».

« *Trompe-l'œil* »

La galerie des Glaces vient compléter ce portrait en action du parfait souverain et constitue la troisième « option » pour représenter le roi. Décidé au lendemain de la paix de Nimègue (1678), le programme iconographique constitue une révolution dans la représentation du souverain. En effet, pour sacraliser ce que l'entourage du prince considère comme une victoire – en réalité, Louis XIV, le roi du plus puissant royaume d'Europe, n'a pas réussi à vaincre la petite et fière République de Hollande –, une séance du Conseil secret décide de modifier le projet initial présenté par Charles Le Brun (un cycle sur le thème d'Apollon ou d'Hercule) : « Sa Majesté résolut que son histoire sur les conquêtes devait y être représentée. » En deux jours, le peintre réalise le plan complet de la voûte : un vaste ensemble représentant les campagnes militaires du roi lors des guerres de Dévolution (1667-1668) et de Hollande (1672-1678). Colbert recommanda au peintre de « n'y rien faire entrer qui ne fût conforme à la vérité ».

« Conforme à la vérité » : le problème de la représentation du roi est ainsi placé au cœur de la querelle des Anciens et des Modernes. Contre les premiers, les seconds défendent l'idée d'un progrès de l'histoire qui rend inutile la référence constante à des modèles puisés dans le passé et surtout la mythologie : « Pourquoi donc chercher dans la fable, les travaux d'un Hercule, et dans l'histoire, celle d'un Alexandre, si Louis le Grand donne des exemples de toutes les vertus ? », écrit en 1686 Guyonnet de Vertron, historiographe du roi, dans son *Parallèle de Louis le Grand avec les princes qui ont été surnommés grands*.

La longue et haute galerie des Glaces fut achevée en 1684. La voûte fut recouverte de 27 tableaux, médaillons et camaïeux conçus comme un parcours initiatique à la gloire d'un prince « effaçant » la mémoire des « héros des siècles passés ». L'histoire officielle du royaume de 1661 à 1678 y est effectivement montrée, et elle se condense dans la seule action d'un souverain de guerre et de gloire, présenté non plus par la seule médiation de l'histoire ancienne, de la mythologie ou de l'allégorie, mais sous les traits véritables d'un roi portant une perruque, vêtu à la romaine, avec un ample manteau fleurdelisé.

*

Que serait l'État royal sans un tel dispositif de représentation ? Car la monarchie, qui est capable de beaucoup de choses, ne dispose pas des moyens pour maintenir toute une société dans la discipline, l'obéissance et le respect : que peuvent les quelques dizaines de milliers d'officiers – ils étaient 60 000 sans doute au temps de Colbert – pour encadrer les 20 millions de sujets que compte alors le royaume ? Images et représentations furent ainsi mobilisées pour donner corps à ce qu'on a nommé l'extériorisation visible du pouvoir. Louis Marin, que nous suivons ici, soutient même que le pouvoir absolu du monarque n'est devenu efficace que dans les signes qui le représentent : le roi ne serait ainsi vraiment, pleinement roi que dans des images qui constituent sa présence réelle. Il fallait, autrement dit, croire à l'efficacité de ces représentations iconiques, faute de quoi le monarque se viderait de sa substance par défaut de « transsubstantiation », et il n'en resterait plus que le simulacre, une enveloppe vide.

Si l'on admet qu'un roi n'a été vraiment roi que par le truchement des figures qui le représentent, Louis XIV fut sans doute le souverain qui se prêta le mieux à ce jeu d'incarnation imaginaire, et Charles Le Brun, à la tête de tous les chantiers royaux, fut au cœur de cette fabrique de la grandeur qui singularise le règne de Louis le Grand.

Il a été, d'une certaine manière, l'inventeur de l'art officiel, un art d'État parallèle à l'affirmation du pouvoir absolu qui préfigure, par bien de ses aspects, l'accompagnement visuel des États totalitaires du XXe siècle.

25

Versailles : le palais du plus grand roi du monde

Instrument de la grandeur et de la majesté du prince, Versailles s'offre à nous comme un livre d'images et de pierre de l'absolutisme. À partir du pavillon de chasse de Louis XIII, le château de Louis XIV fut peu à peu construit pour manifester par l'éclat de l'or, de l'argent, du miroir, de la peinture, de la sculpture, de l'orfèvrerie l'absolu de gloire et de puissance que le « plus grand roi du monde » prétendait incarner. « Il aimait cette maison avec une passion démesurée », affirme le marquis de Sourches.

*

Le 15 juin 1722, en fin d'après-midi, le jeune Louis XV, alors âgé de douze ans, retrouvait Versailles qu'il avait quitté depuis la mort de son arrière-grand-père en septembre 1715. À peine descendu de son carrosse, près de la cour de Marbre, son premier geste fut d'aller prier à la chapelle devant le saint-sacrement. Puis il alla courir dans les jardins que Louis XIV avait aimé lui faire découvrir. Il se dirigea ensuite vers le Grand Appartement, au premier étage du château. L'enfant-roi ne s'y arrêta pas, mais, traversant les sept pièces en enfilade, il alla tout droit vers la galerie des Glaces. Là, il se coucha de tout son long sur le parquet, et il passa un long moment à contempler les peintures de la haute voûte. Alors, tout l'entourage du souverain l'imita, s'assit par terre autour de lui et regarda les tableaux peints par Charles Le Brun, ces grandes images qui mettent en scène les exploits guerriers de « Louis le Grand ».

Le labyrinthe du parc a été détruit ; les meubles d'argent dessinés par Charles Le Brun ont été fondus et transformés en monnaie pour cause de déficit dû aux guerres épuisantes de la fin du règne de Louis XIV ; l'escalier des Ambassadeurs a disparu. Pourtant, les trois étapes du petit Louis XV nous donnent à voir, aujourd'hui encore, quelques-unes des fonctions que le Roi-Soleil avait assignées à ce palais, un palais inédit par ses dimensions, mais aussi par la multiplicité des significations attachées à chaque sculpture, à chaque bas-relief, à chaque peinture. Car nous savons que le roi a voulu inscrire dans la pierre et le marbre une volonté politique et démonstrative. Elle explique la fascination qu'exerça ce lieu auprès de nombre de souverains européens qui firent, au siècle des Lumières, de Versailles un objet d'imitation.

Une véritable somme politique

Matérialité de la grandeur et de la majesté du prince, Versailles s'offre à nous comme un livre d'images de l'absolutisme et, pour qui prend la peine de chercher à le lire, il peut être utilisé par l'historien, ainsi qu'il le pratique avec toute trace écrite du passé, comme une source à part entière, une architecture parlante. Car, à partir du noyau que constituait le pavillon de chasse que Louis XIII fit édifier et que son fils voulut conserver, le ou plutôt *les* Versailles de Louis XIV furent peu à peu construits pour manifester par l'éclat de l'or, de l'argent, du miroir, de la peinture, de la sculpture, de l'orfèvrerie, l'absolu de gloire et de puissance que le prince prétendait incarner.

Du simple portrait du roi aux complexes associations analogiques, toutes les représentations contribuent à constituer, dans le registre visuel, une véritable somme politique, l'aboutissement de longues recherches et de tâtonnements, une forme de perfection dans la manière de figurer le pouvoir dans sa version absolue dont, deux siècles plus tôt, l'entourage de François Ier avait établi le premier code visuel, une théologie politique nourrie du quadruple héritage de la chevalerie, de la culture antique, du christianisme et de la souveraineté impériale de Rome.

Le parcours de retrouvailles du jeune Louis XV, tout heureux de redécouvrir « son » Versailles, résume trois de ces images et de ces mises en scène du pouvoir dont son arrière-grand-père fut à la fois l'acteur principal et l'ordonnateur : la chapelle de pierres blanches, terminée en 1710, pour le roi Très Chrétien ; les jardins élaborés au début du règne pour le « beau prince » apollinien ; la galerie des Glaces, enfin, pour un roi de guerre et de puissance, représenté, au lendemain de la paix de Nimègue – qui mit fin, en 1678, à la guerre de Hollande –, sur le plafond de la voûte en maître tutélaire de l'Europe.

Le palais de Versailles fut l'instrument de la grandeur du prince. Il constitue, d'une certaine manière, en forme de reliquaire royal, le plus spectaculaire fondement de l'absolutisme. Mais il convient d'aborder et d'analyser avec prudence, et nuances, cet espace saturé de signes visuels car, selon un mot de la princesse Palatine, l'épouse allemande de Monsieur, frère de Louis XIV, « il n'y a pas un endroit à Versailles qui n'ait été modifié dix fois ». Le château fut, en effet, en perpétuelle métamorphose, et les étapes, les transformations, les repentirs de ce royal chantier traduisent les transformations, les affrontements esthétiques, et quelques-uns des enjeux politiques qui marquèrent le Grand Siècle. Les Versailles disent bien plus que l'image trop figée du « roi de gloire » renvoyée par les reflets et les feux des grands miroirs et des lustres de cristal de la galerie des Glaces qui captent chaque soir les éclats du soleil couchant.

À l'origine, Versailles fut, suivant le mot d'un contemporain, un « chétif château » : un modeste pavillon construit en 1623 sur une butte entourée de forêts et de marais, pour les longues parties de chasse qu'affectionnait le fils d'Henri IV, Louis XIII, roi cavalier et mélancolique qui préférait aux intrigues de la Cour la solitude et les grandes chevauchées dans les forêts giboyeuses de l'Île-de-France, à quelques lieues du Louvre. Ce château fut reconstruit en 1631-1634 par l'architecte Philibert Le Roy sous la forme d'un U souligné par quatre pavillons d'angle : brique, pierre, fossé, cour centrale, une seule épaisseur de logis. D'allure plus seigneuriale que royale, cette première construction, « un château de cartes » selon l'expression de Saint-Simon, demeure toujours aujourd'hui, à peine changée, face à la ville, comme enchâssée dans le Versailles de Louis XIV. En effet, par fidélité filiale, par volonté aussi d'affirmer la continuité dynastique, le roi, contre tous les avis, refusa de le détruire. Il accepta seulement, en guise de parure, que des bustes antiques soient placés sur la façade, et que la cour soit recouverte de carreaux de marbre blanc et noir.

Louis XIV découvrit Versailles pour la première fois le 18 avril 1651. Il avait alors douze ans et, comme son père, il venait chasser. Dix ans plus tard, le 9 mars 1661, mourut Mazarin, cardinal et « principal ministre ». Cette année-là, qui marque le début du long « règne personnel », le jeune souverain, qui a alors vingt-deux ans, décide de transformer et d'agrandir le pavillon de chasse. Louis Le Vau (1612-1670), l'architecte de Nicolas Fouquet à Vaux-le-Vicomte, en fut le maître d'œuvre jusqu'à sa mort, en 1670. Désormais, et jusqu'à la Révolution, le palais ne cessa d'être l'objet de multiples transformations.

Ce premier Versailles fut d'abord et surtout un grand jardin que le roi se plaisait à faire visiter. Plus tard, il rédigea un itinéraire, sans cesse remanié de 1689 à 1705, au rythme des aménagements successifs des allées, des fontaines, des statues… Dessiné par l'architecte-paysagiste Le Nôtre à partir de 1662, le parc est ponctué de bosquets, d'un labyrinthe de verdure. Rien ici n'est tout à fait gratuit, car le jardin est aussi conçu comme une parabole de l'autorité : ainsi, depuis le château, Apollon, le dieu du soleil, au centre du grand bassin qui porte son nom, assis sur son char, éclatant de jeunesse et de beauté, attire tous les regards ; comment ne pas y reconnaître une image du pouvoir personnel et rayonnant assumé par Louis XIV le lendemain même de la mort de Mazarin ? Comment ne pas voir aussi une allégorie du roi dans la grotte de Thétis, achevée en 1668[1] ? Le souverain y figure en Apollon, Roi-Soleil, et la course royale du dieu à travers le ciel est comparée à l'activité bienfaisante du monarque, puis à son noble repos.

Les Plaisirs de l'Île enchantée

« Tous les jours, les bals, les ballets, les comédies, les musiques de voix et d'instruments de toutes sortes, les violons, les promenades, les chasses et autres divertissements ont succédé les uns aux autres », écrivait en 1663 Colbert, contrôleur général des Finances officiellement à partir de 1665 et principal ministre de Louis XIV jusqu'à sa mort en 1683. La plus célèbre des réjouissances royales se déroula dans les jardins de Versailles du 7 au 12 mai 1664 : devant 600 courtisans, la fête des *Plaisirs de l'Île enchantée*, ordonnée autour d'un thème inspiré du *Roland Furieux – Orlando Furioso* – de l'Arioste, fut donnée en l'honneur de Mlle de La Vallière, la favorite du roi. Les trois premiers actes du

Tartuffe de Molière y furent joués, au grand scandale des catholiques dévots qui entouraient Anne d'Autriche, la mère du roi. Lully accompagna la fête par sa musique, Benserade par ses madrigaux et ses sonnets. On y dansa, on y joua la comédie, on y participa à des carrousels, des courses de bague, des tournois…

Friand de ballets, de théâtre, d'opéra, le jeune roi lui-même n'hésitait pas à monter sur la scène pour jouer son propre rôle, offrant son corps transfiguré dans des personnages historiques, mythologiques et fabuleux. Il fut ainsi, tour à tour, empereur romain, Hercule, Alexandre… En 1669, par exemple, le roi interpréta le rôle d'Apollon dans le *Ballet de Flore* : il y apparaissait comme le « roi machine » d'une nature idéale dont il ordonnait le mouvement[2]. Le 4 février 1670 encore, lors d'un spectacle donné au moment du carnaval, Louis XIV joua le rôle d'Apollon, vainqueur du Python. Ce fut sa dernière apparition sur scène, car certains proches, paraît-il, firent comprendre au souverain que sa dignité était peu compatible avec de telles démonstrations ; désormais, la majesté royale n'admit plus que d'être spectatrice de sa propre gloire.

Cependant, Versailles, peu à peu, prenait l'apparence que nous lui connaissons aujourd'hui : Louis Le Vau, puis Jules Hardouin-Mansart conçurent une large enveloppe en pierres blanches qui s'appuyait sur les quatre pavillons du « chétif » château de briques. Côté parc, il disparut bientôt derrière une façade dont l'ampleur, l'unité, la majesté furent renforcées, à partir de 1679, par les longues ailes nord et sud. L'ensemble constituait, pour les contemporains, une nouveauté : rez-de-chaussée monumental à bossages[3], premier étage ionique, dernier étage corinthien, toit surbaissé se cachant derrière une balustrade. Cette construction inédite fut mise en valeur par un impressionnant système de terrasses étagées et d'escaliers monumentaux ponctués de parterres d'eau que constituent les bassins et le Grand Canal.

Tout a été conçu pour renforcer l'impression de grandeur et de solennité, grandeur et solennité qui participent à ce qu'on appellera, bien plus tard – au XIXe siècle –, le « classicisme ». Mais ce mot réducteur, qui ne s'applique qu'à la France du XVIIe, ne peut à lui seul définir la diversité des genres et des formes qui font de Versailles un espace de multiples expérimentations esthétiques, imitées en particulier de l'Italie baroque.

Dans les années 1670, l'austère pavillon de chasse de Louis XIII est donc devenu une énorme entreprise à la gloire du roi. Car tout ici, le château, le parc, mais aussi la ville majestueuse qui commence à s'édifier face à la vaste cour d'honneur, assume une signification politique. La nature et la pierre « réduites à l'obéissance » ne sont-elles pas la figure visible d'une entreprise que le roi voudrait mener à l'échelle d'un royaume peuplé de 20 millions de sujets ?

Cinquante ans de travaux

Pendant plus de cinquante ans se succèdent des travaux ininterrompus – mais Versailles est demeuré chantier jusqu'en 1789 – menés comme une entreprise militaire employant une armée d'ouvriers, d'artisans, de peintres, de sculpteurs, de paysagistes : le 31 mai 1685, Dangeau, un courtisan proche du roi, qui écrivit un précieux *Journal de la cour de Louis XIV* (1681-1715), rapporte qu'on évalue à 36 000 « les gens qui travaillent présentement ici ou aux environs de Versailles ». Envers du décor : les « cabales » – révoltes – d'ouvriers, misérablement payés et logés, sont nombreuses pour protester contre des conditions de travail inhumaines. Dans tous les cas, les gens d'armes ont le dernier mot. En 1678, l'année où

Charles Le Brun commence le programme des grandes peintures de la galerie des Glaces, Mme de Sévigné signale « la mortalité prodigieuse des ouvriers dont on emporte toutes les nuits, comme de l'hôtel-Dieu, des charrettes pleines de morts. On cache cette triste nouvelle pour ne pas effrayer les ateliers ». Mais il est vrai que, cette année-là, l'épidémie s'est ajoutée à la fatigue pour expliquer l'hécatombe des ouvriers travaillant au chantier.

Le prix de Versailles fit le désespoir du contrôleur général des Finances, qui préféra longtemps le Louvre, la vieille et malcommode résidence parisienne des souverains. Versailles – château, eaux, jardins –, ainsi que Trianon, Marly et Clagny auraient coûté, de 1664 à 1715, un peu plus de 80 millions de livres[4]. Pour une plus juste évaluation, il convient de comparer une telle somme au budget d'ensemble de la monarchie : la totalité du château équivaut à une année du prix de l'armée royale. En réalité, Versailles ne dépassa jamais 2 à 3 % des dépenses annuelles de l'État.

La réduction des grands à l'obéissance

Et il convient aussi, et surtout, de rapporter tous ces chiffres au bénéfice politique de l'entreprise, incalculable celui-là, en termes monétaires : car il s'agissait de « tenir » les grands, de transformer définitivement les gentilshommes hier encore turbulents et « malcontents », prêts à prendre les armes avec leurs vassaux, en courtisans dévots et fidèles à la cause du roi. De ce point de vue, la Fronde, c'est-à-dire la révolte des parlements et des chefs de lignage mécontents de l'autorité accrue du pouvoir royal qui éclata à Paris et dans de nombreuses provinces du royaume de 1648 à 1652, a sans doute coûté bien plus cher au souverain que l'ensemble des travaux du château. Versailles préservé de la versatilité de la foule parisienne, Versailles qui accueille bientôt près de 6 000 courtisans empressés n'est-il pas aussi une réponse, éclatante, à l'affront des grands ?

Ambassadeur du Brandebourg à Versailles à la fin des années 1680, Ézéchiel Spanheim témoigne, avec éloquence, de cette « réduction à l'obéissance » par l'étiquette quand il explique que la cour de France, « sur le pied où elle est sous ce règne, est dans une grande soumission pour son roi, en sorte qu'on ne saurait voir ni plus d'empressement à lui marquer son zèle et à lui faire sa cour, ni plus d'attachement à s'y acquitter, avec une régularité entière et exacte, des fonctions où chacun est appelé ».

À Versailles, instrument de la grandeur du prince, les sculptures, les bas-reliefs, les peintures forment un langage dont la mythologie et l'allégorie constituent l'alphabet, à une époque où l'élite cultivée utilisait les images mythologiques comme grille de lecture du monde[5]. L'allégorie, qui s'épanouit sur les murs et les plafonds du Grand Appartement, permet d'exprimer la transcendance et le sacré auxquels le pouvoir royal participe pleinement : le roi de France n'est-il pas « oint » de Dieu au moment de son sacre ? Son autorité, la majesté qui l'entoure et qu'il incarne ne tiennent-elles pas du « mystère » ?

Princes et héros de l'Antiquité

Conçu par le peintre et l'architecte Charles Le Brun, le Grand Appartement (1671-1681) est composé de sept pièces disposées en enfilade. Il fut conçu et réalisé à partir de modèles empruntés à l'Italie, en particulier l'appartement des Planètes, décoré par Pierre de Cortone dans les années 1640, dans la résidence du duc de Toscane à Florence, le palais Pitti.

À chaque pièce est affectée une planète du système solaire, et toutes comportent un système décoratif toujours élaboré sur le même principe : au centre du plafond, un motif mythologique est consacré au dieu correspondant à la planète à laquelle la pièce est dédiée Mercure, Apollon, Mars... ; sur les quatre voussures, des tableaux, 27 au total, représentent des scènes de l'histoire ancienne. C'est ainsi qu'Alexandre est représenté cinq fois : il épouse Roxane, il chasse le lion, il reçoit une ambassade indienne, il est avec Aristote, il est avec Porus. Auguste apparaît quatre fois : il est dans le cirque, il reçoit une ambassade, il fait bâtir Misène, il règle les dépenses de l'État...

Le recours à l'histoire confère une aura d'éternité aux actes du souverain ; elle a une valeur de retour aux sources, infiniment gratifiante à l'intérieur d'une pensée politique qui veut que tout règne soit la restauration de l'âge d'or, la répétition des actes fabuleux et des exploits des héros. Mais aussi leur dépassement. Car le roi surpasse chacun de ces héros : il capitalise la somme de leurs qualités. Ce qu'ils ont fait à quinze (Alexandre, Auguste, Cyrus, César, etc.), Louis XIV est capable de le faire seul. Les héros ne sont donc pas des modèles, mais des préfigurations, des hérauts annonçant la venue du « plus grand roi du monde », comme Louis aime se qualifier lui-même[6].

La galerie des Glaces, réalisée quelques années plus tard, va compléter ce portrait du parfait souverain : elle représente les campagnes militaires du roi lors des guerres de Dévolution (1667-1668) et de Hollande (1672-1678). La peinture *Le roi gouverne par lui-même*, qui occupe la position centrale, est la plus grande de la série des 27 tableaux qui recouvrent la voûte. Elle constitue « le nœud principal de tout » (Nivelon) : on y voit Louis entouré de figures allégoriques et mythologiques, revêtu d'une cuirasse à l'antique et drapé dans un manteau bleu. Il pose la main sur le timon d'un navire :

comme un capitaine, il est le seul maître à bord du grand vaisseau de l'État. Une femme assise sur un nuage, qui symbolise la Gloire, lui tend une couronne d'étoiles. Elle semble ignorer le cortège des amours, des nymphes, des dieux et des déesses qui l'entourent. Le *Faste des puissances voisines de la France*, représentées par des allégories, fait face à ce grand tableau. Nous sommes ici en présence d'un document unique : l'image que se faisait le roi de son pouvoir – absolu – et de son action – une Europe pacifiée sous son emprise.

À l'exemple des grands conquérants, Louis XIV voulait que les artistes et les meilleurs hommes de lettres de son temps ajoutent à la louange la mémoire des faits réels. Comme Le Brun et Van der Meulen en 1677, Racine et Boileau, nommés historiographes du roi en 1676, furent priés de suivre la campagne de 1678 et ils assistèrent auprès du roi à la prise de Gand. Van der Meulen et Parrocel peignirent « au vrai » les batailles et les sièges sur les parois de l'escalier de Versailles et des réfectoires des Invalides. Et Racine écrivit un *Éloge historique du roi sur ses conquêtes, depuis l'année 1672 jusqu'en 1678*.

Achevée en 1701, la chambre de Louis XIV au premier étage, tout à côté de la salle du Conseil, espace de décision politique de l'État royal, occupe le centre du palais : dans sa perfection rituelle et symbolique, le « système Versailles » est alors pleinement constitué. La chambre du souverain est d'une certaine façon le cœur du royaume, l'autel et le sanctuaire de la monarchie : l'espace royal est séparé du reste de la chambre par une balustrade, comme l'autel dans l'église. Elle abrite le culte quotidien des deux corps du roi : le roi physique, objet de la dévotion apparente des courtisans, en particulier au moment des levers et des couchers, minutieusement ritualisés, mais aussi le roi symbolique qui incarne, en sa personne, le principe de l'État. C'est dans ce lieu d'intimité publique que Louis aime recevoir les ambassadeurs des principales puissances de l'Europe afin de leur faire mesurer la grandeur et la majesté de son pouvoir.

« Le plaisir superbe de forcer la nature »

Le lit, placé exactement au centre du palais, est tourné vers la ville, très précisément dans le prolongement de l'axe central : la cité neuve de Versailles, décidée par Louis XIV en 1671, s'ordonne à partir de trois grandes et larges avenues – une rareté pour l'époque – qui se rejoignent à l'entrée de la grille du château, face au regard du prince. Dans le parc, le roi-Apollon surgit de l'eau comme pour domestiquer la nature ; dans le château placé en suréminence, le roi-homme, du centre de son palais, ordonne toute la société. Celui qui, suivant le mot de Saint-Simon, a eu « le plaisir superbe de forcer la nature » est bien le maître symbolique du monde…

Dédiée à Saint Louis, roi fondateur de la monarchie, au même titre que Hugues Capet, le premier roi sacré qui est à l'origine de la dynastie des Capétiens, la Grande Chapelle est achevée et consacrée en 1710. Elle est excentrée par rapport au palais, ordonné, nous l'avons vu, autour de la chambre, alors qu'à l'Escorial, le palais couvent-mausolée de Philippe II roi d'Espagne, tout était organisé autour de la chapelle. Avec son grand vaisseau blanc et or, celle de Versailles exprime le goût nouveau qui s'impose à la fin du règne et se développera dans les appartements privés de Louis XV et Louis XVI : le luxe quelque peu excessif qui a marqué le début du règne du Roi-Soleil cède devant une discrétion et une sobriété imposées par les malheurs du temps, de la guerre à la famine en passant par la faillite financière, et la pierre blanche qui provient des carrières de Créteil a été préférée aux marbres de couleur qui décoraient le Grand Appartement ou la galerie des Glaces.

Lors des offices qui ont lieu tous les matins, le roi assiste, impassible, aux célébrations, le plus souvent seul sur la tribune située de plain-pied avec le Grand Appartement, alors que les courtisans sont massés dans la nef. Rien d'original sans doute : à Aix-la-Chapelle, Charlemagne se tenait déjà à mi-distance entre la voûte, où le Christ – comme à Versailles – est représenté, et le rez-de-chaussée où étaient placés les assistants. Le pouvoir politique apparaît comme un intermédiaire entre les hiérarchies terrestres et célestes. Placé comme en suspension entre la terre et le ciel, le roi Très Chrétien n'a de compte à rendre qu'à Dieu seul : la disposition des participants lors des offices renvoie au fondement même de l'absolutisme de droit divin.

Un palais aux dimensions humaines

II convient pourtant de nuancer cette image d'une monarchie « officielle » dont le roi, en perpétuelle représentation, serait le pivot, à l'image du château organisé autour d'un lit. Cherchant un refuge pour une vie plus intime, Louis XIV fit construire par Mansart, entre 1679 et 1686, Marly, situé près de Versailles, mais protégé de la cohue de la Cour. Ce palais aujourd'hui disparu, d'une dimension plus humaine, abrita le séjour royal une dizaine de fois par an.

À la fin de sa vie, dans ce qu'il appelait son « ermitage », le vieux roi aimait, avec quelques intimes, écouter des petits concerts animés par Couperin, et dans l'appartement de Mme de Maintenon, la dernière de ses favorites – il l'épousa officieusement en 1683, dès la mort de Marie-Thérèse –, il conviait quelques dizaines de familiers à jouer au billard et à le consoler des malheurs de la guerre et des deuils continus qui le frappaient. Nous sommes loin ici, on le voit, de la majesté du roi Très Chrétien.

Généralisée dans la plupart des monarchies d'Occident, la Cour fut sans doute la plus éclatante réussite de l'ordre louisquatorzien. Elle fut à la fois un outil politique de domination sociale des aristocrates autrefois « malcontents » et une « mécanique », suivant l'expression de Saint-Simon, une mécanique réglée sur l'emploi du temps du roi. Car Versailles ne fut pas seulement un château et une ville neuve, objet d'imitation ; elle fut aussi le centre de gravité de la sociabilité aristocratique, le cœur du système cérémoniel de l'État royal.

Le sociologue Norbert Elias a montré comment un « système de cour », mis en place bien avant Louis XIV – Henri III, en 1585, tenta d'imposer un premier règlement –, a atteint sa perfection de fonctionnement à Versailles. Ce système était fondé sur la manipulation des hommes par le roi, à partir d'un jeu de jalousies, d'amour-propre, de devoirs réciproques, de compétition, que le souverain, seul gestionnaire des faveurs et des pensions, pouvait, d'un mot, d'un geste, d'un silence perturber. La force du pouvoir royal a tenu en partie à cette capacité de maintenir l'équilibre des ambitions des grands par l'aiguillon de l'honneur, « maître universel » dont le souverain, régulateur mimétique, était le distributeur : « C'est l'envie de plaire qui donne de la liaison à la société, écrit Montesquieu dans *Mes pensées*, et tel a été le bonheur du genre humain que cet amour-propre, qui devait dissoudre la société, la fortifie au contraire et la rende inébranlable. »

Versailles fut aussi un espace créateur de normes – le « goût », le langage... –, de productions esthétiques, de valeurs spécifiques transmises par la fête, le bal, le jeu, l'ordre de l'étiquette, ou tout simplement la mode : de l'alimentation – le thé, le café, le chocolat – aux vêtements et aux parures. Mais la Cour était avant tout investie d'une fonction politique : système de contraintes et de conventions, elle cristallisait en un lieu unique les tensions et les déséquilibres jusqu'alors peu contrôlables qui traversaient l'aristocratie et les groupes dominants. Car tenir dans un même espace les grands lignages du royaume – la Cour concernait 4 000 à 5 000 nobles environ vers 1690, 10 000 personnes en tout –, c'était contrôler en même temps le système pyramidal des clientèles et des « créatures » provinciales, s'assurer de leur fidélité. Nuançons toutefois cette « réduction à l'obéissance » : on peut évaluer à 200 000 environ le nombre de nobles dans le royaume ; Louis XIV a donc tout au plus « déraciné » à Versailles 2 à 3 % de l'aristocratie.

Si Versailles exerça un tel pouvoir de séduction auprès des aristocraties de toute l'Europe, c'est que jamais sans doute un modèle politique n'avait trouvé traduction architecturale et esthétique aussi cohérente : l'intégration, dans un même ensemble, d'une ville neuve, d'un château aux dimensions inédites, de jardins et de dépendances, le tout conçu pour la seule gloire du prince, surchargé de sens politique, tout cela constituait un modèle capable de « dire » le pouvoir, précisément au moment où, un peu partout en Europe, en Allemagne en particulier, se construisaient des États dont le prince voulait et pouvait affirmer son autorité.

L'influence de Versailles, inséparable de la diffusion de l'ensemble de l'art français, l'est aussi et surtout de la fascination exercée par la culture de cour que Louis XIV imposa aux nobles et aux grands, et qui fut imitée par toutes les sociétés nobiliaires de l'Europe : il s'agit d'un ensemble de comportements faits de discipline et de contraintes dont la « politesse » apparente et le rituel obligé de l'étiquette sont les normes principales. De Lisbonne à Saint-Pétersbourg, cette froide et minutieuse « rationalité de cour » fascina les élites : école de discipline et de comportement, la société aristocratique de Versailles fut aussi un creuset de l'homme moderne.

26

Versailles : vie et mœurs de la Cour

La cour de Louis XIV était régie par un complexe système de privilèges et de préséances qui tous avaient un sens. Au moindre signe, on décelait la faveur des uns, la disgrâce des autres, et même la qualité des relations qu'entretenait la monarchie française avec les autres États. L'un des grands ordonnateurs de ce rituel fut, pendant les seize dernières années du règne, le baron Louis Nicolas de Breteuil (1648-1728). Introducteur des ambassadeurs et des princes étrangers, il nous a laissé de cette époque un témoignage irremplaçable sous forme de Mémoires abondants et minutieux : sept volumes in-folio, 2 600 pages manuscrites[1]. Il s'agit là d'un document de premier ordre sur la société de cour, au moment même où elle venait d'atteindre un degré inégalé de perfection rituelle. Le baron de Breteuil nous permet de comprendre, de l'intérieur, l'étrange « mécanique » (le mot est de Saint-Simon) dont Louis XIV fut le maître d'œuvre.

*

À Versailles, centre de gravité de la sociabilité aristocratique, cœur du système cérémoniel de l'État royal, le monarque tenait particulièrement au respect d'une étiquette qu'il transforma en un puissant instrument de pouvoir et de domination : « Ceux-là s'abusent lourdement, écrivait-il à son fils dans ses *Mémoires*, qui s'imaginent que ce ne sont là que des affaires de cérémonie. Les peuples sur qui nous régnons, ne pouvant pénétrer le fond des choses, règlent d'ordinaire leurs jugements sur ce qu'ils voient au-dehors, et c'est le plus souvent sur les préséances et les rangs qu'ils mesurent leur respect et leur obéissance. Comme il est important au public de n'être gouverné que par un seul, il lui est important aussi que celui qui fait cette fonction soit élevé de telle sorte au-dessus des autres qu'il n'y ait personne qu'il puisse ni confondre ni comparer avec lui, et l'on ne peut, sans faire tort à tout le corps de l'État, ôter à son chef les moindres marques de la supériorité qui le distingue des membres. »

En matière de jurisprudence cérémonielle, le souverain était l'organisateur d'un rituel chargé de manifester, à tout moment, par des actes symboliques, une situation de soumission qui concernait autant les aristocrates de la Cour que les ambassadeurs et les plénipotentiaires des puissances étrangères. Tous savaient que chaque détail d'une cérémonie, chaque place occupée lors d'une manifestation protocolaire étaient chargés d'un prestige, d'un statut, d'une faveur. Ainsi, par exemple, lors des audiences publiques, les huissiers ouvraient les portes des appartements du palais à un ou à deux battants suivant le rang de celui qui était reçu par le roi.

L'ouverture des portes était aussi un indicateur d'un état de détente ou de crise dans les relations entre les États : en juin 1701, lors des cérémonies qui suivirent la mort de Monsieur, frère du roi, « on n'ouvrit qu'un battant des portes pour l'envoyé de l'empereur [Léopold Ier] ». Pour comprendre la portée de ce geste, il faut savoir que cette année-là la tension était à son comble entre Vienne et Versailles, car Louis XIV avait accepté, en novembre 1700, les conditions du testament de Charles II d'Espagne (1665-1700), mort sans héritier. Ce testament faisait de Philippe, petit-fils du Roi-Soleil, le nouveau roi d'Espagne sous le nom de Philippe V. L'alliance de la France et de l'Espagne bousculait l'équilibre européen et elle rendait la guerre inévitable : dès juillet 1701, les premiers combats avaient lieu en Italie du Nord entre Catinat, maréchal de France, et le prince Eugène, au service de l'empereur, inaugurant un des conflits les plus sanglants de l'Ancien Régime.

Depuis les premières grilles de la cour d'honneur du château jusqu'au roi, en passant par le grand escalier des Ambassadeurs qui conduisait aux appartements, les gardes-françaises et les gardes-suisses étaient disposés en haie au long du parcours d'un ambassadeur ou d'un prince étranger. Le nombre et la position de ces gardes, avec ou sans armes, drapeaux déployés ou non, tambours battants ou non, le salut des officiers, tous ces éléments étaient en relation directe avec la puissance de l'État que l'invité représentait ; ils pouvaient indiquer aussi une marque d'égard que le roi tenait à lui manifester, ou une prééminence qu'il voulait afficher.

Quand, le 16 février 1699, Louis XIV reçut Abdallah Bin Aycha, ambassadeur du Maroc, les gardes-françaises et suisses furent tous regroupés dans la première cour du château, « leurs armes et leurs tambours à terre et les étendards ployés. [...] Cela se faisait uniquement pour faire voir à ces ambassadeurs que le roi a une grosse et magnifique garde, et point pour leur faire honneur ». La rencontre du souverain avec l'ambassadeur eut lieu dans la chambre royale du Grand Appartement : le monarque avait ordonné à Breteuil de dire à l'émissaire du souverain du Maroc « de s'arrêter au bord du tapis, au-dessous et tout contre la marche de l'estrade » ; le roi, assis sur un fauteuil, « se découvrit seulement un moment et se recouvrit aussitôt ». Inversement, en mai 1704, bien que séjournant en France incognito[2] sous le nom du marquis de San Salvador, le duc de Mantoue fut reçu à Versailles avec un soin particulier en raison de son soutien militaire dans la guerre de Succession d'Espagne. Louis XIV multiplia les prévenances : il lui accorda une audience particulière et le duc bénéficia de la faveur remarquée d'un long entretien.

Dans l'ordre plus quotidien de la vie de cour, ambassadeurs et courtisans savaient que le droit au fauteuil (avec ou sans bras) ou le droit au tabouret[3] étaient strictement codifiés : le privilège de « femme assise » au souper du roi n'était accordé qu'aux duchesses. De même, les vêtements à porter suivant les heures de la journée ou selon les événements (un deuil, par exemple), les gestes à observer, en toutes circonstances, obéissaient à un code rigoureux de civilité et de bienséance : ôter son chapeau, le remettre – « Il n'y a qu'en France où ce soit une marque de respect d'avoir un chapeau sur la tête quand on est à table » –, se lever, s'asseoir, se mettre à genoux – c'est dans cette position que les représentants des villes haranguaient le roi –, s'avancer de quelques pas, faire une ou plusieurs révérences, baiser avec déférence la robe d'une duchesse avant de lui adresser un compliment, etc.

Les hommes et les femmes évoluaient, suivant leur rang, dans des « cercles » strictement définis : « Quand la reine vivait, jamais les dames étrangères ni françaises n'étaient présentées au roi dans son appartement. C'était toujours chez la reine, et c'était aussi à son cercle que les duchesses prenaient le tabouret pour la première fois. » Après la mort de Marie-Thérèse en 1683, l'étiquette fut modifiée : les dames étaient désormais présentées au roi, mais seulement à des moments précis de la journée. Ainsi, c'était au souper du souverain que les duchesses étaient admises à prendre le tabouret pour la première fois, et les autres, debout, « à lui faire leur cour ». Pour une femme de l'aristocratie ou une princesse étrangère, les privilèges les plus convoités, parce que parcimonieusement octroyés, étaient celui du baiser du roi, mais aussi la faveur de quelques paroles prononcées par le souverain d'une voix entendue de tous : en décembre 1703, quand la duchesse d'Albe fut reçue par Louis XIV, elle « approcha de Sa Majesté qui lui fit l'honneur de la baiser et lui parla. [...] La conversation dura près d'un quart d'heure, le roi étant toujours debout ». L'ensemble de ces gestes, de ces paroles, de ces silences donnait forme à un subtil dégradé de rangs et de fonctions qui provoquait une perpétuelle émulation parmi les courtisans, de « vrais singes de la royauté » s'il faut en croire La Bruyère, au point de leur faire « tourner la tête » au moindre signe d'attention manifesté par le roi.

Bien entendu, les représentants des puissances étrangères participaient à cette perpétuelle émulation porteuse d'un fort enjeu politique. « Pleine de tous les ambassadeurs et envoyés de l'Europe », la cour de Versailles était un microcosme de la hiérarchie des États. Ainsi, lors des cérémonies protocolaires, l'ambassadeur du roi de Pologne était toujours précédé par ceux des monarchies héréditaires « parce que son maître n'était qu'électif[4] ». De même, les envoyés des princes qui n'étaient pas rois – le duc de Toscane, par exemple – devaient céder le pas devant les représentants des « têtes couronnées », c'est-à-dire des souverains d'Espagne, d'Angleterre, de Suède, du Danemark, de Pologne. Ajoutons que la plupart des princes de l'Empire étaient en concurrence entre eux, mais que tous voulaient précéder les princes d'Italie qu'ils estimaient être leurs inférieurs.

À maintes reprises, le baron de Breteuil dut séparer des ambassadeurs et leurs suites, prêts à en venir aux mains. Et il n'était pas rare que les valets et les cochers vident les querelles de leurs maîtres à coups de bâton dans les arrière-cours de Versailles. L'envoyé du duc de Lorraine prétendait passer avant l'envoyé du grand-duc de Toscane et de tous les autres princes non rois, « parce que son maître n'était feudataire ni de l'empereur, ni du pape et que sa souveraineté était établie plusieurs siècles avant qu'il fût question des princes d'Italie d'aujourd'hui ». Tous les ambassadeurs catholiques cédaient le pas au nonce, le représentant du pape ; mais les envoyés des États protestants – l'Angleterre en particulier – refusaient de lui accorder une telle suprématie, considérant les États du pape comme une puissance de rang secondaire.

On peut imaginer la complexité du protocole qui réglait le bon déroulement de chaque audience : les discussions sur l'étiquette duraient parfois plusieurs semaines avant qu'un ambassadeur ne soit effectivement reçu. Afin d'éviter tout risque d'incident diplomatique lors des réceptions générales, Breteuil devait combiner plusieurs séances, une pour les ambassades protestantes, une autre pour les catholiques. Pour toutes ces cérémonies, un pas de trop, un pas en moins, un pas de côté, et toute la pyramide des préséances se trouvait bousculée ! « Les démarches d'un ambassadeur, indique Breteuil, les jours de cérémonie, sont des démarches graves, dont les pas sont comptés et mesurés et auxquels il n'est pas permis d'ajouter ou de retrancher, sans l'ordre exprès du roi. »

Dès que l'introducteur des ambassadeurs doutait de la bonne disposition des participants, il en référait aussitôt au monarque, seul décideur en la matière. Où, par exemple, placer les gentilshommes affectés au service d'un ambassadeur lors de l'audience de congé que leur accordait le souverain ? À la droite de l'ambassadeur ? À sa gauche ? Derrière lui ? Louis XIV répondait lui-même à ces questions : « Les gentilshommes que Sa Majesté commet pour avoir soin de ces sortes d'ambassadeurs, n'ont ni fonction ni rang à ces audiences : s'ils veulent y accompagner l'ambassadeur, ce ne peut être que confusément, dans la foule, derrière ou devant à leur choix, mais sans aucune distinction. » Et quand il le fallait, le roi décidait de bousculer le protocole jusqu'alors admis, car la seule règle pour lui était, suivant un mot de Breteuil, de « montrer sa grandeur », « faire parade de sa magnificence », surtout aux yeux des représentants des puissances étrangères. Versailles était ainsi le siège d'une perpétuelle « guerre de l'étiquette » dont Louis XIV était, dans tous les cas, le stratège et le vainqueur.

La réception de l'ambassadeur de Perse

Quelques ambassades se distinguèrent par leur importance ou leur singularité : par exemple, celle des représentants du Siam en 1684, celle de l'ambassadeur du Maroc en 1699, déjà évoquée, ou bien celle des émissaires perses qui eut lieu au début de l'année 1715. Elle fut la dernière grande manifestation diplomatique du règne.

Dès son arrivée, l'ambassade de Perse suscita une intense curiosité dans la population parisienne et chez les courtisans : à Charenton où l'ambassadeur séjourna quelque temps, l'empressement des dames, explique Breteuil, était si grand « et si précipité, qu'il y avait par jour plus de quarante carrosses à six chevaux pour le voir ». Cet intérêt n'est pas étranger à la naissance d'une « mode persane » dont Montesquieu avec ses *Lettres persanes* (1721) offre le témoignage le plus éclatant. Mehemet Reza Beg avait été envoyé en France par son maître, le shah Hussein Mirza, afin d'entreprendre des négociations politiques, militaires et commerciales. Pour recevoir ce représentant « du plus magnifique souverain de l'Orient », le baron de Breteuil proposa au roi d'élever un trône au bout de la galerie des Glaces afin de « frapper les yeux » de l'envoyé « du plus magnifique souverain d'Orient ».

Suivant les recommandations de Colbert, Charles Le Brun avait conçu la galerie des Glaces après le traité de Nimègue signé en 1678 qui mettait fin à la guerre de Hollande comme un manifeste architectural à la gloire d'un roi de guerre et de puissance. « Louis le Grand » était représenté sur les peintures de la voûte sous ses traits véritables, en souverain toujours victorieux, terrassant par sa seule présence les États en guerre contre lui. En 1684, le monarque avait reçu dans la galerie, à peine achevée, les ambassadeurs du roi de Siam. L'année suivante s'y était déroulée la cérémonie des excuses de la république de Gênes – malgré des accords signés avec la France, les Génois avaient fait armer des galères ; Louis XIV fit bombarder la ville et il fut exigé que le doge vienne en personne faire amende honorable auprès du roi, à Versailles.

Dans un premier temps, le souverain refusa la proposition du baron de Breteuil de recevoir l'ambassadeur de Perse dans la galerie, l'espace le plus prestigieux du palais. Il décida, comme il avait coutume de le faire, d'accueillir simplement Mehemet Reza Beg dans une des pièces du Grand Appartement, celle « qu'on appelle du trône, où il n'y a qu'une estrade d'une seule marche et un fauteuil à l'ordinaire ». Mais quelques jours plus tard, il apprit les exigences imprévues de l'ambassadeur : ce dernier voulait que Torcy, le ministre des Affaires étrangères, qu'il prenait pour l'équivalent du grand vizir, le conduise en personne à l'audience du roi. Il tenait aussi à venir à Versailles sur un cheval, ou seul dans un carrosse, « parce que sa loi lui défendait d'être assez près d'un chrétien pour en être touché et de s'enfermer dans une boîte avec lui » ; et il discutait le jour de l'audience, insistant sur une néfaste influence lunaire au mois de février. Aussi, pour affirmer sa puissance, le roi décida que la réception aurait finalement lieu dans la galerie des Glaces. Il recevrait donc l'ambassadeur du shah de Perse avec un faste inaccoutumé, « paré des diamants de sa couronne ».

Les plus hauts mystères du royaume

C'est ainsi que le 19 février 1715, Louis XIV accueillit solennellement Mehemet Reza Beg à Versailles. Sur son ordre, la Cour fut ce jour-là nombreuse et magnifiquement vêtue. Des gradins avaient été installés le long de la galerie pour accueillir les princesses et les dames, parées, sur ordre du souverain, de « beaucoup de pierreries à la tête ». Précédé de gardes-suisses en habit de cérémonie, l'ambassadeur devait traverser, à pas mesurés, les 73 mètres de la galerie, avant d'atteindre le pied du trône royal placé au fond, sur une estrade de huit marches. Au long du parcours, le souverain lui avait imposé toute une série de saluts[5]. Le roi, précise le baron de Breteuil, « avait une mine si haute et un air si majestueux que l'ambassadeur en l'apercevant en fut frappé ». Louis XIV portait la couronne et son habit était couvert de pierreries ; le Dauphin (le futur Louis XV) « et tous les princes qui étaient sur le trône avaient aussi une très grande quantité de pierreries sur leurs habits ». Pourtant, Breteuil regretta qu'une foule trop importante fût admise à cette réception. Elle en « troubla l'ordre et en avilit le spectacle ». Mais le but principal avait été atteint : impressionner l'ambassadeur de Perse, manifester clairement la hiérarchie des puissances : celle du « Très Chrétien » bien avant celle de « l'empereur du plus ancien empire du monde ».

Dans ses *Caractères,* La Bruyère a dépeint le baron de Breteuil sous les traits de Celse, un homme « important et mystérieux », « né pour les allées et venues », qui connaît toutes les intrigues de la Cour et « entre dans les plus hauts mystères » du royaume[6]. Saint-Simon lui-même, qui ne l'appréciait guère, a reconnu sa « science du monde ». Âgé de soixante-sept ans, Breteuil résilia sa charge quelques jours après la mort de Louis XIV, mort à laquelle il avait assisté et dont il nous a transmis un récit détaillé, comme à son habitude. Il revendit son office à Magny de Foucault pour la somme de 250 000 livres, soit le double du prix payé seize ans plus tôt.

Le témoignage du baron de Breteuil nous est d'autant plus précieux qu'il est celui de la fin d'un monde, un monde dont les façons d'être et de paraître, les manières de vivre nous semblent aujourd'hui, par bien des aspects, aussi lointaines et étranges que la manière de vivre des sociétés qu'explorent et étudient les ethnologues. Le cérémonial de la Cour, cette vie de perpétuelle ostentation et de servitude volontaire que le roi imposa à quelques milliers d'hommes et de femmes, subit de sensibles changements au siècle des Lumières. La sociabilité aristocratique se dispersa dans des hôtels particuliers à Paris et dans les grandes villes de province. À Versailles, Louis XV et Louis XVI respectèrent l'essentiel de l'étiquette et du cérémonial réglés par leur illustre prédécesseur ; mais ils les vidèrent peu à peu de leur sens, préférant l'intimité de la vie privée à l'éclat et aux contraintes d'une perpétuelle représentation.

27

Vauban, serviteur critique du roi absolu

Sur sa joue gauche, il porte non sans fierté la marque d'une blessure reçue lors du siège de Douai en juillet 1667 : les grains de la poudre d'un coup de mousquet se sont incrustés dans ses chairs comme une signature indélébile pour ce combattant intrépide qui s'est dépensé sans compter au service de son roi.

Homme de guerre, mais aussi homme de paix, mort le 30 mars 1707, Sébastien Le Prestre de Vauban a toujours répugné à tout ce qui pourrait s'apparenter à des oisivetés : stratège réputé « preneur de villes », il a conduit plus de 40 sièges, architecte il a construit ou réparé plus de 100 places fortes, urbaniste, statisticien, économiste, agronome, penseur politique... Mais il fut aussi fantassin, artilleur, maçon, ingénieur des poudres et salpêtres, des Mines et des Ponts et Chaussées, hydrographe, topographe, cartographe, réformateur de l'armée. Bref, menant de front dix professions aujourd'hui séparées, toutes au service du roi absolu. En un mot, il fut un génie du Grand Siècle, qui ne peut s'empêcher parfois d'avouer une fatigue provoquée par les exigences de ces multiples métiers : « Mon esprit trouve toujours les journées trop courtes, mais mon corps, en récompense, les trouve bien trop longues », écrit-il à son maître,

Louvois, en 1688, lors du siège de Philippsbourg qui le voit courir au milieu des boulets de canon et du sifflement des balles pour veiller à tout.

Né le 3 ou le 5 mai 1633 à Saint-Léger-de-Foucherets dans le Morvan, Vauban affirme en toutes circonstances modestie et lucidité : son seul langage est celui de la vérité, qu'il parvient à faire entendre jusqu'à Louis XIV. Car à ce pragmatique importe de servir le roi, sa « patrie » et les hommes. Et d'abord, dans la fureur sanglante des batailles, ses soldats, dont il a voulu à tout prix protéger la vie. Même face au souverain, comme lors du siège de Cambrai en 1677, il s'oppose à des entreprises qu'il juge trop dépensières en vies humaines : « Sire, la ville sera prise, mais elle coûtera plus de sang. Pour moi, Sire, j'aimerais mieux avoir conservé cent soldats à Votre Majesté, que d'en avoir ôté dix mille à l'ennemi. » Il n'oublie pas pour autant les plus humbles sujets du royaume, rencontrés tout au long de ses incessants déplacements dans les provinces, « accablés de taille, de gabelle, et encore plus de la famine qui a achevé de les épuiser », comme il le constate avec amertume en 1695.

Pour ces millions d'hommes et de femmes plongés dans la misère qui affrontent la faim au quotidien, il a imaginé cet étonnant mémoire intitulé *Cochonnerie, ou calcul estimatif pour connaître jusqu'où peut aller la production d'une truie pendant dix années de temps*. Quel est le sens de ce traité économique et arithmétique non daté, d'abord titré *Chronologie des cochons* ? Tout simplement prouver, « supputations » arithmétiques à l'appui, qu'une truie âgée de deux ans peut avoir une première portée de six cochons – trois mâles, trois femelles – et qu'au terme de dix générations, compte tenu des maladies, des accidents et de « la part du loup », le total serait de 6 millions de descendants dont 3 217 437 femelles ! Sur douze générations de cochons, il pourrait donc y en avoir « autant que l'Europe peut en nourrir, et si on continuait seulement à la pousser jusqu'à la seizième, il est certain qu'il y aurait de quoi en peupler toute la terre abondamment ». La conclusion de ce calcul vertigineux et providentiel est claire : si pauvre qu'il soit, il n'est pas un travailleur de la terre « qui ne puisse élever un cochon de son cru par an » afin de manger à sa faim.

Ainsi, dès qu'on approche celui que le cruel Saint-Simon, qui pourtant l'admirait, qualifiait de « petit gentilhomme de campagne, tout au plus », on ne peut être que frappé par la multitude de ses compétences, de ses centres d'intérêt, de ses actions. Vauban fut un précurseur des encyclopédistes par sa façon d'aborder les problèmes concrets : le budget d'une famille paysanne, par exemple. Il fut aussi un précurseur des physiocrates par son intérêt pour l'agronomie et l'économie. Il fut encore un précurseur de Montesquieu par sa conception d'un État chargé avant tout d'assumer la protection et le bien-être de tous. Dans tous les cas, il apparaît comme un réformateur hardi dont les idées se situent à contre-courant de ce que la majorité de ses contemporains pensaient. Et il n'hésitait pas, s'il le fallait, à braver les interdits pour les défendre, à interpeller directement le roi, sans trop se soucier de l'étiquette et de la retenue imposées par la société de cour.

Le mieux sans doute est d'écouter Vauban parler de lui : « Il ne m'arrive que trop souvent d'appeler les choses par leur nom, je suis bonhomme, incapable de faire tort à personne, à son honneur ni à ses biens, mais un peu têtu et opiniâtre quand je crois avoir raison [...]. J'aime ma Patrie à la folie, étant persuadé que tout bon citoyen doit l'aimer et faire tout pour elle, ces deux raisons qui reviennent à la même. »

Louis XIV lui rendait bien cette liberté de parole et de jugement en lui faisant une confiance absolue en matière de protection du royaume, comme en témoigne cette lettre dans laquelle il lui confie la défense de Brest, visée par les Anglais en 1694 : « Je m'en remets à vous, de placer les troupes où vous le jugerez à propos, soit pour empêcher la descente, soit que les ennemis fassent le siège de la place. L'emploi que je vous donne est un des plus considérables par rapport au bien de mon service et de mon royaume, c'est pourquoi je ne doute point que vous ne voyiez avec plaisir que je vous y destine et ne m'y donniez des marques de votre zèle et de votre capacité comme vous m'en faites en toutes rencontres. » Pour le Roi-Soleil et pour ses contemporains, Vauban fut avant tout un ingénieur des armées, un homme d'action et, plus exactement encore, l'homme du roi de guerre, qui, sur le tard, le couvrit d'honneurs.

Et toute l'œuvre de cet homme, de pierre et de papier, témoigne d'une même obsession : l'utilité publique, que ce soit par le façonnement du paysage et la défense du territoire ou la transformation de l'ordre social au moyen d'une réforme radicale de l'impôt…

« Je ne crains ni le roi, ni vous, ni tout le genre humain ensemble », écrivait-il à Louvois dans une lettre du 15 septembre 1671. Et il ajoutait : « La fortune m'a fait naître le plus pauvre gentilhomme de France ; mais en récompense, elle m'a honoré d'un cœur sincère si exempt de toutes sortes de friponneries qu'il n'en peut même soutenir l'imagination sans horreur. »

Lille, la plus belle citadelle

En 1667, grâce aux travaux de siège dirigés par Vauban, Lille est prise par Louis XIV sans grandes difficultés. Cette victoire est l'occasion pour l'ingénieur de réfléchir à la façon dont il pourrait rendre la ville et sa forteresse imprenables.

La guerre de Dévolution révèle Vauban. Très vite remarqué par le roi pour sa bravoure au combat, c'est surtout à Lille que, responsable des travaux du siège, il s'impose. Possession du roi d'Espagne, la ville, forte de 45 000 habitants, est défendue par une garnison de 5 000 soldats, auxquels s'ajoutent près de 20 000 hommes de la milice urbaine. Le 27 août 1667, après dix jours de tranchée, Lille ouvre ses portes à un Louis XIV triomphant. Le roi note dans ses *Mémoires* : « Jamais le siège d'une place de cette étendue, de cette force et de cette importance, munie abondamment d'hommes, de vivres et d'armes, n'avait été mené si brusquement… »

Mais au-delà de la victoire royale, l'ingénieur a su tirer les leçons de cet âpre combat. Dans le *Mémoire pour servir d'instruction dans la conduite des sièges*, achevé au début de la guerre de Hollande (1672), il met en avant les cinq principales erreurs qu'il faut désormais éviter. Parmi elles, il fait remarquer que les boyaux creusés en zigzag en direction du point d'attaque, sans liaison entre eux, facilitent les sorties des assiégés et leur permettent de détruire les travaux d'approche. Il relève aussi que l'artillerie, concentrée dans une batterie unique et mal conduite, « ne pro[duit] point d'effet dont on [puisse] tirer grand avantage ». Et note que les matériaux sont la plupart du temps en quantité insuffisante et de qualité médiocre, les ouvriers inexpérimentés et les soldats exposés inutilement.

Vauban fustige surtout les attaques inutiles et meurtrières pour des motifs de gloire illusoire ou de vaines rivalités de prestige entre chefs : « On verra ces Messieurs raconter et se vanter d'un air suffisant et content qu'ils auront perdu cent ou cent cinquante hommes, parmi lesquels il y aura peut-être huit ou dix officiers. Y a-t-il de quoi se réjouir ? »

Lille prise, il s'agit de fortifier la citadelle ; une tâche qui revient naturellement au chevalier de Clerville, commissaire général des Fortifications. Mais son plan déplaît au roi. Vauban présente alors aussitôt à Louvois, secrétaire d'État à la Guerre, un programme concurrent de celui de son ancien protecteur. Son projet l'emporte et le fait passer dans la clientèle des Le Tellier – celle de Michel Le Tellier et de son fils Louvois. Ce qui lui vaut, le 20 juin 1668, d'être nommé, à trente-quatre ans, gouverneur de la citadelle de Lille. Il exerce, de fait, les fonctions de commissaire général des Fortifications.

Le 26 septembre 1668, et c'est là un cinglant désaveu pour Clerville, Louvois annonce à Vauban que le roi s'est « remis absolument à [lui] de la conduite de toutes les fortifications de [son] département ». Dans une lettre du 17 novembre 1668, il lui écrit : « Je voudrais qu'à votre premier jour de loisir vous allassiez faire une course à Lille, que vous allassiez faire un tour dans les places du Hainaut, et que vous en vinssiez à Paris en poste ce dont le roi vous dédommagerait, à Pignerol et à Perpignan par la même voie, afin qu'étant de retour ici au 1er janvier, vous puissiez retourner en Flandre. » Bref, Vauban est devenu un homme indispensable, partout et à tout moment.

En 1670, le chantier de Lille rondement mené, la citadelle, construite de briques et de tuiles de la Flandre argileuse, est en état de soutenir un siège. Selon Louvois, c'est « la plus belle maçonnerie que l'on puisse voir ». Il est vrai que cette forteresse, modèle du « premier système à la Vauban », se révèle parfaitement adaptée aux contraintes imposées par la révolution militaire, et notamment au feu destructeur du canon : élargissement et abaissement de la fortification ; pentagone parfait protégé par un bastion « royal » à chacun de ses angles, chaque bastion étant relié à l'autre par une courtine (mur) protégée par une demi-lune.

Tout au long de sa vie, Vauban est resté attaché à « son » Lille : « J'aime la ville de Lille et je voudrais pouvoir lui procurer tous les biens qui pourraient dépendre de moi sans même en prétendre le moindre remerciement », écrit-il à M. de Saint-Marcq, maire de Lille, le 2 octobre 1705. Il sera gouverneur de la citadelle de Lille jusqu'en 1707, excepté de 1681 à 1684, quand il fut gouverneur de Douai. C'est dans cette plaine du Nord qu'il a vécu une grande partie de sa vie professionnelle : il passe plus de douze ans en Flandre, dont soixante-huit mois à Lille. Le « vagabond du roi » a trouvé là la terre d'accueil qui sera un observatoire privilégié de ses réflexions économiques, d'autant que la région se distingue par sa prospérité : fertilité des sols, abondance de l'élevage, richesse des réserves du sous-sol (charbon), multiplicité des voies d'eau et « industrie » de ses habitants.

Sa maison de gouverneur est à son image, confortable sans ostentation : trois bâtiments autour d'une cour ouvrant sur une place ; 32 pièces en tout. Sa chambre, à l'étage, communique avec la chapelle. Dans son bureau trône une table de près de 2 mètres.

C'est à Lille qu'il rédige son premier « grand » texte, le *Mémoire sur la conduite des sièges.* C'est là, lors de sa longue maladie pulmonaire qui le voit contraint de rester alité à la fin de l'année 1689, qu'il écrit son mémoire critique sur le « rappel des huguenots » pour dénoncer les effets néfastes de la révocation de l'édit de Nantes en 1685. C'est aussi à Lille qu'il conserve les livres qu'il rapporte de ses voyages, y compris des écrits interdits publiés à Bruxelles ou à Amsterdam, notamment des textes jansénistes et des pamphlets protestants du Refuge.

Gouverneur, Vauban a compris l'intérêt d'une politique souple et respectueuse des immunités locales, dans une province jalouse de ses privilèges et de ses libertés. Au fil des années, il se montre de plus en plus critique à l'égard de l'arrogance des Français vis-à-vis des populations annexées. Il témoigne de son amertume dans un mémoire de 1706, *De la conduite à tenir par les gouvernements envers les peuples nouvellement soumis à leur domination* : une leçon d'absolutisme appliqué !

C'est à Lille encore qu'il conçoit un vaste projet de navigation permettant d'unir toutes les villes du Nord : en 1706, il rédige un *Projet de navigation d'une partie des places de Flandres à la mer.* Il prévoit même de creuser le lit des rivières pour permettre aux bateaux de haute mer de faible tonnage de venir jusqu'à Lille sans rupture de charge. Des projets qui seront réalisés au XVIIIe siècle : en 1771, la jonction de Lille à Dunkerque par la Deûle, puis par la Lys et par l'Aa sera effectuée… Vauban était aussi un homme des Lumières !

Les treize jours de Maastricht

Si Vauban est resté célèbre comme « preneur de villes », il le doit au siège de Maastricht, pendant la seconde campagne de la guerre de Hollande (1672-1678). « Prise en treize jours », indique fièrement la légende du tableau de la galerie des Glaces à Versailles qui illustre l'événement. Il est vrai qu'en 1579 Maastricht avait résisté deux mois durant aux assauts du prince de Parme.

En ce mois de juin 1673, l'ingénieur a mis au point une technique qui sera appliquée jusqu'à la guerre franco-allemande de 1870 : le « siège à la Vauban ». Un siège méthodique, « dramaturgique » – unité de lieu, d'action, de temps –, mélange de tragédie classique et de raison cartésienne, avec une gestion des hommes et des moyens particulièrement efficaces : d'abord tenue secrète, mais vite éventée, la méthode sera bientôt diffusée dans toute l'Europe…

Située au confluent des fleuves Geer et Meuse, la ville de Maastricht était protégée par d'importantes fortifications l'enserrant dans une quadruple ceinture de pierres. Pour s'en emparer, Louis XIV pouvait compter sur 26 000 fantassins et 19 000 cavaliers. L'artillerie disposait de 58 pièces de canon

– un chiffre énorme pour l'époque –, et les magasins renfermaient pour plus de dix semaines de vivres et de munitions. Jamais un aussi grand appareil de forces n'avait été déployé en vue d'un siège. Et, pour la première fois, la direction supérieure des travaux était soustraite aux généraux pour être confiée à un ingénieur.

Jusqu'alors, les travaux d'approche consistaient à creuser une tranchée unique qui n'accordait pas aux troupes un espace suffisant pour se mouvoir, provoquant de terribles massacres : « Du temps passé, écrit dans ses *Mémoires* le comte d'Aligny, alors officier aux mousquetaires, c'était une boucherie que les tranchées ; c'est ainsi qu'on en parlait. Maintenant, Vauban les fait d'une manière qu'on y est en sûreté comme si l'on était chez soi. » À Maastricht, le coup de génie de Vauban consista à rationaliser le procédé d'attaque mis au point par les Turcs lors du long siège de Candie (Crète), achevé en 1669. L'ensemble des opérations, union de tactiques nouvelles et traditionnelles remontant aux Romains, se décompose en une dizaine de phases.

D'abord, il faut investir la place au plus vite en occupant toutes les routes d'accès. Puis, il s'agit de ceinturer la ville de deux lignes de retranchement parallèles : une ligne de circonvallation, tournée vers l'extérieur pour interdire toute arrivée de secours ou de vivres ; une ligne de contrevallation, tournée vers l'intérieur pour prévenir toute sortie des assiégés. Cette dernière ligne est située à environ 600 mètres de la place assiégée, c'est-à-dire au-delà de la limite de portée de ses canons ; l'armée assiégeante établit ses campements entre les deux lignes de retranchement.

Puis vient la phase de reconnaissance : des ingénieurs choisissent le meilleur secteur d'attaque, habituellement un front formé de deux bastions voisins avec leurs ouvrages extérieurs en demi-lune, chemin couvert et glacis. Ce choix du lieu d'attaque – stratégique ! – est l'objet d'une maxime dont Vauban était fier : « Attaquer une place par son plus faible et jamais par son plus fort, afin de ne pas donner lieu à une méchante place de faire la résistance d'une bonne. »

Succèdent les travaux d'approche, à partir de la contrevallation. À Maastricht, au matin du 16 juin 1673, Vauban utilise un chemin creux comme ligne de départ pour creuser deux tranchées en zigzag afin d'éviter les tirs d'enfilade des assiégés qui s'avancent progressivement vers les deux saillants des bastions. Puis les deux boyaux sont reliés par une première parallèle au front attaqué, appelée aussi « place d'armes », qui se développe ensuite très longuement, à gauche et à droite, jusqu'à être en vue des faces externes des deux bastions à attaquer et de leurs demi-lunes voisines. La parallèle répond à plusieurs fonctions : relier les boyaux entre eux, afin de permettre aux soldats de se prêter secours ; masser à couvert des troupes et du matériel ; placer des batteries de canons qui commencent à tirer en enfilade sur les faces des bastions et des demi-lunes choisies pour l'assaut final.

Ensuite, la progression des deux tranchées reprend, jusqu'à 350 mètres de la place, distance où une deuxième parallèle est creusée. Les phases suivantes sont marquées par une progression à partir de la construction de trois tranchées : les deux précédentes, plus une nouvelle, suivant l'axe de la demi-lune visée. Puis viennent les tirs à bout portant sur les escarpes – parois des fossés – et les bastions pour les faire s'effondrer et pratiquer une brèche. Ouverte par une mine, cette brèche, qui permettra l'assaut terminal, nécessite un travail de sape long, dangereux, meurtrier, car tout près des assiégés. Pour cette raison, il est effectué de nuit par les mineurs munis de pelles et de piques, cibles, comme l'explique Vauban, « du feu jeté du haut du bastion attaqué, qui est ordinairement accompagné d'une nuée de grosses pierres, de bombes, de grenades, de poudres, de fagots, de paille, de gros bois et d'une infinité de fascines goudronnées et autres ingrédients poissés et préparés pour les feux d'artifices, ce qui non seulement brûle les mineurs ou les chasse de leur trou, mais embrase le fond du fossé et brûle très souvent les épaulements ».

Dans la nuit du 27 au 28 juin, l'assaut est ordonné : tambours, feu, cris, choc, fumée, pénombre, odeurs, blessures, râles, sang, frayeur, panique, tuerie, carnage... Après trois heures de lutte acharnée et furieuse, le gouverneur de la place assiégée estime que la partie est perdue : il fait « battre la chamade », ce qui signifie qu'il attend une offre de négociation en vue d'une reddition honorable. Et c'est ainsi que Maastricht se rendit le 29 juin, après treize jours de tranchée ouverte...

Le siège de Maastricht permit à Vauban d'acquérir une célébrité européenne, l'estime de Louis XIV et une petite fortune, sous la forme d'une gratification de 80 000 livres avec laquelle il acheta, quelques années plus tard, le château de Bazoches, autrefois propriété de sa famille.

Mais à Versailles, sur les peintures du plafond de la galerie des Glaces, Charles Le Brun fit du roi l'unique bénéficiaire de cette victoire dont Vauban, jamais représenté, n'était qu'un docile et invisible exécutant... Au Roi-Soleil seul tout l'éclat de la gloire de Maastricht !

La ceinture de fer

Voici sans doute la contribution de Vauban la plus importante, la plus durable aussi, à l'histoire du territoire de la « nation France », une œuvre dont une partie a été inscrite au Patrimoine mondial de l'humanité : la ceinture de fer, que l'ingénieur appelait de ses vœux, une ligne de fortifications édifiée en particulier sur la frontière la plus fragile du royaume, celle du Nord-Est.

C'est le 20 janvier 1673, alors que Louvois venait d'entrer au Conseil d'en haut, que Vauban lui exposa, avec sa franchise habituelle, sa théorie : « Sérieusement, Monseigneur, le roi devrait un peu songer à faire son pré carré. Cette confusion de places amies et ennemies, pêle-mêlées les unes parmi les autres ne me plaît point. Vous êtes obligé d'en entretenir trois pour une ; vos peuples en sont tourmentés, vos dépenses de beaucoup augmentées et vos forces de beaucoup diminuées ; et j'ajoute qu'il est presque impossible que vous les puissiez toutes mettre en état et les munir. »

Vauban faisait ici allusion aux conséquences du traité d'Aix-la-Chapelle (1668), qui avait donné à la France une frontière septentrionale difficile à défendre, avec des places enclavées dans les Pays-Bas espagnols, comme Tournai, Audenarde ou Charleroi, tandis que les Espagnols conservaient Valenciennes et Cambrai. L'ingénieur, qui militait pour une frontière aussi linéaire que possible, multiplia les mémoires pour dénoncer les méfaits de l'« emmêlement de places ». En novembre 1678, rédigeant un *Mémoire des places frontières de Flandres qu'il faudrait fortifier pour la sûreté du pays*, il insiste encore sur la nécessité de « fermer les entrées de notre pays à l'ennemi », et de « faciliter les entrées dans le sien ».

Sans doute, l'idée n'était pas neuve : en 1502 déjà, Robert de Balsac dans *La Nef des princes* (Lyon, 1502) traitait de la conduite que devait adopter un souverain menacé d'invasion et multipliait des conseils que n'aurait pas désavoués Vauban. Balsac recommandait en particulier de faire réparer, doter de vivres, d'artillerie et de gens d'armes les principales places fortes de la frontière, tout en abattant les forteresses difficiles à tenir. Les Valois, puis les Bourbons accordèrent une grande importance à cette défense armée du territoire. Mais cette politique de longue haleine n'empêcha pas les ennemis de menacer le cœur de l'État royal, notamment pendant la Ligue, puis en 1636 en pleine guerre de Trente Ans, quand des éclaireurs espagnols parvinrent jusqu'à Pontoise. Ainsi fallait-il toujours au temps de Louis XIV répondre à la principale préoccupation stratégique du roi : protéger Paris.

Tout change en 1678 avec le traité de Nimègue mettant fin à la guerre de Hollande qui, depuis 1672, opposait la France aux Provinces-Unies, au Saint Empire et à l'Espagne : par un jeu savant d'abandon et de restitution de villes fortifiées, le nombre d'enclaves coûteuses diminue et une plus grande régularité du tracé de la frontière est assurée. Pour les villes conquises au nord du royaume, Vauban propose de construire deux lignes de places fortes se soutenant mutuellement, « à l'imitation des ordres de bataille » : la première, la « ligne avancée », serait composée de 13 grandes places et de 2 forts, renforcée par des canaux et des redoutes ; la seconde, en retrait, comprendrait aussi 13 places. Louvois lit le mémoire à Louis XIV, qui souhaite aussitôt que la même politique défensive soit appliquée de la Meuse au Rhin.

Si le Nord et l'Est sont l'objet d'un soin défensif particulier, l'ensemble des frontières du royaume bénéficie de la diligence de l'ingénieur bâtisseur qui vient précisément, en 1678, d'être nommé commissaire général des Fortifications : partout, Vauban conçoit le réseau défensif à partir du modelé du terrain et des lignes d'obstacles naturels – les fleuves, les montagnes, la morphologie du littoral –, adaptant au site chaque construction ancienne ou nouvelle.

Il accorde une attention particulière au cours des rivières, à leur débit, à leurs crues. Dans tous les cas, après une observation attentive sur le terrain, il rédige un long rapport afin de résumer les obstacles et les potentialités de chaque site. L'*État des places fortes du royaume*, dressé en novembre 1705, se présente comme le bilan de l'œuvre bâtie suivant ces principes : il y compte « 119 places ou villes fortifiées, 34 citadelles, 58 forts ou châteaux, 57 réduits et 29 redoutes, y compris Landau et quelques places qu'on se propose de rétablir et de fortifier ».

Seule la guerre de Succession d'Espagne (1701-1714) met en déroute ce système de protection. Mais la victoire inespérée de Villars, le 24 juillet 1712, contre les troupes du prince Eugène à Denain permet de reconquérir une partie des villes fortifiées perdues – Douai, Le Quesnoy, Bouchain –, de reconsolider à la hâte la frontière de fer, et aux diplomates de Louis XIV de mieux résister aux exigences des alliés lors des discussions de paix à Utrecht l'année suivante.

À la fin du règne du Roi-Soleil, en 1715, l'œuvre de Vauban contribue à opposer de plus en plus nettement deux France. Celle des frontières et du littoral apparaît hérissée de villes anciennes aux murailles repensées, ou de cités-places fortes nouvelles construites de manière géométrique, autour d'une place carrée, la place d'armes, destinée aux revues et aux rassemblements de troupes. Autour de cette place sont groupés les services de l'armée : l'arsenal, l'intendance, l'hôpital militaire, l'église de la garnison, la maison du gouverneur. Et les maisons, comme les soldats, sont disposées en rang, comme au garde à vous, formant des carrés. Neuf-Brisach, Longwy, Sarrelouis, Huningue, Mont-Dauphin, Montlouis, Fort-Louis, Montroyal et bien d'autres villes encore répondent à ce modèle. Toutes abritent des régiments de plus en plus souvent encasernés afin d'éviter le logement chez l'habitant, une pratique coutumière de l'armée qui donnait lieu à de multiples abus.

Au contraire, la France de l'intérieur tend de plus en plus à devenir un espace civil où les remparts des villes sont peu à peu transformés en promenades, à l'image de Paris, dès les années 1670. Dans le même temps, autre indice du processus de pacification civile, les arquebuses, les pistolets et les épées des « gens de bien », hier encore miliciens de cités armées, devenus inutiles, sont transformés en objets décoratifs, accrochés aux murs des résidences des villes et des champs.

Vauban, l'homme de la guerre, a converti toute une société à la paix.

Le baptême du feu du fils de Louis XIV

Sait-on que, dans les années 1680, Vauban eut l'honneur d'enseigner l'art des places fortes au prince Agadja ? Sa renommée était en effet parvenue jusqu'au royaume du Dahomey, actuel Bénin, et Agadja, devenu roi en 1708, reproduisit en les « africanisant » les fortifications vaubaniennes avec des murs de terre capables de résister à des coups de canon… Voilà bien une face méconnue du commissaire général des Fortifications : instituteur militaire des enfants de roi. Un privilège pour Vauban. Mais aussi une mission. À vrai dire, elle s'exerça surtout au siège de Philippsbourg, lorsqu'il lui fallut se faire l'éducateur du fils de Louis XIV : le Dauphin Louis de France.

Philippsbourg marque le début de la guerre de la ligue d'Augsbourg (1688-1697), une ligue formée par une grande partie des États européens pour faire barrage aux prétentions du Roi-Soleil. La réaction de Louis XIV ne se fait pas attendre. Le 25 septembre 1688, il adresse à l'empereur d'Allemagne un manifeste, en déclarant que « sa sécurité l'obligeait à s'emparer de Philippsbourg et de Fribourg ». Et c'est à son fils, âgé de vingt-six, que le roi décide de confier le commandement de l'armée d'Allemagne, une promotion exceptionnelle pour un homme qui, jusqu'alors, avait toujours été relégué dans l'ombre de son père. Celui-ci voulait en effet que le siège de Philippsbourg, qui s'annonçait long et difficile, servît d'instruction militaire au Dauphin : « Je vous donne occasion, lui écrivait-il, de faire connaître votre mérite ; allez le montrer à toute l'Europe, afin que, quand je viendrai à mourir, on ne s'aperçoive pas que le roi est mort. »

Accompagné de Chamlay, de Catinat et de toute l'élite des généraux, Louis arriva devant Philippsbourg dans les premiers jours du mois d'octobre 1688. Vauban l'avait devancé et tout était préparé pour l'ouverture des opérations. Au cours de ce baptême du feu, le jeune homme manifesta une vive curiosité : « Nous sommes fort bien, Vauban et moi, écrit-il dans une de ses lettres à son père, parce que je fais tout ce qu'il veut. » En fait, il était impatient qu'on le conduise au plus vite jusqu'à une tranchée...

Monseigneur alla reconnaître le terrain le 10 octobre au matin. Il s'approcha de la tranchée, où Vauban le complimenta, « car c'était la première fois qu'il y allait ». L'ingénieur du roi s'avança avec lui ; le Dauphin le questionnait avec une grande curiosité à chaque détour de la tranchée, l'interrogeant sur les particularités de construction : retours, crochets, places d'armes, autant d'innovations mises au point par Vauban pour faciliter les mouvements et la protection des troupes pendant les attaques. « Il voulait tout voir, explique Vauban à Louvois dans une lettre datée du 13 octobre. Non content de cela, il fallut accommoder un endroit par où il pût regarder par-dessus la tranchée à son aise. Je lui en fis un, et il s'éleva, moi le tenant par le pan de son justaucorps pour le retirer quand il en serait temps. » Si près du souffle des boulets et du sifflement des balles, l'ingénieur du roi, devenu malgré lui adepte de la pédagogie active, éprouva peut-être l'une des plus grandes frayeurs de sa vie !

Au lendemain de cette journée mémorable, le fils de Louis XIV s'empressa de faire part à son père du plaisir qu'il avait pris à pratiquer les arts de la guerre. À Versailles, à la date du 19 octobre 1688, le marquis de Sourches rapporte que le roi reçut une lettre de Monseigneur dans laquelle celui-ci lui expliquait en détail tout ce qui se passait au siège. La tournure de la lettre impressionna les auditeurs par « l'ordre, l'exactitude, la netteté », ce qui donna occasion aux courtisans, jamais avares de flatteries, de comparer le style de Monseigneur avec celui de César et de ses *Commentaires.*

Mais le roi mesura du coup le danger réel couru par le Dauphin, que confirma Vauban dans un courrier à Louvois daté du 23 octobre : « Je n'ai osé vous mander que la seconde fois qu'il y a été aux grandes attaques, un coup de canon donna si près de lui, que M. de Beauvilliers, le marquis d'Huxelles et moi, qui marchais devant lui, en eûmes le tintoin un quart d'heure, ce qui n'arrive jamais que quand on se trouve dans le vent du boulet ; jugez du reste. » Aussi, quelques jours plus tard, Louvois envoyait-il un ordre urgent à Philippsbourg : « Le roi mande présentement à Monseigneur, qu'il ne désire plus qu'il aille à la tranchée, et qu'ayant fait à présent tout ce qui était nécessaire pour sa propre gloire, il ne veut plus qu'il songe à autre chose qu'à achever de s'instruire. »

Après vingt-trois jours de tranchée ouverte, la ville de Philippsbourg tomba le 29 octobre 1688, prélude à d'autres opérations, comme le sac du Palatinat qui choqua l'Europe par sa violence et sa brutalité. Le Grand Dauphin fut si heureux de cette première expérience qui l'éloignait pour un temps de la vie monotone à Versailles qu'il offrit quatre canons capturés à l'ennemi à son mentor militaire.

Un peu plus tard, le roi écrivit à Vauban, de sa main, une lettre particulièrement flatteuse : « Croyez que je n'oublie pas les services que vous me rendez, et ce que vous avez fait à Philippsbourg m'est très agréable. Si vous êtes aussi content de mon fils qu'il l'est de vous, je vous crois fort bien ensemble, car il me paraît qu'il vous connaît et qu'il vous estime autant que moi. Je ne saurais finir sans vous recommander absolument de vous conserver pour le bien de mon service. »

Pendant la guerre de Succession d'Espagne, lors du siège de Brisach en 1703, Vauban eut encore le privilège d'enseigner les choses de la guerre au duc de Bourgogne, le petit-fils du roi. Afin de parfaire son éducation, il dut même écrire, sur ordre de Louis XIV, un *Traité de l'attaque des places.*

Brisach est le dernier siège dont Vauban, alors âgé de soixante-dix ans, eut le commandement. L'ingénieur était désormais prêt pour d'autres combats, des combats d'encre et de plume dont les projectiles sont des mots…

Un impôt unique, le même pour tous !

Depuis la fin des années 1680, Vauban est de plus en plus critique vis-à-vis de la politique de Louis XIV. Une politique, notamment guerrière, qui s'oppose aux convictions de l'ingénieur du roi, pour qui grandeur et défense de la « patrie » doivent se faire au nom du bien public. Parce qu'elle dissocie le souverain et l'État, la *Dîme royale*, publiée en 1707, peut être lue comme la conséquence de cette tension entre l'amour du roi et l'amour de la patrie. Rédigée « incontinent après la paix de Ryswick » qui mettait fin à la guerre de la ligue d'Augsbourg (1688-1697), elle fut achevée en juin 1700.

Ce qui frappe à la lecture de cet essai, c'est l'intérêt porté par l'ingénieur aux conditions de la vie économique du royaume, saisies à partir de cas concrets : Vauban a multiplié les observations sur le terrain, comme en témoigne sa reconstitution du budget d'un ouvrier agricole, « travaillant à la journée ou par entreprise pour qui le veut employer ». Les hommes de chair et de sang étaient au cœur de ses préoccupations : « Ce sont eux qui font toutes les grandes besognes, comme de faucher, moissonner, battre à la grange, [...] plusieurs autres ouvrages qui sont tous rudes et pénibles. »

Pour faire barrage à la misère qui ne cessait de grandir à la fin du règne de Louis XIV, Vauban et quelques autres comme Boisguilbert ont pensé renouveler de fond en comble le système fiscal du royaume. Dès 1694, au lendemain de la crise de subsistances la plus dramatique du XVIIe siècle, qui fit sans doute près d'un million et demi de victimes, Vauban a réfléchi au moyen de mettre un terme aux excès des prélèvements royaux. La *Dîme royale* venait systématiser son projet de fiscalité nouvelle, triplement originale.

D'abord, la nouvelle « contribution générale » reposait, proportionnellement à la richesse de chacun, sur l'ensemble des forces vives du royaume divisées en « quatre fonds » : une « dîme de tous les fruits de la terre » ; une dîme du revenu des immeubles, des rentes, des bénéfices des artisans et des marchands ; une gabelle uniforme et généralisée ; le produit des douanes et de la consommation de denrées considérées comme des objets de luxe – tabac, thé, café... C'est « une obligation naturelle, précisait-il, aux sujets de toutes conditions de contribuer à proportion de leur revenu ou de leur industrie sans qu'aucun d'eux s'en puisse raisonnablement dispenser ».

Cette notion d'« impôt sur le revenu » était une véritable révolution ! Songez : le critère de différenciation n'était plus le statut, le privilège ou le rang, mais la personne, quelle que soit sa « condition ». Au passage, un tel prélèvement supposait l'abolition des privilèges fiscaux des deux premiers ordres, le clergé et la noblesse. Enfin, cet impôt nouveau impliquait la suppression de tous les autres prélèvements, en particulier la taille personnelle et les aides, c'est-à-dire les impôts sur la consommation, « autant de pestes publiques », pour les remplacer par un impôt unique.

Tout au long de ses voyages sur les routes et les chemins du royaume, Vauban, « le vagabond du roi », avait été frappé par la complexité et l'inégalité de la taille. Il avait vu des paysans chassés de leur chaumière parce qu'ils ne pouvaient pas payer l'impôt. C'était pour lui non seulement une injustice, mais une paralysie pour toute l'économie du royaume, car « c'est la partie basse du peuple qui, par son travail et son commerce et par ce qu'elle paye au roi, l'enrichit et tout son royaume ».

Dès l'origine, la réforme proposée par Vauban s'est heurtée à bien des réticences : « Votre projet est trop beau pour avoir bon succès, lui écrivait l'ambassadeur Puyzieulx en 1700, il trouverait dans son application de terribles obstacles, tant par sa nouveauté que pour d'autres raisons que vous avez prévues mieux que moi. »

Pourtant, contrairement à une légende tenace, les avis de Vauban en matière fiscale ne furent nullement ignorés par le pouvoir. En 1700, il présenta au roi, par écrit et oralement, au cours de trois audiences successives, la première version de sa *Dîme royale*. En fait, ce qui déplut fortement aux hommes de l'État, c'est que Vauban fit publier lui-même, à compte d'auteur et clandestinement, son ouvrage en février-mars 1707. « Le livre de Vauban fit grand bruit, écrit Saint-Simon, goûté, loué, admiré du public, blâmé et détesté des financiers, abhorré des ministres dont il alluma la colère. [...] Les magistrats des finances tempêtèrent et l'orage fut porté jusqu'à un tel excès que, si on les avait crus, le maréchal aurait été mis à la Bastille et son livre entre les mains du bourreau. » Le 14 février 1707, le Conseil privé du roi condamna l'essai « à la saisie et au pilon », parce qu'il contenait « plusieurs choses contraires à l'ordre et à l'usage du royaume ».

Colas, le valet de Vauban, raconte dans une déposition conservée aux archives la réaction du vieux maréchal, le 24 mars 1707, quand il commença à s'inquiéter des mesures qui frappaient sa *Dîme royale* : « Toute cette après-dînée, le Maréchal parut fort chagrin de la nouvelle que M. le Chancelier faisait chercher son livre. » Sa réaction fut d'ordonner à son valet « d'aller promptement chez la veuve Fétil [c'est elle qui l'avait relié] retirer les 40 exemplaires restés chez elle ».

Sur le coup, le projet reste lettre morte. Le clergé et la noblesse maintiendront leurs privilèges pendant près d'un siècle encore. Mais les mesures de censure n'ont pas réussi à empêcher la diffusion et le succès du livre. Sous la Régence, les projets de Vauban sont plus que jamais d'actualité : dans *Le Nouveau Mercure galant*, organe officieux du gouvernement, on peut lire, en octobre 1715, que « S.A.R. [le Régent] travaille tous les jours pendant trois heures à examiner les Mémoires de feu M. le duc de Bourgogne, de même que ceux de M. de Vauban »...

Le sacre du maréchal

« Réduit au tombeau par l'amertume. » Si l'on en croit les *Mémoires* de Saint-Simon, Vauban serait mort d'un chagrin provoqué par la disgrâce royale qui suivit la publication de sa *Dîme royale* en 1707. « Le malheureux maréchal, écrit-il, porté dans tous les cœurs français, ne put survivre aux bonnes grâces de son maître, pour qui il avait tout fait, et il mourut peu de mois après, ne voyant plus personne, consommé de douleur et d'une affliction que rien ne put adoucir, et à laquelle le roi fut insensible, jusqu'à ne pas faire semblant de s'apercevoir qu'il eût perdu un serviteur si utile et si illustre. »

La légende est touchante, mais c'est une légende. En réalité, Vauban n'a été ni réellement inquiété ni disgracié par Louis XIV. Il est bien mort le 30 mars 1707, à l'âge respectable de soixante-quatorze ans, emporté par une embolie pulmonaire. À l'annonce de sa disparition, n'en déplaise au duc de Saint-Simon, le roi parla de lui avec beaucoup d'estime et d'amitié : « Je perds un homme fort affectionné à ma personne et à l'État. »

Ce qui est vrai pourtant, c'est qu'à la fin de sa vie le vieux maréchal a essuyé échec sur échec. Son obsession, celle de promouvoir l'amélioration de la production des terres et des hommes, de défendre l'idée et la réalité d'une équité des impôts pour « réarmer » le moteur économique et social du royaume, enrayé depuis la grande crise des années 1692-1694, a suscité la colère des nantis de la Cour et ligué contre lui les financiers et les hommes de l'État.

Dans l'éloge funèbre qu'il rédigea pour lui, le grand philosophe Fontenelle (1657-1757) a exprimé comment, pour cet ingénieur hors pair, le savoir technique n'était qu'un moyen au service du bien commun : « Quoique son emploi ne l'engageât qu'à travailler à la sûreté des frontières, son amour pour le bien public lui faisait porter des vues sur les moyens d'augmenter le bonheur du dedans du royaume. Dans tous ses voyages, il avait une curiosité, dont ceux qui sont en place ne sont communément que trop exempts. Il s'informait avec soin de la valeur des terres, de ce qu'elles rapportaient, de leur nombre, de ce qui faisait leur nourriture ordinaire, de ce que leur pouvait valoir en un jour le travail de leurs mains, détails méprisables et abjects en apparence, et qui appartiennent cependant au grand Art de gouverner. »

Jugées trop révolutionnaires en cette fin du XVIIe siècle, les réformes proposées par Vauban sont longtemps restées lettre morte. Au siècle des Lumières encore, le maréchal-ingénieur fut avant tout considéré comme un technicien de la guerre et lu comme tel. Ses audaces fiscales furent condamnées par Quesnay et les physiocrates. Quant au modèle d'État autoritaire qu'il prônait pour mener à bien les réformes, il heurtait les idées libérales de la plupart des philosophes du XVIIIe siècle.

La « science politique » de Vauban renaît en l'an XI (1803), au lendemain de la Révolution française, quand Nicolas-Louis François de Neufchâteau, ministre de l'Intérieur de Bonaparte, eut en main deux volumes du manuscrit des tomes II et IV des *Oisivetés* de Vauban, ce « ramas de plusieurs sujets à ma façon », extraordinaire et prolifique document dans lequel le maréchal-ingénieur a consigné, sous forme de 29 mémoires manuscrits, ses observations et réflexions. Impressionné par la rigueur et la qualité du travail, Neufchâteau fit imprimer un des mémoires de Vauban, la *Description de Vézelay*, puis ordonna la lecture de l'ouvrage à l'ensemble des préfets de l'Yonne, de la Nièvre, des sous-préfets d'Avallon, Clamecy, Lormes, Château-Chinon et de quelques maires – Vézelay, Bazoches... – dont les circonscriptions s'étendaient sur une partie de l'ancien ressort de l'élection. Si plus d'un siècle après sa rédaction le mémoire que Vauban consacra à Vézelay a tant impressionné François de Neufchâteau, c'est qu'il ne s'arrêtait pas à une simple description littéraire d'un territoire, mais offrait un « vrai modèle de statistique », un parfait exemple d'« arithmétique politique » permettant de raisonner sur des mesures objectives, reproductibles à l'échelle de l'ensemble du territoire.

Pour autant, comme le note la *Revue historique* de 1896, « Vauban appartient au grand nombre d'écrivains célèbres que l'on nomme souvent et que, hélas, on lit rarement ». Ce n'est plus le cas aujourd'hui : le troisième centenaire de sa mort a marqué sa résurrection. D'abord, mérite qui vaut d'être signalé, celle du Vauban écrivain. La première édition intégrale de ses *Oisivetés* permet de mesurer tout à la fois l'audace critique et la modernité de sa pensée[1]. Outre un projet d'impôt unique, pesant sur tous, n'a-t-il pas imaginé une « monnaie universelle » qui permettrait de faciliter les échanges à l'échelle d'un royaume et d'une Europe pacifiés ? Car Vauban, l'homme du roi de guerre, a aussi conçu, en pleine guerre de Succession d'Espagne, un « projet de paix assez raisonnable ».

Et douze sites majeurs, les plus représentatifs du système de fortifications érigé par l'architecte du roi de guerre, ont été inscrits en 2008 sur la liste du Patrimoine mondial de l'Unesco[2]. Plus que jamais, le « monument » Vauban, de pierre et de papier, s'impose comme un incontournable « lieu de mémoire » de la nation France.

28

Les années de misère du Roi-Soleil

Printemps pluvieux, automnes humides ou froids, hivers rigoureux entraînant famines et épidémies… Les dérèglements du climat des années 1690 puis 1709-1710 ont provoqué leurs cortèges de malheurs. Et assombri la fin du règne de Louis XIV.

*

« Des froids torrents de décembre/ Les champs partout sont noyés./ Cérès [déesse de la fertilité] s'enfuit éplorée/ De voir en proie à Borée [vent du Nord]/ Ses guérets [terres labourées] d'épis chargés,/ Et sous les urnes fangeuses/ Des Hyades [nymphes] orageuses/ Tous ses trésors submergés… » Dans son *Ode sur la prise de Namur*, parue en juillet 1693, Boileau évoque ainsi les désordres météorologiques qui accablent le royaume depuis plusieurs mois.

Comme à son habitude, en ce printemps 1692, Louis XIV est parti à la guerre. Cette année-là, il commande en personne le siège de Namur. Un long siège, mené sous une pluie ininterrompue et battante. « Pendant près de trois semaines, explique La Colonie, un jeune officier alors sous les ordres de Vauban, la pluie ne discontinua point, et rendit les routes du camp dans des terres grasses et argileuses si impraticables qu'il était presque impossible de voiturer, de la rivière jusqu'aux batteries, les munitions nécessaires pour servir l'artillerie. » Le roi subit de plein fouet les conséquences de ce printemps pourri : « Le plus détestable campement qui fut jamais » (marquis de Sourches), « la plus douloureuse goutte qu'il eût encore ressentie » (Saint-Simon). À l'arrière, Mme de Maintenon se lamente : « Il pleut à verse depuis que nous y sommes ; la ville [Dinant] est crottée à ne pouvoir s'en tirer… »

Depuis l'automne 1691, la France subit un dérèglement des températures et des précipitations. À Paris, il a gelé quinze jours en novembre 1691, dix-neuf jours en décembre, vingt-sept en janvier 1692, dix-huit en février. Résultat : les céréales poussent mal et avec retard ; les travaux des champs sont ralentis. Le 22 juillet 1692, jour de la Sainte-Madeleine, celui où l'on commence d'habitude à couper les blés dans les grandes plaines de l'Île-de-France, un ecclésiastique parisien, Gilles Hurel, consigne dans son journal : « Jamais on n'a vu un temps si extravagant et si dangereux pour les fruits et les biens de la terre, qui étaient en abondance partout et qui sont en grand danger de périr[1]. » Les récoltes sont maigres, catastrophiques même dans certaines provinces. En Anjou, « on voyait de gros vers tous grouillants et vifs dans les pois et les fèves au lieu de cossons [cosses] » ; en Touraine, les blés sont « brouis [rouillés] par les pluies continuelles de l'été et les froidures[2] »… Seuls le Languedoc et la Provence, qui souffraient de la sécheresse depuis plusieurs années, semblent épargnés.

Après un hiver 1692-1693 à peu près normal, les choses se gâtent à nouveau au printemps 1693. Le mois de mai est singulièrement humide et froid : dix-neuf jours de pluie à Paris et une température inférieure de 2,1 °C en moyenne dans la capitale. Dans tout le royaume, l'Église ordonne des processions pour tenter d'apaiser les populations apeurées, qui en appellent aux reliques et aux saints protecteurs. Comme en 1692, les blés souffrent. Ils germent en août, alors que la chaleur est subitement devenue intense. Mais le retour des fortes pluies en septembre les fait définitivement pourrir. La récolte se révèle désastreuse dans de nombreuses provinces, notamment dans le Bassin parisien, le Centre, le Sud-Ouest.

Dans le courant du mois d'octobre 1693, le Conseil royal ordonne de construire une trentaine de grands fours dans la cour du Louvre, à Paris, pour cuire chaque jour environ 1 000 rations de pain, vendues deux sous la livre. La vente commence le 20 octobre. Elle se déroule de 8 heures du matin à 4 heures de l'après-midi, en cinq points de la capitale : le Louvre, les Tuileries, la Bastille, le Luxembourg, la rue d'Enfer. La population se précipite, y compris des gens aisés…

Le 2 décembre 1693, le lieutenant de police La Reynie fait part de son désarroi devant une situation devenue incontrôlable : « Tous les marchés ont été aujourd'hui si difficiles qu'il est, ce semble, impossible d'empêcher qu'il n'arrive quelque grand désordre, si les choses subsistent encore un peu de temps sur le même pied. […] La multitude renouvelle ses menaces, et on y entend dire, sans qu'il soit possible d'y remédier, qu'il faut aller piller et saccager les riches[3]. »

L'hiver 1693-1694 se singularise par sa sécheresse et sa rigueur : il fait – 13 °C à Paris le 24 janvier 1694. Ce froid intense est suivi d'une période sans précipitations. En six mois, de janvier à juin 1694, il ne tombe que 94 mm de pluie sur la capitale – contre 252 mm et 303 mm en 1692 et 1693. À plusieurs reprises au printemps 1694, les marchands n'apportent ni blé, ni seigle, ni orge aux halles de Paris, attisant le mécontentement populaire. Le setier de blé, qui se vendait 34 livres le 3 avril, atteint 52 livres le 1er mai. Les scènes de pillage se multiplient aux environs de la capitale.

Par bonheur, les pluies reviennent enfin et la récolte de l'année 1694 se révèle meilleure. Le 14 août, l'archevêque de Paris publie un mandement afin que commencent, dès le lendemain, dans toutes les églises, des prières de quarante heures : il faut rendre « grâce à Dieu de la récolte de cette année qui répare abondamment la stérilité des deux dernières ».

Les conséquences démographiques de ces deux années de « stérilité », comme on dit à l'époque, ont été dramatiques. Les pertes humaines provoquées par la faim, la maladie et les épidémies – typhoïde, scorbut, ergotisme, etc. – qui se sont abattues sur des corps affaiblis ont été chiffrées essentiellement à partir des registres paroissiaux. Au terme d'une rigoureuse analyse, Marcel Lachiver décompte 2 836 800 habitants disparus en deux ans, soit 1,3 million de plus qu'au cours de deux années « moyennes », dans une France qui compte alors environ 20 millions d'âmes. Au total, la crise de 1693-1694 aura provoqué presque autant de victimes que la guerre de 1914-1918, mais en deux ans au lieu de quatre et dans un pays deux fois moins peuplé. Marcel Lachiver conclut : « Au risque de paraître iconoclaste, on peut affirmer que la France n'a jamais connu, depuis trois siècles, de catastrophe démographique analogue à celle de la fin du XVIIe siècle. Ni les guerres de la Révolution et de l'Empire – 1 350 000 morts en vingt-trois ans, dans une France de 30 millions d'habitants –, ni évidemment la guerre de 1870, ni celle de 1939-1945 n'ont provoqué autant de morts en si peu de temps[4]. »

En 1693-1694, les famines furent d'autant plus redoutables que les grandes plaines de l'Île-de-France commençaient à se spécialiser : elles tendaient à produire majoritairement du blé destiné à nourrir la capitale, en expansion constante. La ville de Paris, forte alors de 450 000 ou 500 000 habitants, consommait en effet 4 000 à 5 000 hectolitres de blé par jour. À l'inverse, dans les pays de bocage, la polyculture favorisa une meilleure résistance aux désordres météorologiques. La

Bretagne, dotée par ailleurs d'un climat relativement privilégié, l'Est et le Sud-Est furent moins touchés.

Enfin, les hommes ajoutèrent leurs maux à ceux provoqués par la nature. La guerre de la ligue d'Augsbourg (1688-1697[5]) entraîna en effet une surfiscalisation qui vint s'abattre sur une population déjà en difficulté : l'impôt augmenta de 35 % entre 1685 et 1695 ! Le fisc frappa ainsi à contretemps, bouleversant l'équilibre précaire du budget des paysans et des artisans. Il faudra attendre les années 1705-1706 pour que les pertes des années 1692-1694 soient effacées.

Tout se détraque à nouveau à la fin de l'année 1708. Après un automne rigoureux, la chute de la température dans la nuit des Rois, en janvier 1709, est impressionnante : il faisait + 10,7 °C le 5 janvier à Paris, et – 3,1 °C le lendemain 6 janvier. Ce froid intense se prolonge jusqu'à la fin du mois de mars. On mesure – 20 °C en moyenne dans l'Île-de-France en janvier et février. Un épais manteau de neige recouvre presque entièrement le royaume. Les fleuves et les rivières ont débordé et leurs eaux qui gèlent transforment les plaines en champs de glace. Les animaux meurent dans les étables, les oiseaux tombent en plein vol, les arbres se fendent avec fracas sous l'action du froid, les alcools gèlent dans les verres…

Le curé du village d'Ezy note dans son registre paroissial : « Cette gelée fut si forte que les chênes de cinquante ans fendaient par le milieu du tronc en deux ou trois. […] Les volailles tombaient mortes dans leurs poulaillers, les bêtes dans leurs tanières et les hommes avaient bien de la peine à se réchauffer, surtout la nuit. […] Pour dire une messe basse, il fallait deux réchauds, un proche du calice, et l'autre des burettes ; de l'eau bien chaude pour faire l'eau bénite. » Le mémorialiste Saint-Simon, pour sa part, rapporte qu'à Versailles les élixirs les plus forts et les liqueurs les plus spiritueuses « cassèrent leurs bouteilles dans les armoires de chambres [pourtant] environnées de tuyaux de cheminées, dans plusieurs appartements du château ». Ce « grand hiver » affecte particulièrement la France du Nord, mais aussi le Sud-Ouest et, dans une moindre mesure, la Provence. Il détruit les semences dans leurs sillons, provoque disettes, puis famines et épidémies – dysenterie, typhoïde, etc.

Les femmes de la halle viennent en cortège à Versailles réclamer « du pain et la paix », la guerre de Succession d'Espagne fait alors rage[6] et la « frontière de fer » construite par Vauban peine à retenir les assauts ennemis ; de nombreuses séditions éclatent en province. À Tours, le 5 mai 1709, le peuple se jette sur les boutiques des boulangers et les entrepôts des marchands. On est revenu à la situation du printemps 1694.

La princesse Palatine, femme de Monsieur, le frère du roi, explique dans une lettre datée du 3 mars 1709 : « Hier, on m'a conté une lamentable histoire d'une pauvre femme qui, au marché, vola un pain dans une boulangerie. Le boulanger lui courut après, elle se mit à pleurer et dit : "Si l'on savait ma misère, on ne me reprendrait pas ce pain ; j'ai trois petits enfants tout nus, sans feu ni pain, ils crient pour en avoir, je n'ai plus pu l'endurer, voilà pourquoi je l'ai pris." Le commissaire devant lequel on l'avait menée lui répondit : "Faites bien attention à ce que vous dites, car je vais vous accompagner chez vous." Et il y alla. En entrant dans la chambre, il vit trois petits enfants tout nus, assis dans un coin, s'enveloppant de vieilles loques ; ils tremblaient de froid, comme on tremble quand on a la fièvre. Il demanda à l'aîné : "Où est votre père ? – Derrière la porte", dit l'enfant. Le commissaire voulut voir ce que l'homme faisait là derrière. De désespoir, il s'était pendu... »

Un printemps pourri succède à cet hiver polaire. Ses effets sont funestes dans le Nord et l'Est. Les prix s'envolent sur les mercuriales – les registres sur lesquels, aux halles, les greffiers des impôts sur les marchandises inscrivent les prix des denrées vendues sur le marché. Certaines provinces moins touchées, comme la Bretagne, livrent des grains aux territoires sinistrés.

Le jour de Pâques, un convoi de navires marchands, parti de Saint-Malo et rapportant de 20 à 30 millions de livres d'argent péruvien, accoste à Port-Louis, dans le Morbihan. Cette manne providentielle permet à l'État royal d'acheter du blé à l'étranger.

Les primes offertes aux volontaires pour s'engager dans l'armée témoignent de l'ampleur de la crise : 50 livres étaient proposées en 1706, 30 en 1709, 20 en 1709. La prime est supprimée en 1710. L'armée « nourricière » est devenue un refuge.

Malgré tout, la crise de 1709-1710 fut moins meurtrière que celle de 1693-1694. D'après Marcel Lachiver, s'il meurt quelque 70 000 personnes au cours d'un mois de janvier moyen dans la France de la fin du XVIIe siècle – moyenne établie sur la base des dix années précédentes –, ce bilan s'élève à 115 000 décès pour le seul mois de janvier 1709. L'excédent, 45 000 environ, peut donc être mis sur le compte du froid et de ses conséquences démographiques. Au total, il est possible d'évaluer à 630 000 le nombre de décès supplémentaires provoqués par la crise de 1709-1710, autrement dit bien moins qu'en 1693-1694. Pourquoi ? Sans doute parce que le gouvernement a su tirer les leçons de la crise précédente et adopter des mesures concrètes. Il a levé une taxe sur les riches pour nourrir les pauvres et acheté du blé sur les marchés extérieurs. En outre, l'hiver 1709, qui a frappé avec précocité, a permis de réagir plus vite qu'après la récolte pourrie et tardive de 1693.

Néanmoins, il est difficile de dédouaner le pouvoir de toute responsabilité, car la guerre et l'impôt ont pesé bien lourd dans la balance des malheurs qui ont affecté la population du royaume. Le 26 août 1709, le contrôleur général des Finances Nicolas Desmaretz, placé à la tête de l'administration financière et économique du pays, remet un copieux mémoire au roi. Il s'y inquiète de « la mauvaise disposition des esprits de tous les peuples », las de la guerre, las de la crise et prêts à la révolte. Le ministre évoque l'interruption de la circulation de l'argent, les mauvaises rentrées des tailles – l'impôt royal –, la faillite du système fisco-financier. Il dénonce aussi la cherté des blés, la mévente des produits alimentaires et manufacturés, bref un ensemble de malheurs engendrés par le désordre météorologique, une mauvaise récolte, mais aussi par les excès de la fiscalité ordinaire ou extraordinaire qui pèse sur la population. Celle-ci conduit, selon lui, à l'arrêt du travail et paralyse toute l'économie. « À tous ces maux conclut-il, il n'est pas possible de trouver des remèdes que par une prompte paix[7]. »

Ces années 1691-1694 et 1709-1711 ont flétri la fin du règne de Louis XIV. Mais ces drames ont aussi aiguisé la réflexion de nombreux contemporains. Ils ont critiqué la guerre perpétuelle, proposé des réformes, imaginé un autre système fiscal susceptible d'atténuer les inégalités et les privilèges devenus intolérables pour certains.

Vauban, au cours de ses missions d'inspection des places fortes de la « frontière de fer », est ainsi confronté à la misère, à la mort et à l'excès de la fiscalité royale : « La pauvreté, écrit-il, ayant souvent excité ma compassion, m'a donné lieu d'en rechercher la cause. » Dès 1694, l'année terrible, il présente son *Projet de capitation* : un impôt levé, sans aucune exemption, sur tous les revenus visibles, produits fonciers, rentes, appointements, etc. Vauban n'est pas le seul à élever ainsi la voix : Boisguilbert, Fénelon, d'autres encore, moins connus, imaginent une société plus humaine, plus juste, dirigée par un État royal moins absolu, moins pesant, pacifique et entrepreneur, à l'appétit fiscal modéré…

Années de crise mais aussi années fécondes : le siècle des Lumières, aspiration à un mieux-être partagé par tous, est peut-être né dans la pluie et le froid des décennies de misère du siècle de Louis XIV.

29

Louis XIV n'est plus un roi absolu

On le croyait tout-puissant, à la tête d'un État centralisé. Le Roi-Soleil pratiquait en fait l'art du compromis.

*

« Voilà ce que je pourrais faire ; voici ce dont je me contenterai. » Il suffit de lire Louis XIV lui-même dans les Mémoires qu'il rédigea ou fit rédiger pour son fils, le Dauphin, dans les années 1660-1670 pour prendre la mesure de la distance qui sépare le désir ou l'utopie politique d'un pouvoir absolu et la réalité de son application sur le terrain. En 1856, dans *L'Ancien Régime et la Révolution*, Alexis de Tocqueville écrivait que « l'Ancien Régime est là tout entier : une règle rigide, une pratique molle. Tel est son caractère ».

Il y a trente ans, cette « règle rigide » du pouvoir louis-quatorzien régnait encore souverainement sur le territoire historiographique du Grand Siècle : l'histoire de l'État se confondait, en grande partie, avec l'histoire de ses institutions. Il était encore possible, héritage d'une longue tradition jacobine et « lavissienne », de décrire le fonctionnement de l'« absolutisme » – une expression considérée comme allant de soi, et pourtant inconnue au temps du Roi-Soleil – en une suite de chapitres au déroulement attendu.

Véritable modèle, le *Louis XIV* d'Ernest Lavisse (1842-1922), « instituteur national » suivant un mot de Pierre Nora, constitue, en quelque sorte, l'archétype de cette histoire d'un absolutisme centré sur la toute-puissance de l'État, à l'image de la table des matières de ce maître-livre : « le gouvernement économique », « le gouvernement politique », « le gouvernement de la société », « le gouvernement de l'intelligence », « le gouvernement de la religion ». Et Lavisse ne pouvait s'empêcher d'admirer le souci de centralisation et le « sens de l'État » qui animaient la politique de Colbert, le contrôleur général des Finances du Roi-Soleil de 1665 à 1683, décrit en ministre impeccable. Cette histoire traditionnelle, devenue canonique, a longtemps été la matrice de nombre d'analyses du pouvoir politique de la France d'Ancien Régime.

Il est aujourd'hui impossible de partager cette conception d'une action effective et positive de l'État royal. C'est en effet toute l'histoire de la monarchie qui a été profondément renouvelée depuis trente ans, à tel point que nous pouvons nous permettre de réécrire l'histoire de l'absolutisme, notamment au moment de son affirmation la plus éclatante, la période que l'on appelle le règne « personnel » de Louis XIV, à partir de 1661.

La dévorante « pompe aux finances »

Si l'on considère aujourd'hui autrement l'absolutisme, c'est d'abord parce que l'on connaît mieux ce que l'historien Daniel Dessert a appelé, en 1984, le système « fisco-financier ». Ce système est apparu sans doute au temps d'Henri III (1574-1589) et il s'est durci dans les années 1630, plus particulièrement en 1635, l'année de l'intervention directe de la France dans la guerre de Trente Ans. Cette année-là, faute d'argent frais, les impôts « normaux » étaient bien trop faibles pour financer une armée-monstre, démesurée par rapport à ses moyens ; l'État royal a alors eu recours, plus que de coutume, à des financiers s'engageant à avancer au Trésor une somme fixée par avance, somme qu'ils récupéraient, augmentée d'un fort intérêt, en prélevant eux-mêmes les rentrées fiscales - gabelle, aides, taille... Ce nouveau système, une fois mis en place, n'a cessé de se fortifier.

Pour alimenter la dévorante « pompe aux finances », les financiers, on l'a vu, ont eu recours à la « bonne société » du royaume, tous ordres confondus.

Voilà, en tout cas, qui change radicalement notre manière d'envisager le fonctionnement de l'absolutisme : en apparence, Louis XIV a bien domestiqué la noblesse et, à l'issue de la grande révolte nobiliaire et parlementaire de la Fronde (1648-1652), réduit à l'obéissance les villes, les provinces et les élites du royaume. En fait, il continue d'en dépendre totalement puisque la plupart des grandes et moins grandes fortunes ont placé une part de leurs intérêts dans le devenir de la monarchie : leur destin mutuel est ainsi lié, comme dans le Languedoc des années 1670, dans une « joyeuse collaboration ». Nous savons en effet que les classes dirigeantes de Toulouse et des principales villes de la province, c'est-à-dire les officiers de finances, les financiers et derrière eux les prêteurs, les membres des états, récupéraient à leur profit près de 40 % du produit de l'impôt « direct ».

Fondement et matrice de l'absolutisme, la « réduction à l'obéissance » fut donc en fait une servitude totalement volontaire et particulièrement intéressée, qui a lié les fortunes privées au devenir de l'État royal.

La recherche du consensus

L'histoire administrative, elle aussi, a été considérablement modifiée. Loin d'une histoire figée des institutions qui décrirait un État abstrait en ne s'attachant qu'à la lettre des ordonnances et des édits, de nombreuses études ont centré l'analyse sur le fonctionnement et les pratiques de la machine administrative. Sont ainsi mis en lumière les rapports « réels » entre gouvernants et gouvernés, entre roi et sujets, entre Paris et provinces, entre capitale et périphéries, entre centralisation et décentralisation.

Gravitant autour des ministres de Louis XIV – Colbert, Louvois, Pontchartrain… –, tout un monde composite d'administrateurs, de marins, de financiers, de robins, de gens de lettres, d'hommes de science travaillent dans l'orbite et l'ombre de ministres à la fois protecteurs et possessifs : « cet homme est à moi » est une expression qui revient souvent dans leur correspondance. Le fonctionnement de l'État royal ne gagne donc rien à être trop « contemporanisé ».

La monarchie louisquatorzienne ne fut pas seulement une « monarchie administrative » : tous ces réseaux imbriqués de parentèles, de clientèles et d'amitiés entremêlées, des relations hiérarchiques d'homme à homme héritières de l'âge féodal, ont garanti la continuité de l'État et l'application concrète, sur le terrain, des décisions du roi. Sur le terrain, précisément, en Franche-Comté par exemple, une province conquise par les armes en 1668 et surtout en 1674, devenue la généralité de Besançon, la recherche d'un consensus est restée une constante de l'action des intendants, les représentants directs du roi dans les provinces dotés de pouvoirs supérieurs à ceux des officiers du lieu : la monarchie a été avant tout une monarchie contractuelle, souple, en recherche permanente de compromis, d'équilibre entre le pouvoir local et le pouvoir central. Beaucoup de subdélégués, choisis par les intendants, étaient issus de familles locales déjà bien établies ; leur charge se transmettait de génération en génération. L'intendant dans ses différentes fonctions cherchait l'entente avec les sujets du roi. Il défendait souvent les intérêts des habitants de sa généralité, quand il intervenait, par exemple, contre des pressions trop fortes des receveurs.

La noblesse a-t-elle été domestiquée ?

Dans tous les cas, il fallait faire taire les mécontents, veiller à une équitable répartition de l'impôt en fonction des facultés contributives de chaque communauté, assurer la subsistance alimentaire dans une économie agricole toujours fragile, rallier les élites par des postes et des faveurs, stimuler le commerce et l'activité industrielle en facilitant le développement des forges, régler, par la négociation plus que par le conflit ou la répression, tous les différends, en laissant notamment au Parlement une large autonomie de décision et de réglementation. À terme, ce qui est en jeu dans cette pratique de terrain, c'est une réduction progressive, paisible et consentie, à l'obéissance. « Apprivoiser la province » : c'est à cette mission que s'est attaché, en 1689, Auguste-Robert de Pomereu, le premier intendant commis en Bretagne... Nous sommes loin, on le voit, d'un prétendu absolutisme « louisquatorzien » dont l'autorité et la brutalité se seraient imposées par la force.

Quant à la noblesse prétendument « domestiquée », nous savons bien à présent que le fonctionnement du système de recommandations et d'influences, qui traverse l'ensemble des élites sociales et politiques, révèle une réalité bien différente de l'image traditionnelle de ce « système de cour » centralisé, dominé par un roi dispensateur unique des faveurs et des bienfaits. Les pratiques clientélaires maintenues, par exemple autour de la maison du prince de Condé à Chantilly, démontrent l'existence de réseaux de fidélité et de circuits d'influence complexes et souterrains, régis par des principes de réciprocité caractéristiques des relations de patronage.

Ce clientélisme ne fut nullement éradiqué par l'État « louis-quatorzien » ni par celui de ses successeurs, Louis XV et Louis XVI.

Une conclusion aussi simple qu'inattendue s'impose à la lecture de toutes ces études neuves : Louis XIV n'est plus tout à fait un roi absolu !

Conclusion

1715 et ses suites : de la transition conservatrice de l'absolutisme au blocage de l'État absolu[1]

Les mois qui suivirent la mort de Louis XIV, archétype du roi absolu, furent marqués par une vague critique, inédite par sa virulence et son ampleur. La mémoire de ce Prince, qu'on avait hissé pendant sa vie jusqu'au rang des immortels, « à qui on avoit prodigué tous les titres et les éloges que la flatterie ingénieuse a coutume d'inventer, fut impitoyablement déchirée ; toutes ses entreprises furent condamnées ; ses vertus flétries, ses vices exagérés ; ses statues insultées par de sanglantes affiches qu'on y attacha ; personne n'osoit parler en sa faveur, et il n'étoit pas sûr de le faire[2] ». De multiples épigrammes et pamphlets moqueurs déconstruisirent alors, une à une, les images glorieuses du souverain pour ne retenir que la misère imposée à son peuple, la fiscalité excessive, l'absence de scrupules moraux, l'ambition, la tyrannie, la vanité, les faiblesses multiples, militaires, sexuelles ou intellectuelles d'un souverain soudain déchu et désacralisé[3]...

Le procès du roi absolu

Nombre de ces textes reprennent, mot pour mot, les termes de la propagande royale officielle, fabriquée depuis le début des années 1660 sous la direction de Colbert. Le royaume de Louis XIV fut, on l'a vu, littéralement saturé des images du roi, toujours mis en scène en position de gloire et de triomphe. Et ce sont précisément ces images-là qu'évoquent les pamphlets de 1715-1716, mais cette fois pour en renverser le sens : ci-gît « notre invincible roi », « qui fut un grand monarque », « le plus grand de nos rois », « le roi Louis le Grand », « l'idole de la France », « Louis le Fortuné », « le plus puissant, le plus fameux guerrier », « ce roi fameux par cent exploits divers », « le roi notre bon maître », « le grand Bourbon[4] »...

Cette duplication moqueuse permet la subversion des codes de la louange par un procès en règle de l'image officielle partout imposée du roi absolu : « Ci-gît notre invincible roi/ Qui meurt pour un acte de foi/ Il est mort comme il a vécu/ Sans nous laisser un quart d'écu. » Plusieurs épitaphes inversent, détournent et se jouent ainsi des qualificatifs les plus célèbres du souverain : « Ci-gît Louis le Petit ;/ Ce dont tout le peuple est ravi./ S'il eût vécu moins de vingt ans,/ Il eût été nommé le Grand. » « Fils de Louis le Juste/ Petit-fils de Henri le Grand,/ Il aurait été juste,/ Il aurait été grand,/ S'il n'eût été Louis d'Argent. » De même, les images mythologiques, abondamment utilisées, notamment dans les premières années du règne personnel, sont elles aussi détournées de leur signification officielle : « Il imita trois dieux : par l'adultère, Mars, Mercure par le vol, Jupiter par la foudre. » Le même traitement est réservé à l'image du Roi-Soleil : « Le soleil à Louis fut donné pour devise/ Qu'on remette l'État ;/ Pour lui il fait l'éclipse. » Et il y a ceux qui ne s'embarrassent d'aucune précaution oratoire pour cibler d'emblée le cœur de la critique, la figure du « roi des impôts », responsable d'une surfiscalisation génératrice de misère générale : « celui qui nous mit en chemise », « le maître des impôts », « le père des impôts », « de qui les édits nous ont tous rendus misérables », « le roi des maltôtiers ». Assurément, Louis XIV est bien avant tout « le grand roi des impôts ».

La désacralisation du Grand Roi porte aussi sur son corps, son simple corps, en un étonnant jeu d'échange, de transfert, presque de transfusion entre le corps du souverain et le corps de la société, comme si le corps du monarque avait vampirisé, de son vivant, celui de ses sujets : « Le grand Louis est trépassé/ Et les médecins ont trouvé/ De sang qu'il n'avait qu'une livre./ Hélas, que j'en suis étonné,/ Car il nous avait bien sucés. » C'est un corps affaibli, diminué, comme s'il fallait abattre la métaphore des « deux corps du roi » et renvoyer Louis XIV à sa seule enveloppe charnelle, à l'humaine décrépitude, toute humaine, de ses derniers jours : « Enfin l'homme *immortel* est mort,/ Malgré sa fameuse devise :/ La parque a terminé son sort/ Pour le bien de l'État et celui de l'Église. » Ou encore : « Ci-gît le maître des impôts,/ Qui mourût de la gangrène ;/ Il en mérita bien la peine,/ Ayant rongé son peuple jusqu'aux os. » Ou encore celle-ci : « Ce monstre, qui n'avait qu'un ventre et point d'entrailles,/ Mit la famine en France et la peste à Versailles. »

Ce corps affaibli, vidé, dépouillé de son cœur et de ses entrailles, promis au tombeau et « réduit en poudre », est présenté comme s'il était, de son vivant, un corps sous influence : à l'image officielle d'un roi absolu, maître des décisions, répond ici une nouvelle contre-image, celle d'un souverain ignorant de la réalité de son royaume et de la vérité sur ses sujets (« un prince qui pendant toute sa vie n'a pu souffrir qu'on lui dît vérité »), entièrement prisonnier de ses sens (« le mari de Thérèse, De la Montespan, le mignon, L'esclave de la Maintenon » ; « l'esclave d'une indigne femme », « la vieille qui nous fit la loi »), dominé par ses ministres, par ses confesseurs (« le valet du Père La Chaise ») et plus généralement des Jésuites (« la troupe au noir jupon »). Cette subordination du prince à son entourage est désignée comme la cause première de son discrédit et de la faillite du système des images du roi absolu. Et quant au roi de guerre, précisément, qui fut pendant une grande partie du règne au cœur du système de la publicité royale, nul ne semble reconnaître la moindre légitimité à celui qui est qualifié d'ennemi de la paix, prisonnier de son irrépressible désir de gloire (« poussé par son ambition et sa brutale passion »), prédateur de l'Europe (« il rompit cent traités, et commit mille crimes/ Il voulut envahir le trône des Césars »).

Cette violente litanie de rosseries dégradantes dessine l'image d'un tyran, terme honni depuis le régicide de 1610 (« France, de ton tyran orne ainsi le tombeau ») et d'un monstre (« Ne priez point Dieu pour son âme/ Un tel monstre n'en eût jamais »), que même l'enfer ne saurait accueillir (« Démons, refusez-lui l'entrée,/ il pillerait tous les enfers. ») Au catafalque officiel du roi lors de ses funérailles solennelles à Saint-Denis répond un contre-mausolée recouvert par des marques d'infamie rappelant les actions néfastes du tyran. Quelques pamphlets mettent même en doute la légitimité biologique et généalogique de Louis XIV, son identité, en suggérant qu'il s'agit du fils de… Mazarin. Et voici le Roi-Soleil, le roi de guerre, le prince de toutes les gloires, ravalé au vulgaire statut d'un bâtard né des amours clandestines d'un cardinal…

Cette déconstruction méthodique des images glorieuses du souverain n'est pas une nouveauté : la mégalomanie du roi, la misère infligée au peuple, l'absence de scrupules moraux, la tyrannie, la vanité, les faiblesses militaires, sexuelles, intellectuelles du souverain ont été, et depuis longtemps, déclinées sous tous les modes (prose, vers, chansons, gravures...). Avec toutefois une différence de taille : elles émanaient surtout des publicistes des puissances étrangères – Provinces-Unies, Angleterre, Saint Empire –, autant de pays en guerre ouverte contre la France, qui se sont attachés à déboulonner l'image royale[5]. Un sommet de cette désacralisation du corps du monarque est sans doute atteint en 1702 dans le frontispice qui met en scène un Louis XIV-Apollon métamorphosé en vieillard décrépit et en béquilles, juché sur un improbable attelage guidé par Mme de Maintenon, détournement et inversion de l'image peinte par Charles Le Brun au plafond de Versailles mettant en scène le prétendu glorieux passage du Rhin de 1672...

Dans son étude sur « l'image noire de Louis XIV », Isaure Boitel propose de multiples exemples d'illustrations satiriques déclinant le corps du roi, montré comme un corps affaibli, disgracieux, vieilli, cassé. Cette crispation sur le corps est sous-tendue par l'idée que la fragilité physique et physiologique va de pair avec la fragilité politique d'une monarchie française paraissant à bout de souffle, qui semble confirmer « l'impossible sacralité des souverains français » (Alain Boureau[6]). Par cet acharnement sur le corps du souverain, il s'agit bien de tuer le roi par l'image : on assiste ainsi à une véritable « mise à mort iconographique » d'un Louis XIV perclus, malade, voire agonisant, à l'exemple de cette terrible carte à jouer anglaise de 1707 qui montre un Louis XIV transformé en vampire à bout de forces, recevant du sang frais donné par Mme de Maintenon, qui lui tend un calice...

« L'État demeure... »

Pourtant, au-delà de cette déconstruction par le texte et par l'image du règne de Louis XIV, la mort du vieux roi, après soixante-douze ans de souveraineté, et le bouleversement du gouvernement imposé par le Régent – la polysynodie, ce « ministère à cent têtes » – n'ont nullement bousculé les fondements et le fonctionnement de l'État royal : en cette première année de minorité et de régence, la monarchie n'est pas à bout de souffle. Dans la plupart des départements ministériels, les premiers commis et le personnel chargé d'appliquer les instructions sont restés en place et, dans les provinces du royaume, les structures administratives – intendances, subdélégations – ont continué à œuvrer, pratiquement inchangées. 1715 s'inscrit dans une grande continuité avec le long règne qui vient de s'achever.

Les principes de la monarchie absolue ont été respectés et appliqués par Philippe d'Orléans : la fonction des sept conseils mis en place – Conseil de conscience, des affaires étrangères, de la guerre, de la marine, des finances, des affaires du dedans du royaume, du commerce – était d'assurer avant tout la bonne marche quotidienne et le traitement des affaires courantes avec, pour l'essentiel de leur activité, l'examen des requêtes individuelles. Ces conseils furent les héritiers des secrétaires d'État, non pas des secrétaires d'État conseillers politiques (comme le furent Colbert ou Louvois), mais des secrétaires d'État simples commis, exécutants des ordres émanés du Conseil d'en haut. Les décisions importantes étaient en effet prises par le Conseil de régence et le Régent lui-même – ce dernier garda notamment la haute main sur la distribution des pensions et des nominations, le cœur même de la monarchie absolue –, et le « travail du roi » ou la « liasse », ce tête-à-tête au sommet de l'État entre le prince et un ministre, a été maintenu. Si bien que la transition d'un règne à un autre, en cette période toujours délicate de minorité – Louis XV, né en 1710, est alors un enfant – s'est faite, contrairement aux minorités précédentes, en douceur, sans soubresauts majeurs, parce que le Régent a eu l'intelligence de s'appuyer sur les cadres administratifs existants : les ministres passent, les bureaux restent...

Les mesures prises au temps de la polysynodie ont ainsi contribué à approfondir le processus de rationalisation de l'administration entamé durant le règne de Louis XIV et qui se poursuivra au temps de Louis XV et de Louis XVI : répartition des tâches par compétences, stabilité des équipes administratives – qui échappent ainsi à l'arbitraire de la faveur ou à la chute d'un ministre –, respect de procédures strictes... Le Conseil de la guerre, par exemple, malgré ses querelles internes – la fameuse « pétaudière » dénoncée par Saint-Simon –, présente un des bilans les plus impressionnants par l'ampleur et l'originalité des décisions prises : réorganisation administrative efficace, contrôle plus précis des troupes, notamment. L'ensemble de ces éléments marque un progrès incontestable dans l'histoire d'une culture administrative en plein développement, une étape importante aussi dans cette « mémoire de l'État » qui n'a cessé de s'enrichir, notamment par la constitution de dépôts d'archives, en particulier aux Finances, à la Guerre et aux Affaires étrangères[7].

La polysynodie, écrit Emmanuel Le Roy Ladurie, a été « la transition conservatrice de l'absolutisme ». Alexandre Dupilet le confirme : le Régent n'a pas visé à transformer le régime, mais à l'adapter, à l'aménager par petites touches, afin de conserver intactes les structures fondamentales de l'État royal dans sa version absolue. La polysynodie ne doit pas être considérée, ainsi qu'on l'a souvent écrit, comme une tentative de « modération » de l'absolutisme ou comme l'expression d'une volonté « libérale », en rupture avec le règne précédent. S'il s'agissait bien de réformer, le but principal était de renforcer le pouvoir royal et, en définitive, d'assurer la pérennité de la monarchie telle que le Grand Roi l'avait conçue. D'autant que le Régent est resté, en toutes circonstances, au-delà de la traditionnelle distinction entre

« Régence libérale » (1715-1717) et « Régence absolue » (à partir de 1718), le maître absolu du jeu. Suivons encore Alexandre Dupilet quand il décrit le pouvoir du maître de l'État au lendemain de la mort de son oncle : « L'autorité de Philippe d'Orléans est pleine et entière. Il concentre un grand nombre de prérogatives essentielles. Ce n'est pas de lui que tout procède, mais il est le cœur, la clef de voûte du système administratif. Il délègue aux conseils les tâches purement administratives, n'hésite pas à écarter le Conseil de régence de certaines décisions sur la pratique de la liasse. Le Régent concentrait entre ses mains l'essentiel du pouvoir en 1715 et il ne s'en cachait pas. »

*

Précipitée par l'opposition « aristocratique » à la politique du Régent c'est-à-dire à l'absolutisme qu'il incarnait, la dissolution des conseils marqua l'éviction de la noblesse en tant que corps politique du débat national. Et ce, jusqu'à la veille de la Révolution. Quant à Louis XV, à la mort du vieux cardinal de Fleury en 1743, il annonça, comme son bisaïeul en 1661, sa volonté de gouverner sans principal ministre. C'était sans compter sur la montée des oppositions – parlements, mouvement philosophique, mécontentement populaire face à la pression fiscale… Ces oppositions étaient contradictoires sans doute, mais toutes visaient à affaiblir l'État royal dans sa version absolue. En 1766, face à « l'échauffement des parlements » comme on disait alors, notamment celui de Rennes, Louis XV, lors d'un lit de justice, fit prononcer un discours, demeuré célèbre, que n'aurait nullement désavoué Louis XIV (séance dite de la Flagellation, du nom de la fête du jour) :

> « C'est en ma personne seule que réside la puissance souveraine, dont le caractère propre est l'esprit de conseil, de justice

> et de raison ; c'est de moi seul que mes cours tiennent leur existence et leur autorité : la plénitude de cette autorité, qu'elles n'exercent qu'en mon nom, demeure toujours en moi [...]. C'est à moi seul qu'appartient le pouvoir législatif, sans dépendance et sans partage [...]. L'ordre public tout entier émane de moi, et les droits et les intérêts de la Nation, dont on ose faire un corps séparé du Monarque, sont nécessairement unis avec les miens et ne reposent qu'entre mes mains[8]. »

Cette énergie « absolutiste » déployée par un roi énonçant « ces maximes sacrées et immuables, gravées dans le cœur de tous sujets fidèles » demeura précaire et sans lendemain : l'incapacité du gouvernement à réaliser des réformes, notamment pour réduire une dette structurelle causée, une fois encore, par la récurrence des guerres – guerre de Sept Ans, guerre d'Indépendance américaine –, ne fit que renforcer la violence des oppositions. Louis XVI eut le mérite de prendre conscience de cette impuissance de la monarchie à rénover un système financier et fiscal profondément injuste socialement : les audacieuses réformes de Turgot, entre 1774 et 1776, constituent un bel essai d'absolutisme éclairé. Mais toutes ces tentatives échouèrent à leur tour face à la levée des mécontentements, démontrant à la fois la volonté réformatrice issue des Lumières, mais aussi les difficultés, voire l'impossibilité d'une modernisation des structures économiques et politiques d'une monarchie fondée sur les privilèges d'une société d'ordres, notamment le privilège fiscal.

La révolution de 1789 s'explique en grande partie par cette incapacité structurelle de l'État absolu à se mettre en question et à se réformer.

Notes

Avant-propos, p. 7

1. Cité par Jean Barbey, *Être roi. Le roi et son gouvernement en France, de Clovis à Louis XVI*, Paris, Fayard, 1992, p. 7.

2. Emmanuel Macron avait assuré dès le mois d'octobre 2016 que la France avait besoin d'un président « jupitérien » (entretien au magazine *Challenges*) : un président « jupitérien » serait donc un chef d'État qui tient de Jupiter – le dieu romain qui gouverne la terre, le ciel et tous les autres dieux – et en a « le caractère impérieux, dominateur », précise le Larousse.

3. « En France, depuis mille ans, c'est toujours sous un manteau d'Arlequin qu'avance le "grand homme". Il emprunte aux caractères du passé des traits, des idées, des actions, une manière d'être au pouvoir et de l'exercer, le talent d'être à la fois celui qui incarne le pays et celui qui le transforme, le bouleverse, le fait avancer », Christophe Barbier, *Macron sous les masques*, Paris, éditions de l'Observatoire, 2019, p. 14.

4. La sainte ampoule fut détruite en 1793 : le député Philippe Rühl brisa solennellement « ce hochet sacré des sots ».

5. Marc Bloch, *Les Rois thaumaturges. Étude sur le caractère surnaturel attribué à la puissance royale, particulièrement en France et en Angleterre*, Paris, Gallimard, 1983 [1924].

6. Deux *ordines* du XIIIe siècle décrivent précisément la cérémonie : l'un date probablement du début du règne de Saint Louis, l'*ordo* de Reims ; l'autre, l'*ordo* de 1250, est une version complète, illustrée par seize miniatures représentant pour la première fois le sacre d'un roi chrétien (manuscrit latin 1246, Bibliothèque nationale de France). Richard Jackson a daté les principaux textes des *ordines* consacrés au cérémonial du sacre : l'*ordo* de *Francia Occidentalis* (vers 900), celui de Fulrad (vers 980), puis plusieurs *ordines* du XIIIe siècle, notamment au temps de Saint Louis. Enfin, l'*ordo* de 1365, abondamment illustré d'un cycle des épisodes du sacre, fixait à peu près le déroulement de la cérémonie, jusqu'à la fin de l'Ancien Régime (Richard A. Jackson, Vivat rex in aeternum. *Histoire des sacres et couronnements de France, 1364-1825*, Strasbourg, Presses universitaires de Strasbourg, 1984).

7. Cette spécificité française explique le nombre d'étrangers – notamment des Espagnols – qui viennent en France pour se faire « toucher » par le roi.

8. Traditionnellement, au lendemain du sacre, le roi allait à Corbeny, dans l'Aisne, où un monastère abritait les reliques de saint Marcoul, saint royal, lui aussi guérisseur des écrouelles. Le roi y « touchait » pour la première fois les scrofuleux. Cet usage est en vigueur jusqu'en 1654 : Louis XIV, délaissant Corbeny, effectua son premier « toucher » à Saint-Rémi-de-Reims, après son sacre.

9. Alphonse Dupront, « Sacre, autorité, pouvoir : profil d'anthropologie historique », dans *Le Sacre des rois. Actes du colloque international d'histoire sur les sacres et couronnements royaux*, Reims, 1975, Paris, Les Belles Lettres, 1985, p. 315.

10. « Samuel prit la fiole d'huile et la répandit sur la tête de Saül, puis il l'embrassa et dit : "N'est-ce pas Yahvé qui t'a oint comme chef de son peuple Israël ?" (I Samuel, X, 1). Lorsque Yahvé eut retiré sa confiance à Saül, Samuel oignit David : « Et Yahvé dit : "Va, donne-lui l'onction." Samuel prit la corne d'huile et l'oignit au milieu de ses frères. L'esprit de Yahvé fondit sur David à partir de ce jour-là et dans la suite » (I Samuel, XVI, 12-13).

11. Daniel de Priezac, *Defence des droits et prérogative des Roys de France contre Alexandre Patrice Armacan, Théologien*, Paris, 1638, p. 72.

12. Jacques Le Goff, « Aspects religieux et sacrés de la monarchie française du Xe au XVIIIe siècle », dans Alain Boureau, Claudio-Sergio Ingerflom (dir.), *La Royauté sacrée dans le monde chrétien*, Paris, EHESS, 1992, p. 23.

13. Lors de chaque sacre, on réalisait pour le nouveau souverain appelé à régner deux couronnes personnelles que celui-ci ceignait lors de la cérémonie du sacre, la première en or émaillé, la seconde en argent doré et, à partir de 1722, ornée des diamants les plus prestigieux de la collection royale.

14. « C'est la première maxime de notre droit français : le mort saisit le vif, qui fait qu'au même instant que le roy défunt a la bouche close, son successeur est roy parfait, par une continuation immédiate et du droit et de la possession de l'un à l'autre, sans qu'on y puisse imaginer aucune intervalle d'interrègne », Charles Loyseau, *Cinq Livres du droit des Offices*, Paris, 1610, livre I, chap. 10, n° 58.

15. Antoine Aubéry, *De la prééminence de nos rois et de leur préséance sur l'Empereur et le roi d'Espagne*. Cité par Étienne Thuau, *Raison d'État et pensée politique à l'époque de Richelieu*, Paris, Armand Colin, 1966, p. 292-293.

16. Bossuet, *Politique tirée des propres paroles de l'Écriture sainte*, Paris, 1709. V, 4, « Conséquences de la Doctrine précédente : De la Majesté et de ses accompagnements ». Voir aussi : Marina Valensise, « Le sacre du roi : stratégie symbolique et doctrine politique de la monarchie française », dans *Annales. Économies, Sociétés, Civilisations*. 41e année, n° 3, 1986. p. 543-577 ; Richard A. Jackson, Vivat Rex in aeternum..., *op. cit.*

Introduction, p. 17

1. Chateaubriand serait l'inventeur de ce mot dans son *Essai sur les Révolutions* (1797). En fait, c'est en 1826, dans la préface de la réédition de cet ouvrage (édité à Paris par Ladvocat), qu'il l'emploie, en utilisant l'italique : « Loin d'être rentré dans le giron de *l'absolutisme,* je me suis endurci dans ma faute constitutionnelle. Qu'importe alors que je me sois amendé comme chrétien ? Soyez athée, mais prêchez l'arbitraire, la police, la censure, la sage indépendance de l'antichambre, les charmes de la domesticité, l'humiliation de la patrie, le goût petit, l'admiration du médiocre : tous vos péchés vous seront remis » (p. 31).

2. « Depuis les débuts du Moyen Âge, les juristes ont discouru sur la *potestas* ou *l'auctoritas* absolues du pape ou de l'empereur, passées bientôt sur la tête du roi de France. Jean Bodin contribue à propager l'expression “pouvoir absolu” commensuré aux prérogatives du roi souverain » Jean Barbey, *Être roi…, op. cit.*, p. 147.

3. C'est un historien du début du XIXe siècle, Pierre-Édouard Lémontey, qui a attribué à Louis XIV la paternité de ces quelques mots : « enfin, le Coran de la France fut contenu dans quatre syllabes et Louis XIV prononça un jour : l'État, c'est moi. » Pierre-Édouard Lémontey, *Essai sur l'établissement monarchique de Louis XIV*, Paris, 1818, p. 327.

4. [Rétif de la Bretonne], *Le Plus Fort des pamphlets. L'ordre des paysans aux États-Généraux, 26 février 1789*, p. 15-17.

5. Antoine François Rigaut, *Morceaux choisis de Duclos*, Paris, 1810, II, p. 81.

6. Cette thèse audacieuse a été soutenue par David Parker, *The Making of French Absolutism*, Londres, Edward Arnold, 1983, p. XVI : *« Absolutism was always in the making, but never made. »*

7. N. Tommaseo, *Relations des ambassadeurs vénitiens sur les affaires de France au XVIe siècle*, Paris, 1838.

8. Fanny Cosandey, Robert Descimon, *L'Absolutisme en France. Histoire et historiographie*, Paris, Seuil, « Points », 2002, p. 40.

9. Guichardin, *Histoire d'Italie*, éd. J.-L. Fournel, J.-C. Zancarini, Paris, Robert Laffont, « Bouquins », 1999, t. 1, p. 319.

10. Alexandre Yali Haran, *Le Lys et le globe. Messianisme dynastique et rêve impérial en France aux XVIe et XVIIe siècles*, Seyssel, Champ Vallon, 2000.

11. Florence Alazard, *La Bataille oubliée. Agnadel, 1509 : Louis XII contre les Vénitiens,* Rennes, PUR, 2017, p. 70.

12. Jean Marot, *Sur les deux heureux voyages de Gênes et Venise*, cité par *ibid.*, p. 204. Voir aussi Joël Cornette, *Anne de Bretagne*, Paris, Gallimard, 2021.

13. C'est ainsi que Louise de Savoie désigne son fils après Marignan, en raison du nombre de mercenaires suisses que le roi a vaincus. Anne-Marie

Lecoq, *François Ier imaginaire. Symbolisme et politique à l'aube de la Renaissance française*, Paris, Macula, 1987.

14. *De l'Institution du Prince. Livre contenant plusieurs Histoires, Enseignemens et saiges Dicts des Anciens tant Grecs que Latins, faict et composé par maistre G.B.* Trois éditions sont datées de 1547 : une édition lyonnaise et deux éditions parisiennes.

15. Toute cette analyse à partir de Cédric Michon (dir.), *Les Conseillers de François Ier*, Rennes, PUR, 2001.

16. Christophe Blanquie, *Les Présidiaux de Richelieu. Justice et vénalité (1630-1642)*, Paris, éditions Christian, 2000.

17. On consultera l'étude, toujours essentielle, de Roland Mousnier, *La Vénalité des offices sous Henri IV et Louis XIII*, Paris, PUF, 1971.

18. Michel de Montaigne, *Essais*, livre 1, chap. XLII, « De l'inégalité qui est entre nous ».

19. Jean-Marie Constant, *La Ligue*, Paris, Fayard, 1996.

20. On appelle « politiques » ceux pour qui le salut de l'État importait plus que tout, y compris l'attitude confessionnelle. De nombreux « politiques » appartenaient au monde des officiers de justice, notamment des juristes férus de droit romain.

21. Robert Descimon, *Qui étaient les Seize ? Mythes et réalités de la Ligue parisienne (1585-1594)*, Paris, Klincksieck, 1984.

22. Olivier Christin, « Le roi idole ? Iconoclasme protestant et pensée monarchomaque », dans Gilbert Buti et Anne Carol (éd.), *Comportements, croyances et mémoires. Europe méridionale, XVe-XXe siècles. Études offertes à Régis Bertrand*, Aix-en-Provence, Publications de l'université de Provence, 2007, p. 171-182.

23. Les *Mémoires de l'Estat de France sous Charles Neufiesme* de Simon Goulart sont parus en 1576 à Genève et composés à partir des récits des huguenots français qui s'y réfugièrent.

24. Nicole Cazauran (dir.), *Les Classiques de la pensée politique. Discours merveilleux de la vie, actions et deportemens de Catherine de Médicis, Royne mere*, Genève, Centre V. L. Saulnier, 1995.

25. Signifie « ceux qui combattent les monarques ».

26. Pour une réévaluation de la politique et de l'action d'Henri III, on se reportera aux études de Nicolas Le Roux, notamment, *La Faveur du roi. Mignons et courtisans au temps des derniers Valois*, Seyssel, Champ Vallon, 2013 ; *Portrait d'un royaume. Henri III, la noblesse et la Ligue*, Paris, Passés composés, 2020.

27. L'ensemble forme effectivement un recueil spécifique d'images intitulé *Les belles figures et Drolleries de la Ligue, avec les peintures, Placards et Affiches injurieuses et diffamatoires contre la mémoire et honneur du feu Roy que les Oisons de la Ligue appelaient Henri de Valois, imprimées, criées,*

preschées et vendues publiquement à Paris par tous les endroits en quarrefours de la ville en l'an 1589.

28. Hugues Daussy, *Les Huguenots et le roi : le combat politique de Philippe Duplessis-Mornay*, Genève, Droz, 2002.

29. Denise Turrel, *Le Blanc de France. La construction des signes identitaires pendant les guerres de Religion (1562-1629)*, Genève, Droz, 2005.

30. Pour une analyse précise de l'entrée d'Henri IV à Lyon, voir Yann Lignereux, *Lyon et le roi : de la « bonne ville » à l'absolutisme municipal (1594-1654)*, Seyssel, Champ Vallon, 2017.

31. Olivier de Serres, protestant, est fortement imprégné de la culture biblique ; « De leurs épées, ils forgeront des socs et de leurs lances des faucilles » (Ésaïe 2, 4 ; Michée 4, 3 ; Joël 4, 10). On peut observer dans son texte une identification morale entre le gentilhomme fermier, fortement patriarcal, et les patriarches de l'Ancien Testament, et une référence permanente à une providence divine tout à la fois nourricière, tutélaire et ordonnatrice. Dans son *Adresse au Roy* qui ouvre le livre, Olivier de Serres précise qu'il est écrit en l'Écriture sainte « que le Roi consiste quand le champ est labouré, dont s'ensuit que procurant la culture de la terre, je feray le service de mon Prince, ce que rien tant je ne désire, afin qu'en abondance et prospérités, vostre Majesté demeure longuement en ce monde ».

32. Philippe Hamon, *L'Argent du roi. Les finances sous François Ier*, Paris, Comité pour l'histoire économique et financière de la France, 1994.

33. Françoise Bayard, *Le Monde des financiers au XVIIe siècle*, Paris, Flammarion, 1988 ; Daniel Dessert, *Argent, pouvoir et société au Grand Siècle*, Paris, Fayard, 1984.

34. Giovanni Botero fit paraître en Italie en 1589 *Della ragione di Stato* (« De la raison d'État »), traduit en français en 1599. Botero explique qu'il ne crée pas l'expression « raison d'État » : il la reprend à un discours commun qu'il dit avoir eu l'occasion d'entendre « tout le jour », dans les différentes cours princières que ses fonctions l'ont amené à fréquenter. En 1612, Antoine de Laval déplorera que la raison d'État soit « fréquente en la bouche de tout le monde »... Marcel Gauchet, « L'État au miroir de la raison d'État : la France et la chrétienté », dans *Raison et déraison d'État*, sous la direction de Y.-Ch. Zarka, Paris, PUF, 1994, p. 193.

35. Maximin Deloche, *Autour de la plume du cardinal de Richelieu*, Paris, Société française d'imprimerie et de librairie, 1920. Dans l'équipe qui entoure le cardinal-ministre, on relève les noms de Théodore Godefroy, Pierre Dupuy, Guez de Balzac, François Mézeray. Le premier résultat de ce travail collectif fut la publication, en 1635, sous le nom de Hay du Chatelet, du *Recueil de diverses pièces pour servir l'Histoire*, qui justifie, notamment, la « guerre juste » contre l'Espagne et la nécessité d'un durcissement politique.

36. Cardin Le Bret, *De la Souveraineté du Roy, de son domaine et de sa Couronne*, 1632, I, 9, « Qu'il n'appartient qu'au Roy de faire des loix dans le royaume, de la changer, de les interpréter ».

37. Gabriel Naudé, *Considérations sur les coups d'État*, chap. 2 : « Quels sont proprement les coups d'État, et de combien de sortes. » Une première édition, confidentielle, est parue à Rome en 1639 – une douzaine d'exemplaires ? – (un « trésor de cabinet possédé par fort peu de personnes », comme la qualifie l'Adresse au lecteur de la deuxième édition), une seconde, au tirage plus important, est publiée en 1667. On consultera la version proposée par Les Éditions de Paris en 1988, précédée de « Pour une théorie baroque de l'action politique », par Louis Marin.

38. Pierre Séguier, *Lettres et Mémoires adressés au chancelier Séguier (1633-1649)*, recueillis et publiés par Roland Mousnier, Paris, PUF, 1964, t. I, p. 553.

39. Madeleine Foisil, *La Révolte des Nu-Pieds et les révoltes normandes de 1639*, Paris, PUF, 1970.

40. Cette formule est quelque peu excessive : il s'agit plus d'une recomposition que d'une révolution, recomposition marquée par la continuité plus que par la rupture – aucun homme nouveau au gouvernement et Colbert était déjà en coulisse ; quant aux structures gouvernementales, elles restent en place – et le roi avait commencé à exercer une grande part du pouvoir avant même la mort du cardinal-ministre.

41. Jean-Christian Petitfils, *Louis XIV*, Paris, Perrin, 2014.

42. Il est vrai que la présence et la présidence du roi au Conseil est une constante, tout au long du règne : le *Journal* de Torcy, du 6 novembre 1709 au 31 mai 1711, ne recense pas moins de 113 présidences par Louis XIV du Conseil d'en haut, le conseil de gouvernement par excellence (*Journal inédit de Jean-Baptiste Colbert marquis de Torcy ministre et secrétaire d'État des Affaires étrangères pendant les années 1709, 1710 et 1711*, publié d'après les manuscrits autographes par Frédéric Masson, Paris, Plon, 1884).

43. Daniel Dessert, *Argent, pouvoir et société au Grand Siècle, op. cit.*

44. Jean-Marc Moriceau, *Les Fermiers de l'Île-de-France : l'ascension d'un patronat agricole*, Paris, Fayard, 1994.

45. Jacques Dupâquier évalue le nombre des victimes à 1 600 000, au moins ; Emmanuel Le Roy Ladurie avance le chiffre de 2 millions de morts ; Marcel Lachiver, au terme d'une rigoureuse analyse, parvient au chiffre de 2 836 800 habitants morts en deux ans, soit 1 300 000 de plus qu'au cours de deux années « moyennes ». Dans ce bilan macabre, l'année 1694 l'emporte largement sur l'année 1693, avec 1 600 000 morts à la suite de dérèglements météorologiques (années froides et humides, récoltes catastrophiques).

46. [Pierre Jurieu] *Réflexions sur la cruelle persécution que souffre l'Église réformée de France et sur la conduite et les actes de la dernière assemblée du Clergé de ce Royaume, Avec un examen des prétendues calomnies dont le Clergé*

se plaint dans sa profession de foi à deux colonnes, que les Réformés ont répandues dans leurs Ouvrages contre l'Église romaine. Le tout pour faire voir à ceux qui sont exposés à la tentation de la révolte, quelle est la religion qu'on les force, ou qu'on vient les forcer d'embrasser, s.l., 1685, p. 1-2. Voir aussi Hendrik Ziegler, *Louis XIV et ses ennemis : image, propagande et contestation*, édition originale, 2010, traduction française, Saint-Denis, Presses universitaires de Vincennes, 2013 ; Isaure Boitel, *L'Image noire de Louis XIV, Provinces-Unies, Angleterre (1668-1715)*, Seyssel, Champ Vallon, 2016.

47. Les pages qui vont suivre doivent beaucoup à la thèse de Stéphane Guerre, *Nicolas Desmaretz, le Colbert oublié de Louis XIV*, Seyssel, Champ Vallon, 2019.

48. Michel Antoine, *Le Cœur de l'État : surintendance, contrôle général et intendances des finances, 1552-1791*, Paris, Fayard, 2003.

49. Dans *Les Guerres de Louis XIV, 1667-1714* (Paris, Perrin, 2010), en étudiant l'activité du secrétariat de la Guerre, John Lynn confirme cette inflation « bureaucratique » qui caractérise le règne de Louis XIV : au temps d'Abel Servien, secrétaire d'État de la Guerre de 1630 à 1635, 830 lettres étaient écrites en moyenne tous les ans ; sous l'administration de François Sublet de Noyers, de 1635 à 1643, 1 100 lettres étaient émises annuellement. Au début de la guerre dite de la ligue d'Augsbourg (1688-1689), sous l'administration de Louvois, 10 000 lettres par an sont envoyées depuis les bureaux du secrétaire d'État.

50. Marcel Lachiver, *Les Années de misère. La famine au temps du Grand Roi*, Paris, Fayard, 1991.

51. Joël Cornette, *La Mort de Louis XIV. Apogée et crépuscule de la royauté*, Paris, Gallimard, 2015.

52. Jean-Claude Perrot, *Une histoire intellectuelle de l'économie politique (XVIIe-XVIIIe siècle)*, Paris, Éditions de l'École des hautes études, 1992.

53. Il s'agit de la série G 7 des Archives nationales, élément central de la « mémoire de l'État ».

54. *Les Oisivetés de Monsieur de Vauban*, édition intégrale établie sous la direction de Michèle Virol, Seyssel, Champ Vallon, 2007.

55. *Méthode généralle et facile pour faire le dénombrement des peuples* (1686), cité par Robert Damien « Prolégomènes français à une science politique future : Vauban, Lavoisier, Volney, Neufchâteau, Chaptal », dans Thierry Martin (dir.), *Arithmétique politique dans la France du XVIIIe siècle*, Paris, Institut national d'études démographiques, 2003, p. 21-22. La *Méthode généralle et facile* a été publiée pour la première fois par Éric Vilquin, « Vauban, inventeur des recensements », *Annales de démographie historique*, 1975, p. 207-250.

56. Sur ce sujet, voir notamment Bertrand Gille, *Les Sources statistiques de l'histoire de France. Des enquêtes du XVIIe siècle à 1870*, Paris-Genève, Droz, 1964 ; Esmonin (éd.), « Les mémoires des Intendants

pour l'instruction du duc de Bourgogne : étude critique », dans *Bulletin de la Société d'histoire moderne et contemporaine*, 11e série, n° 17, 1956, p. 12-20 ; repris dans *Études sur la France des XVIIe et XVIIIe siècles*, Paris, PUF, 1964, p. 113-130. Plusieurs mémoires pour l'instruction du duc de Bourgogne ont déjà été publiés, d'abord, partiellement, par Boulainvilliers dans *État de la France : extrait des Mémoires dressés par les Intendants du royaume par ordre du roi Louis XIV*, Londres, 1727 (2 vol.). Quelques éditions furent entreprises au XVIIIe siècle (Lamoignon de Basville, *Mémoires pour servir à l'histoire du Languedoc*, Amsterdam, 1734) et au XIXe siècle, notamment la généralité de Paris par Arthur Michel de Boislisle (Paris, 1881). C'est à partir des années 1970 qu'une publication scientifique et exhaustive est mise en œuvre. Le texte du *Mémoire sur l'état de la généralité de Riom* a été établi et annoté par Abel Poitrineau (Clermont-Ferrand, Institut d'études du Massif central, 1970). Depuis 1975, la Section d'histoire moderne et contemporaine du Comité des travaux historiques et scientifiques (CTHS), mis en place par le ministre Guizot en 1834, a pris pour mission de publier l'ensemble des *Mémoires*.

57. Outre la biographie de Nicolas Desmaretz déjà citée, voir, notamment, Mathieu Stoll, *Servir le Roi-Soleil. Claude Le Peletier (1631-1711), ministre de Louis XIV*, Rennes, PUR, 2011 ; Thierry Sarmant, *Les Demeures du Soleil. Louis XIV, Louvois et la surintendance des Bâtiments du roi*, Seyssel, Champ Vallon, 2003 ; Emmanuel Pénicaut, *Faveur et pouvoir au tournant du Grand Siècle. Michel Chamillart, ministre et secrétaire d'État de la Guerre de Louis XIV*, Paris, École des chartes, 2004 ; Thierry Sarmant, Mathieu Stoll, *Régner et gouverner. Louis XIV et ses ministres*, Paris, Perrin, 2010.

58. Louis XIV, *Réflexions sur le métier de roi* (1679), *in* Louis XIV, *Mémoires*, Paris, Tallandier, 2007, p. 333.

59. *Ibid.*, p. 209.

60. Cité par Lucien Bély, *Les Secrets de Louis XIV. Mystères d'État et pouvoir absolu,* Paris, Tallandier, 2013, p. 216.

61. Louis XIV, *Réflexions sur le métier de roi, op. cit.*, p. 333.

62. Primi Visconti est sans doute celui qui a le mieux décrit l'attitude de Louis XIV, qui affecte en permanence cette « gravité d'un roi de théâtre ». Décryptant les usages et les manières de la Cour – « la plus belle comédie du monde » –, il note qu'« en public », le roi est « plein de gravité et très différent de ce qu'il est en son particulier ». Se trouvant, explique-t-il, dans sa chambre avec d'autres courtisans, il a remarqué plusieurs fois que si la porte venait par hasard à être ouverte, ou s'il sortait, il composait aussitôt une attitude et prenait une autre expression de figure, « comme s'il devait paraître sur un théâtre ». Et de conclure : « En somme, il sait bien faire le roi en tout. » Primi Visconti, *Mémoires sur la cour de Louis XIV*, Paris, Perrin, 1988.

Les châteaux de la « vallée des rois », p. 85

1. *De architectura* était le seul ouvrage sur le sujet datant de l'Antiquité et, par conséquence, la référence. Il définit précisément les règles présidant à la construction des bâtiments.

2. Nous avons orthographié Chenonceau quand il s'agit du château, conformément à l'usage, et Chenonceaux lorsqu'il s'agit de la commune.

3. Bataille marquante de la sixième guerre de Religion (1576-1577), la prise de La Charité est une victoire de l'armée royale par le duc d'Anjou, le jeune frère d'Henri III, ancien chef des malcontents, à présent réconciliés avec le roi.

Catholiques et protestants : les violences des « guerriers de Dieu », p. 117

1. Denis Crouzet, *Les Guerriers de Dieu. La violence au temps des troubles de religion, vers 1525-vers 1610*, Seyssel, Champ Vallon, 1990.

2. Jérémie Foa, *Tous ceux qui tombent. Visages du massacre de la Saint-Barthélemy*, Paris, La Découverte, 2021.

3. Cette thèse est développée notamment par Élie Barnavi, *Le Parti de Dieu : étude sociale et politique des chefs de la Ligue parisienne, 1585-1594*, Paris, Publications de la Sorbonne, 1980.

Saint-Barthélemy : qui est responsable ?, p. 123

1. Cette lettre est rangée sous la cote 3950, folios 183-184 des *Manuscrits français* de la Bibliothèque nationale.

L'édit de Nantes : liberté de la croyance, obéissance au roi absolu, p. 135

1. J.-L. Bourgeon, « La date de l'édit de Nantes : 30 avril 1598 », dans M. Grandjean et B. Roussel (dir.), *Coexister dans l'intolérance : l'édit de Nantes (1598)*, Bulletin de la Société de l'histoire du protestantisme français, t. 144, janvier-juin 1998, p. 17-50.

2. M. Turchetti, « Concorde ou tolérance ? 1561 à 1598 », *Revue historique*, t. 274, 1985, p. 341-355.

3. M. Rocard, *L'Art de la paix. À propos de l'édit de Nantes*, Biarritz, Atlantica, 1997 ; F. Bayrou, *Henri IV, le roi libre*, Paris, Flammarion, 1994 ; J'ai lu, 1996.

Louis XIII : dans l'intimité d'un enfant-roi, p. 155

1. Première édition : *Journal de Jean Héroard, sur l'enfance et la jeunesse de Louis XIII (1601-1628)*. L'édition de référence est désormais celle qui a été publiée en 1989, en deux volumes, par les éditions Fayard, sous la direction de Madeleine Foisil.

2. Pierre Chaunu, avant-propos de l'édition du *Journal* d'Héroard publié en 1989 chez Fayard.

Au service du roi absolu : le révélateur des livres de chevet de Richelieu, p. 161

1. Jörg Wollenberg, *Les Trois Richelieu. Servir Dieu, le roi et la raison*, Paris, François-Xavier de Guibert, 1995.

2. Richelieu. *Testament politique*, t. II. chap. I., cité par Jörg Wollenberg.

L'« araignée » du cardinal-ministre : le père Joseph, conseiller occulte de Richelieu, p. 165

1. Peut-être en référence à « l'universelle araigne », image attachée à la politique tortueuse de Louis XI.

Un instrument de l'État absolu : la naissance de l'armée moderne, p. 169

1. Guerre européenne, la guerre de Trente Ans opposa puissances protestantes – Suède, Danemark, principautés allemandes – et catholiques – Habsbourg, Espagne –, contre lesquelles la France s'engagea directement à partir de 1635.

2. Bénédict-Louis de Pontis, *Mémoires*, 1676, édition critique par Andrée Villard, Paris, Honoré Champion, 2000.

3. Olivier Chaline, *La Bataille de la Montagne Blanche, 8 novembre 1620. Un mystique chez les guerriers*, Paris, Noêsis, 2000.

4. David Parrott, *Richelieu's Army. War, Government and Society in France, 1624-1642,* Cambridge University Press, 2001.

5. Voltaire, *Candide,* chap. II.

Comment les rois apprennent à faire la guerre, p. 181

1. Auteur de *Le Roi mineur ou Panégyrique sur la personne et l'éducation de Louis XIV*, paru à Paris en 1651.

2. D'après le *Mercure* de septembre 1698, cité dans le *Journal* de Dangeau, Paris, 1856, VI, p. 408.

3. *Additions* de Saint-Simon au *Journal* de Dangeau, Paris, 1856, VI, p. 416.

4. Cité, en outre, dans Ragnhild Hatton, *Louis XIV and his World*, Londres, Thames and Hudson, 1972, p. 117. Dans l'édition de 1732. La première édition, en trois volumes, de ce *Dictionnaire* (entrepris par les Jésuites) date de 1704 – Trévoux est une petite ville au bord de la Saône qui bénéficia en 1671 d'un privilège spécial pour l'établissement d'une librairie.

5. Le *Dictionnaire universel contenant généralement tous les mots français* de Furetière est paru pour la première fois à La Haye en 1690, en raison du monopole obtenu par l'Académie. Pour la même raison, le *Dictionnaire de la langue française ancienne et moderne* de Pierre Richelet parut dix ans plus tôt (1680) à Genève. La première édition du *Dictionnaire de l'Académie* parut en 1694.

6. Paul Hazard, *La Crise de la conscience européenne, 1680-1715*, Paris, 1935, rééd. Fayard, 1961.

7. Abbé de Saint-Pierre, *Projet pour rendre la paix perpétuelle en Europe*, Paris, Fayard, 1987, p. 287.

Les impôts du roi et le coût de la guerre : au cœur de l'État de finances, p. 193

1. Pour stimuler la consommation, et donc rendre plus productifs la société mais aussi le revenu des impôts indirects, Colbert décida, au début des années 1660, d'une forte baisse de la taille, qui passa ainsi de 52 000 000 livres, niveau atteint au temps de Fouquet, à 33 306 000 livres (années 1660). Mais elle remonta ensuite, à partir de la guerre de Hollande, en 1672.

2. François Véron de Forbonnais, *Recherches et considérations sur les finances de France depuis 1595 jusqu'en 1721*, 1758, VI, p. 77.

3. Cité par Peter Lewis, *La France à la fin du Moyen Âge*, Paris, Hachette, 1977, p. 162.
4. William Beik, *Absolutism and Society in Seventeenth-century France. State Power and Provincial Aristocracy in Languedoc*, Cambridge University Press, 1985.

Mazarin, le cardinal millionnaire, p. 209

1. *Mémoires de Montglat*, collection Michaud et Poujoulat, Paris, 1838, 2e série, t. V, p. 349.
2. Daniel Dessert, *Argent, pouvoir et société au Grand Siècle*, *op. cit.*
3. Pierre Gasnault, « De la bibliothèque de Mazarin à la bibliothèque Mazarine », *Histoire des bibliothèques françaises. Les bibliothèques sous l'Ancien Régime*, Claude Jolly, s.d., Paris, Promodis, 1988.
4. Louis-Henri de Loménie, comte de Brienne, *Mémoires*, Paris, 1919, III, p. 88.
5. Pierre Goubert, *Mazarin*, Paris, Fayard, 1990.
6. Impôt direct et permanent pesant, selon les provinces, sur les individus (taille personnelle) ou sur leurs biens (taille réelle).
7. *Cf.* Françoise Bayard, *Le Monde des financiers au* XVIe *siècle, op. cit.*
8. Cité par Adolphe Chéruel, *Mémoires sur la vie publique et privée de Fouquet, surintendant des finances, d'après ses lettres et des pièces inédites*, Paris, 1862, 1, p. 327-328.
9. Les bénéfices issus de la gestion des affaires militaires sont les plus rentables, ce qui explique l'intérêt tout particulier de Mazarin pour l'approvisionnement des armées.
10. Germain Martin, *L'Histoire du crédit en France sous le règne de Louis XIV*, t. I (seul paru), *Le Crédit public*, Paris, 1913, p. 68-69.
11. Cité par Adolphe Chéruel, *Mémoires sur la vie publique et privée de Fouquet…*, *op. cit.*
12. Adolphe Chéruel, *Mémoires sur la vie publique et privée de Fouquet…*, *op. cit.*, p. 321.
13. Joseph Bergin, *Pouvoir et fortune de Richelieu.* Paris, Robert Laffont, 1987, p. 83.
14. Sur Bullion, Jean-Pierre Labatut, « Aspects de la fortune de Bullion », XVIIe *siècle*, 1963, n° 60, p. 11-36.
15. Ezéchiel Spanheim, *La Relation de la cour de France en 1690*, suivie de *La Relation de la cour d'Angleterre en 1704*, publiée par Émile Bourgeois, Paris, 1900, p. 349-350.
16. Daniel Dessert, *Fouquet*, Paris, Fayard, 1987, p. 207.
17. Jean Duma, *Les Bourbon-Penthièvre (1678-1793)*, Paris, Publications de la Sorbonne, 1995.

18. Montyon, *Particularités et observations sur les ministres des Finances de France les plus célèbres, depuis 1660 jusqu'en 1791*, Paris, 1812, p. 352.

La Fronde contre le roi absolu : la fin d'un monde !, p. 219

1. R. Descimon et C. Jouhaud, « La Fronde en mouvement : le développement de la crise politique entre 1648 et 1652 », *XVIIe siècle*, n° 145, oct.-déc. 1984, p. 305-322.
2. P. Goubert, *Mazarin*, Paris, Fayard, 1990.
3. Y.-M. Bercé, *La Naissance dramatique de l'absolutisme*, Paris, Seuil, 1992, rééd. 2001.
4. J. Le Boindre, *Débats du parlement de Paris pendant la minorité de Louis XIV*, présentés par R. Descimon et O. Ranum, Paris, Honoré Champion, 1997, p. 33.
5. Cité par K. Béguin, *Les Princes de Condé*, Seyssel, Champ Vallon, 2003, p. 130.
6. Cité par R. Descimon, « Autopsie du massacre de l'Hôtel de Ville 4 juillet 1652. Paris et la Fronde des princes », *Annales HSS* n° 2, mars-avril 1999, p. 326.

Le nouveau Louis XIV est arrivé !, p. 229

1. Marc Fumaroli, *Le Poète et le roi. Jean de La Fontaine en son siècle*, Paris, éditions de Fallois, 1997.

Comment Louis XIV a pris le pouvoir, p. 237

1. *Cf.* Pierre Séguier, *Lettres et Mémoires adressés au chancelier Séguier…*, *op. cit.*

Serviteur du roi absolu ou affairiste modèle ? Colbert en procès, p. 247

1. La plupart des charges de justice, d'administration et de finances de la monarchie s'achètent. Depuis 1604, elles peuvent se transmettre de père en fils contre le paiement d'un droit annuel (1/60) du prix d'achat.

2. Il s'agit là d'une charge purement honorifique : alors que 12 maîtres d'hôtel suffisent (3 par quartier/trimestre), ils ne sont pas moins de 168 en 1642, 384 en 1659...

3. Cité par Adolphe Chéruel, *Mémoires sur la vie publique et privée de Fouquet..., op. cit.*, t. I, p. 325, p. 279.

4. *Ibid.*, I, p. 321.

5. D. Dessert, *Argent, pouvoir et société et Grand Siècle, op. cit.*, p. 286.

6. Daniel Dessert, *La Royale. Vaisseaux et marins du Roi-Soleil*, Paris, Fayard, 1996.

7. Michel Vergé-Franceschi, *Colbert. La politique du bon sens*, Paris, Payot, 2005.

8. Villiers-Hotman, *Dessein perpétuel des Espagnols à la monarchie universelle avec les preuves d'iceluy*, 1624.

9. Une cour extraordinaire de justice siégea de 1679 à 1682 pour juger les accusés de l'affaire des Poisons.

Louis XIV ou la religion royale, p. 265

1. M. Bloch, *Les Rois thaumaturges, op. cit.*, p. 345.

2. Cité par Jean Nagle, *La Civilisation du cœur. Histoire du sentiment politique en France du* XII*e au* XIX*e siècle*, Paris, Fayard, 1998, p. 289.

3. V. Jamerey-Duval, *Mémoires. Enfance et éducation d'un paysan au* XVIII*e siècle*, Paris, Le Sycomore, 1981, p. 117.

4. *Cf.* Anne-Marie Lecoq, *François Ier imaginaire..., op. cit.*

5. Pierre de Bérulle, cité par Henri Brémond, *Histoire littéraire du sentiment religieux en France depuis la fin des guerres de Religion jusqu'à nos jours*, t. III, *La Conquête mystique*, Paris, L'École française, 1935, p. 24.

6. *Cf.* Joël Cornette, *La Mélancolie du pouvoir. Omer Talon et le procès de la raison d'État*, Paris, Fayard, 1998.

7. Bossuet, *Politique tirée des propres paroles de l'Écriture sainte*, édition critique avec introduction et notes par Jacques Le Brun, Genève, Droz, 1967, p. 68-69.

8. Cité par Bernard Vonglis, *« L'État, c'était bien lui. » Essai sur la monarchie absolue*, Paris, éd. Cujas, 1997.

9. *Cf.* Sarah Hanley, *Le Lit de justice des rois de France. L'idéologie constitutionnelle dans la légende, le rituel et le discours*, trad. Paris, Aubier, 1991, 1re éd. 1983, p. 47-82.

Deux conceptions de la monarchie : la querelle Bossuet-Fénelon, p. 273

1. Cité par J. Meyer, *Bossuet,* Paris, Plon, 1993, p. 126.
2. *Politique tirée des propres paroles de l'Écriture sainte*, V, 4.
3. L'édit de Nantes, signé par Henri IV en 1598, fixait légalement le statut des protestants en France et leur accordait notamment la liberté de conscience et de culte. En le révoquant, en 1685, Louis XIV supprimait tous les avantages dont avaient pu bénéficier les membres de l'Église réformée.
4. Fénelon, lettre adressée de Cambrai au duc de Chevreuse. Dans Fénelon, *Lettre à Louis XIV*, Neuchâtel, 1961, p. 129.
5. La Bétique est une ancienne province romaine de l'Espagne méridionale, correspondant approximativement à l'Andalousie actuelle.
6. Fénelon, *Les Aventures de Télémaque, fils d'Ulysse*, livre VIII. Des copies manuscrites circulèrent à partir de la fin de l'année 1698. Le premier tome fut imprimé en 1699.
7. Fénelon, *Dialogues des morts, Socrate et Alcibiade*, dans *Œuvres complètes de Fénelon*, Paris, 1826, t. IX, p. 84.

Versailles : le palais du plus grand roi du monde, p. 297

1. Le site sera détruit en 1684 en raison de la construction de l'aile nord.
2. *Le Ballet royal de Flore*, 1669.
3. Les bossages sont de grosses pierres dépassant de la surface du mur, à l'imitation du palais Pitti à Florence. Par ionique, on entend le troisième des cinq ordres d'architecture définis par Vitruve. L'ordre corinthien est, quant à lui, le plus riche : le chapiteau est orné de deux rangs de feuilles d'acanthe entre lesquelles s'élèvent de petits rangs qui forment des volutes.
4. Un artisan spécialisé gagnait moins d'une livre par jour.
5. Ce langage, l'Italien Cesare Ripa dans son *Iconologia* (1593) en a rédigé le code.
6. D'après l'analyse de Gérard Sabatier, *Versailles ou la figure du roi*, Paris, Albin Michel, 1999.

Versailles : vie et mœurs de la Cour, p. 313

1. Baron de Breteuil, *Mémoires*, éd. établie par Évelyne Lever, Paris, François Bourin, 1992. Toutes les citations sont extraites de cet ouvrage.

2. « L'incognito était un prétexte pour éviter toutes les visites dont le cérémonial pourrait être douteux et causer des difficultés », *ibid.*, p. 180.

3. « Le droit de tabouret est l'un des premiers honneurs, qui n'appartient qu'aux princesses et aux duchesses qui ont le droit de s'asseoir sur un tabouret chez la reine pendant qu'elle tient son cercle » (*Dictionnaire* de Trévoux, éd. 1732).

4. Le roi de Pologne était élu par une assemblée composée des représentants des principales familles aristocratiques. Cette situation explique, par exemple, l'élection du futur Henri III au trône polonais en 1573.

5. « Sa Majesté, en me donnant l'heure de son audience, me marqua l'endroit de la galerie où l'ambassadeur devait commencer ses saluts, après en avoir fait un premier à la porte qui entre du salon dans la galerie où l'ambassadeur devait commencer d'apercevoir le roi », baron de Breteuil, *Mémoires, op. cit.*, p. 126.

6. La Bruyère, « Du mérite personnel », *Caractères*, 39.

Vauban serviteur critique du roi absolu, p. 323

1. *Les Oisivetés de Monsieur de Vauban, ou ramas de plusieurs mémoires de sa façon sur differents sujets*, sous la direction de Michèle Virol, Ceyzerieu, Champ Vallon, 2007.

2. Arras, Besançon, Blaye-Cussac-Fort Médoc, Briançon, Camaret, Longwy, Mont-Dauphin, Mont-Louis, Neuf-Brisach, Saint-Martin-de-Ré, Saint-Vaast-la-Hougue, Villefranche-de-Conflent.

Les années de misère du Roi-Soleil, p. 347

1. Cité par Marcel Lachiver, *Les Années de misères…*, *op. cit.*, p. 105-106.

2. Cité par François Lebrun, *Les Hommes et la mort en Anjou aux XVIIe et XVIIIe siècles*, Paris, La Haye, Mouton, 1971.

3. Cité par Marcel Lachiver, *Les Années de misères…*, *op. cit.*, p. 132.

4. *Ibid.*, p. 203-206.

5. La ligue d'Augsbourg réunit l'Autriche, certains princes allemands, la Hollande, l'Angleterre et l'Espagne contre la France de Louis XIV jugée agressive. Cette guerre est inédite par son ampleur.

6. La guerre de Succession d'Espagne éclate en 1701 quand le trône espagnol doit revenir aux Bourbons.

7. Mémoire au roi du contrôleur général Desmaretz, 26 août 1709. A. M. de Boislisle, *Correspondance des contrôleurs généraux des finances avec*

les intendants des provinces, Paris, Imprimerie nationale, 1874-1897, t. III, p. 604 et suivantes.

Conclusion, p. 363

1. Nous empruntons l'expression « transition conservatrice de l'absolutisme » à Emmanuel Le Roy Ladurie.

2. *La Vie de Philippe d'Orléans*, Londres, 1736, t. I, p. 148-149.

3. On retrouvera tous ces textes dans Henri Duranton (éd.), « Ci-gît notre invincible roi... » Épitaphes satiriques sur la mort de Louis XIV, publiées sur le site *www.cour* de France.fr. Voir aussi, Henri Duranton, « "Ci-gît notre invincible roi" : épitaphes et autres *requiem* pour "la mort de Louis XIV" », dans Mathieu da Vinha, Alexandre Maral, Nicolas Molovanovic (dir.), *Louis XIV, l'image et le mythe*, Rennes-Versailles, PUR, Centre de recherches du château de Versailles, 2014, p. 243-260.

4. Joël Cornette, *La Mort de Louis XIV*..., *op. cit.*, chap. 3, « Ci-gît Louis le Petit : la mise à mort du Grand Siècle », p. 52-70.

5. Isaure Boitel, *L'Image noire de Louis XIV*..., *op. cit.*

6. Alain Boureau, *Le Simple Corps du roi : l'impossible sacralité des souverains français, XVe-XVIIIe siècles*, Paris, Les Éditions de Paris, 1988.

7. Les études d'Alexandre Dupilet, que nous suivons ici, ont totalement renouvelé notre connaissance de cette période : *La Régence absolue. Philippe d'Orléans et la polysynodie*, Seyssel, Champ Vallon, 2011 ; *Le Régent : Philippe d'Orléans, l'héritier du Roi-Soleil*, Paris, Tallandier, 2020.

8. Texte intégral dans Daniel Teysseire, « Un modèle autoritaire : le discours de la Flagellation », dans *Mots. Les langages du politique*, 1995, n° 43, p. 118-127.

Repères chronologiques

François Ier (1515-1547)

1515 : Après la mort de Louis XII, sans descendance masculine, son cousin, François d'Angoulême, lui succède. Victoire de Marignan. Reconquête du Milanais. Le roi invite Léonard de Vinci à sa cour. Début de construction de l'aile François Ier au château de Blois (terminée en 1524).

1516 : « Paix perpétuelle » signée avec les Suisses, désormais au service du roi de France. Concordat de Bologne : le souverain obtient le droit de nomination à presque tous les bénéfices majeurs (archevêchés, évêchés, abbayes) ; le pape conserve l'investiture spirituelle.

1517 : Dans ses 95 thèses, Martin Luther s'élève publiquement contre la pratique des indulgences.

1519 : Charles Ier élu empereur sous le nom de Charles Quint ; échec de la candidature de François Ier (l'argent des Fugger a fait la différence). Début des travaux du château de Chambord. Claude de Seyssel, la *Grant monarchie de France* (manifeste en faveur d'une monarchie tempérée par trois « freins » : la foi chrétienne, la justice, la police, notamment les coutumes que les rois ne peuvent transgresser).

1520 : Entrevue du Camp du Drap d'or entre François Ier et Henri VIII, qui font assaut d'ardeur chevaleresque et de magnificence.

1521 : Guerre contre Charles Quint. La faculté de théologie de Paris condamne Luther.

1522 : Perte du Milanais.

1523 : Création du Trésor de l'Épargne.

1524 : Invasion de la Provence par les armées impériales commandées par le connétable de Bourbon, passé au service de Charles Quint à la suite de la confiscation, par le roi, de son domaine.

1525 : Bataille de Pavie : défaite et capture de François Ier, bientôt prisonnier à Madrid (à l'Alcazar). Pendant son absence, Louise de Savoie, sa mère, et le chancelier Antoine Duprat gouvernent en son nom.

1526 : Traité de Madrid : François Ier est libéré en échange de ses deux fils.

1527 : Lit de justice au Parlement : le roi impose ses décisions, notamment le refus du traité de Madrid. Semblançay, le responsable des finances, est pendu à Montfaucon.
1528 : François Ier et Henri VIII déclarent la guerre à Charles Quint.
1529 : Révolte populaire à Lyon (la « Grande Rebeyne »).
1530 : Création du collège des lecteurs royaux (futur Collège de France). Rosso arrive à Fontainebleau. Le roi se remarie avec Éléonore d'Autriche, sœur de Charles Quint.
1532 : Édit d'union (forcée) de la Bretagne à la France.
1533 : Mariage du duc Henri d'Orléans, fils de François Ier, avec Catherine de Médicis.
1534 : Affaire des Placards (critique de l'eucharistie – « la messe papale inventée contre le Sainte Cène de Nostre Seigneur » – jusque sur la porte de la chambre du roi).
1535 : Début du décor de la galerie François Ier à Fontainebleau qui exalte l'autorité et l'action du roi absolu.
1536 : Accords entre la France et Soliman le Magnifique : ils permettent une intensification du commerce avec le Levant.
1538 : Trêve de dix ans avec Charles Quint.
1539 : Ordonnance de Villers-Cotterêts. Elle impose, notamment, le remplacement du latin dans les actes de l'autorité royale par le « langage maternel françois ».
1540 : Édit de Fontainebleau : les parlements sont chargés de la répression de l'hérésie, au détriment des officialités, les tribunaux diocésains.
1541 : Parution, en français, de l'*Institution de la religion chrétienne* de Jean Calvin. Vif succès parmi les élites du royaume.
1542 : Reprise de la guerre contre Charles Quint. Soulèvement dans le Sud-Ouest contre la gabelle.
1545 : Massacre des Vaudois dans le Luberon, à Cabrières et Mérindol.
1546 : Exécution d'Étienne Dolet, humaniste et imprimeur, et des hérétiques de Meaux.
1547 : Guillaume Budé, *De l'Institution de Prince*. Mort d'Henri VIII et de François Ier.

Henri II (1547-1559)

1547 : Création de quatre secrétaires d'État. Renforcement et concentration des Finances. Spécialisation plus poussée du Conseil du roi. Renforcement de la répression contre les « hérétiques perturbateurs du repos et tranquillité de ce royaume très chrestien ».
1548 : Révolte de la gabelle dans le Sud-Ouest, dernier grand mouvement populaire avant les guerres de Religion. Multiplication des chevauchées, dans les

provinces, des maîtres des requêtes de l'Hôtel du roi, ancêtres des futurs intendants.

1549 : Joachim Du Bellay, *Deffence et illustration de la langue française.*

1550 : Paix avec l'Angleterre. Rachat de Boulogne.

1551 : Édit de Châteaubriant : durcissement des mesures contre les hérétiques. Renforcement de la police des livres.

1552 : Prise de Metz, Toul et Verdun. Création de 60 présidiaux pour juger des appels des juridictions inférieures : 550 offices vénaux sont mis en vente à cette occasion.

1555 : Premières églises « dressées », à la genevoise.

1556 : Abdication de Charles Quint.

1557 : Défaite française à Saint-Quentin, en Picardie.

1558 : Manifestation calviniste du Pré-aux-Clercs (à Paris) qui révèle la puissance du « parti » protestant.

1559 : Traité du Cateau-Cambrésis entre la France et l'Angleterre, l'Espagne et la Savoie. Premier synode national clandestin des réformés à Paris. Arrestation d'Anne du Bourg qui appelle le roi à faire preuve de modération à l'égard de « ceux qui, au milieu des flammes, invoquent le nom de Jésus-Christ ». Blessure mortelle d'Henri II en tournoi à Paris, lors des fêtes de célébration du traité de paix.

François II (1559-1560)

1560 : Les Guise dominent le gouvernement. Répression de la conjuration d'Amboise (tentative d'enlèvement de François II contre la « tyrannie » des Guise). Michel de L'Hospital chancelier : multiples tentatives de conciliation entre catholiques et protestants.

Charles IX (1560-1574)

1560 : Régence de Catherine de Médicis. Ouverture des états généraux d'Orléans.

1561 : Colloque de Poissy : essai et échec d'une conciliation entre catholiques et protestants. Montée de la violence à Paris et dans de nombreuses provinces du royaume.

1562 : Édit de tolérance de Saint-Germain-en-Laye, premier édit qui accorde un statut de légalité à l'Église réformée. Fureur des catholiques. Massacre de Wassy en Champagne : début des (huit) guerres de Religion.

1563 : Édit de pacification d'Amboise, qui accorde aux huguenots une liberté de culte limitée. Déclaration de majorité de Charles IX à Rouen. Clôture du concile de Trente (1545-1563).

1564 : Tour de France royal (jusqu'en 1566), destiné à renforcer la cohésion des provinces périphériques autour du jeune roi.

1567 : Surprise de Meaux (tentative d'enlèvement, par le prince de Condé, de Charles IX afin de le « délivrer » de l'influence de ses conseillers). Début de la deuxième guerre de Religion.

1568 : Édit de Longjumeau rétablissant l'édit d'Amboise. Disgrâce de Michel de L'Hospital. Début de la troisième guerre de Religion.

1570 : Édit de Saint-Germain-en-Laye qui rétablit l'édit d'Amboise et accorde quatre places de sûreté aux protestants.

1572 : Mariage à Paris d'Henri de Navarre et Marguerite de Valois. Massacre de la Saint-Barthélemy dans la capitale et dans nombre de villes du royaume (août-octobre) – 10 000 morts (peut-être) en tout. Les protestants appellent à la résistance contre un roi considéré comme un tyran. Début de la quatrième guerre de Religion.

1573 : Édit de Boulogne qui confirme l'édit d'Amboise.

1574 : Début de la cinquième guerre de Religion. Mort de Charles IX, torturé « d'espineuses douleurs ». À cette nouvelle, Henri d'Anjou, élu roi de Pologne, quitte Cracovie pour regagner la France.

Henri III (1574-1589)

1575 : Sacre d'Henri III. Mariage avec Louise de Lorraine-Vaudémont.

1576 : Henri de Navarre s'enfuit de la Cour où il était contraint de résider depuis la Saint-Barthélemy. Paix et édit dit « de Beaulieu ». Formation de la ligue de Péronne hostile aux dispositifs de la paix. États généraux de Blois. Jean Bodin, *Les Six Livres de la République*.

1577 : Début de la sixième guerre de Religion. Paix de Bergerac (17 septembre) : fin de la sixième guerre de Religion.

1578 : Henri III fonde l'ordre du Saint-Esprit afin de mieux fidéliser la noblesse.

1579 : Début de la septième guerre de Religion.

1580 : Paix de Fleix. Fin de la septième guerre de Religion.

1583 : Le roi crée à Paris une compagnie de pénitents blancs : l'Annonciation de Notre-Dame. Les processions des pénitents (dont le roi) choquent nombre de Parisiens, peu habitués à cette piété ostentatoire.

1584 : Mort du duc d'Anjou : Henri de Navarre, chef des protestants, devient l'héritier de la couronne (loi salique oblige : il est le descendant de Robert de Clermont, sixième fils de Saint Louis). Les Guise fondent une seconde ligue et se rapprochent de l'Espagne.

1585 : Règlement de cour fixant très précisément l'étiquette. Ce règlement contribue à accroître la distance entre le roi et les courtisans, à codifier l'accès à la personne royale. Création de la charge de grand maître des cérémonies. Début de la huitième guerre de Religion (1585-1598) avec le manifeste de

Péronne, un édit de l'Union associant « princes, pairs, prélats et seigneurs, villes et communautés catholiques de ce royaume » afin de « s'opposer à ceux qui veulent subvertir la religion et l'Estat ».

1587 : Victoire d'Henri de Navarre à Coutras.

1588 : Journée des Barricades à Paris : Henri III est contraint de fuir sa capitale. Paris aux mains des ligueurs. Ouverture des états généraux de Blois. Assassinats du duc de Guise et du cardinal de Lorraine sur ordre du roi, qui espère ainsi se débarrasser de ses principaux opposants.

1589 : La Sorbonne délie le peuple de l'obéissance au roi. Le pape excommunie Henri III, alors que les Guise sont élevés au rang de martyrs. Mort d'Henri III (blessé mortellement par Jacques Clément). Avènement d'Henri IV, roi protestant.

Henri IV (1589-1610)

1589 : Victoire d'Henri IV à Arques, véritable « sacre militaire » pour le nouveau roi. Siège de Paris par Henri IV.

1590 : Victoire d'Henri IV à Ivry. Levée du siège de Paris.

1592 : Dans une proclamation, Henri IV fait part de son désir de recevoir une « instruction » religieuse : un pas vers la conversion.

1593 : Ouverture des états généraux de la Ligue à Paris. Abjuration d'Henri IV à Saint-Denis. À partir de cet événement, la Ligue se désagrège et nombre de villes accordent leur allégeance au roi devenu catholique.

1594 : Sacre d'Henri IV à Chartres. Entrée du roi à Paris. Soulèvement des Croquants en Périgord et Limousin.

1595 : Déclaration de guerre à l'Espagne.

1597 : Paix d'Amiens avec les Espagnols.

1598 : Traité de paix signé avec le duc de Mercœur, gouverneur de Bretagne, le dernier des ligueurs. L'édit de Nantes, « perpétuel et irrévocable », accorde aux protestants une liberté – relative – de culte et, dans sa partie secrète, reconnaît la libre possession de « toutes les places, villes et châteaux que ceux de la RPR ("religion prétendue réformée") tenaient jusqu'à la fin d'août 1597 », soit près de 200 places fortes en tout. Paix de Vervins avec l'Espagne.

1599 : Enregistrement forcé de l'édit de Nantes par le parlement de Paris. Giovanni Botero, *De la raison d'État* (traduction de l'italien, *Della ragion di stato*, 1589).

1600 : Mariage d'Henri IV avec Marie de Médicis. Olivier de Serres, *Le Théâtre d'agriculture*.

1601 : Naissance du Dauphin (futur Louis XIII).

1604 : Institution du droit annuel sur les offices de police, de justice et de finances (la « paulette ») : contre le paiement de ce droit (1/60 de leur valeur), ces derniers deviennent héréditaires.

1607 : Réunion à la Couronne du Béarn et de la Navarre.
1608 : Charles Loyseau, *Traité des seigneuries*. Il définit les « seigneuries souveraines » par cinq « actes de souveraineté » dans la main du roi : « Faire loix, créer officiers, arbitrer la paix et la guerre, avoir le dernier ressort de la justice et forger monnoye. »
1610 : Sacre de Marie de Médicis ; mort d'Henri IV sous le couteau de François Ravaillac. Au long de son règne, il a échappé à une vingtaine de tentatives d'assassinat.

Louis XIII (1610-1643)

1610 : Marie de Médicis est reconnue régente par le parlement de Paris qui voit ses pouvoirs augmentés aux dépens d'une monarchie affaiblie par la minorité du roi. Sacre de Louis XIII.
1611 : Rapprochement entre la France et l'Espagne, scellé par un traité de double mariage franco-espagnol : l'infante Anne d'Autriche avec Louis XIII et Élisabeth de France avec le prince d'Espagne, futur Philippe IV.
1613 : Concini est fait maréchal de France.
1614 : Révolte des princes (Condé, Mayenne, Nevers, Longueville). Ouverture des états généraux, les derniers réunis avant 1789.
1615 : Clôture des états généraux. Nouvelle prise d'armes du prince de Condé. Soulèvement huguenot. Mariage de Louis XIII et d'Anne d'Autriche à Bordeaux. L'assemblée du clergé reçoit officiellement les décrets du concile de Trente.
1616 : Traité de Loudun : Marie de Médicis et le prince de Condé signent la paix.
1617 : Nouveau soulèvement des princes. Assassinat de Concini sur ordre de Louis XIII.
1618 : Début de la guerre de Trente Ans.
1619 : Première « guerre de la mère et du fils ».
1621 : Campagne royale contre les huguenots.
1624 : Entrée de Richelieu au Conseil. Il en prend rapidement la tête. Révolte des Croquants en Quercy. Le premier château de Versailles est achevé, destiné aux chasses royales.
1625 : Nouvelle prise d'armes des protestants.
1627 : Début du siège de La Rochelle.
1628 : Capitulation de La Rochelle.
1629 : Signature de l'édit de grâce d'Alès. Fin des guerres de Religion. Richelieu reçoit le titre de « conseiller en nos dits conseils et principal ministre de nostre Estat ».
1630 : « Journée des Dupes » : Richelieu voit son pouvoir conforté. « Guerre couverte » : la France intervient indirectement dans la guerre de Trente Ans (notamment en soutenant la Suède).

1631 : *La Gazette* : hebdomadaire fondé par Théophraste Renaudot, avec l'appui de Richelieu.

1632 : Exécution du duc de Montmorency à la suite de sa révolte en Languedoc. Cardin Le Bret, *De la souveraineté du roi, de son domaine et de sa couronne.* « Le Roy est le seul souverain dans son royaume et la souveraineté n'est non plus divisible que le point en la géométrie » (I, 9, « Qu'il n'appartient qu'au roy de faire des loix dans le royaume, de les changer, de les interpréter »).

1633 : Occupation militaire de la Lorraine.

1635 : Fondation de l'Académie française. « Guerre ouverte » : déclaration de guerre à l'Espagne. Amplification du tour de vis fiscal et augmentation massive des emprunts. Les intendants voient leurs pouvoirs renforcés.

1636 : Révoltes populaires dans le Sud-Ouest contre les impôts : « Vive le roi sans taille ! » Prise de Corbie par les Espagnols. Paris menacé. Les Français reprennent Corbie.

1637 : Le *Discours de la méthode* de René Descartes.

1638 : Louis XIII consacre le royaume à la Vierge. Naissance du Dauphin, Louis Dieudonné, futur Louis XIV.

1639 : Révolte des Nu-Pieds en Normandie, violemment réprimée. Gabriel Naudé, *Considérations politiques sur les coups d'État.* « Un excès de droit commun, à cause du bien public [...], des actions hardies et extraordinaires que les princes sont contraints d'exécuter aux affaires difficiles et comme désespérées, contre le droit commun, sans garder même aucun ordre ni forme de justice, hasardant l'intérêt du particulier pour le bien du public » (chap. 2, « Quels sont proprement les coups d'État, et de combien sortes »).

1641 : Traité entre la France et la Catalogne révoltée contre le roi d'Espagne. Louis XIII est reconnu comte de Barcelone. Lors d'un lit de justice, le roi limite le droit de remontrances du Parlement : « La Majesté royale ne peut souffrir qu'on mette la main au sceptre du souverain et qu'on partage son autorité. »

1642 : Le pape condamne l'*Augustinus* de Cornelius Jansen. Exécution de Cinq-Mars, favori de Louis XIII, et de François-Auguste de Thou qui ont comploté contre Richelieu. Mort de Richelieu.

1643 : Victoire du duc d'Enghien (futur prince de Condé) à Rocroi contre les Espagnols. Mort de Louis XIII.

Louis XIV (1643-1715)

1643 : Anne d'Autriche, régente, nomme Mazarin ministre et président du Conseil royal. Le Parlement retrouve son autorité, notamment son droit de remontrances.

1646 : Édit du tarif, qui augmente les droits d'entrée des marchandises à Paris.

1648 : Fronde parlementaire. La « Chambre saint Louis » propose dans un texte en 27 articles le démantèlement de l'« État Richelieu », en particulier la fin du régime de l'extraordinaire dans les domaines de la justice, des finances et de l'administration. Victoire du prince de Condé à Lens. Traités de Westphalie : fin de la guerre de Trente Ans. Mais la guerre continue contre l'Espagne. « Journées des Barricades » à Paris, conséquence de l'arrestation des principaux meneurs de l'opposition parlementaire.

1649 : Fuite de la Cour à Saint-Germain. Siège de Paris. Paix de Rueil entre le roi et les frondeurs.

1650 : Arrestation des princes (Condé, son frère Conti, son beau-frère Longueville). Début de la Fronde des princes : la princesse de Condé s'est réfugiée à Bordeaux, qui devient la base du soulèvement.

1651 : Libération des princes par Mazarin, qui s'enfuit à Brühl. La révolte de Condé reçoit le soutien des frondeurs parisiens.

1652 : Bataille du faubourg Saint-Antoine. Le prince de Condé entre dans Paris. « Massacre » de l'Hôtel de Ville. Amnistie des princes frondeurs qui brise l'unité de la révolte parmi les grands. Fuite de Condé aux Pays-Bas espagnols. Entrée du roi à Paris. Rappel de Mazarin.

1653 : Fin de la Fronde à Bordeaux et dans le Sud-Ouest.

1654 : Sacre de Louis XIV. Prise de Stenay en présence du roi.

1657 : Nicolas Fouquet, surintendant des Finances, construit le château de Vaux-le-Vicomte.

1659 : Traité des Pyrénées : fin de la guerre contre l'Espagne.

1660 : Mariage de Louis XIV et de Marie-Thérèse, fille du roi d'Espagne, Philippe IV.

1661 : Mort de Mazarin. Début du règne « personnel » de Louis XIV : « Jusqu'à présent, j'ai bien voulu laisser gouverner mes affaires par feu M. le Cardinal ; il est temps que je les gouverne par moi-même. » Arrestation de Nicolas Fouquet à Nantes.

1662 : Grand carrousel du Louvre célébrant la naissance du dauphin. Louis XIV choisit l'emblème du soleil et la devise « *ne piu ne par* » (« il n'en est de plus grand ni de pareil »)

1663 : Fondation de la « Petite Académie », autour de Colbert, qui travaille, notamment, à l'image du roi.

1664 : Fête des *Plaisirs de l'Île enchantée*, dans les jardins de Versailles.

1665 : Colbert devient contrôleur général des Finances.

1667 : Création de la charge de lieutenant général de police. Début de la guerre de Dévolution. Prise de Lille (siège commandé par Vauban).

1668 : Traité d'Aix-la-Chapelle. Fin de la guerre de Dévolution.

1669 : Colbert, secrétaire d'État de la Marine et de la Maison du roi.

1670 : Grande ordonnance criminelle.

1672 : Début de la guerre de Hollande (1672-1678). Lully maître de l'Académie royale de musique.

1673 : Lettre de Vauban à Louvois à propos du « pré carré » : « cette confusion de places amies et ennemies ne me plaît point. »
1674 : Prise de Besançon. Conquête de la Franche-Comté.
1675 : Révolte du papier timbré (ou des Bonnets rouges) en Bretagne, violemment réprimée.
1678 : Traités de Nimègue (avec la Hollande, l'Espagne, puis l'Empire, en 1679).
1679 : Institution de la chambre de l'Arsenal pour juger l'affaire des Poisons, qui met en cause, notamment, Mme de Montespan.
1681 : Début des « dragonnades » dans le Poitou contre les protestants. Réunion de Strasbourg à la France. Légitimation des bâtards royaux (enfants de Madame de Montespan).
1682 : Déclaration des Quatre Articles : « Les rois et les souverains ne sont soumis à aucune puissance ecclésiastique, par l'ordre de Dieu, dans les choses temporelles. » Installation du roi et de la Cour à Versailles.
1683 : Mort de Marie-Thérèse. Mort de Colbert. Mariage secret de Louis XIV et Mme de Maintenon. Déclaration de guerre à l'Espagne.
1684 : Bombardement de Gênes. Prise de Luxembourg.
1685 : « Code noir » sur la « police des Isles de l'Amérique ». Édit de Fontainebleau révoquant l'édit de Nantes. Nombre de protestants (200 000 peut-être) choisissent l'exil plutôt que l'abjuration.
1686 : Ligue d'Augsbourg contre la France : son objectif est de ramener la France aux frontières des traités de Westphalie (1648) et des Pyrénées (1659).
1688 : Débarquement de Guillaume d'Orange en Angleterre (« Glorieuse Révolution »). Mise en place d'une monarchie parlementaire. Louis XIV déclare la guerre aux Provinces-Unies. Début de la guerre dite de la ligue d'Augsbourg (1688-1697).
1689 : Dévastation du Palatinat par les troupes françaises. L'Angleterre déclare la guerre à la France. Une grande partie de l'Europe est coalisée contre la France.
1691 : Prise de Mons en présence du roi. Mort de Louvois, secrétaire d'État de la Guerre. Cette mort marque la seconde « prise de pouvoir » de Louis XIV, qui assume, plus que jamais, la direction du gouvernement, les ministres étant réduits au rang de commis.
1692 : Défaite navale de La Hougue. Prise de Namur par Louis XIV et Vauban.
1693 : Dernière campagne militaire de Louis XIV. Grave crise des subsistances (1693-1694), la plus dramatique du siècle, à la suite d'une succession de mois anormalement froids et pluvieux : environ 2 millions de morts.
1694 : *Dictionnaire* de l'Académie française.
1695 : Impôt de la capitation, reposant, en théorie, sur tous (la société est divisée en 22 classes).
1697 : Envoi aux intendants d'un questionnaire pour l'instruction du duc de Bourgogne, le petit-fils du roi. Traités de paix de Ryswick : fin de la guerre de la ligue d'Augsbourg.
1699 : Parution des *Aventures de Télémaque, fils d'Ulysse*, de Fénelon : portrait d'un prince éclairé œuvrant au bonheur de ses sujets.

1700 : Mort de Charles II d'Espagne. Louis XIV accepte le dispositif de son testament : son petit-fils sera roi d'Espagne (Philippe V), au risque d'une nouvelle guerre européenne.

1701 : Arrivée de Philippe V à Madrid. Rétablissement de la capitation, qui avait été supprimée en 1698.

1702 : Les Alliés (Angleterre, Provinces-Unies, empereur) déclarent la guerre à la France. L'Espagne déclare la guerre aux Alliés.

1704 : Défaite française à Höchstädt/Blenheim. Défaite des Camisards dans les Cévennes.

1706 : Villeroy battu par Marlborough à Ramillies. Échec français devant Turin.

1707 : Révolte des « Tard-avisés » du Quercy. Mort de Vauban peu après la parution (à ses frais) de son *Projet d'une dîme royale.*

1708 : Vendôme est vaincu à Audenarde. Prise de Lille par le prince Eugène.

1709 : « Grand Hyver », qui s'accompagne de disettes, famines et épidémies (plus de 600 000 morts, beaucoup moins qu'en 1693-1694). Lettre solennelle de Louis XIV appelant ses sujets à poursuivre l'effort de guerre face aux exigences jugées inacceptables des Alliés. Bataille de Malplaquet, indécise, mais elle met fin aux victoires des Alliés. Destruction de l'abbaye de Port-Royal-des-Champs. Parution de *La Politique tirée des propres paroles de l'Écriture sainte* de Bossuet, manifeste de la monarchie absolue : « Le Prince, en tant que Prince, n'est pas regardé comme un homme particulier : c'est un personnage public. Tout l'État est en lui, la volonté de tout le Peuple est renfermée dans la sienne. » (V, 4, proposition 1 : « Ce que c'est que la Majesté »).

1710 : Création de l'impôt du dixième, novateur dans sa conception : impôt réel et universel, il ignore la société d'ordres (comme la capitation) et fait du propriétaire le contribuable type.

1711 : Mort du Grand Dauphin. Fénelon rédige les *Tables de Chaulnes* ou *Plan de gouvernement pour être proposé au duc de Bourgogne.*

1712 : Mort du duc de Bourgogne, petit-fils de Louis XIV ; mort du duc de Bretagne, fils du duc de Bourgogne et arrière-petit-fils de Louis XIV. Victoire de Villars à Denain sur le prince Eugène.

1713 : Traités d'Utrecht. Bulle papale *Unigenitus* qui condamne le jansénisme à la demande de Louis XIV. Abbé de Saint-Pierre, *Projet pour rendre la paix perpétuelle en Europe.*

1714 : Louis XIV oblige le Parlement à enregistrer la bulle *Unigenitus*. Traité de Rastadt : fin de la guerre de Succession d'Espagne. Le roi déclare les princes légitimés (fils de Mme de Montespan) aptes à lui succéder.

1715 : Mort de Louis XIV. Philippe d'Orléans est déclaré régent par le Parlement, qui annule le testament du roi.

Bibliographie indicative

Alazard, Florence, *La Bataille oubliée. Agnadel, 1509 : Louis XII contre les Vénitiens,* Rennes, PUR, 2017.

Antoine, Michel, *Le Cœur de l'État : surintendance, contrôle général et intendances des finances, 1552-1791*, Paris, Fayard, 2003.

Apostolidès, Jean-Marie, *Le Roi-machine. Spectacle et politique au temps de Louis XIV*, Paris, éditions de Minuit, 1981.

Barbey, Jean, *Être roi. Le roi et son gouvernement en France, de Clovis à Louis XVI*, Paris, Fayard, 1992.

Barbier, Christophe, *Macron sous les masques*, Paris, éditions de l'Observatoire, 2019.

Barnavi, Élie, *Le Parti de Dieu : étude sociale et politique des chefs de la Ligue parisienne, 1585-1594*, Paris, Publications de la Sorbonne, 1980.

Bayard, Françoise, *Le Monde des financiers au XVIIe siècle*, Paris, Flammarion, 1988.

Béguin, Katia, *Financer la guerre au XVIIe siècle : la dette publique et les rentiers de l'absolutisme*, Seyssel, Champ Vallon, 2013.

–, *Les Princes de Condé : rebelles, courtisans et mécènes dans la France du Grand Siècle*, Seyssel, Champ Vallon, 1999.

Beik, William, *Absolutism and Society in Seventeenth-century France. State Power and Provincial Aristocracy in Languedoc,* Cambridge University Press, 1985.

Bély, Lucien, *Les Secrets de Louis XIV. Mystères d'État et pouvoir absolu,* Paris, Tallandier, 2013.

Bercé, Yves-Marie (dir.), *Les Monarchies*, Paris, PUF, 1997.

–, *La Naissance dramatique de l'absolutisme*, Paris, Seuil, 1992 ; 2001.

Bergin, Joseph, *Pouvoir et fortune de Richelieu,* Paris, Robert Laffont, 1987.

Blanquie, Christophe, *Les Présidiaux de Richelieu. Justice et vénalité (1630-1642),* Paris, éditions Christian, 2000.

Bloch, Marc, *Les Rois thaumaturges. Étude sur le caractère surnaturel attribué à la puissance royale, particulièrement en France et en Angleterre*, Paris, Gallimard, 1983 [1924].

Boindre, J., *Débats du parlement de Paris pendant la minorité de Louis XIV*, présentés par R. Descimon et O. Ranum, Paris, Honoré Champion, 1997.

Boitel, Isaure, *L'Image noire de Louis XIV, Provinces-Unies, Angleterre (1668-1715)*, Seyssel, Champ Vallon, 2016.

Bonney, Richard, *Political Change in France Under Richelieu and Mazarin, 1624-1661*, Oxford, Oxford University Press, 1978.

Bossuet, *Politique tirée des propres paroles de l'Écriture sainte*, Paris, 1709.

–, *Politique tirée des propres paroles de l'Écriture sainte,* édition critique avec introduction et notes par Jacques Le Brun, Genève, Droz, 1967.

Boureau, Alain, *Le Simple Corps du roi : l'impossible sacralité des souverains français, XVe-XVIIIe siècles*, Paris, Les Éditions de Paris, 1988.

Bourgeon, Jean-Louis, « La date de l'édit de Nantes : 30 avril 1598 », dans M. Grandjean et B. Roussel (dir.), *Coexister dans l'intolérance : l'édit de Nantes (1598)*, Bulletin de la Société de l'histoire du protestantisme français, t. 144, janvier-juin 1998, p. 17-50.

Budé, Guillaume, *De l'Institution du Prince. Livre contenant plusieurs Histoires, Enseignemens et saiges Dicts des Anciens tant Grecs que Latins, faict et composé par maistre G.B.*, 1547.

Burke, Peter, *Louis XIV, les stratégies de la gloire*, Paris, Seuil, 1995, titre original : *The Fabrication of Louis XIV.*

Cardin Le Bret, *De la Souveraineté du Roy, de son domaine et de sa Couronne*, Paris, 1632.

Cassan, Michel, *La Grande Peur de 1610. Les Français et l'assassinat d'Henri IV*, Seyssel, Champ Vallon, 2010.

Cazauran Nicole (dir.), *Les Classiques de la pensée politique. Discours merveilleux de la vie, actions et deportemens de Catherine de Médicis, Royne mere*, Genève, Centre V. L. Saulnier, 1995.

Chateaubriand, François-René de, *Essai sur les Révolutions*, 1797.

Chaline, Olivier, *La Bataille de la Montagne Blanche, 8 novembre 1620. Un mystique chez les guerriers,* Paris, Noêsis, 2000.

Chéruel, Adolphe, *Mémoires sur la vie publique et privée de Fouquet, surintendant des finances, d'après ses lettres et des pièces inédites,* Paris, 1862.

Christin, Olivier, « Le roi idole ? Iconoclasme protestant et pensée monarchomaque », dans Gilbert Buti et Anne Carol (éd.), *Comportements, croyances et mémoires. Europe méridionale, XVe-XXe siècles. Études offertes à Régis Bertrand*, Aix-en-Provence, Publications de l'université de Provence, 2007, p. 171-182.

–, *La Paix de religion. L'autonomisation de la raison politique au XVIe siècle*, Paris, Seuil, 1997.

Church, William, *Richelieu and Reason of State*, Princeton, Princeton University Press, 1972.

Constant, Jean-Marie, *La Ligue*, Paris, Fayard, 1996.

–, *Les Conjurateurs. Le premier libéralisme politique sous Richelieu*, Paris, Hachette, 1986.

–, *Les Guise*, Paris, Hachette, 1984.

Cornette, Joël (dir.), *La Monarchie. Entre Renaissance et Révolution, 1525-1792*, Paris, Seuil, 2000.

Cornette, Joël, *Anne de Bretagne*, Paris, Gallimard, 2021.

–, *La Mélancolie du pouvoir. Omer Talon et le procès de la raison d'État,* Paris, Fayard, 1998.

–, *La Mort de Louis XIV. Apogée et crépuscule de la royauté*, Paris, Gallimard, 2015.

–, *Le Roi de guerre. Essai sur la souveraineté dans la France du Grand Siècle*, Paris, Payot, 2013 ; 2021.

Cosandey, Fanny, Descimon, Robert, *L'Absolutisme en France. Histoire et historiographie*, Paris, Seuil, « Points », 2002.

Cottret, Monique, *Tuer le tyran ? Le tyrannicide dans l'Europe moderne*, Paris, Fayard, 2009.

Crouzet, Denis, *La Saint-Barthélemy. Un rêve perdu de la Renaissance*, Paris, Fayard, 1993.

–, *Le Haut cœur de Catherine de Médicis. Une raison politique au temps de la Saint-Barthélemy*, Paris, Albin Michel, 2005.

–, *Les Guerriers de Dieu. La violence au temps des troubles de religion, vers 1525-vers 1610*, Seyssel, Champ Vallon, 1990.

Damien, Robert, « Prolégomènes français à une science politique future : Vauban, Lavoisier, Volney, Neufchâteau, Chaptal », dans Thierry Martin (dir.), *Arithmétique politique dans la France du XVIIIe siècle,* Paris, Institut national d'études démographiques, 2003, p. 21-22.

–, *Bibliothèque et État. Naissance d'une raison politique dans la France du XVIIe siècle*, Paris, PUF, 1995.

Daubresse, Sylvie, *Le Parlement ou la voix de la raison (1559-1589)*, Genève, Droz, 2005.

Daussy, Hugues, *Les Huguenots et le roi. Le combat politique de Philippe Duplessis-Mornay (1572-1598)*, Genève, Droz, 2002.

Deloche, Maximin, *Autour de la plume du cardinal de Richelieu*, Paris, Société française d'imprimerie et de librairie, 1920.

Demouy, Patrick, *Le Sacre du Roi*, Paris, Place des Victoires, 2016.

Descimon Robert, Jouhaud, Christian, « La Fronde en mouvement : le développement de la crise politique entre 1648 et 1652 », *XVIIe siècle* n° 145, oct.-déc. 1984, p. 305-322.

Descimon, Robert, « Autopsie du massacre de l'Hôtel de Ville 4 juillet 1652. Paris et la Fronde des princes », *Annales HSS* n° 2, mars-avril 1999.

–, *Qui étaient les Seize ? Mythes et réalités de la Ligue parisienne (1585-1594)*, Paris, Klincksieck, 1984.

Dessert, Daniel, *Argent, pouvoir et société au Grand Siècle*, Paris, Fayard, 1984.

–, *La Royale. Vaisseaux et marins du Roi-Soleil,* Paris, Fayard, 1996.

Drévillon, Hervé, *Les Rois absolus, 1629-1715*, Paris, Belin (Histoire de France, sous la direction de Joël Cornette), 2011.

–, *L'Impôt du sang : le métier des armes sous Louis XIV*, Paris, Tallandier, 2006.

Duma, Jean, *Les Bourbon-Penthièvre (1678-1793)*, Paris, Publications de la Sorbonne, 1995.

Dupilet, Alexandre, *La Régence absolue. Philippe d'Orléans et la polysynodie*, Seyssel, Champ Vallon, 2011 ;

–, *Le Régent : Philippe d'Orléans, l'héritier du Roi-Soleil*, Paris, Tallandier, 2020.

Duprat, Annie, *Les Rois de papier. La caricature, de Henri III à Louis XVI*, Paris, Belin, 2002.

Dupront, Alphonse, « Sacre, autorité, pouvoir : profil d'anthropologie historique », dans *Le Sacre des rois. Actes du colloque international d'histoire sur les sacres et couronnements royaux*, Reims, 1975, Paris, Les Belles Lettres, 1985.

Duranton Henri (éd.), « Ci-gît notre invincible roi... » Épitaphes satiriques sur la mort de Louis XIV, publiées sur le site www.courdeFrance.fr.

–, « "Ci-gît notre invincible roi" : épitaphes et autres *requiem* pour "la mort de Louis XIV" », dans Mathieu da Vinha, Alexandre Maral, Nicolas Molovanovic (dir.), *Louis XIV, l'image et le mythe*, Rennes-Versailles, PUR, Centre de recherches du château de Versailles, 2014, p. 243-260.

Esmonin (éd.), « Les mémoires des Intendants pour l'instruction du duc de Bourgogne : étude critique », dans *Bulletin de la Société d'histoire moderne et contemporaine*, 11e série, n° 17, 1956, p. 12-20 ; repris dans *Études sur la France des XVIIe et XVIIIe siècles*, Paris, PUF, 1964, p. 113-130.

Fernandez-Lacôte, Hélène, *Les Procès du cardinal de Richelieu. Droit, grâce et politique sous Louis le Juste*, Seyssel, Champ Vallon, 2010.

Foa, Jérémie, *Tous ceux qui tombent. Visages du massacre de la Saint-Barthélemy*, Paris, La Découverte, 2021.

Fogel, Michèle, *Les Cérémonies de l'information dans la France des XVIe et XVIIe siècles*, Paris, Fayard, 1989.

Foisil, Madeleine, *La Révolte des Nu-Pieds et les révoltes normandes de 1639*, Paris, PUF, 1970.

Fumaroli, Marc, *Le Poète et le roi. Jean de La Fontaine en son siècle*, Paris, éditions de Fallois, 1997.

Gasnault, Pierre, « De la bibliothèque de Mazarin à la bibliothèque Mazarine », *Histoire des bibliothèques françaises. Les bibliothèques sous l'Ancien Régime*, Claude Jolly s.d., Paris, Promodis, 1988.

Gauchet, « L'État au miroir de la raison d'État : la France et la chrétienté », dans *Raison et déraison d'État*, sous la direction de Y.-Ch. Zarka, Paris, PUF, 1994, p. 193.

Giesey, Ralph, *Le roi ne meurt jamais. Les obsèques royales dans la France de la Renaissance*, Paris, Flammarion, 1987.

–, *Le Rôle méconnu de la loi salique. La succession royale, XIVe-XVIe siècle*, Paris, Les Belles Lettres, 2007.

Gille, Bertrand, *Les Sources statistiques de l'histoire de France. Des enquêtes du XVIIe siècle à 1870*, Paris-Genève, Droz, 1964.

Goubert, Pierre, *Mazarin*, Paris, Fayard, 1990.

Guerre, Stéphane, *Nicolas Desmaretz, le Colbert oublié de Louis XIV*, Seyssel, Champ Vallon, 2019.

Guéry, Alain, « Les finances de la monarchie française sous l'Ancien Régime », *Annales, Économies, Sociétés, Civilisations*, n° 2, 1978, p. 216-239.

Guichardini, Francesco, *Histoire d'Italie*, éd. J.-L. Fournel, J.-C. Zancarini, Paris, Robert Laffont, « Bouquins », 1999.

Halevi, Ran, « La modération à l'épreuve de l'absolutisme », *Le Débat*, n° 109, mars-avril 2000, p. 73-98.

–, « Louis XIV : la religion de la gloire », *Le Débat*, n° 150, mai-juin 2008, p. 175-192.

–, *Le Savoir du Prince, du Moyen Âge aux Lumières*, Paris, Fayard, 2002.

Hamon, Philippe, *L'Argent du roi. Les finances sous François Ier*, Paris, CHEFF, 1994.

Hanley, Sarah, *Le Lit de justice des rois de France. L'idéologie constitutionnelle dans la légende, le rituel et le discours*, trad., Paris, Aubier, 1991, 1re éd. 1983.

Haran, Alexandre Yali, *Le Lys et le globe. Messianisme dynastique et rêve impérial en France aux XVIe et XVIIe siècles*, Seyssel, Champ Vallon, 2000.

Hatton, Ragnhild, *Louis XIV and his World*, Londres, Thames and Hudson, 1972.

Hazard, Paul, *La Crise de la conscience européenne, 1680-1715* [1935], Paris, Fayard, 1961.

Jackson, Richard A., Vivat rex in aeternum. *Histoire des sacres et couronnements de France*, 1364-1825, Strasbourg, Presses universitaires de Strasbourg, 1984.

Jouanna, Arlette, *Le Devoir de révolte, la noblesse française et la gestation de l'État moderne (1559-1661)*, Paris, Fayard, 1989.

–, *Le Pouvoir absolu. Naissance de l'imaginaire politique de la royauté*, Paris, Gallimard, 2013.

–, *Le Prince absolu. Apogée et déclin de l'imaginaire monarchique*, Paris, Gallimard, 2014.

–, *La Saint-Barthélemy. Les mystères d'un crime d'État*, Paris, Gallimard, 2007.

Jouhaud, Christian, *La Main de Richelieu, ou le Pouvoir cardinal*, Paris, Gallimard, 1991.

–, *Mazarinades. La Fronde des mots*, Paris, Aubier, 2009.

Journal inédit de Jean-Baptiste Colbert marquis de Torcy ministre et secrétaire d'État des Affaires étrangères pendant les années 1709, 1710 et 1711, publié d'après les manuscrits autographes par Frédéric Masson, Paris, Plon, 1884.

Kantorowicz, Ernst, *Les Deux Corps du roi : essai sur la théologie politique au Moyen Âge*, trad. J.-Ph et N. Genet, Paris, Gallimard, 1989 [1957].

Knecht, Robert, *Un Prince de la Renaissance. François Ier et son royaume*, Paris, Fayard, 1998.

Kossmann, Ernst, *La Fronde*, Leyde, Presses universitaires de Leyde, 1954.

Krynen, Jacques, *L'Empire du roi. Idées et croyances politiques en France, XIIIe-XVe siècle*, Paris, Gallimard, 1993.

Lachiver, Marcel, *Les Années de misère. La famine au temps du Grand Roi*, Paris, Fayard, 1991.

Le Gall, Jean-Marie, *Le Mythe de Saint-Denis entre Renaissance et Révolution*, Seyssel, Champ Vallon, 2007.

Le Goff, Jacques, « Aspects religieux et sacrés de la monarchie française du Xe au XVIIIe siècle », dans Alain Boureau, Claudio-Sergio Ingerflom (dir.), *La Royauté sacrée dans le monde chrétien*, Paris, EHESS, 1992.

Le Roux, Nicolas, *La Faveur du roi. Mignons et courtisans au temps des derniers Valois*, Seyssel, Champ Vallon, 2013.

–, *Portrait d'un royaume. Henri III, la noblesse et la Ligue*, Paris, Passés composés, 2020.

Le Roy Ladurie, Emmanuel, *Saint-Simon ou le système de la Cour*, Paris, Fayard, 1997.

–, *L'État royal. De Louis XI à Henri IV*, Paris, Hachette, 1987.

Lecoq, Anne-Marie, *François Ier imaginaire. Symbolisme et politique à l'aube de la Renaissance française*, Paris, Macula, 1987.

Legay, Marie-Laure, *Les États provinciaux dans la construction de l'État moderne aux XVIIe et XVIIIe siècles*, Genève, Droz, 2001.

Lémontey, Pierre-Édouard, *Essai sur l'établissement monarchique de Louis XIV*, Paris, 1818.

Les Oisivetés de Monsieur de Vauban, édition intégrale établie sous la direction de Michèle Virol, Seyssel, Champ Vallon, 2007.

Lignereux, Yann, *Lyon et le roi : de la « bonne ville » à l'absolutisme municipal (1594-1654)*, Seyssel, Champ Vallon, 2003.

–, *Les Rois imaginaires : une histoire visuelle de la monarchie, de Charles VIII à Louis XIV*, Rennes, Presses universitaires de Rennes, 2016.

Loménie, Louis-Henri de, comte de Brienne, *Mémoires*, Paris, 1919.

Louis XIV, *Réflexions sur le métier de roi* (1679), dans Louis XIV, *Mémoires*, Paris, Tallandier, 2007.

Loyseau, Charles *Cinq Livres du droit des Offices*, Paris, 1610.

Lynn, John, *Les Guerres de Louis XIV, 1667-1714*, Paris, Perrin, 2010.

Maral, Alexandre, *Le Roi-Soleil et Dieu*, Paris, Perrin, 2012.

Marin, Louis, *Le Portrait du roi*, Paris, éd. de Minuit, 1981.

Meyer, Jean, *Bossuet*, Paris, Plon, 1993.

Michon, Cédric (dir.), *Les Conseillers de François Ier*, Rennes, PUR, 2011.

Montaigne, Michel de, *Essais*, livre 1, chap. XLII, « De l'inégalité qui est entre nous ».

Montyon, *Particularités et observations sur les ministres des Finances de France les plus célèbres, depuis 1660 jusqu'en 1791*, Paris, 1812.

Moriceau, Jean-Marc, *Les Fermiers de l'Île-de-France : l'ascension d'un patronat agricole*, Paris, Fayard, 1994.

Mousnier, Roland, *La Vénalité des offices sous Henri IV et Louis XIII*, Paris, PUF, 1971.

–, *L'Assassinat d'Henri IV*, Paris, Gallimard, 1964.

Nagle, Jean, *La Civilisation du cœur. Histoire du sentiment politique en France du XIIe au XIXe siècle*, Paris, Fayard, 1998.

Naudé, Gabriel, *Considérations sur les coups d'État*, Rome, 1639.

Parker, David, *The Making of French Absolutism*, Londres, Edward Arnold, 1983.

Parrott, David, *Richelieu's Army. War, Government and Society in France, 1624-1642,* Cambridge University Press, 2001.

Pénicaut, Emmanuel, *Faveur et pouvoir au tournant du Grand Siècle. Michel Chamillart, ministre et secrétaire d'État de la Guerre de Louis XIV*, Paris, École des chartes, 2004.

Perez, Stanis, *Le Corps du roi. Incarner l'État, de Philippe Auguste à Louis-Philippe*, Paris, Perrin, 2018.

Perrot, Jean-Claude, *Une histoire intellectuelle de l'économie politique (XVII-XVIII*[e] *siècle)*, Paris, Éditions de l'École des hautes études, 1992.

Petitfils, Jean-Christian, *Louis XIV*, Paris, Perrin, 2014.

Pontis, Louis-Bénédict de, *Mémoires* [1676], édition critique par Andrée Villard, Paris, Honoré Champion, 2000.

Priezac, Daniel de, *Defence des droits et prérogative des Roys de France contre Alexandre Patrice Armacan, Théologien*, Paris, 1638.

Primi Visconti, *Mémoires sur la cour de Louis XIV*, Paris, Perrin, 1988.

Richet, Denis, *De la Réforme à la Révolution. Études sur la France moderne*, Paris, Aubier, 1991.

–, *La France moderne : l'esprit des institutions*, Paris, Flammarion, 1973.

Sabatier, Gérard, *Le Prince et les arts. Stratégies figuratives de la monarchie française, de la Renaissance aux Lumières*, Seyssel, Champ Vallon, 2010.

–, *Versailles ou la figure du roi*, Paris, Albin Michel, 1999.

Sarmant, Thierry, *Les Demeures du Soleil. Louis XIV, Louvois et la surintendance des Bâtiments du roi*, Seyssel, Champ Vallon, 2003.

Sarmant, Thierry, Stoll, Mathieu, *Régner et gouverner. Louis XIV et ses ministres*, Paris, Perrin, 2010.

Schaub, Jean-Frédéric, *La France espagnole. Les racines hispaniques de l'absolutisme français*, Paris, Seuil, 2003.

Séguier, Pierre, *Lettres et Mémoires adressés au chancelier Séguier (1633-1649)*, recueillis et publiés par Roland Mousnier, Paris, PUF, 1964.

Senellart, Michel, *Machiavélisme et raison d'État*, Paris, PUF, 1989.

Spanheim, Ézechiel, *La Relation de la cour de France en 1690,* suivie de *La Relation de la cour d'Angleterre en 1704,* publiée par Émile Bourgeois, Paris, 1900.

Stoll, Mathieu, *Servir le Roi Soleil. Claude Le Peletier (1631-1711), ministre de Louis XIV*, Rennes, PUR, 2011.

Teysseire, Daniel, « Un modèle autoritaire : le discours de la Flagellation », dans *Mots. Les langages du politique*, 1995, n° 43, p. 118-127.

Thuau, Étienne, *Raison d'État et pensée politique à l'époque de Richelieu,* Paris, Armand Colin, 1966.

Tommaseo, N., *Relations des ambassadeurs vénitiens sur les affaires de France au XVI*[e] *siècle*, Paris, 1838.

Turchetti, M, « Concorde ou tolérance ? 1561 à 1598 », *Revue historique,* t. 274, 1985, p. 341-355.

Turrel, Denise, *Le Blanc de France. La construction des signes identitaires pendant les guerres de Religion (1562-1629)*, Genève, Droz, 2005.
Valensise, Marina, « Le sacre du roi : stratégie symbolique et doctrine politique de la monarchie française », *Annales. Économies, sociétés, civilisations*, 41e année, n° 3, 1986, p. 543-577.
Vergé-Franceschi, Michel, *Colbert. La politique du bon sens*, Paris, Payot, 2005.
Villiers-Hotman, *Dessein perpétuel des Espagnols à la monarchie universelle avec les preuves d'iceluy*, 1624.
Vilquin, Éric, « Vauban, inventeur des recensements », *Annales de démographie historique*, 1975, p. 207-250.
Virol, Michèle, *Louis XIV et Vauban : correspondance et agendas*, Seyssel, Les classiques de Champ Vallon, 2017.
–, *Vauban. De la gloire du roi au service de l'État*, Seyssel, Champ Vallon, 2007.
Vonglis, Bernard, *« L'État c'était bien lui. » Essai sur la monarchie absolue*, Paris, éd. Cujas, 1997.
–, *La Monarchie absolue française. Définition, datation, analyse d'un régime politique controversé*, Paris, L'Harmattan, 2006.
Wollenberg, Jörg, *Les Trois Richelieu. Servir Dieu, le roi et la raison*, Paris, François-Xavier de Guibert, 1995.
Ziegler, Hendrik, *Louis XIV et ses ennemis : image, propagande et contestation*, édition originale, 2010, traduction française, Saint-Denis, Presses universitaires de Vincennes, 2013.

Remerciements

Je remercie vivement la revue *L'Histoire*, tout particulièrement Valérie Hannin qui a permis de redonner vie à tous ces textes écrits pour rendre compte de la richesse d'une histoire politique en constant renouvellement, ainsi que les éditions Tallandier, notamment Judith Simony et Léopoldine des Guerrots : leur expertise et leur regard critique ont été décisifs dans la réalisation et l'achèvement de ce livre.

Index des noms de personnes

Abdallah Bin Aycha, ambassadeur du Maroc : 315, 319
Acarie, Barbe Jeanne : 166
Achab, roi d'Israël : 35
Albe, María Cayetana de Silva, duchesse d' : 317
Albret, Jeanne d' : 182
Alexandre le Grand, roi de Macédoine : 24, 191, 235, 257, 289, 293, 302, 306
Aligny, comte d' : 331
Amboise, Georges d' : 89-90
Amboise, Hugues d' : 90
Amyot, Jacques : 105
Androuet du Cerceau : 25, 103
Anjou, Philippe Charles de France, duc d' : 101, 183, 277
Anne d'Autriche : 159, 188, 209, 213, 223, 238, 302
Anne de Bretagne : 24
Annebault, Claude, amiral : 27
Antoine, Michel : 62, 69, 238, 240
Apollon, dieu grec : 267, 291, 293, 301-302, 306
Archimède, scientifique grec : 189
Argouges, François d' : 209
Aristote, philosophe grec : 148, 306
Arnaud, Angélique : 220
Artagnan, Charles de Batz de Castelmore, dit d' : 242
Aubéry, Antoine : 14
Auguste, empereur romain : 306
Aumale, Claude d' : 118
Aumale, Marie-Jeanne d' : 62

Balsac, Robert de : 334
Balzac, Guez de : 54
Bartet, secrétaire de Mazarin : 249
Bassi, Matteo di : 166
Bayard, Françoise : 51, 196, 207
Bayrou, François : 139
Beaumanoir, Philippe de : 17
Beauvilliers, Paul de : 75, 278-279, 282, 339
Benserade, Isaac de : 302
Bercé, Yves-Marie : 221
Bergin, Joseph : 216
Bernard, Samuel : 71
Berry, Charles de France, duc de : 126, 277
Berthelot, Gilles : 87
Bérulle, Pierre de : 165, 267
Béthune, Philippe de : 200
Bèze, Théodore de : 36
Biterne, procureur au Châtelet : 248
Blancmesnil, René Potier de : 222
Bloch, Marc : 8, 15, 229, 265-267
Bochetel, Guillaume : 27
Bodin, Jean : 8, 36-37, 79, 190, 265, 270
Bohier, Thomas : 99
Boileau, Nicolas : 259, 261, 307, 347
Boisguilbert, Pierre de : 70, 197, 199, 285, 341, 354

Boitel, Isaure : 367
Bordeaux, Guilloche de : 23
Bossuet, Jacques-Bénigne : 14, 268-269, 273-278, 280, 283, 285
Botero, Giovanni : 52
Boucher, Jean, curé de Saint-Benoît : 149
Boufflers, Louis-François de : 185
Bourbon, Anne-Bénédicte de : 235
Bourbon, Antoine de : 182
Bourbon-Condé, Louis II de (le Grand Condé) : 41, 57, 173, 219, 224-225, 231-232, 235, 361
Bourdelot, Pierre Michon : 235
Boureau, Alain : 367
Bourgeon, Jean-Louis : 124-127, 241, 247
Bourgogne, Louis de France, duc de : 75, 184-186, 274, 277-278, 280, 282-283, 340, 343
Bourzeis, Amable, abbé de : 258
Bramante, architecte romain : 95
Braudel, Fernand : 80
Bretagne, François de : 181
Breteuil, Louis Nicolas de : 313, 315, 317-322
Brézé, Urbain de Maillé, maréchal de : 175
Broussel, Pierre : 222
Brunehaut, reine des Francs : 35
Buchanan, George, calviniste écossais : 149
Budé, Guillaume : 25, 105
Bullant, Jean : 100
Burke, Peter : 261

Caffieri, Jean-Jacques : 291
Calvin, Jean : 36, 117-118, 148, 150, 162
Capet, Hugues : 7, 308
Carrache, Annibal : 211
Cassagnac, abbé de : 258
Catherine de Médicis, reine de France : 34, 100, 123-125, 127
Catinat, maréchal de France : 315, 338
Caton, homme politique romain : 49
Cavalli, Marino : 21, 79
Caylus, Marthe-Marguerite de : 62, 278
César, Jules, empereur romain : 24, 26, 35, 104-105, 235, 257, 306, 339
Chabot, François : 141
Chabot, Philippe, amiral : 26
Chaline, Olivier : 176
Chamlay, Jules-Louis Bolé de : 338
Chapelain, Jean : 248, 257-258
Chaptal, Jean-Antoine : 283
Charlemagne, roi des Francs : 11, 13, 98, 309
Charles Ier, roi d'Angleterre : 179, 225
Charles II, roi d'Angleterre : 179, 237
Charles II, roi d'Espagne : 68, 314
Charles IV le Bel, roi de France : 32
Charles V, roi de France : 22
Charles VII, roi de France : 51, 87, 198, 200
Charles VIII, roi de France : 23, 87-89, 91, 97, 170
Charles IX, roi de France : 34, 41, 123-125, 127, 136, 148, 172
Charles X, roi de France : 8
Charles le Téméraire, duc de Bourgogne : 126
Charles Quint, empereur d'Espagne : 91, 99, 101, 208, 253
Charpentier, Pierre : 258
Chastel, André : 104
Chateaubriand, François-René de : 17
Chaunu, Pierre : 156

Chevreuse, Charles-Honoré d'Albert, duc de : 278, 280, 283-284
Chirac, Jacques : 168
Christin, Olivier : 138
Cicéron, homme d'État romain : 148
Claude de France, reine de France : 90-91
Clément, Jacques : 18, 32, 38, 143, 147, 149
Clermont, François de, marquis de Montglat : 209
Clermont, Robert de : 32
Clerville, chevalier de : 327-328
Clovis, roi des Francs : 8
Colas, Jean : 342
Colbert, Jean-Baptiste : 29, 63-66, 69, 73, 197, 201, 203, 212-213, 215, 241-244, 247-255, 258, 261, 276, 278, 289, 291, 293-294, 301, 319, 358, 360, 364, 368
Colbert, Nicolas : 248
Colbert de Saint-Pouange, Gilbert : 248
Coligny, Gaspard de, amiral : 119, 124-125, 127
Columelle, agronome romain : 49
Concini, Concino : 159, 166
Constant, Jean-Marie : 30
Constantin, empereur romain : 24
Coqueau, Jacques : 93
Corneille, Pierre : 245
Cortone, Dominique de : 89, 96
Cortone, Pierre de : 305
Cottret, Bernard : 139
Couperin, François : 309
Courcillon de Dangeau, Philippe de : 62, 186, 303
Cromwell, Oliver : 179
Crouzet, Denis : 125, 270
Cyrus, empereur perse : 306

Darius, roi de Perse : 191
David, roi biblique : 43, 146, 148, 268
Davila, Henri-Cathelin : 136
Davy du Perron, Jacques : 131
Delacroix, Eugène : 287
Descartes, René : 235
Descimon, Robert : 31, 220
Desjardins, Martin : 291
Desmarets de Saint-Sorlin, Jean : 163
Desmaretz, Nicolas : 68-73, 354
Dessert, Daniel : 51, 205, 210, 217, 232, 243, 250-253, 358
Diane de Poitiers : 100
Dorléans, Louis : 121
Dossou, Agadja : 337
Douet, Pierre du : 93
Du Bellay, Joachim : 87, 112
Du Choul, Guillaume : 184
Dubois, François : 34
Dubois, Guillaume, abbé de : 286
Dubroeuck, Jacques : 101
Dupilet, Alexandre : 369-370
Duplessis-Mornay, Philippe : 41
Duprat, Antoine, juriste : 27
Dupront, Alphonse : 9

Édouard VI, roi d'Angleterre : 149
Elias, Norbert : 230, 310
Élisabeth Ire, reine d'Angleterre : 150
Enghien, Louis-Antoine-Henri de Bourbon-Condé, duc d' : 173
Entragues, Henriette d' : 157
Épernon, Jean-Louis Nogaret de La Valette, duc d' : 141-143
Érasme, philosophe néerlandais : 163
Estienne, Robert : 109
Estrées, Gabrielle d' : 131

Febvre, Lucien : 229
Félibien, André : 289, 292
Fénelon, François de Salignac de la Mothe : 65, 75, 185, 191, 227, 273-274, 277-285, 354
Ferdinand II, empereur : 161

Ferrand, Antoine : 72
Ferrand, Pierre : 224
Fiorentino, Rosso : 25, 100, 103-104, 106
Flavius Josèphe : 184
Fleury, André Hercule de : 370
Fleury, Claude : 185
Foa, Jérémie : 119-120
Foisil, Madeleine : 156, 158
Foucault, Magny de : 321
Fouquet, François, évêque d'Agde : 242
Fouquet, Nicolas, surintendant des Finances : 63, 212, 215, 235, 238-239, 241-245, 250-255, 262, 288, 300
François Ier, roi de France : 13, 15, 18, 21-22, 24-26, 31, 33, 76, 80, 82-83, 85, 87, 90, 96-99, 103-105, 110-111, 170, 205, 208, 266, 299
François d'Alençon, frère cadet du roi Henri III : 38
Frédégonde, reine des Francs : 35
Frédéric II, roi de Prusse : 177-178
Frédéric-Guillaume, Électeur de Brandebourg : 172, 177
Frédéric-Guillaume Ier : 177
Fumaroli, Marc : 235, 246
Furetière, Antoine : 191

Garaud, Marie-France : 168
Garrisson, Janine : 123, 136
Gassendi, Pierre : 235
Gassion, Jean de : 55
Gauchet, Marcel : 269-270
Giocondo, Fra : 89
Goliath, personnage biblique : 148
Goubert, Pierre : 83, 212, 221, 229
Goulart, Simon : 34-35, 119-120
Gramont, Antoine III de, maréchal : 238
Gringore, Pierre : 24
Grotius, Hugo : 275
Guérin, Gilles : 291
Guichardin, François : 23, 52
Guillaume d'Orange, stathouder : 150
Guillebaud, abbé de : 145
Guise, Henri Ier de : 118, 149
Guise, Marie de : 150
Gustave-Adolphe, roi de Suède : 172-173, 190
Guyon, Mme : 273, 278

Hamon, Philippe : 51
Hannibal : 24
Hardouin de Péréfixe, Paul Philippe : 182, 257
Hardouin-Mansart, Jules : 291, 302
Harlay, Achille de : 145
Hauser, Henri : 241
Henri II, roi de France : 17-18, 22, 24, 27, 30-31, 33, 83, 100, 125, 127, 142, 170
Henri III, roi de Pologne et de France : 18, 31-32, 38, 40, 42-44, 59, 101, 125, 129-130, 143, 147, 149, 231-232, 310, 358
Henri IV (Henri de Navarre, Henri de Bourbon), roi de France : 11, 18, 28, 32, 41-44, 46, 48, 58, 76, 91, 115, 125, 129-135, 137-139, 141, 144, 148, 151, 155, 157, 182-184, 223, 231, 241, 269, 300
Henri VIII, roi d'Angleterre : 79, 91
Hercule, héros mythologique grec : 267, 293, 302
Héroard, Jean : 155, 157-158, 183, 187-189
Hésiode, poète grec : 49
Hobbes, Thomas : 226, 275
Holopherne, personnage de la Bible : 148
Hotman, François : 35
Hurault de L'Hospital, Paul, archevêque d'Aix : 144

Hurel, Gilles : 348
Huxelles, Nicolas Chalon du Blé, marquis d' : 339

Innocent XII (Antonio Pignatelli) : 274

Jacques Ier, roi d'Angleterre : 150, 179
Jamerey-Duval, Valentin : 266
Jansen, Cornélius : 163
Jeannin, Pierre, président au Parlement : 137
Jézabel, épouse d'Achab : 35
Jouhaud, Christian : 220
Joxe, Pierre : 139
Judith, personnage de la Bible : 148
Juillet, Pierre : 168
Juste, Jean : 90

Kantorowicz, Ernst : 234
Knox, John : 149

La Barre, René Laurent de : 195, 202
La Bruyère, Jean de : 59, 235, 317, 321
La Fontaine, Jean de : 235, 245
La Mothe Le Vayer : 187, 189
La Popelinière, historien : 41
La Ramée, Pierre de (Ramus) : 109
La Reynie, Gabriel Nicolas de : 254, 349
La Rochefoucauld, François de : 100
La Vallière, Louise de : 301
La Vigne, André de : 24
Lachiver, Marcel : 350, 353
Laurens, Honoré du, archevêque d'Embrun : 144
Laval, Jean de : 100
Lavisse, Ernest : 64, 230, 241, 247, 358
Le Bret, Cardin : 87, 202
Le Breton, Gilles : 103
Le Brun, Charles : 235, 287-293, 295, 298, 304-305, 307, 319, 333, 367
Le Brun, Nicolas : 287
Le Clerc, Jean : 44
Le Goff, Jacques : 7
Le Hongre, Étienne : 291
Le Nôtre, André : 291, 301
Le Roy Ladurie, Emmanuel : 82, 111, 234, 369
Le Roy, Philibert : 300
Le Tellier, Michel : 214, 217, 238-239, 241, 248-250, 328
Le Vau, Louis : 291, 300, 302
Leclerc du Tremblay, François (père Joseph) : 165
Lefèvre d'Étaples, Jacques : 112
Legras, François : 224
Lemaire de Belges, Jean : 24
Lenet, Pierre : 224
Léopold Ier, empereur : 314
L'Estoile, Pierre de : 38, 40, 101, 119, 131, 136
L'Hospital, Louis de : 131
L'Hospital, Michel de : 136
Lionne, Hugues de : 238-239, 241
Littré, Émile : 193
Loménie de Brienne, Louis-Henri, comte de : 238
Lorme, Philibert de : 100
Lorme, Pierre de : 89
Louis le Pieux, roi d'Aquitaine et empereur d'Occident : 8
Louis XI, roi de France : 17, 21, 33, 90, 126
Louis XII, roi de France : 24, 58, 85, 89-90, 223
Louis XIII, roi de France : 18, 24, 28, 50, 52-53, 56, 60, 64, 155, 159, 165, 175-176, 181, 183, 188-189, 205, 219, 221, 230, 253, 267, 288, 297-298, 300, 303
Louis XIV, roi de France : 9, 15, 18-20, 27, 53, 58-65, 68-70, 73,

76, 96, 98, 139, 170, 176, 179, 181, 184-185, 187, 190-191, 209, 213, 217, 219, 227, 229, 232-233, 235-239, 241-247, 249, 254-255, 257, 259, 261-263, 265, 267, 269, 271, 273-274, 278, 280, 283-293, 295, 297-302, 306-311, 313-315, 317-321, 324-327, 330, 333, 335-338, 340-341, 343, 347, 354-355, 357-360, 362-367, 369-370
Louis XV, roi de France : 61, 190, 297-299, 308, 321-322, 362, 368-370
Louis XVI, roi de France : 7-8, 308, 322, 362
Louis XVIII, roi de France : 8
Louise de Savoie, duchesse d'Angoulême : 26, 90
Louis-Philippe, dernier roi de France : 8
Louvois, secrétaire d'État de la Guerre de Louis XIV : 176, 185, 216, 324, 326-328, 334-335, 338-339, 360, 368
Loyseau, Charles, juriste : 28, 226, 231, 265
Lully, Jean-Baptiste : 302
Luther, Martin : 150, 162

Machiavel, Nicolas : 52, 165, 181
Magnier, Philippe : 291
Maintenon, Françoise d'Aubigné, Mme de : 59, 62, 67, 274, 279, 309, 348, 367
Mantoue, Charles III Ferdinand de Gonzague, duc de : 315
Marguerite de Navarre : 91, 96
Marguerite de Valois : 33, 127
Mariana, Juan de : 148
Marie, régente des Pays-Bas : 101
Marie de Médicis, reine de France : 145, 158-160, 253
Marie Stuart, reine d'Écosse : 150
Marie Tudor, reine d'Angleterre : 150
Marie-Thérèse d'Autriche, reine de France : 67
Marin, Louis : 294
Marot, Clément : 112
Marot, Jean : 24
Mars, dieu romain : 51, 153, 174, 182, 306, 364
Marsy, Balthazar : 291
Martin, Germain : 214
Mascranny, Alexandre de : 248
Mayenne, Charles de : 132
Mazarin, Jules, cardinal : 54, 57-58, 62, 153, 209, 211-215, 217, 220, 223, 229, 231, 237-242, 244, 248-252, 255, 262, 300-301, 366
Melanchthon, Philippe : 162
Mello, Francisco de : 173
Mercœur, Philippe-Emmanuel de Lorraine, duc de : 132-133
Mercure, dieu romain : 306, 364
Mézeray, Eudes de : 188
Michelet, Jules : 155
Mirabeau, Honoré Gabriel Riqueti de : 178, 194
Miron, Robert : 224
Mirza, Hussein : 319
Mitterrand, François : 139
Moïse, personnage de la Bible : 118
Molière, Jean-Baptiste Poquelin, dit : 61, 235, 245, 302
Monet, Claude : 287
Montaigne, Michel de : 29
Montchrestien, Antoine de : 204
Montecuccoli, Raimondo : 175
Montespan, Françoise-Athénaïs de : 217, 254, 259
Montglat, Françoise de : 156-157
Montmorency, Anne de : 26
Montmorency, Henri II de : 53, 231
Montyon : 217

Moraes, Francisco : 97
Mousnier, Roland : 148, 150-151

Nassau, Maurice de : 171-172, 174
Naudé, Gabriel : 54, 211
Nemours, Marie de : 222
Neptune, dieu romain : 105, 267
Neufchâteau, Nicolas-Louis François de : 345
Nevers, Louis de Gonzague, duc de : 118, 125-127
Nora, Pierre : 358

Ornano, colonel d' : 159
Othon IV, empereur : 51, 198

Palatine, Élisabeth-Charlotte de Bavière, princesse : 20, 62, 245, 299, 352
Panofsky, Erwin : 104
Parrocel, Joseph : 290, 307
Parrott, David : 176
Pasquier, Étienne : 18
Pasquier, Nicolas : 159
Patin, Guy : 211
Pellisson, Paul : 259, 261
Penthièvre, Louis-Jean-Marie de Bourbon, duc de : 217
Perrault, Charles : 245, 257-259, 261, 289
Perrenot de Granvelle, Antoine : 101
Petitfils, Jean-Christian : 62
Phélypeaux, Raymond : 91
Philippe d'Orléans, régent : 69, 284, 368, 370
Philippe II Auguste, roi de France : 11, 17, 51, 198
Philippe II, roi d'Espagne : 124, 127, 171, 308
Philippe III le Hardi, roi de France : 32
Philippe IV le Bel, roi de France : 17
Philippe IV, roi d'Espagne : 161, 182
Philippe V, roi d'Espagne : 315
Philippe VI, roi de France : 32
Pie V (Antonio Ghislieri) : 150
Pinot Duclos, Charles : 20
Pisseleu, Anne de, duchesse d'Étampes : 27
Plutarque, penseur romain : 280
Pluvinel, Antoine de : 188
Pompidou, Georges : 168
Pontbriand, François de : 93
Pontis, Bénédict-Louis de : 175
Potier de Novion, Nicolas : 225
Poussin, Nicolas : 288
Poyet, chancelier : 111
Priezac, Daniel de : 12
Primatice, Francesco Primaticcio, dit le : 25, 100, 103
Puyzieulx, Louis Philogène Brûlart, marquis de : 342

Rabelais, François : 111-112
Racine, Jean : 259-261, 307
Raphaël, Raffaello Sanzio, : 211, 288
Ravaillac, François : 143-148, 151
Raynal, Guillaume-Thomas, abbé de : 194
Regnaudin, Thomas : 291
Rémi, saint : 8
Reza Beg, Mehemet : 319-320
Richelieu, Armand Jean du Plessis de, cardinal : 24, 28, 52-57, 59-60, 62, 76, 153, 160-168, 176, 187, 197, 213, 215-216, 219, 221, 223, 235, 240-241, 247, 253, 255, 285, 288
Robertet, Florimond : 27
Rocard, Michel : 139
Rohan, Hercule de : 141
Romain, Jules : 212
Ronsard, Pierre de : 87, 109, 111-112
Rossini, Gioachino : 8
Rubens, Pierre Paul : 287

Saint Gélas de Lansac, Louis de, ambassadeur français au concile de Trente : 59
Saint Louis, roi de France : 9, 17, 32, 42, 58, 165, 223, 308
Saint-Pierre, Charles-Irénée Castel, abbé de : 191
Saint-Pol, comte de : 27
Saint-Simon, Louis de Rouvroy, duc de : 61, 185-186, 230, 234, 237, 274, 279, 284, 300, 308, 310, 313, 321, 325, 342-344, 348, 351, 369
Sainte-Beuve, Charles-Augustin : 274
Salisbury, Jean de : 148
Salomon, personnage de la Bible : 49, 269
Sanson, Nicolas : 189
Savoie-Carignan, prince Eugène de : 315, 336
Séguier, Pierre : 55-56, 216, 240, 287
Semblançay, financier : 27
Serres, Olivier de : 46, 48
Servien, Abel : 213-214
Sévigné, Mme de : 245, 304
Seyssel, Claude de : 80, 85
Socrate, philosophe grec : 280
Sourches, Louis-François du Bouchet, marquis de : 297, 338, 348
Sourdeau, Jacques : 93
Spanheim, Ézéchiel : 216, 305
Struzzi, Alberto : 182
Sully, Maximilien de Béthune, duc de : 32, 133-134, 141, 197, 212, 241, 247, 255

Tallemant des Réaux : 155
Talon, Omer : 56, 221, 225, 267, 270
Tavernier, Melchior : 189
Thétis, personnage de la mythologie grecque : 301
Thou, Jacques-Auguste de : 137
Tintoret, Jacopo Robusti, dit le : 211
Tite-Live, historien romain : 260
Titien, Tiziano Vecellio, dit : 211
Titus, empereur romain : 184
Tocqueville, Alexis de : 357
Torcy, Jean-Baptiste Colbert de : 320
Torelli, Giacomo : 288
Toulouse, Louis-Alexandre de Bourbon, comte de : 217, 284
Trinqueau, Pierre : 93
Trobat, Raymond de, intendant de Perpignan : 282
Troyes, Antoine de : 93
Tuby, Jean-Baptiste : 291
Turenne, Henri de La Tour d'Auvergne, vicomte de : 231
Turgot, Anne Robert Jacques : 197, 371

Urbain VIII (Maffeo Barberini) : 168

Van der Meulen, Adam François : 290, 307
Varron, magistrat romain : 49
Vauban, Sébastien Le Prestre de : 67-68, 70, 72-74, 170, 185, 197, 203, 227, 285, 323-347, 352, 354
Vauquelin des Yveteaux, Nicolas : 184
Vélasquez, Diego : 287
Vendôme, Louis-Joseph de Bourbon, duc de : 27
Vergé-Franceschi, Michel : 252-254
Vertron, Guyonnet de : 293
Viart, Mathurin : 93
Vinci, Léonard de : 90, 93, 95
Vitruve, architecte romain : 89, 100
Vitry, Nicolas de L'Hospital, marquis de : 159

Voltaire, François-Marie Arouet, dit : 169, 178, 193, 221, 227, 266
Vouet, Simon : 287
Voysin, Daniel : 69
Wallop, Henry : 25
Wollenberg, Jörg : 161-162, 164

Yon, Geoffroy : 224

Table

AVANT-PROPOS. – Le pouvoir d'un homme seul 7

INTRODUCTION. – Deux siècles de construction et de déconstruction du roi absolu 17

PREMIÈRE PARTIE
Un premier absolutisme
1515-1559

1. – « Plaisant, opulent et abondant royaume » 79

2. – Les châteaux de la « vallée des rois » 85

3. – Fontainebleau : un récit à la gloire du roi absolu 103

4. – Le français : la langue du roi et des poètes 107

PARTIE II
Des guerres de Religion
au règne d'Henri IV

5. – Catholiques et protestants : les violences des « guerriers de Dieu » 117

6. – Saint-Barthélemy : qui est responsable ? 123

7. – La prise du pouvoir par Henri IV 129

8. – L'édit de Nantes : liberté de la croyance, obéissance au roi absolu 135
9. – L'assassinat d'Henri IV 141

Partie III
Les années cardinales
1610-1661

10. – Louis XIII : dans l'intimité d'un enfant-roi 155
11. – Au service du roi absolu : le révélateur des livres de chevet de Richelieu 161
12. – L'« araignée » du cardinal-ministre : le père Joseph, conseiller occulte de Richelieu 165
13. – Un instrument de l'État absolu : la naissance de l'armée moderne 169
14. – Comment les rois apprennent à faire la guerre 181
15. – Les impôts du roi et le coût de la guerre : au cœur de l'État de finances 193
16. – Mazarin, le cardinal millionnaire 209
17. – La Fronde : la fin d'un monde 219

Partie IV
L'État Louis XIV

18. – Le nouveau Louis XIV est arrivé ! 229
19. – Comment Louis XIV a pris le pouvoir 237
20. – Serviteur du roi absolu ou affairiste modèle ? Colbert en procès 247
21. – Louis XIV : l'histoire c'est moi ! 257

22. – Louis XIV ou la religion royale 265
23. – Deux conceptions de la monarchie : la querelle Bossuet-Fénelon 273
24. – Le roi et son peintre : l'invention de l'art officiel 287
25. – Versailles : le palais du plus grand roi du monde 297
26. – Versailles : vie et mœurs de la Cour 313
27. – Vauban, serviteur critique du roi absolu 323
28. – Les années de misère du Roi-Soleil 347
29. – Louis XIV n'est plus un roi absolu 357

CONCLUSION. – 1715 et ses suites : de la transition conservatrice de l'absolutisme au blocage de l'État absolu 363

Notes 373
Repères chronologiques 391
Bibliographie indicative 401
Remerciements 409
Index des noms de personnes 411

Du même auteur (Suite)

Souverains et rois de France (avec Claude Gauvard et Emmanuel Fureix), Paris, Le Chêne, 2005 ; 2008.

Histoire de la Bretagne et des Bretons, Paris, Seuil, 2005, rééd. « Points », 2008. Grand prix d'histoire de l'Académie française.

1515 et les grandes dates de l'histoire de France revisitées par les grands historiens d'aujourd'hui (participation), sous la direction d'Alain Corbin, Paris, Seuil, 2005, rééd. « Points », 2008.

Histoire de la France politique, tome 2, *La Monarchie. Entre Renaissance et Révolution, 1515-1792* (direction et participation), Paris, Seuil, « Points », 2006.

Versailles, le pouvoir de la pierre (direction et participation), Paris, Tallandier, 2006.

Mémoires de Louis XIV, suivis de Manière de visiter les jardins de Versailles (présentation), Paris, Tallandier, « Texto », 2012.

Des images dans l'histoire (codirection avec Marie-France Auzépy), Saint-Denis, Presses universitaires de Vincennes, 2008.

Le Repas des paysans des frères Le Nain, Paris, Armand Colin, « Une œuvre, une histoire », 2008.

Le Marquis et le Régent. Une conspiration bretonne à l'aube des Lumières, Paris, Tallandier, 2008.

Histoire de France, en 13 volumes (dir.), Paris, Belin, 2009-2012.

Les Crises du capitalisme. Du krach de la tulipe à la récession mondiale (participation), Paris, Perrin, « Tempus », 2010.

Henri IV à Saint-Denis. De l'abjuration à la profanation, Paris, Belin, 2010.

Histoire du poil (codirection avec Marie-France Auzépy), Paris, Belin, 2011 ; 2017.

Histoire illustrée de la Bretagne et des Bretons, Paris, Seuil, 2015.

La Mort de Louis XIV. 1er septembre 1715. Apogée et crépuscule de la royauté, Paris, Gallimard, « Les journées qui ont fait la France », 2015.

Histoire de France. Atlas. 481-2005, Paris, Belin, « Histoire de France », 2016.

L'Affirmation de l'État absolu. 1492-1652. Histoire de France, Paris, Hachette Supérieur ; « Carré Histoire », 9e édition, 2016.

Absolutisme et Lumières. 1652-1783. Histoire de France, Paris, Hachette Supérieur ; « Carré Histoire », 8e édition, 2016.

La Bretagne révoltée de 1675 et de 2013. Colère rouge et concordance de temps, Sarzeau, Centre d'histoire de Bretagne/Kreizenn Istor Breizh, 2016.

La Mort des rois. De Sigismond (523) à Louis XIV (1715) (codirection et contribution avec Anne-Marie Helvétius), Saint-Denis, Presses universitaires de Vincennes, 2017.

La Bretagne. Une aventure mondiale, Paris, Tallandier, 2018.

Le Grand Hyver 1709 (participation avec Nathalie Sergeef et Philippe Xavier), Grenoble, Glénat, 2018.

Anne de Bretagne, Paris, Gallimard, 2021.

Mondes anciens (dir.), Paris, Belin, 10 volumes parus en 2021.

L'Histoire de la Bretagne pour les nuls, édition First, 2022.

PEFC 10-31-1510
Certifié PEFC
Ce produit est issu de forêts gérées durablement et de sources contrôlées.
pefc-france.org

Achevé d'imprimer par
Corlet Imprimeur
14110 Condé-en-Normandie

Réalisation : Nord Compo à Villeneuve-d'Ascq
Dépôt légal : février 2022
ISBN : 979-10-210-5201-7
Numéro d'édition : 4702
Numéro d'impression : 21120821
Imprimé en France